As Astreintes e o
Processo Civil Brasileiro

MULTA DO ARTIGO 461 DO CPC E OUTRAS

A485a   Amaral, Guilherme Rizzo

As astreintes e o Processo Civil brasileiro: multa do artigo 461 do CPC e outras / Guilherme Rizzo Amaral. 2.ed. rev. atual. e ampl. – Porto Alegre: Livraria do Advogado Editora, 2010

292 p.; 23 cm.

ISBN 978-85-7348-662-9

1. Multa. 2. Pena pecuniária. 3. Obrigações de fazer. 4. Obrigação negativa. 5. Processo de execução. I. Título.

CDU 347.4:347.91/.95

Índices para catálogo sistemático:

Multa
Pena pecuniária
Obrigação de fazer
Obrigação negativa
Processo de execução

(Bibliotecária responsável: Marta Roberto, CRB-10/652)

GUILHERME RIZZO AMARAL

As Astreintes e o Processo Civil Brasileiro

MULTA DO ARTIGO 461 DO CPC E OUTRAS

2ª edição
REVISTA, ATUALIZADA E AMPLIADA

Porto Alegre, 2010

© Guilherme Rizzo Amaral, 2010

Projeto gráfico e diagramação
Livraria do Advogado Editora

Revisão
Rosane Marques Borba

Direitos desta edição reservados por
Livraria do Advogado Editora Ltda.
Rua Riachuelo, 1338
90010-273 Porto Alegre RS
Fone/fax: 0800-51-7522
editora@livrariadoadvogado.com.br
www.doadvogado.com.br

Impresso no Brasil / Printed in Brazil

Dedico esta obra à memória de meu avô, Ivo Alexandre Rizzo, cuja força e perseverança em vida ensinaram-me que não há limites para nossas realizações.

Agradecimentos

Não poderia deixar de, nesta segunda edição, agradecer àqueles que, de uma forma ou de outra, colaboraram para este trabalho, a iniciar pelo estimado Professor Doutor José Maria Rosa Tesheiner, cuja participação, longe de se restringir apenas à orientação da dissertação que deu origem a este livro, foi muito além, tendo ele sido desde então um exemplo acadêmico, profissional e, acima de tudo, humano, a ser seguido.

Agradeço também ao Professor Doutor Carlos Alberto Alvaro de Oliveira, cujas ideias inovadoras e instigantes tanto me influenciaram, inclusive para revisitar, com outros olhos, os temas abordados na primeira edição deste trabalho.

Reitero minha gratidão aos Professores Doutores Adroaldo Furtado Fabrício e Humberto Bergmann Ávila, que participaram da banca examinadora da dissertação de mestrado que deu origem a este livro e contribuíram com críticas e sugestões ao seu texto final.

Ao dileto amigo Daniel Mitidiero, meu agradecimento pelas críticas incisivas que permitiram o aprofundamento de ideias centrais desta obra, e em especial pelo generoso prefácio à sua segunda edição.

Cuidei, ao atualizar esta obra, da reforma processual. Da reforma ortográfica cuidou o Professor Paulo Ledur, para quem vai, também, meu profundo agradecimento.

Ao acadêmico de direito José Bráulio Petry da Fonseca, que em meio à conclusão de seu curso de graduação encontrou tempo para auxiliar-me na atualização da pesquisa jurisprudencial, vai o meu muito obrigado. Estendo-o, também, ao Professor Doutor Itiberê Castellano Rodrigues, que revisou e deu sugestões ao capítulo sobre *astreintes* e processo administrativo.

Sou também eternamente agradecido ao Dr. Jair Escobar, pessoa indispensável e determinante na minha vida.

Agradeço à minha família, em especial, a três mulheres a quem tanto amo: minha querida mãe, Luisa; minha amada esposa, Fernanda; e minha pequena e adorável Maria Fernanda, que esteve literalmente ao meu lado durante boa parte do trabalho de preparação desta segunda edição.

Por fim, mas não menos importante, agradeço ao meu editor, Walter Abel, que desde o início apostou e foi grande parceiro nesta e em tantas outras empreitadas, bem como aos leitores da primeira edição, que, com o seu interesse, críticas e comentários, tornaram esta segunda possível, reafirmando o meu compromisso de não decepcioná-los.

"A astúcia do direito consiste em valer-se do veneno da força para impedir que ela triunfe."

Miguel Reale

Prefácio à 2ª edição

A partir da década de setenta do século XX, a doutrina italiana começou a se ocupar com o problema do *acesso à justiça*. Durante a mesma década, ainda no Velho Mundo, o problema primeiramente *sociológico* do acesso à justiça logo começou a ser tratado do ponto de vista da *qualificação dos resultados do processo* e a doutrina passou a enfrentar igualmente a questão da *efetividade da tutela jurisdicional*.

Entre nós, a preocupação com o acesso à justiça começou a ser sentida principalmente a partir da década de oitenta do século XX, tendo espaço na década subsequente o problema da adequação, da efetividade e da tempestividade da tutela jurisdicional na nossa processualística. Sem receio, é possível afirmar que ainda hoje os grandes temas do direito processual civil brasileiro estão plasmados na análise e na densificação do direito fundamental ao *processo justo* e à *tutela jurisdicional adequada, efetiva e tempestiva dos direitos*.

Nada obstante a literatura brasileira sobre a tutela dos direitos e sua correlata tutela jurisdicional seja hoje abundante, não deixa de causar certo estranhamento o fato de o estudo da principal técnica processual para coerção ao cumprimento das decisões judiciais – as *astreintes* – não ter logrado mesma sorte. No direito brasileiro, ocupa lugar singular a obra que ora apresento já na segunda edição ao público, de meu caríssimo e dileto *amigo* Guilherme Rizzo Amaral. É a única obra dedicada ao tema em nossa doutrina.

A ausência de outros livros sobre as *astreintes*, no entanto, deixa de causar maior espanto e é rapidamente compreendida quando o estudante, o estudioso e o prático passam a ler e consultar a obra que tenho a honra de prefaciar – *Guilherme Rizzo Amaral esgotou o tema tanto do ponto de vista teórico como do ponto de vista prático*. A prazerosa leitura e consulta de seu texto faz nascer naturalmente no leitor a convicção de que nada mais precisa ser dito a respeito do assunto enfrentado.

Trata-se de *obra fundamental da nova processualística*. Escrita com mão de mestre, não se furta à verticalização teórica dos temas nem ao enfrentamento de todos os problemas práticos – e são inúmeros os problemas – suscitados pela utilização da multa coercitiva no direito brasileiro. Essas duas dimensões da obra, aliás, retratam bem o perfil de seu Autor: de um lado, Guilherme Rizzo Amaral é um estudioso profundo do direito processual civil, Mestre e Doutor em Direito, professor de escol, o que explica a excelência teórica e a clareza de seu texto; de outro, advogado militante de notórias qualidades, sendo conhecido e reconhecido pelos seus pares como superlativamente competente e combativo.

Com esses predicados, *As Astreintes e o Processo Civil Brasileiro* teve a repercussão que era de se esperar. São inúmeros os julgados de Tribunais brasileiros que se valem das lições de Guilherme Rizzo Amaral para fundamentação de seus arestos. São inúmeros os livros e artigos de doutrina que dialogam com o pensamento de meu amigo Guilherme.

Penso que não me equivoco ao comparar a leitura de um bom livro com outros prazeres ligados à vida do espírito. Penso ainda que não estou em arroubos de originalidade em traçar um paralelo entre música e literatura. Nessa linha, se pudesse buscar um paralelo entre o texto de Guilherme Rizzo Amaral e a música, diria que a impressão que tenho da leitura de suas lições se equipara a impressão que tive ao ouvir, pela primeira vez, *Kind of Blue*, mítico trabalho de Miles Davis. Guilherme e Miles superam qualquer expectativa.

Àqueles que ainda não conhecem o livro que ora tenho a honra de prefaciar, recomendo a imediata leitura e meditação. Todos os outros, tenho certeza, já estão novamente com o livro às mãos.

Inverno em Porto Alegre, 2009.

Prof. Dr. Daniel Mitidiero

Professor Adjunto de Direito Processual Civil da PUCRS,
nível de graduação, especialização e pós-graduação em
senso estrito (mestrado e doutorado).

Prefácio à 1ª edição

Concebida e apresentada originalmente como dissertação de mestrado, esta obra encantou a banca examinadora, que lhe atribuiu a nota dez. Isso poderá não significar muito, porque "trabalho acadêmico" tem às vezes o significado de "inútil". Não é o caso desta obra, de Guilherme Rizzo Amaral, que tenho a honra de apresentar. É obra acadêmica, sim, porque elaborada na academia, com observância de suas regras, mas não é uma obra acadêmica, no sentido de distanciamento da prática jurídica atual.

Até pouco tempo, sob o paradigma do Código de Napoleão, havia certa relutância em admitir-se a exigência de cumprimento específico de deveres e obrigações, contentando-se, doutrina e legislação, com o sucedâneo das perdas e danos. Levava-se às últimas consequências um princípio de liberdade (*nemo potest praecise cogi ad factum*), com execução a recair exclusivamente sobre o patrimônio do devedor. Não eram ideias desprezíveis, porque se tratava, na essência, de resguardar a liberdade individual. Contudo, a sociedade moderna tomou novo rumo. Não mais se contentou com o sucedâneo das perdas e danos. Passou a exigir, não mais como exceção, mas como regra, o cumprimento específico das obrigações. Surgiram as *astreintes*, multa diária, imposta pelo juiz, para dobrar a vontade do devedor condenado. Mais recentemente, na busca de um "processo de resultados", passou-se a dispensar a própria condenação. Surgiu a "antecipação de tutela", possibilitando-se a imposição de multas coercitivas antes mesmo de declarada, com força de coisa julgada, a própria existência do dever ou da obrigação.

Mas não são poucos os problemas que daí exsurgem. As *astreintes* têm caráter acessório. Supõem decisão judicial impondo ou declarando dever do réu. Como conciliar a imposição imediata de multa com a possibilidade de posterior declaração de inexistência do dever? As *astreintes* não têm caráter punitivo, mas coercitivo. Visam tão só a pressionar o réu ao cumprimento da ordem judicial. Daí o paradoxo. Se, apesar de tudo, persiste o descumprimento, a multa torna-se exigível, mas, nesse caso (é preciso reconhecer), as *astreintes* já não terão atingido sua finalidade.

Dispensada a condenação, passou-se a qualificar como "mandamental" o provimento que impõe ao réu a prática de certo ato, sob pena de multa, geralmente diária.

Trata o autor de ir desenredando os nós que se apresentam na concepção e aplicação do instituto.

Observa que, nos termos dos artigos 461 e 461-A, do Código de Processo Civil, são as obrigações de fazer ou de não fazer, fungíveis ou infungíveis, bem como as de entregar coisa, certa ou incerta, as que ensejam a utilização das *astreintes* como meio de coerção, excluídas as obrigações de prestar declaração de vontade e as de pagar quantia em dinheiro. Excluem-se, também, as obrigações que envolvam direito moral do artista (autor, escritor, pintor, poeta, etc.). Por quê? Assim como para as demais questões, a resposta há de ser buscada no texto do autor, que fundamenta, com clareza, cada uma de suas conclusões.

As *astreintes* têm como destinatário o réu, ele tão somente, vedada sua imposição ao autor, bem como a outros sujeitos do processo. Podem ser fixadas independentemente de pedido do autor, com suposta obediência aos princípios da razoabilidade e da proporcionalidade (Não deixam de ser um tanto assustadores os poderes assim conferidos ao juiz, que facilmente pode descambar para o arbítrio).

A multa não pode ser retroativa, dada sua finalidade de coagir ao cumprimento, e começa a correr desde o momento do descumprimento. Cessa a contagem (se fixada por período de tempo, como dia ou minuto), com o atendimento à ordem judicial; pela impossibilidade do cumprimento da obrigação, com ou sem culpa do réu; pela opção do autor por perdas e danos; pela adoção exclusiva de atos de sub-rogação; ou mesmo pelo desaparecimento da capacidade de pressão das *astreintes*, como no caso de insolvência do demandado.

Embora as *astreintes* sejam usualmente fixadas por período de tempo, a multa pode ser fixa. Esta é própria dos direitos cuja violação se consuma instantaneamente; aquelas, dos direitos cuja violação constitui ilícito continuado. A diferença decorre, pois, do objeto da tutela.

Fixadas por período de tempo, o valor unitário das *astreintes* pode ser alterado para mais ou para menos, conforme se mostre excessivo ou insuficiente para o fim colimado, que é o de quebrar a resistência do devedor. De sua finalidade decorre também a exigência de que se conceda ao réu o tempo necessário para o cumprimento da obrigação, só incidindo a multa depois de esgotado. O adimplemento parcial autoriza a redução das *astreintes*, se divisível a obrigação. Em qualquer caso, o valor da multa deve ser suficientemente elevado, para que não se ofereça ao réu a alternativa de pagar a multa, em lugar de cumprir a obrigação. Por isso mesmo, o valor da multa não se limita ao valor da obrigação declarada na decisão judicial, não incidindo, na espécie, o disposto no artigo 412 do Código Civil de 2002 (correspondente ao artigo 920 do Código Civil de 1916). Podem, inclusive, revestir-se de caráter progressivo, aumentando à medida do tempo do descumprimento.

Nos Juizados Especiais Cíveis, Federais e Estaduais, o valor das *astreintes* não é limitado ao valor da alçada.

Tendo natureza e finalidade próprias, as *astreintes* podem ser cumuladas com perdas e danos, multa moratória, condenação por litigância de má-fé, multa por *contempt of court*, crime de desobediência, bem como com outras sanções, processuais, cíveis, administrativas e penais.

A improcedência da ação determina a extinção do crédito decorrente da incidência das *astreintes*. A procedência não repristina as fixadas em antecipação da tutela, posteriormente cassada por decisão de igual ou superior hierarquia.

A imposição de *astreintes*, assim como a determinação de seu valor, não constitui "questão decidida, relativa à mesma lide". Não há coisa julgada.

O artigo 645, parágrafo único, do Código de Processo Civil, estabelece que o juiz pode reduzir o valor da multa prevista em título executivo extrajudicial, fixada por dia de atraso no cumprimento da obrigação. Essa multa tem natureza moratória, podendo, pois, ser cumulada com outra, de maior ou menor valor, a título de *astreintes*.

Estas, ainda que fixadas pelo juiz, revertem em favor do autor, que é o legitimado para a sua execução. Daí podem surgir situações de antinomia entre os princípios da efetividade dos provimentos judiciais e o do enriquecimento injusto, a exigir a devida ponderação judicial.

Não revertem, porém, em favor do autor as *astreintes* fixadas em ação civil pública, não obstante sua legitimidade para a execução do crédito correspondente.

O valor das *astreintes* é líquido e certo, para o efeito de execução, apurando-se seu valor por simples cálculo aritmético.

A execução é condicionada à procedência da ação, por sentença transitada em julgado ou atacada por recurso com efeito meramente devolutivo. É provisória a execução nesta última hipótese.

Fixada a multa em moeda corrente, cabe correção monetária de seu valor unitário, multiplicando-se o total pelo número dos dias de sua incidência.

Juros moratórios, na cobrança da multa, contam-se a partir da citação para a execução.

Eis aí as principais conclusões do autor, que não se limita a lançar princípios e regras gerais, mas desce ao exame de múltiplas hipóteses que, embora correntes no quotidiano forense, com frequência deixam perplexos os operadores do Direito.

José Maria Tesheiner

Desembargador aposentado do Tribunal de Justiça do RS
Livre-Docente e Doutor em Direito, pela UFRGS
Professor no Curso de Mestrado em Direito da PUC/RS

Sumário

Apresentação à 2ª edição 21

1. Introdução 23

2. O Processo Civil e a busca da tutela específica 25
    2.1. O Processo Civil como meio de realização material (concreta) do Direito 25
    2.2. A busca da tutela específica: do Direito Romano às *astreintes* francesas. Medidas análogas no direito comparado 28
        2.2.1. Direito romano 29
        2.2.2. Direito intermédio 32
        2.2.3. O Direito francês e as *astreintes* 33
        2.2.4. O sistema da *Common Law* e o *contempt of court* 36
        2.2.5. Direito italiano 42
        2.2.6. Direito alemão 43
        2.2.7. Direito português 44

3. As *astreintes* e o Processo Civil brasileiro: previsão legal, natureza, conceito e sistemática de aplicação 47
    3.1. A previsão legislativa das *astreintes* no Brasil 47
        3.1.1. Cumprimento e Execução da Sentença: Leis 11.232/05 e 11.382/06 e seu impacto na sistemática das *astreintes* 61
    3.2. Quadro comparativo Brasil-França 62
    3.3. Da natureza jurídica das *astreintes* brasileiras 67
        3.3.1. Tutela jurisdicional ou técnica de tutela? 68
        3.3.2. A suposta eficácia moralizadora das *astreintes* e sua proteção à dignidade da justiça 70
        3.3.3. O caráter coercitivo das *astreintes* 75
        3.3.4. O caráter acessório das *astreintes* 79
        3.3.5. O caráter patrimonial e a discussão acerca da natureza de pena privada 83
        3.3.6. A relação das *astreintes* com a carga da eficácia das decisões judiciais 87
    3.4. Conceito 100
    3.5. Tipos de obrigações que, impostas por decisão judicial, autorizam a utilização das *astreintes* 102
        3.5.1. Obrigações de fazer e não fazer. Obrigações de entrega de coisa 102
            3.5.1.1. Obrigação de exibir documentos 105
        3.5.2. Obrigação de prestar declaração de vontade 106
            3.5.2.1. A outorga de escritura e a utilização das *astreintes* 108
        3.5.3. Obrigações de fazer fungíveis e infungíveis 113

3.5.3.1. Do direito moral do artista ou da incoercibilidade da liberdade de
criação pessoal 120

3.5.4. Do descabimento da utilização das *astreintes* como coerção ao cumprimento da
obrigação de pagar quantia 121

3.5.5. O sujeito passivo da multa, sua aplicação contra a Fazenda Pública,
as *astreintes* contra o autor e contra terceiros 127

3.6. Efetividade da multa: aplicação dos princípios da razoabilidade e da
proporcionalidade 133

3.7. Momentos e iniciativa de fixação e modificação das *astreintes* 136

3.7.1. Antecipação da tutela 137

3.7.2. Sentença 138

3.7.3. Decisões dos tribunais (monocráticas ou colegiadas) 140

3.7.4. Despacho citatório no processo executivo (títulos executivos extrajudiciais) 140

3.8. Da incidência da multa 141

3.8.1. Termo *a quo* 141

3.8.1.1. Da necessidade de intimação pessoal do réu para o cumprimento da
decisão e da inaplicabilidade dos artigos 184, §§1º e 2º, e 241 145

3.8.2. Termo *ad quem* 148

3.8.3. A unidade de tempo 153

3.8.4. As obrigações de cunho instantâneo e a chamada *multa fixa* 153

3.8.5. Unidades inferiores e superiores de tempo 158

3.8.6. A modificação do *quantum* no curso da incidência das *astreintes* 162

3.8.7. A multa não pune atraso, mas, sim, desestimula o descumprimento 162

3.8.8. Cumprimento parcial da obrigação e *astreintes pro rata* 164

3.9. A determinação do *quantum* da multa 167

3.9.1. Os limites do *quantum* 170

3.9.1.1. Dispositivos do direito material 170

3.9.1.2. Convenção das partes 174

3.9.1.3. Juizados Especiais 179

3.9.2. A progressividade 183

3.10. A cumulação com as perdas e danos e com as demais sanções administrativas, cíveis,
penais e processuais 186

3.10.1. Perdas e danos 186

3.10.2. Multa moratória 186

3.10.3. Litigância de má-fé, multa punitiva do artigo 14, parágrafo único, e demais
multas processuais 188

3.10.4. O crime de desobediência 189

**4. Efeitos das decisões finais de mérito, dos recursos e das ações autônomas na
incidência e exigibilidade das *astreintes*** 193

4.1. A decisão final de mérito e sua implicação na exigibilidade do crédito resultante da
incidência das *astreintes* 194

4.1.1. Decisão final de improcedência da ação 194

4.1.2. Decisão final de procedência da ação 204

4.2. Os efeitos dos recursos sobre as *astreintes* 205

4.2.1. Os efeitos imediatos (recebimento) e mediatos (julgamento) do recurso de agravo
de instrumento contra a decisão que fixa *astreintes* em antecipação da tutela ... 205

4.2.2. Os efeitos imediatos (recebimento) e mediatos (julgamento) do recurso de
apelação sobre as *astreintes* 211

4.2.2.1. Apelação do autor contra sentença de improcedência, em ação na qual foi deferida a antecipação dos efeitos da tutela acrescida das *astreintes* . 212

4.2.2.2. Apelação do réu contra sentença de procedência. Apelação com efeito meramente devolutivo (sentença na qual foi confirmada a antecipação dos efeitos da tutela acrescida das *astreintes*, ou fixadas estas últimas), e com ambos os efeitos 214

4.3. A revogação, pelo próprio juiz, das decisões interlocutórias que contêm a previsão de *astreintes* 216

4.4. Os efeitos de outros recursos e de ações autônomas sobre a incidência e exigibilidade das *astreintes* 217

4.4.1. Embargos de declaração 217

4.4.2. Impugnação ao cumprimento da sentença e embargos à execução 220

4.4.3. Outros recursos e ações: uma regra geral 222

4.4.3.1. Da comunicação do réu acerca das decisões que suspendem ou restabelecem a exigibilidade de sua conduta 223

5. *Astreintes* e Processo de Execução ou Cumprimento de Sentença 225

5.1. Breves considerações acerca da execução das obrigações de fazer, não fazer e entregar coisa 225

5.1.1. A sistemática do processo de execução de obrigações de fazer e não fazer anterior à Lei 10.444/02, e a aplicabilidade das *astreintes*. Valor unitário da multa e coisa julgada 226

5.1.2. Os títulos executivos extrajudiciais e a aplicação das *astreintes* 230

5.1.3. O termo de ajustamento de conduta e a atribuição de obrigações a terceiros 231

5.2. A execução civil do crédito resultante das *astreintes* na sistemática da Lei 11.232/05 . . 232

5.2.1. Titularidade do crédito resultante da aplicação da multa e legitimidade para sua execução: uma insuperável antinomia? 232

5.2.1.1. Ações civis públicas 243

5.2.2. A espécie de execução por quantia certa 244

5.2.3. A execução das *astreintes* e o princípio da *nulla executio sine titulo* 245

5.2.4. Requisitos da obrigação para a execução por quantia certa: liquidez, certeza e exigibilidade 247

5.2.4.1. Certeza 249

5.2.4.2. Liquidez 250

5.2.4.2.1. Procedimento para a liquidação e cobrança do crédito resultante da incidência das *astreintes* 251

5.2.4.3. A exigibilidade das *astreintes* e sua execução provisória ou definitiva . . 254

5.2.4.3.1. *Astreintes* fixadas no processo de conhecimento (art. 461, § 4º) 255

5.2.4.3.2. *Astreintes* fixadas no despacho da inicial no processo de execução de título extrajudicial (art. 645, *caput*) 264

5.2.5. Execução parcial 265

5.2.6. A extinção (total ou parcial) do crédito resultante das *astreintes* e a coisa julgada . 266

5.2.7. Da correção monetária e incidência de juros sobre o crédito resultante da incidência das *astreintes* 271

6. *Astreintes* e processo administrativo 273

7. *Astreintes* e arbitragem 277

Referências bibliográficas 279

Índice alfabético-remissivo 287

Apresentação da 2ª edição

A primeira versão desta obra foi escrita no ano de 2002, sob a forma de dissertação de mestrado, já sob a égide da reforma havida com a Lei 10.444/02. Até a sua publicação, no início do ano de 2004, esta fora a última modificação importante que sofrera o Código de Processo Civil. Sobrevieram, no entanto, nos anos de 2005 e 2006, as Leis 11.232 e 11.382, que modificaram substancialmente a sistemática de execução das sentenças, em especial das sentenças condenatórias a pagamento de quantia. Como a cobrança do crédito resultante da incidência das *astreintes* se dava através de processo autônomo de execução, a extinção deste pela reforma processual, com a instituição das *fases* de cumprimento e de execução de sentença, fez com que se tornasse imprescindível uma ampla revisão do texto original. Esta e outras reformas pontuais que sofreu o Código ensejaram um amplo exercício de conformação de nossas propostas à nova realidade legislativa.

Além disso, a jurisprudência que se desenvolveu em torno do tema foi se modificando e solidificando, sendo imprescindível, para um livro que tem a pretensão de servir também como um guia prático para os operadores do direito, uma ampla revisão e atualização neste particular. Assim, tivemos o cuidado de, mantendo a menção àqueles precedentes que ainda se podem dizer atuais, trazer à baila inúmeras outras decisões que permitirão ao leitor se situar no que toca ao trato do tema pelos tribunais.

Não haveria sentido, no entanto, em resumir à mera atualização legislativa e jurisprudencial a revisão para a segunda edição deste livro, pois, ao publicá-lo, nosso objetivo nunca foi o congelamento das ideias nele sustentadas, muito menos o mero registro delas para a posteridade. Pelo contrário: o propósito ao lançar ao público e submeter à crítica nossas ideias foi o de iniciar um diálogo que permitisse, com sorte, contribuir para o desenvolvimento do tema; e, certamente, contribuir para a evolução de nosso próprio pensamento.

Neste aspecto, o retorno que tivemos foi por demais generoso.

Seja através de críticas doutrinárias, seja pelos questionamentos em salas de aula ou em palestras sobre o tema, seja ainda nas referências que a obra recebeu na jurisprudência – todas estas contribuições igualmente honrosas e fundamentais –, fomos colhendo, aqui e ali, indicativos de novos caminhos a percorrer, bem como de velhos caminhos a trilhar de outras formas, com outro olhar.

Assim é que resolvemos, nesta segunda edição, abordar casos práticos que reiteradamente nos foram trazidos para discussão, como a aplicação da multa para a entrega de escritura, os limites da multa aplicada em Termo de Ajustamento de Conduta, ou ainda as *astreintes* no processo administrativo e na arbitragem.

Da mesma forma, ampliamos a abordagem de temas que, na primeira edição, acabaram não recebendo a importância que o dia a dia forense acabou lhes dando, como ocorre com a definição da forma de intimação do réu e da contagem do prazo para cumprimento da decisão judicial, ou da impossibilidade de aplicação das *astreintes* para a coerção das obrigações de pagar quantia.

Não apenas temas práticos receberam nossa atenção. Também revisitamos capítulos que tratavam sobre as raízes históricas da busca pela tutela específica e seu estado atual no direito comparado, oxigenando-os com a consulta a textos não explorados na edição anterior. Além disso, novas ideias desenvolvidas por conta de nossa tese de doutorado na Universidade Federal do Rio Grande do Sul (publicada sob o título *Cumprimento e execução da sentença sob a ótica do formalismo-valorativo*. Porto Alegre: Livraria do Advogado, 2008) contribuíram para uma definição mais precisa do marco teórico em que inserimos nosso estudo.

Por fim, acrescentamos índice alfabético-remissivo, em especial para auxiliar o leitor que busca, na consulta da obra, respostas para problemas recorrentes no trato da matéria. É pouco, ainda, para agradecer a receptividade que o trabalho teve. Mas é o possível, por ora. Espero ter a oportunidade de continuar dialogando como todos aqueles que se interessem sobre este ou outros temas relacionados ao processo civil.

Porto Alegre, RS, inverno de 2009.

Guilherme Rizzo Amaral

guilherme.amaral@veirano.com.br
guilherme.r.amaral@hotmail.com

1. Introdução

Falar-se, hoje, em efetividade do processo civil é lugar-comum para quem quer que se preocupe com a concretização do princípio do devido processo legal, insculpido não apenas na Constituição Federal, mas no espírito do homem moderno. Uma justiça formal, preocupada em declarar, menos do que em realizar, já não pode ser classificada apenas de insuficiente ou defeituosa. É, sim, teleologicamente inapta, débil e impotente.

Entretanto, não basta alterarem-se os paradigmas teleológicos do processo, visando-se à busca de resultados práticos, e não à mera declaração formal da existência de direitos, se não forem disponibilizadas aos juízes ferramentas hábeis para a consecução deste objetivo. Neste ponto, insere-se o tema proposto para a presente obra.

As *astreintes* no direito processual civil brasileiro, embora não recebam esta denominação na legislação – que preferiu o termo "multa" à expressão francesa –, há muito se consagraram como meio de coerção do réu para o cumprimento de decisões judiciais. Os escassos dispositivos de lei dedicados à sua sistematização e, sem dúvida, para ela insuficientes, não correspondem à quantidade de ensinamentos doutrinários e jurisprudenciais que podem ser colhidos desde as antigas ações cominatórias do Código Processual de 1939, até aquelas previstas nos artigos 461 e 461-A do CPC, introduzidas pela Lei 10.444, de 7 de maio de 2002.

É inegável, entretanto, talvez por seu caráter *acessório* ao processo (visto que constituem técnica de tutela, e como tal destinam-se à coerção para o cumprimento de determinações judiciais), que as *astreintes* até hoje receberam tratamento *secundário*, seja pela jurisprudência, seja pela doutrina. Esperava-se, principalmente desta, uma sistematização harmoniosa do instituto, mas o que se vê, salvo raras exceções, é uma abordagem limitada, geralmente como complementação a temas não menos palpitantes, como "tutela específica", "tutela antecipada", "tutela diferenciada", "tutela inibitória" e o próprio processo de execução.

A proposta, neste estudo, é inverter-se a lógica até então predominante na abordagem da matéria. Analisar-se-á a multa, também denominada de *astreintes*, sob sua própria ótica. Buscar-se-á sua natureza, sua função, formas de sua aplicação e, principalmente – o que consiste na inversão de lógica antes referida –,

As *Astreintes* e o Processo Civil Brasileiro

estudar-se-ão as consequências que outros institutos do direito processual civil, como, por exemplo, os recursos e seus efeitos, produzirão sobre a incidência e exigibilidade da multa.

Este estudo possui dois claros e interdependentes objetivos. Busca-se, primeiramente, através da análise crítica das fontes conhecidas do direito e, principalmente, da adoção de *postura* crítica em relação a elas – priorizando-se, assim, um posicionamento próprio –, dirimir as dúvidas quanto a aspectos práticos e teóricos do instituto. Tarefa mais difícil, entretanto, é a sistematização das conclusões advindas de tal atividade, através da construção de um todo lógico e coerente, de forma a encontrar uma solução de segurança para a aplicação da multa, compromissada em realizar, da forma mais eficaz e justa, o seu fim: pressionar o réu para alcançar a tutela específica ao autor, sem, é claro, descurar de outro valor tão caro ao processo, qual seja, o da segurança.[1]

A análise exaustiva de temas afins do processo civil, assim como o estudo aprofundado de medidas análogas no direito comparado, não serão objeto do presente estudo. Tratar-se-á das *astreintes* no processo civil *brasileiro*. Toda e qualquer aventura em terreno diverso deste deve ser criticada com a candura de quem reconhece não ser aquela o escopo principal deste trabalho.

A mesma suavidade, entretanto, não esperamos quando o assunto for a sistemática das *astreintes* no processo civil brasileiro. Nesta investigação, partimos de olhos e ouvidos bem abertos, sem quaisquer verdades absolutas. Encontramos em Descartes um semelhante nesta postura, visto que "como um homem que caminha sozinho nas trevas, resolvi ir tão lentamente, e usar de tanta circunspecção em todas as coisas que, mesmo avançando muito pouco, pelo menos evitaria cair. Não quis, de modo algum, começar por rejeitar completamente quaisquer das opiniões que porventura se insinuaram outrora em minha confiança, sem que passassem pelo crivo da razão, antes de despender bastante tempo na elaboração do projeto da obra que iria empreender, e em procurar o verdadeiro método de se chegar ao conhecimento de todas as coisas que meu espírito fosse capaz".[2]

Em razão desta atitude – eminentemente racional e desprovida de preconceitos –, muitas das inevitáveis "primeiras impressões" sobre o tema sucumbiram com o passar do tempo e desenrolar da pesquisa; esperamos, é claro, que seja para dar à luz ideias mais maduras, coerentes e seguras, o que, talvez pelo longo e incessante envolvimento com o crescimento e resultado deste estudo, não sejamos, por hora, capazes de julgar.

---

[1] Sobre a importância dos valores efetividade e segurança para o processo, veja-se ALVARO DE OLIVEIRA, Carlos Alberto. *Do formalismo no processo civil*. 3ª ed. rev., atual. e aumentada. São Paulo: Saraiva, 2009. p. 79-83 e 86-90 e AMARAL, Guilherme Rizzo. *Cumprimento e execução da sentença sob a ótica do formalismo-valorativo*. Porto Alegre: Livraria do Advogado, 2008. p. 47-78.

[2] DESCARTES, René. *Discurso do método*. Apresentação e comentários de Denis Huisman. Trad. de Elza Moreira Marcelina. Brasília: Editora Universidade de Brasília, 1985, c1981, p. 43.

2. O Processo Civil e a busca da tutela específica

2.1. O PROCESSO CIVIL COMO MEIO DE REALIZAÇÃO MATERIAL (CONCRETA) DO DIREITO

Pode-se dizer, seguramente, que o "ordenamento que não assegura a atuação das regras que estabelece, mediante sistema eficaz de tutela, destinado a garantir o interesse de quem se encontra em situação de vantagem e não obteve o reconhecimento voluntário de seu direito subjetivo, não pode ser considerado jurídico".[3] Este pensamento, externado por Bedaque, resume o mote das mudanças que vem sofrendo a sistemática do processo civil brasileiro.

Como já salientava Cássio Scarpinella Bueno, "a tendência atual do Processo Civil Contemporâneo é a de resguardar àquele que se apresenta em juízo com plausibilidade de razão (apreendida pelo magistrado, mediante uma cognição abreviada, isto é, *sumária*) o direito em espécie, relegando, a um segundo plano, sua reparabilidade patrimonial".[4]

Para resguardar o direito específico do jurisdicionado, a adoção de mecanismos ágeis e eficazes e sua colocação à disposição do juiz tem sido a tônica das reformas que vem sofrendo o Código de Processo Civil brasileiro, notadamente desde 1994, com a adoção da regra geral de antecipação da tutela no seu artigo 273. Mudou-se, como salienta Arruda Alvim, a forma de raciocinar do magistrado:

> Se o processo civil exige a "verdade", em grande escala, pode-se dizer que na antecipação de tutela, em que é possível produzirem-se efeitos a partir da probabilidade do autor ter

---

[3] BEDAQUE, José Roberto dos Santos. *Tutela cautelar e tutela antecipada: tutelas sumárias e de urgência.* São Paulo: Malheiros, 1998, p. 10.

[4] BUENO, Celso Scarpinella. *Tutela antecipada e ações contra o poder público (reflexão quanto a seu cabimento como conseqüência da necessidade de efetividade do processo).* (Aspectos polêmicos da antecipação de tutela. Coord. WAMBIER, Teresa Arruda Alvim. São Paulo: Revista dos Tribunais, 1997, p. 38).

As *Astreintes* e o Processo Civil Brasileiro

razão, isto representa uma modificação na forma de raciocinar. Isto porque chama-se silogismo dialético aquele que conclui de premissas prováveis.

Há, desta forma, um sacrifício da certeza e da segurança, em prol de uma maior celeridade, e, principalmente, de um sentimento de justiça, através do qual não se condescende com a possibilidade da perda de um direito provável, em favor de uma situação oposta que, por isso mesmo, se apresenta como ilícita e não merecedora de proteção.[5]

Não bastando apenas adiantarem-se efeitos de uma eventual sentença de procedência, é curial que possam eles ser efetivados no mundo dos fatos. Sem dúvida, é preciso se complementar o conceito de poder jurisdicional, "inserindo-se nele a ideia de *sanção*, sem a qual a *decisão* poderia ficar ineficaz".[6] Trata-se, ademais, de uma demanda da própria Constituição Federal, como bem refere Teresa Arruda Alvim Wambier:

Tem-se como certo, hoje, que a garantia fundamental de acesso à jurisdição quer dizer direito de acesso à efetiva tutela jurisdicional, isto é, direito à obtenção de provimentos que sejam capazes de promover alterações nos planos jurídico e empírico. Não basta mais a mera tutela formal dos direitos. Esta, se estiver desacompanhada da produção de efeitos práticos, produzidos tempestivamente, é tida como uma forma de desatenção ao preceito constitucional que garante o acesso à justiça.[7]

É inegável, ainda, que a Constituição Federal, ao não excluir da apreciação do Poder Judiciário lesão ou *ameaça* a direito (art. 5°, XXXV), demanda não apenas uma justiça reparatória ou ressarcitória, mas uma justiça que iniba de forma eficaz a prática do ilícito. Note-se que o foco da atuação do poder jurisdicional desloca-se do *dano* para o *ilícito*, sendo este independente daquele. Assim, "se o ilícito independe do dano, deve haver uma tutela contra o ilícito em si, e assim uma tutela preventiva que tenha como pressuposto apenas a probabilidade de ilícito, compreendido como ato contrário ao direito".[8]

Ressalte-se, ainda, que não há ilícito mais nefasto do que o descumprimento de ordens emanadas do Poder Judiciário: "Perder-se a confiança na Justiça é o último e pior mal que pode assolar o Estado Democrático de Direito".[9]

Ciente desta máxima, o legislador aparelhou o instituto da antecipação da tutela (inicialmente, para as decisões relativas a obrigações de fazer e não fazer e, após, para as de entregar coisa[10]), não apenas com mecanismos de coerção (nos

---

[5] ARRUDA ALVIM. Obrigações de fazer e não fazer – Direito material e processo. *Revista de Processo*, n° 99, p. 31.

[6] DINAMARCO, Cândido Rangel. *A instrumentalidade do processo*. 10ª ed. São Paulo: Malheiros, 2002., p. 125.

[7] WAMBIER, Luiz Rodrigues e WAMBIER, Teresa Arruda Alvim. *Breves comentários à 2ª fase da reforma do Código de Processo Civil*. São Paulo: Revista dos Tribunais, 2002, p. 19/20.

[8] MARINONI, Luiz Guilherme. *Novas linhas do processo civil*. 4ª ed., revista e ampliada. São Paulo: Malheiros, 2000, p. 113.

[9] THEODORO JÚNIOR, Humberto. Tutela específica das obrigações de fazer e não fazer. *Revista de Processo*, n° 105, janeiro-março 2002, p. 33.

[10] Vide Item 3.1.

quais se inserem as *astreintes*), mas também meios sub-rogatórios de efetivação da tutela específica ou obtenção de resultado prático equivalente (art. 461, § 5°).[11]

Combinando-se a celeridade inerente às tutelas de urgência, com mecanismos de coerção ou sub-rogação, busca-se reaproximar o direito processual do direito material. Realizando-se este de forma justa, efetiva e concreta, o processo terá atingido seu fim constitucional, prestigiando a tutela específica.[12] Esta, por sua vez, encontra escorreita fundamentação na voz de Barbosa Moreira: "[...] se o processo constitui instrumento para a realização do direito material, só se pode a rigor considerar plenamente eficaz a sua atuação quando ele se mostre capaz de produzir resultado igual ao que se produziria se o direito material fosse espontaneamente observado".[13]

Como observa Sérgio Gilberto Porto, "busca-se, portanto, a chamada *situação jurídica final* que nada mais é do que aquela 'que deveria ter sido oferecida ao credor por ato do obrigado e não o foi (CPC, arts. 639-641)'".[14]

Uma das ferramentas para a concepção de um "processo de resultados" é, sem dúvida, a multa que ora denominamos de *astreintes*. Trata-se de uma forma de coerção do réu para o alcance da tutela específica, alvo, como visto, das maiores e mais relevantes preocupações do processualista contemporâneo.

É importante, entretanto, salientar que a obtenção da tutela específica é meta que se desenvolveu, ao longo dos séculos, não de forma linear e progressiva, senão com vários avanços e retrocessos, estes, como se verá a seguir, frutos de uma concepção de processo civil fundada nas premissas de um Estado Liberal influenciado pelo dogma da intangibilidade do indivíduo.

Saliente-se, ainda, que as *astreintes* não são destinadas tão somente às chamadas tutelas de urgência, mas também à própria tutela definitiva, como técnica de obtenção desta última.

---

[11] As referências a artigos de lei referem-se ao Código de Processo Civil, salvo quando houver menção expressa noutro sentido.

[12] De modo algum se pretende circunscrever a função do processo à realização do direito material, quem vem a ser tão somente um de seus vários escopos, qual seja, o *escopo jurídico* (DINAMARCO, Cândido Rangel. *Instituições de direito processual civil.* 4ª ed., revista, atualizada e com remissões ao Código Civil de 2002. São Paulo: Malheiros, 2004. V. 1. p. 134). É sabido, ademais, que o processo, como fenômeno cultural, vê a sua própria função variar "conforme a época e a mentalidade reinante" (LACERDA, Galeno. *Processo e Cultura. Revista de Direito Processual Civil,* São Paulo, v. 2, n. 3, p. 74-86, jan./jun. 1961, p. 75). Não se pode deixar de reconhecer o compromisso do processo com a pacificação social a realização de justiça, tudo através de critérios igualmente justos que permeiem o procedimento em contraditório. Nesse contexto, a busca da tutela específica insere-se no que cunhamos chamar de *complexo valorativo da efetividade,* que se apresenta em permanente tensão com o *complexo valorativo da segurança.* Sendo assim, não se trata de buscar cegamente a tutela específica no processo, mas de encará-la como um dos valores a realizar, sempre em equilíbrio com os demais, informados também pelo *complexo valorativo da segurança* (AMARAL, Guilherme Rizzo. *Cumprimento e execução da sentença sob a ótica do formalismo-valorativo.* Porto Alegre: Livraria do Advogado, 2008. p. 27, 47 e segs.).

[13] BARBOSA MOREIRA, José Carlos. *A tutela específica do credor nas obrigações negativas, Temas de direito processual. Apud,* ALVIM, J. E. Carreira. *O Direito na doutrina.* Curitiba: Juruá, 1998, p. 42.

[14] PORTO, Sérgio Gilberto. *Comentários ao Código de Processo Civil.* São Paulo: Revista dos Tribunais, 2000. V. 6, p. 118.

Por essa razão, é importante que se faça, ainda que brevemente, um histórico das medidas judiciais criadas para o alcance da tutela específica e, ainda, uma análise do resultado da sua evolução em outros ordenamentos jurídicos. Somente assim ter-se-á a noção exata do estágio em que se encontra o Direito processual brasileiro no alcance de sua função constitucional.

2.2. A BUSCA DA TUTELA ESPECÍFICA: DO DIREITO ROMANO ÀS *ASTREINTES* FRANCESAS. MEDIDAS ANÁLOGAS NO DIREITO COMPARADO

A importância do estudo do Direito comparado é crescente, dada a aproximação dos institutos jurídicos existentes nos diversos países, em razão de interesses econômicos e da tão propalada globalização. Como salienta Cappelletti, verifica-se "uma força por assim dizer centrípeta de unificação".[15]

Essa tendência à unificação, entretanto, deve ser interpretada com cautela, visto que "não é possível deixar de considerar que a doutrina jurídica de outro país é resultado também de uma tendência evolutiva em determinada sociedade. Por isso deve ser transportada naqueles pontos em que se evidencie possível a adaptação ao ordenamento jurídico nacional ou ainda quando reflita novas aspirações da própria sociedade".[16]

Muito embora não seja objetivo da presente obra a pesquisa exaustiva dos meios de coerção nos ordenamentos jurídicos estrangeiros, para compreender a natureza da medida em estudo é essencial que se perquira acerca de institutos semelhantes mediante análise do Direito comparado.

A escolha dos ordenamentos jurídicos a serem brevemente analisados se deu em razão da influência que aqueles tiveram sobre a construção do sistema processual brasileiro (notadamente os Direitos português, italiano e alemão), bem como pela relevância dos instrumentos de coerção utilizados em determinados países, seja pela semelhança com a multa brasileira (como é o caso das *astreintes* francesas), seja por características inovadoras (como, por exemplo, a forma como é tratada a questão da titularidade da multa no direito português e no direito alemão).

Igualmente essencial é a análise, ainda que breve, da evolução histórica dos meios de coerção do réu, desde a drástica *manus injectio* do Direito romano, até medidas mais recentes, como o *contempt of court* inglês e norte-americano, as *astreintes* francesas e a multa diária brasileira.

---

[15] CAPPELLETTI, Mauro. *Le grande tendenze evolutive del processo civile nl diritto comparato*. Processo e ideologie, Bologna: Il Mulino, 1969, p. 174, *apud* LUCON, Paulo Henrique dos Santos. *Eficácia das decisões e execução provisória*. São Paulo: Revista dos Tribunais, 2000, p. 62.

[16] Idem, p. 63.

Dessa análise, emergirá a conclusão à qual já chegou Popp, ao afirmar que "ao se referir, especificamente, à evolução da forma da exigibilidade do cumprimento das obrigações inadimplidas, percebe-se que ela navega sempre em busca do meio termo entre o direito do credor ao adimplemento do devedor e o direito deste à sua liberdade".[17] Na busca desse "meio-termo", entretanto, as sociedades não escaparam à maximização da proteção aos dois extremos acima referidos, conforme veremos a seguir.

2.2.1. Direito Romano

Conforme refere Othon Sidou,[18] o cumprimento coercitivo da sentença desenvolveu-se, no Direito romano, em duas nítidas etapas: a execução sobre a pessoa do devedor e só indiretamente sobre o patrimônio do devedor, de que era instrumento a *manus injectio*; e a execução sobre o patrimônio e só indiretamente sobre a pessoa, proporcionada pela *actio iudicati*. Com efeito, o divisor de águas entre esses procedimentos se deu no ano de 326 a.C., através da edição da *lex poetelia papiria*, que aboliu o instituto do *nexum*, ou alienação do devedor ao credor em pagamento da dívida insolvida.

Antes da referida lei, o devedor condenado era pessoalmente levado ao pretório para cumprir a obrigação. Caso não o fizesse, e caso não se apresentasse um *vindex* (terceiro sub-rogado que pagaria a dívida ou promoveria a defesa do devedor, comprometendo-se também pessoalmente ao credor), o devedor era amarrado e levado à casa do credor, onde permaneceria por 60 dias. Nesse período, seria levado a três feiras seguidas, para que alguém o redimisse com o pagamento da obrigação. Isso não ocorrendo, o credor poderia dar-lhe a pena capital, desmembrando-lhe o corpo (*partis secanto*)[19] para distribuição se diversos fossem os credores, ou vendê-lo como escravo em algum lugar fora de Roma (*trans Tiberim*), visto que nenhum romano poderia ser cativo naquela cidade.[20]

---

[17] POPP, Carlyle. *Execução de obrigação de fazer*. Curitiba: Juruá, 1995, p. 40.

[18] SIDOU, J.M. Othou. *Processo civil comparado – Histórico e contemporâneo*. Rio de Janeiro: Forense Universitária, 1997, p. 52-54.

[19] Veja-se, a este respeito, a Tábua III da Lei das XII Tábuas: *"Tertiis nundinis partis secanto. Si plus minusve secuerunt, se fraude esto"*. Tradução livre: Na terceira feira, (os credores) em partes dividirão o devedor. Se dividirem a mais ou a menos, não será fraude.

[20] SIDOU, J.M. Othou. *Processo civil comparado – Histórico e contemporâneo*. Rio de Janeiro: Forense Universitária, 1997, p. 53. Registros de tal procedimento encontram-se em Aulo Gélio, *Noctes Atticae*, livro 20, 1, 46: "Erat autem ius interea paciscendi ac, nisi pacti forent, habebantur in vinculis dies sexaginta. Inter eos dies trinis nundinis continuis ad praetorem in comitium producebantur, quantaeque pecuniae iudicati essent, praedicabatur. Tertiis autem nundinis capite poenas dabant aut trans Tiberim peregre venum ibant." Tradução livre: Havia, ademais, naquele tempo, o direito de pactuar e, se não tivesse sido pactuado, por sessenta dias duraria o `vínculo'. Durante esses dias, por três feiras consecutivas, diante do pretor, no comício, seria apresentado o devedor com a indicação da quantia devida. Na terceira feira, porém, aplicava-se-lhe a pena de morte, ou seria vendido além do Tibre (fora de Roma).

Cândido Rangel Dinamarco salienta, ao referir-se ao *trans Tiberim*, que "esse sistema de ameaça de um mal maior em virtude do inadimplemento corresponde ao que hoje se chama *execução indireta* [...], através da qual se procura convencer o devedor a satisfazer voluntariamente o direito do credor, sem contudo se invadir o seu patrimônio".[21]

Talamini percebe também a função de execução indireta na *manus injectio*, ao afirmar: "À parte seus resquícios de autotutela e sua grande carga de mero castigo, a *manus injectio* tinha nítida função coercitiva".[22]

Mesmo após a introdução da *lex poetelia*, persistiu a *manus injectio* juntamente com a *actio iudicati*, que depois veio a substituir completamente aquela, com a extinção do *nexum* sobre a pessoa do devedor.[23] Gradativamente, as sanções corporais passaram a ser substituídas por sanções de ordem patrimonial, destacando-se a *bonorum venditio*, através da qual o credor era imitido na posse da integralidade do patrimônio do devedor, havendo a ameaça de posterior expropriação universal, independentemente do valor do crédito.[24]

A execução indireta, entretanto, cedeu espaço para o modelo de execução por sub-rogação, com a publicização do processo no período pós-clássico e a transferência da função de guarda e alienação de bens aos auxiliares do magistrado (que tinham a incumbência de penhorar bens no valor suficiente para garantir a execução).[25]

É corrente na doutrina a ideia de que a atuação dos meios de coerção, no Direito romano, se deu sempre para a realização de prestações pecuniárias: "Obrigações de entrega de coisa, de fazer e de não fazer convertiam-se em pecúnia, através de procedimento intitulado *arbitrium litis aestimandi*".[26] Para João Calvão da Silva, no entanto, tanto as obrigações de *dare* quanto as de *facere* estavam submetidas ao mesmo regime no Direito romano. A distinção sustentada pela doutrina teria sido fruto de erro dos glosadores, que na Idade Média a teriam "inventado", a partir da constatação de que "a execução *in natura* era fácil nas obrigações de *dare* e difícil, mesmo quase impossível, nas obrigações de *facere*", passando a partir de tal conclusão a interpretar texto de Celsus que autorizaria, segundo os glosadores, a referida distinção.[27] Desse equívoco teria surgido o

---

[21] DINAMARCO, Cândido Rangel. *Execução Civil*. 4ª ed., revista, atualizada e ampliada. São Paulo: Malheiros, 1994, p. 39.

[22] TALAMINI, Eduardo. *Tutela relativa aos deveres de fazer e de não fazer: CPC, art. 461; CDC, art. 84*. São Paulo: Revista dos Tribunais, 2001, p. 43.

[23] Como se lê em Tito Lívio, *Ab Urbe Condita*, livro 8, 28, 1-8, "[...] *pecuniae creditae bona debitoris, non corpus obnoxium esset.*" (Tradução livre: Sujeitos ao crédito fiquem os bens, e não o corpo do devedor).

[24] TALAMINI, Eduardo. Op. cit., p. 44.

[25] Idem, p. 45.

[26] Idem, p. 45.

[27] SILVA, João Calvão da. *Cumprimento e sanção pecuniária compulsória*. 4ª ed. Coimbra: Almedina, 2002. p. 216.

famoso brocardo *Nemo praecise potest cogi ad factum*,[28] cunhado por Favre, no século XVI,[29] e que assim é traduzido por Calvão da Silva:

> Ninguém pode ser coagido precisamente (de uma maneira absoluta) a realizar um facto, porque isso não pode ser feito [...] sem violência (coacção) e sem opressão (impressão-choque), razão por que, nas obrigações de fazer, se sub-roga à prestação o pagamento do *id quod interest*.[30]

Não obstante a controvérsia doutrinária, é nos chamados *interditos* do Direito romano que montam raízes das ações mandamentais hoje presentes em nossa legislação processual.

Desde o período das *legis actiones*, "não poucos eram os interesses ou relações, da mais variada natureza e de maior ou menor importância, assim públicos com privados, de ordem real ou pessoal, desprovidos de ação do *ius civile*".[31] Sendo vedada, nestes casos, a autotutela, os cidadãos romanos recorriam aos pretores, através dos *interdicta*. Os interditos eram ordens (*decreta*) através das quais o pretor ordenava ou proibia que se fizesse qualquer coisa. Consistia o interdito um ato de *imperium* do pretor, e por essa razão diferenciava-se da *ação*, que emanava do poder de jurisdição daquele magistrado.

Como informa Amaral Santos, "o interdito não substituía a ação; ao contrário, dava-lhe nascimento e lhe servia de base".[32] Uma vez expedida a ordem pelo pretor, deveria o réu cumpri-la. Se assim não o fizesse, cabia ao autor, no período das *legis actiones*, "novamente tomar a iniciativa, chamando o adversário a comparecer *in iure*, e o provocava a uma *sponsio poenalis*, isto é, à promessa de pagar certa quantia, a título de multa, ou pena, para o caso de decisão final reconhecer a existência das condições pressupostas no interdito, ou ainda para a hipótese de não vir este a ser obedecido".[33]

Como bem se vê, o interdito resultava na criação de uma norma concreta, "era a lei da causa e das partes"[34] e "a desobediência ao *edictio interdicti* correspondia à violação da lei, no sentido de violação do *imperium*".[35] Acrescentamos que a norma originada do interdito pressupunha uma ordem para ser cumprida

---

[28] "Nemo praecise cogitur ad factum, quia *sine vi et impressione* id fieri non posset, ideoque in obligationib. faciendi succedit praestatio eius quod interest'; nemo ad factum praecise cogi potest, quia id fieri nequit citra vim et impressionem: Et ideirco solemus dicere in obligationibus faciendi succeder praestationem eius quod interest [...]'; nemo proecise potest cogi ad factum quia sine vi et impressione id fieri no potest, ideoque in obligationibus faciendi succedit proestatio ejus quod interest'". (FAVRE, *Apud* SILVA, João Calvão. Op. cit., p. 218)

[29] Idem, p. 218.

[30] Idem, p. 218-219.

[31] AMARAL SANTOS, Moacyr. *Ações cominatórias no Direito brasileiro*. 3ª ed. São Paulo: Max Lemonad, 1962, tomo I, p. 41.

[32] AMARAL SANTOS, Moacyr. Op. cit., Tomo I, p. 44.

[33] Idem, p. 47-48.

[34] ORTOLAN. *Instituts de l'empereur Justinien*. 12ª ed., 1883, *apud* AMARAL SANTOS, Moacyr. Op. cit., Tomo I, p. 47.

[35] AMARAL SANTOS, Moacyr. Op. cit., tomo I, p. 47.

pelo réu,[36] sob pena de aplicação de sanção, o que permite vislumbrar o caráter mandamental[37]do instituto.

Saliente-se, por fim, não sendo objeto da presente obra o estudo exaustivo do Direito romano, que os *interdicta* acabaram inspirando o velho direito lusitano, bem como a ação cominatória do Código Brasileiro de 1939, assim como as atuais ações mandamentais previstas em nosso ordenamento jurídico.

2.2.2. Direito intermédio

Como ensina João Calvão da Silva, na Idade Média, para vencer a contumácia do devedor e a sua resistência ao cumprimento das determinações do juiz empregavam-se "meios de pressão, gradual e progressivamente agravados, em obediência ao princípio *'crescente contumacia poena quoque crescere debit'"*.[38]

Dentre os meios de coerção sobre o patrimônio do devedor, merecem destaque a *multactio* (multa) e a *missio in bona* (apreensão da totalidade do patrimônio do devedor pelo credor). Havia também meios de coerção sobre a liberdade pessoal do devedor (*captura*), bem como outras formas de constrangimento sobre as prerrogativas políticas, sociais e religiosas (a exemplo da *bannitio* e da *excommunicatio*), influenciadas pelo direito canônico.[39]

A influência de tal período se faz sentir até os dias de hoje, como destaca Calvão da Silva:

> São de enfatizar e reter, neste período, duas notas que sobreviveram e fazem parte do nosso tempo: a primeira, a condenação gradual e progressiva numa quantia por cada período de atraso no cumprimento – nota marcadamente presente no sistema francês da *astreinte* e na nossa sanção pecuniária compulsória; a segunda, a concepção de que a acção contra a resistência do devedor recalcitrante às ordens do juiz é ainda e também uma defesa do prestígio do próprio tribunal – nota caracteristicamente presente no 'contempt of Court' do direito inglês.[40]

Como adiante se demonstrará, essa distinção entre as funções das *astreintes* – coerção para o cumprimento de obrigação – e do *contempt of court* – proteção à dignidade do poder jurisdicional estatal[41] – mostrar-se-á fundamental para uma série de conclusões acerca da sistemática da multa periódica no direito brasileiro.

---

[36] Ou, segundo KELLER, "uma ordem que tinha como sanção a pena infligida àquele que se tornava culpado por desobedecê-la" (*De la procédure civile des actions chez les romains,* ed. 1870, *apud* AMARAL SANTOS, Moacyr. Op. cit., tomo I, p. 49).

[37] Sobre a definição de decisões *mandamentais*, veja-se, especificamente, o Item 3.3.6.

[38] SILVA, Calvão da Silva. Op. cit., p. 223.

[39] Idem.

[40] Idem, p. 224.

[41] Como será demonstrado no Item 2.2.4, o *contempt of court* também poderá assumir, em determinados casos, caráter coercitivo.

2.2.3. O Direito francês e as *astreintes*

Após a Revolução Francesa, e principalmente após a edição do Code Napoléon, verificou-se na França uma excessiva proteção ao devedor, sendo que se chegou a considerar a obrigação de fazer ou de não fazer como "juridicamente não obrigatória", ou facultativa, podendo o devedor optar por cumpri-la ou pagar seu equivalente pecuniário. Este princípio, insculpido no artigo 1.142 do Código de Napoleão,[42] consagrou o brocardo *nemo praecise,* segundo o qual, como vimos anteriormente, ninguém pode ser forçado a prestar fato pessoal, dado o limite do respeito à liberdade individual.

Como salienta Carbonnier, "O corolário expressado no art. 1.142 é o de que o devedor de uma obrigação de fazer (ou não-fazer) pode somente ser constrangido a fornecer o equivalente pecuniário de seu vínculo sob a forma de perdas e danos".[43]

Nessa conjuntura, nasceram, no princípio do século XIX, as *astreintes,*[44] por iniciativa pretoriana e à margem dos textos legais[45], para revolta da doutrina que as considerava *contra legem.*[46]

Inicialmente, por conta justamente dos protestos da doutrina, a força da *astreinte* foi atenuada, passando o resultado de sua incidência a integrar o montante da indenização por perdas e danos. Tal circunstância a tornou, na expressão de Calvão da Silva, uma "falsa *astreinte*", na medida em que o devedor sabia, de antemão, que, substancialmente, "a *astreinte* não passava de uma ameaça de condenação à indemnização".[47]

O que ocorreu, segundo narra François Chabas, foi que, por mais de um século, as *astreintes* passaram a consistir tão somente numa espécie de indenização adiantada das perdas e danos, no caso de inexecução de determinado comando judicial.[48]

---

[42] Art. 1.142 do Code Napoléon – "Toute obligation de faire ou de ne pas faire se résout en dommages et intérets en cas d'inexecution de la part du débiteur".

[43] *Apud.* ALVIM, Arruda. *Manual de direito processual civil.* 6ª ed., revista e atualizada. São Paulo: Revista dos Tribunais, 1991-1997. V. 2, p. 427.

[44] Segundo TALAMINI, a expressão vem do latim, *ad-stringere* (TALAMINI, Eduardo. *Tutela relativa aos deveres de fazer e de não fazer: CPC, art. 461; CDC, art. 84.* São Paulo: Revista dos Tribunais, 2001, p. 50). Entretanto, como noticia FRANCISCO ANTÔNIO DE OLIVEIRA: `O vocábulo `astreinte' é de origem francesa e tem sido mantido nos outros idiomas, porque `no es de traducción fácil; por otra parte, el uso de la misma se ha generalizado en nuestro léxico jurídico', como observa Santiago Cunchilos y Manterola, tradutor da obra de Josserand. Couture também não conseguiu vocábulo na língua castelhana: `astreintes' – Definición: Voz francesa que se usa como sinónimo de compulsión, constricción – Traducción – `omissis'" (OLIVEIRA, Francisco Antônio de. *As astreintes e sua eficácia moralizadora.* Revista dos Tribunais (1978), V. 508, p. 35).

[45] SILVA, João Calvão da. Op. cit., p. 376.

[46] "[...] a medida não logrou, a princípio, entre os doutrinadores, acolhimento unânime, porque a muitos pareceu que a separação dos Poderes em províncias estanques do Estado despojou o Judiciário do `imperium', além de constituir a `astreinte' uma pena que não poderia ser imposta sem uma lei que expressamente a autorizasse" (PORTO, Mário Moacyr. *Astreinte.* Revista dos Tribunais (1968), V. 394, p. 29).

[47] SILVA, João Calvão da. *Op. cit.* 376.

[48] CHABAS, François. *L'astreinte en Droit Français.* Revista de Direito Civil nº 69, p. 50.

Com o passar do tempo, a aceitação da doutrina, já simpática à medida, bem como dos juízes de instâncias inferiores, determinou a mudança de postura da Corte de Cassação. Em decisão proferida em 20.10.1959, a Primeira Câmara Cível daquela Corte (*Première Chambre Civile de la Cour de Cassation*) determinou que as *astreintes*, cujo único objetivo é vencer a resistência do obrigado, constituem medida inteiramente distinta das perdas e danos, não tendo por objeto compensar os prejuízos sofridos pelo autor em decorrência do atraso no descumprimento de determinada condenação pelo réu.[49]

Não obstante a evolução jurisprudencial, o Direito francês só veio a conhecer o primeiro dispositivo legal a tratar das *astreintes* em 1972, através da Lei nº 72-626, de 5 de julho daquele ano. Sob o título "Da *astreinte* em matéria civil", previu o legislador francês a possibilidade de os tribunais aplicarem a multa ora referida.

Em 9 de julho de 1991, sobreveio lei que reformou o processo de execução na França, e a referida legislação veio a dedicar seção exclusiva à *astreinte*, revogando expressamente os artigos 5º a 8º da lei anterior, que previam as *astreintes* em matéria civil. Logo em seguida, a Lei 92-644, de 13 de julho de 1992, alterou determinados dispositivos aplicáveis às *astreintes*, de forma que, hoje, a Lei 91-650, com as alterações que lhe foram conferidas pela Lei 92-644, é o diploma legal que regula, de forma geral, a aplicação da medida em estudo.

Alguns aspectos importantes merecem atenção na sistemática legislativa da *astreinte* francesa.

Primeiramente, ela não está necessariamente vinculada a algum tipo de obrigação (fazer, não fazer, entrega de coisa, pagar etc.). O que a lei estabelece é a possibilidade de fixação de *astreinte*, mesmo de ofício, pelo juiz, para assegurar o cumprimento de sua decisão (art. 33, Lei 91-650). É verdade que a jurisprudência por muito tempo hesitou em aplicar a multa para a coerção de obrigações de pagar quantia. Entretanto, em 29 de maio de 1990, a Corte de Cassação Francesa, no julgamento da apelação nº 87-40182, estabeleceu que a *astreinte* pode ser acessória à condenação[50] ao pagamento de quantia, sendo inclusive cumulável com os juros legais aplicáveis sobre a referida condenação.[51]

---

[49] "L'astreinte, mesure de contrainte entièrement distincte des dommages-intérêts, et qui n'est en définitive qu'un moyen de vaincre la résistance opposée à l'execution d'une condamnation, n'a pas pour objet de compenser le dommage né du retard et est normalement liquidée en fonction de la faute du débiteur récalcitrant et de ses facultés" (CHABAS, François. *L'astreinte en Droit Français*. Revista de Direito Civil nº 69, p. 51).

[50] A expressão "condenação" é utilizada pela Corte de Cassação. Como adiante demonstraremos, a classificação mais adequada para designar a técnica de tutela empregada pelo juiz ao fixar as *astreintes* é a de técnica de tutela *mandamental*, e não condenatória.

[51] No original: "Attendu, enfin, que l'astreinte civile est, en vertu de la loi du 5 juillet 1972, destinée à assurer l'exécution des décisions de justice et est indépendant des dommages-intérêts; qu'elle peut, en conséquence, être prononcée accessoirement à une condamnation à payer une somme d'argent et se cumuler avec les intérêts légaux dont cette condamnation est assortie;" (Disponível em http://www.legifrance.gouv.fr/affichJuriJudi. do?oldAction=rechExpJuriJudi&idTexte=JURITEXT000007024143&fastReqId=1868547987&fastPos=1. Acesso em 18 de janeiro de 2009).

Outros aspectos que merecem relevo: a possibilidade de o juiz fixar *astreinte* para o cumprimento de decisão proferida por outro magistrado (art. 33, *in fine*); a clara independência entre as *astreintes* e as perdas e danos (art. 34), cristalizando a evolução jurisprudencial a este respeito; a existência de *astreinte* provisória e definitiva (arts. 34-36); e a possibilidade de supressão da multa caso se verifique que o descumprimento da decisão se deu, total ou parcialmente, a causa estranha (art. 37).

Nota-se na França um crescimento significativo na utilização das *astreintes*. Segundo noticia Talamini, "a medida é usada na tutela relativa a deveres obrigacionais ou não, com ou sem conteúdo patrimonial, decorrentes de convenção ou da lei (direitos de família, reais, da personalidade, autorais, de propriedade industrial; proteção contra abuso de poder econômico; adequada prestação de serviços públicos; recondução a posto de trabalho etc.)".[52]

No Código de Processo Civil francês, por exemplo, há diversos dispositivos que dizem respeito à utilização das *astreintes*, e em grande parte relacionados à produção de provas e, mais especificamente, à prova documental. O artigo 11 permite a aplicação de *astreinte*, a pedido da parte, caso a parte contrária possua elemento de prova e negue-se a apresentá-lo. O artigo 134 trata da aplicação da *astreinte* para a apresentação de documento por uma parte à outra, sendo que o documento não apresentado pode ser excluído do debate. O artigo 136 autoriza a utilização da *astreinte* para a devolução de documento fornecido por uma das partes à outra, e o artigo 139 possibilita a aplicação da multa contra terceiro que se nega a apresentar documento solicitado pelo juiz. O artigo 275 permite ao juiz fixar *astreinte* para a apresentação, pelas partes, de documentos solicitados pelo perito, e o artigo 290 possibilita a utilização da medida para pressionar a parte a apresentar documento necessário para resolver impugnação à autenticidade de documento escrito à mão.[53]

Destaque-se também a possibilidade de fixação de *astreinte* em procedimento sumário (art. 491); em questões trabalhistas (o artigo 879 do CPC francês remete o procedimento em causas trabalhistas ao *Code du travail*, e este, em seus artigos R. 516.18 e R. 517.3 prevê a utilização de *astreinte* para obrigar o empregador a apresentar documentos relacionados à relação de trabalho); em sede recursal (art. 943) e em partilha judicial de bens (art. 1.371).

A *astreinte* francesa, com toda a sua evolução legislativa e jurisprudencial, serve de modelo de medida coercitiva judicial para diversos ordenamentos jurí-

---

[52] TALAMINI, Eduardo. *Tutela relativa aos deveres de fazer e de não fazer: CPC, art. 461; CDC, art. 84.* São Paulo: Revista dos Tribunais, 2001, p. 54.

[53] Interessante, aqui, traçar um paralelo com a utilização da *astreintes* com a mesma finalidade no Brasil, onde o Superior Tribunal de Justiça editou súmula com o seguinte enunciado: "Na ação de exibição de documentos, não cabe a aplicação de multa cominatória" (Súmula 372. Segunda Seção, julgado em 11/03/2009, DJe 30/03/2009). Com isso, a Corte vedou a utilização da multa para a coerção dos deveres de exibição de documentos.

dicos contemporâneos, notadamente o brasileiro[54], que, no entanto, não dedicou a mesma quantidade de dispositivos legais para o tratamento do instituto, como veremos a seguir, em quadro comparativo.[55]

2.2.4. O sistema da *Common Law* e o *contempt of court*

Até meados do século XII, o direito inglês era basicamente consuetudinário, aplicado por Cortes locais ou regionais, bem como nas Cortes privadas dos senhores feudais. Foi a partir do reinado de Henrique II (1154-1189) que se passou a expandir a jurisdição das Cortes reais.[56] Ainda assim, até a metade do século seguinte, quando um litigante desejasse que a Corte real conhecesse de uma determinada demanda, deveria requerer ao Rei que expedisse um *writ*. Havia um sistema aberto de *writs*, eficiente e completo. Para cada nova espécie de direito, criava-se um *writ* correspondente, que deveria ser requerido ao Rei (e, após, à Chancelaria),[57] para que o indivíduo tivesse seu "caso" julgado pelos tribunais.[58] Entretanto, no reinado de Henrique III, o Conselho do Rei (órgão que antecedeu o Parlamento inglês) adotou resolução em Oxford (no ano de 1258), que estabeleceu que a Chancelaria não poderia deferir novas espécies de *writs* a não ser aquelas já existentes, salvo com a autorização real.[59] Enrijeceu-se, assim, o sistema de *writs*, proibindo-se a criação de novas medidas do gênero e fazendo com que as partes buscassem adaptar suas pretensões aos *writs* já existentes.

Assim, quando não houvesse *writ* correspondente à pretensão do cidadão, este dispunha da possibilidade de "dirigir-se, por uma petição, ao rei, fonte de justiça, pois este não podia tolerar um mau funcionamento desta em seu reino".[60] Em caráter excepcional, o Rei intervinha seja para "proibir que uma pessoa abusasse da situação que existia em termos de direito estrito (*at law*)",[61] seja para

---

[54] GUERRA, Marcelo Lima. *Execução indireta*. São Paulo: Revista dos Tribunais, 1998, p. 108.

[55] Item 3.2.

[56] BODENHEIMER, Edgar; OAKLEY, John Bilyeu e LOVE, Jean C. *An Introduction to the Anglo-American Legal System – Readings and Cases (American Casebook Series)*. St. Paul, Minnesota: West Pulishing Company, 1988. Second Edition, p. 23.

[57] Com o tempo, o envolvimento do monarca em outras atividades (guerras, assuntos da nobreza etc.) fez com que se delegasse a sua autoridade para alguns oficiais da realeza, que, após, tiveram as suas funções institucionalizadas e se tornaram juízes. Tais oficiais formavam a chamada Chancelaria (SEINMAN, Jay M. *Law 101*. Second Edition. Oxford: University Press, 2006. p. 92).

[58] BODENHEIMER e outros apresentam exemplos de *writs* editados à época, dentre os quais este: "William King of England to the Abbot of Peterbourough, Greeting: I command and require that you permit the Abbot of St. Edmund to receive sufficient stone for his church, as he has had hitherto, and that you cause him no more hindrance in drawing stone to the water, as you have heretofore done. Witness the Bishop of Durham (c. 1070-1080 A.D.)" (BODENHEIMER, OAKLEY, e LOVE. Op. cit., p. 29). No *writ* acima, ordenava-se ao abade de Peterbourough que permitisse ao abade de Saint Edmund receber pedras suficientes para a construção de sua igreja, e que não mais deslocasse as pedras para a água, como vinha fazendo até então.

[59] BODENHEIMER, OAKLEY e LOVE. Op. cit., p. 31.

[60] DAVID, René. *O direito inglês*. Tradução: Eduardo Brandão. São Paulo: Martins Fontes, 1997. p. 7.

[61] Idem.

"exortá-la a comportar-se de acordo com a moral".[62] Se não houvesse obediência à determinação do rei, o indivíduo "iria meditar na prisão, ou seus bens seriam objeto de sequestro, até que voltasse a ter melhores sentimentos".[63] Eis o nascedouro do *contempt of court.*

Como noticia Marcelo Lima Guerra, "a *Chancery* era apta a prestar a tutela específica das obrigações porque, atuando como Corte de consciência, suas decisões vinculavam diretamente a pessoa do réu. Isso quer dizer que, ao se recusar a observar o que lhe determinava uma decisão do *Chancellor* [...], era considerado em *contempt of court* e mandado para a prisão até que se decidisse a cumprir o que determinava a sentença".[64]

As medidas adotadas em face do *contempt of court*, que desde sua criação continham caráter de *punição* por uma *breach of faith* – violação da boa-fé –, até os dias de hoje mantêm este caráter na tradição dos países do sistema da *Common Law*. O fundamento jurídico da *punição* em face do *contempt of court* é a própria instituição do Poder Judiciário. No entanto, com o passar do tempo, o caráter coercitivo do *contempt of court*, ou seja, a sua compreensão como ferramenta para o cumprimento das decisões judiciais, passou também a ganhar espaço. No tocante ao *contempt* civil – como veremos a seguir, há mais de uma espécie de *contempt* –, "a sanção imposta foi historicamente entendida como tendo tanto a função reparatória quanto o propósito punitivo".[65]

Assim o desenvolvimento do *contempt of court* apresentou sempre uma tensão entre a sua visão como uma ferramenta inerente ao Judiciário, para que este fizesse valer suas decisões, e o medo de que viesse a ser distorcido para consistir em mera punição de indivíduos ou grupos impopulares.[66] Nos Estados Unidos, desde o período pós-revolucionário já se reconhecia que o *contempt of court* era "essencial para preservar a integridade da Corte e para assegurar o respeito e a obediência às decisões judiciais"[67], sem que, contudo, deixassem os juízes de reconhecer "o enorme potencial de abuso inerente no poder [do juiz] de *contempt*".[68]

Segundo assinala Margit Livingston, professora da De Paul University College of Law, a partir do século XX já é possível dividir os *contempts* em quatro

---

[62] DAVID. Op, cit., p. 7

[63] Ibidem.

[64] GUERRA, Marcelo Lima. *Execução indireta*. São Paulo: Revista dos Tribunais, 1998, p. 88.

[65] CORDRAY, Margaret Meriwether. *Contempt sanctions and the excessive fines clause*. North Carolina Law Review nº 76, January 1998, p. 439. Tradução livre. No original: "[...] the sanction imposed was historically understood to have both a remedial and a punitive purpose".

[66] LIVINGSTON, Margit. *Disobedience and contempt*. Washington Law Review nº 75, April, 2000. p. 356.

[67] Idem, p. 357. Tradução livre. No original: "Throughout the early days of the Republic, courts recognized that contempt was essential to preserving the court's integrity and to insuring respect and obedience of court decrees".

[68] Idem, p. 357. Tradução livre. No original: "[...] judges have always been aware on some level of the enormous potential for abuse inherent in the contempt power".

As *Astreintes* e o Processo Civil Brasileiro

diferentes categorias: *contempt* direto (*direct contempt*), *contempt* criminal e indireto (*indirect criminal contempt*), *contempt* civil e coercitivo (*civil and coercive contempt*) e *contempt* civil e reparatório (*remedial civil contempt*).[69]

O *contempt* direto se dá quando o indivíduo se comporta desrespeitosamente ou causa distúrbio perante a Corte ou próximo desta o suficiente para atrapalhar o procedimento judicial.[70] A sanção por *contempt* direto é essencialmente punitiva, e pode consistir em multa, prisão por período determinado, ou ambas as medidas. Reconhece-se também que a natureza da sanção é predominantemente criminal (embora se fale também em *contempt* civil direto); todavia, dispensa-se o típico julgamento criminal, por duas fundamentais razões: primeiro, o fato de o *contempt* ser direto pressupõe que o juiz tenha assistido ao seu cometimento. Segundo, não seria crível interromper o procedimento judicial para o processamento do *contempt* criminal, pois tal circunstância afetaria drasticamente o poder da Corte de manter o decoro através da aplicação imediata das sanções por *contempt* direto.[71] Como exemplos de *contempt* direto, pode-se mencionar o indivíduo que ofende ou agride fisicamente o magistrado ou outras pessoas durante o julgamento, que debocha da Corte e do procedimento judicial durante a sua realização, ou que se recusa a parar de falar mesmo alertado pelo juiz, impedindo a continuação do julgamento.

Já o *contempt* indireto ocorre fora da Corte, e não ameaça com a mesma intensidade que o *contempt* direto o procedimento judicial. O *contempt* indireto pode ter natureza civil ou criminal.

O *contempt* indireto civil é dividido em duas categorias: reparatório (*remedial*) – destinado a compensar os danos causados ao autor por conta da desobediência do demandado a uma ordem judicial – e coercitivo (*coercive*), destinado a pressionar o réu que reluta em cumprir a determinação judicial.[72] Neste caso, a sanção pode ser a prisão até que o réu cumpra a ordem – o que gerou a famosa expressão de que o réu tem "a chave da prisão no seu próprio bolso"[73] –, ou mesmo uma multa diária (*per diem fine*)[74], que reverte para o Estado.[75] Aqui, no entanto, há um ponto importantíssimo a destacar. Como salienta Livingston, como o propósito das medidas no *contempt* coercitivo é auxiliar o autor a obter a efetivação da ordem judicial, a sanção é extinta caso a decisão para cujo cumprimento ela foi cominada for cassada ou reformada, ou ainda se as partes chegarem a um

---

[69] LIVINGSTON. Op. cit., p. 349.

[70] Idem, p. 349.

[71] Idem, p. 350.

[72] Idem, p. 351-352.

[73] "Thus, it is said that defendants incarcerated in this situation have 'the keys to their prison in their own pockets'" (LIVINGSTON, Margit. Op. cit., p. 352). A expressão foi utilizada no caso Nevitt (Nevitt, 117 F, 448, 461 (8th Cir., 1902).

[74] LIVINGSTON. Op. cit., p. 352.

[75] CORDRAY. Op. cit., p. 437.

acordo.[76] De fato, a jurisprudência norte-americana reconhece que, enquanto a condenação por *criminal contempt* se mantém mesmo na hipótese de reversão da decisão cuja desobediência lhe dera origem, o mesmo não se passa com o *civil contempt*. Vale transcrever interessante trecho de decisão proferida pela Suprema Corte Norte-Americana no caso Garrison v. Cassens Transp. Co., 334 F.3d 528:

> A condenação por *criminal contempt* pode, de fato, sobreviver à reversão da ordem desobedecida; a punição é para vingar a autoridade da Corte que foi igualmente ignorada seja o seu comando correto ou não. Mas o mesmo não pode se dar com os *civil contempts*, que são apenas remediais. É verdade que a reversão de uma ordem não elimina retroativamente a existência da sua violação; ainda assim, por outro lado ela faz mais do que destruir a futura sanção atribuída ao descumprimento daquela ordem. Ela determina que a referida ordem nunca deveria ter sido emitida; que o direito que lhe dera origem não era de todo existente. Manter a responsabilidade [daquele que descumpre a ordem] pela contumácia passada seria dar ao autor um remédio não para um direito, mas para uma ilegalidade que a lei não deveria permitir.[77]

Finalmente, o *contempt* indireto pode assumir natureza criminal. Neste caso, ele se presta a vingar a autoridade da Corte e punir aqueles que a desrespeitem.[78] A sanção geralmente consiste em multa *fixa* ou prisão com prazo predeterminado, e somente pode ser aplicada após "procedimento criminal completo, incluindo proteção contra autoincriminação, direito a advogado, presunção de inocência, prova acima da dúvida razoável[79] e julgamento pelo júri".[80] Sobressai, aqui, o caráter punitivo da sanção.

Analisando-se a classificação apresentada por Livingston, poder-se-ia afirmar que são muito claras as linhas que distinguem cada espécie de *contempt*. Tal percepção, no entanto, não sobrevive a uma análise mais aprofundada da doutrina e jurisprudência norte-americanas. A própria professora da De Paul University salienta que, não raro, as Cortes têm confundido *contempt* de caráter coercitivo e

---

[76] LIVINGSTON. Op. cit., p. 353.

[77] Tradução livre. No original: "A conviction for criminal contempt may indeed survive the reversal of the decree disobeyed; the punishment is to vindicate the court's authority which has been equally flouted whether or not the command was right. But the same cannot be true of civil contempts, which are only remedial. It is true that the reversal of the decree does not retroactively obliterate the past existence of the violation; yet on the other hand it does more than destroy the future sanction of the decree. It adjudges that it never should have passed; that the right which it affected to create was no right at all. To let the liability stand for past contumacy would be to give the plaintiff a remedy not for a right but for a wrong which the law should not do."

[78] LIVINGSTON. Op. cit., p. 353.

[79] Note-se que, no caso do *contempt* civil, o *standard* de convencimento judicial será o da preponderância de provas. Nesse sentido: "Remedial civil contempt is prosecuted as part of the main action in equity. Defendants are entitled to the ordinary due process (with the exception of a jury trial) afforded parties in a civil action and no more--for example, the standard of proof is usually preponderance of the evidence" (LIVINGSTON. Op. cit., p. 352).

[80] LIVINGSTON. Op. cit., p. 353. Tradução livre. No original: "Unlike civil contempt, it requires full-blown criminal procedures, including the privilege against self-incrimination, right to counsel, the presumption of innocence, proof of the violation beyond a reasonable doubt, and the right to a jury trial for serious sanctions".

punitivo.[81] Além disso, a doutrina apresenta mais de um critério de distinção para as espécies de *contempt*.

Aduz-se, por exemplo, que uma distinção possível seria o fato de que o *contempt* civil se dá apenas em violações de ordens positivas (determinação de um fazer, como entregar um documento, erguer uma cerca etc.), e não em violação de deveres de abstenção (determinação de um *não* fazer, como deixar de visitar um determinado local, não veicular determinada publicidade etc.), enquanto no *contempt* criminal dar-se-ia o contrário.[82]

Outra distinção possível: o *contempt* criminal puniria uma ação pretérita; já o *contempt* civil teria como objetivo o exercício da coerção para uma ação futura. Nesse sentido, vale citar o estudo de Jennifer Fleischer:

O *contempt* criminal pune ação pretérita. Uma Corte pune o indivíduo com base na lei criminal para vingar a autoridade da Corte. Por exemplo, no caso *United States v. Perry*, o Primeiro Circuito manteve a condenação do réu por *contempt* criminal por ter urinado em plena Corte e em frente ao juiz durante o seu julgamento por prática de atividades ilegais.

Em contraste, o *contempt* civil tem como objetivo exercer a coerção para ação futura. Não está ele preocupado com o reconhecimento do poder da Corte, mas, sim, é utilizado para beneficiar a parte autora em uma determinada demanda judicial. O caso Fax-Express, Inc. v. Halt traz um exemplo de *contempt* civil que ilustra esta função. No caso, a Corte Distrital para o Distrito Leste da Pensilvânia considerou em *contempt* civil indivíduos que continuaram a se utilizar de marca alheia após ordem expressa de que deixassem de fazê-lo.[83]

Note-se, no entanto, que os próprios exemplos trazidos pela autora permitem certa confusão se analisados sob o prisma do conceito anterior (ação positiva *versus* ação negativa). No caso, ambas as ordens eram de abstenção; o descumprimento de uma gerou *contempt* criminal, o de outra, *contempt* civil.

---

[81] LIVINGSTON. Op. cit., p. 355.

[82] FLEISCHER, Jennifer. *In defense of civil contempt sanctions*. Columbia Journal of Law and Social Problems nº 36 . Fall, 2002, p. 43. Como salienta Margit Livingston, esta distinção é oriunda da decisão da Suprema Corte dos Estados Unidos no caso *Gompers v. Bucks Stove & Range*, e se mantém até hoje: "The Court then proceeded to create what may be characterized as an overly simplistic categorization of contempts based on the wording of the underlying decree. If the decree is mandatory and requires the defendant to perform an affirmative act, such as conveying a parcel of property, then the corresponding contempt for disobedience is coercive civil. If the decree is prohibitory and forbids the defendant from engaging in certain acts, then any sanction imposed must be criminal. This link between mandatory orders and coercive civil contempt and between prohibitory orders and criminal contempt endures to this day and was implicitly adopted by the majority opinion in Bagwell, the U.S. Supreme Court's most recent decision on civil and criminal contempt" (LIVINGSTON. Op. cit., p. 362).

[83] FLEISCHER. Op. cit., p. 46. Tradução livre. No original: "Criminal contempt punishes past action. A court punishes a contemnor under criminal law in order to vindicate the court's authority. For example, in United States v. Perry, the First Circuit affirmed the defendant's conviction of criminal contempt for urinating in open court and in plain view of the trial judge during his trial for racketeering."

By contrast, civil contempt intends to coerce future action. It is not concerned with recognizing the court's power, but rather is utilized as a means of benefiting the complaining party in a given action. Fax-Express, Inc. v. Halt provides an example of civil contempt illustrating this function. In Halt, the United States District Court for the Eastern District of Pennsylvania held alleged trademark infringers in civil contempt when they continued to use a protected service mark after a temporary restraining order enjoined them from doing so."

Outra definição encontramos em precedente citado por Christopher Miller, no qual se afirma que, traçando uma distinção bastante simplificada, poder-se-ia afirmar que, enquanto o *contempt* civil consistiria no não atendimento de alguma ordem judicial ou atividade exigida no procedimento judicial, o *contempt* criminal dar-se-ia em casos nos quais o comportamento da parte ou do advogado pudesse "escandalizar a Corte", fisicamente interferir no procedimento, ou ainda em situações como a publicação de matérias capazes de prejudicar o *fair trial*. Ainda: enquanto o *criminal contempt* geralmente tem o seu processamento a cargo do promotor (*Attorney General*), o *civil contempt*, na medida em que prejudica mais diretamente os direitos privados de um dos litigantes, tem geralmente o seu processamento condicionado à iniciativa da própria parte prejudicada, de forma que pode ela, inclusive, abrir mão de perseguir tal via, inclusive consentindo com a postura da parte contrária de não atender à determinação judicial.[84]

Miller cita ainda julgado da Suprema Corte Norte-Americana[85] no qual se estabeleceu que a distinção entre o *civil* e o *criminal contempt* não está tanto no fato da punição, mas no seu caráter e propósito. Enquanto no *civil contempt* a função preponderante da medida seria remediar um dano sofrido pela parte (ou coagir ao cumprimento de uma determinada obrigação), no *criminal contempt* o objetivo maior seria a punição, de forma a "vingar" ou fazer valer a autoridade da Corte, ferida pela conduta do indivíduo.[86]

Esta genérica distinção, no entanto, constitui uma simplificação exacerbada (*oversimplification*, nas palavras do autor citado). Como explica Miller, uma multa ou mesmo a prisão pode ser imposta por desobediência a ordem judicial mesmo que já a tenha cumprido a parte, ainda que a destempo. O mesmo pode ocorrer nos casos em que a própria parte que requereu a aplicação do *contempt of court* já não tenha mais interesse na coerção do devedor, ou ainda na hipótese de o cumprimento da obrigação ter se tornado impossível por culpa do devedor. Assim, para o autor, o caráter punitivo pode ser reconhecido, também, em casos de *civil contempt*, sem que, necessariamente, se esteja simultaneamente diante de *criminal contempt*.[87]

---

[84] MILLER, Christopher J. *Contempt of Court*. Oxford University Press, 1989, p. 43-44.

[85] *Gompers v. Bucks Stove and Range Co.*, 221 US 418, 441 (US Supreme Court, 1911).

[86] MILLER. Op. cit., p. 44. Interessante diferenciação das duas formas de utilização do *contempt of court* encontra-se em ilustrativo exemplo trazido por FRIEDENTHAL, KAYNE & MILLER. *Civil procedure*. 3ª ed. St. Paul, Minesotta: West Group/Hornbook Series, 1999, p. 732: "O depoente recusou-se a responder perguntas perante o júri, mesmo diante de determinação judicial. O Juiz ordenou que fosse o mesmo preso até que concordasse em responder ao questionamento. O fato de que o encarceramento estava condicionado à continuidade da recusa do depoente a responder às perguntas indica que o *contempt* era de natureza civil. O encarceramento não era penal porque o preso possuía as chaves para a porta do cárcere" (tradução livre).

[87] MILLER. Op. cit., p. 44-45. O autor faz ainda interessante análise dos diferentes *standards* de convencimento judicial para a aplicação do *civil contempt* e do *criminal contempt*, inclusive com análise de jurisprudência dos países da *common law*. Nos Estados Unidos, por exemplo, o *contempt of court* com intuito punitivo somente pode ser aplicado se satisfeito o *standard* da *proof beyond reasonable doubt* (prova acima da dúvida razoável), enquanto que para o *contempt* reparatório ou coercitivo é suficiente o *standard* da *clear and convincing proof* (prova clara a convincente) (MILLER. Op. cit., p. 47).

As *Astreintes* e o Processo Civil Brasileiro

Não obstante a discussão doutrinária e jurisprudencial acerca da classificação de um *contempt* como civil ou criminal, parece-nos seguro afirmar que o seu estágio atual não permite a adoção de um critério "purista", no qual as duas categorias ficariam perfeitamente isoladas. Pelo contrário, o que se tem hoje é apenas o reconhecimento do caráter *predominante* de cada *contempt*. Vale dizer: o *contempt* civil será *preponderantemente* coercitivo ou reparatório, enquanto o *contempt* criminal será *predominantemente* punitivo, o que não significa dizer que, no primeiro, não haverá punição, ou que, no segundo, não haverá coerção. Nesse sentido, afirma Fleischer que uma condenação por *contempt* civil, embora seja reparatória, também vinga a autoridade da Corte, também pune.[88] Já a condenação por *contempt* criminal, embora punitiva, também dá à parte interessada um certo grau de satisfação.[89]

Propostas de uma redefinição dos *contempts* criminal e civil ainda se discutem. Um delas consiste em renomear o *contempt* civil, de forma a retirar deste o caráter de desrespeito à Corte ou desobediência à decisão judicial, e aproximá-lo à efetiva necessidade de entregar ao autor da ação a tutela por ele merecida. Chamar-se-ia o *contempt* civil, assim, de "justa execução" ou "sanções em auxílio de um litigante".[90]

Enquanto não se traçam linhas mais seguras em torno do tema, fica o alerta de Coldray, para quem "poucos aspectos da justiça americana são tão suscetíveis de abuso quanto o *contempt of court*, no qual os papéis de vítima, acusador e júri são todos combinados em uma pessoa, e esta pessoa é o juiz".[91] Tal alerta deve servir para que, no trato da multa coercitiva de que trata o artigo 461, § 4º, do Código de Processo Civil brasileiro, não se busque trazer aspectos estranhos à sua natureza, o que não só impediria a definição de uma sistemática segura de aplicação da medida, como também apresentaria o mesmo potencial para o abuso, tão sentido no direito norte-americano.

2.2.5. Direito italiano

Como constata Talamini, "construção idêntica à jurisprudência francesa das *astreintes* não vingou, porém, na doutrina e jurisprudência da Itália. O sistema

---

[88] Como explica Cordray, referindo-se ao *contempt* civil coercitivo, "o método que as Cortes adotaram para a coerção é, no entanto, inevitavelmente punitivo. A ferramenta pela qual as Cortes exercem a coerção é a ameaça de punição". (CORDRAY. Op. cit., p. 441).

[89] FLEISCHER. Op. cit., p. 47-48.

[90] A proposta é de Livingston: "Ultimately, the continuing debate about the different categories of contempt might be advanced by renaming civil contempt. In reality, civil contempt serves remedial, not punitive or retributory, goals. As such, perhaps it should more properly be labeled 'equitable enforcement' or 'sanctions in aid of a litigant'. A different name might assist the courts in understanding that civil contempt, although denominated a form of 'contempt', does not in the end rest upon the defendant's contemptuous attitude toward the court or its willful disobedience of a judicial order, but instead upon the need to afford plaintiffs the remedy that the court has determined they deserve" (LIVINGSTON. Op. cit., p. 427).

[91] Tradução livre. No original: "Few aspects of the American justice system are as susceptible to abuse as contempt of court, where the roles of victim, prosecutor, and jury are all combined in one person, and that person is the trial judge" (CORDRAY. Op. cit., p. 407).

italiano ficou despido de medidas coercitivas de aplicabilidade geral, tendentes à consecução de direitos impassíveis de execução mediante sub-rogação – restando nesses casos a mera reparação pecuniária".[92]

Não há, efetivamente, uma previsão genérica para a aplicação de multa a réu renitente,[93] havendo, tão somente, previsões em leis especiais, tal qual a aplicação de multa na tutela referente a licenças de marcas e invenções industriais.[94]

Segue, assim, o processo civil italiano, atrelado, de forma geral, à máxima *nemo ad factum praecise cogi potest*, consagrada no Código de Napoleão, não havendo instituto análogo à medida prevista no artigo 461, § 4°, do Código de Processo Civil brasileiro. Os artigos 612 a 614 do Código de Processo Civil italiano, que regulam a execução forçada das obrigações de fazer e não fazer, preveem tão somente a possibilidade de sua execução por terceiros – inclusive mediante uso da força, se necessário (art. 613) – e a cobrança das despesas daí correspondentes junto ao demandado (art. 614).

2.2.6. Direito alemão

Diferentemente do sistema italiano, o sistema alemão assume que o "valor prioritário a realizar é o adimplemento específico das várias obrigações".[95] "Baseia-se numa rígida tipologia de obrigações, que se distinguem, quanto ao seu conteúdo, e de procedimentos e meios executivos, predispostos em *relação de correspondência biunívoca*, na qual a cada modalidade (ou 'submodalidade') de obrigação o legislador fez corresponder *um e somente um meio executivo adequado*".[96]

Por essa razão, na Alemanha as execuções de obrigações de dar (dinheiro ou coisa diversa) e de fazer *fungível* são realizadas através de meios sub-rogatórios (execução direta) apenas, enquanto as obrigações de fazer *infungíveis* e as obrigações de *não fazer* são tuteladas tão somente através de meios de coerção (execução indireta).

Dentro das chamadas medidas coercitivas, destinadas à execução indireta, encontra-se a *Zwangshaft* (prisão do devedor) e a *Zwangsgeld* (pena pecuniária),[97] interessando-nos esta última pela semelhança que guarda com as *astreintes* francesas e com a multa do direito brasileiro.

---

[92] TALAMINI, Eduardo. *Tutela relativa aos deveres de fazer e de não fazer: CPC, art. 461; CDC, art. 84.* São Paulo: Revista dos Tribunais, 2001, p. 58.

[93] MARINONI, Luiz Guilherme. *Tutela inibitória: individual e coletiva.* São Paulo: Revista dos Tribunais, 1998, p. 313.

[94] TALAMINI, Eduardo. Op. cit., p. 58.

[95] GUERRA, Marcelo Lima. *Execução indireta.* São Paulo: Revista dos Tribunais, 1998, p. 139.

[96] Idem, p. 138.

[97] A *Zwangshoft* (prisão do devedor) e a *Zwangsgeld* (pena pecuniária) coexistem, devendo esta ser aplicada, sempre que possível, antes daquela (GUERRA, Marcelo Lima. Op. cit., p. 147-148).

A *Zwangsgeld*, prevista no § 888 do ZPO, guarda inúmeras semelhanças com a multa prevista no CPC brasileiro. Possui caráter eminentemente coercitivo, é arbitrada pelo juiz à luz da situação concreta, tende à indeterminação, aumentando indefinidamente, enquanto perdurar o inadimplemento do devedor, e independe da reparação dos danos eventualmente decorrentes do inadimplemento (ou do atraso). Difere da multa brasileira em dois pontos fundamentais, quais sejam o fato de possuir um *teto* fixado pela lei, o qual o valor resultante da incidência da medida não pode ultrapassar, e, principalmente, o fato de este valor ser sempre revertido *ao Estado,* e não ao credor.[98] Este último elemento, conclui Guerra, indica que a *Zwangsgeld* é de caráter público, e o interesse por ela protegido é o da dignidade da justiça e sua correta e efetiva administração.[99]

Entretanto, importante fator na compreensão do funcionamento da pena pecuniária no Direito alemão é que, mesmo sendo o valor proveniente de sua incidência revertido ao Estado, a sua execução se dá por impulso do credor.[100] Conforme veremos em item posterior,[101] tal característica é salientada por juristas brasileiros como capaz de eliminar o conflito entre o caráter coercitivo da multa e o princípio da vedação do enriquecimento injusto, sem que se enfraqueça aquele.

2.2.7. Direito português

Ao Código Civil português foi introduzido, em 1983, através do Decreto-Lei 262, o artigo 829-A, prevendo a chamada "sanção pecuniária compulsória", técnica de pressão psicológica destinada a obter do devedor o cumprimento específico de "obrigações de prestação de facto infungível, positivo ou negativo".

Assemelha-se a medida àquela do Direito brasileiro, visto que é cumulável com a indenização por perdas e danos (art. 829-A, 2), é aplicável no emprego da tutela antecipada (manifestada, em Portugal, através de provimentos cautelares – art. 384, 2, do CPC português) e, embora a lei preveja ser fixada na unidade diária (art. 829-A, 1), admite fixação em outra unidade de tempo.

Entretanto, guarda algumas diferenças fundamentais, das quais destacamse os fatos de se aplicar apenas à obrigação de prestação de fato infungível (excluindo-se os deveres de entrega de dinheiro,[102] coisa diversa e de prestação de

---

[98] GUERRA, Marcelo Lima. Op. cit., 1998, p. 143.

[99] Idem, p. 145.

[100] "La ejecución de ambas medidas, incluso la multa destinada al Estado, se lleva a cabo a impulso del acreedor ejecutante" (GOLDSCHMIDT, James. *Derecho procesal civil*. Barcelona: Labor, 1936, p. 737).

[101] Item 5.2.1.

[102] Para as obrigações pecuniárias, há medida coercitiva especial, constante do artigo 829-A, 4, do Código Civil, e consistente na aplicação de juros de cinco por cento ao ano, destinados, em partes iguais, ao Estado e ao credor, e cumuláveis com juros moratórios e indenização (esta última assemelhando-se à correção monetária legal, prevista no ordenamento jurídico brasileiro) (TALAMINI, Eduardo. *Tutela relativa aos deveres de fazer e de não fazer: CPC, art. 461; CDC, art. 84*. São Paulo: Revista dos Tribunais, 2001, p. 71).

fato fungível), de depender de pedido do autor, bem como de o montante resultante de sua incidência ser revertido, em partes iguais, para o credor e o Estado (art. 829-A, 3).

Exclui-se expressamente a aplicação da sanção pecuniária compulsória quando a prestação, embora infungível, exigir especiais qualidades científicas ou artísticas do obrigado (art. 829-A, 1).

Como explica Calvão da Silva, a linha evolutiva do Direito português denota uma "preocupação de humanização e de moderação do processo de efectivação das obrigações, em contraste com a rudeza do direito visigótico ou romano-visigótico".[103] Tal constituiria, segundo o autor, uma das explicações para a escolha pela execução indireta através da ameaça ao patrimônio, e não da ameaça de prisão. A outra decorreria do caráter dispositivo do processo, pois "não obstante a tendência para aumentar os poderes de direcção da fase instrutória – tendência que leva a falar-se de uma acentuação da 'publicização' do processo –, o carácter dispositivo do processo continua a manter-se como princípio estrutural, pese embora a tendência moderna para lhe introduzir restrições cada vez mais importantes e significativas".[104] Tal caráter explica, por exemplo, a tradição jurídica existente em Portugal de não se considerar crime de desobediência o descumprimento da sentença civil,[105] o que não ocorre no Brasil, onde o artigo 330 do Código Penal, como veremos adiante, se aplica ao desatendimento de ordens judiciais.

---

[103] SILVA, João Calvão da. Op. cit., p. 385.

[104] Idem, p. 389.

[105] Idem, p. 390.

3. As *astreintes* e o Processo Civil brasileiro: previsão legal, natureza, conceito e sistemática de aplicação

3.1. A PREVISÃO LEGISLATIVA DAS *ASTREINTES* NO BRASIL

Interessa-nos analisar os dispositivos que, atualmente, preveem a aplicação das *astreintes* no ordenamento jurídico pátrio, de forma que não se procederá a uma análise exaustiva dos diplomas legais que antecederam o Código de Processo Civil de 1973.

Não obstante, cumpre observar que já no Código de Processo Civil de 1939 encontrava-se previsão legal para a utilização da medida, e não apenas na chamada ação cominatória (arts. 302 e segs.), como também em dispositivo que tratava de deveres dos serventuários da justiça.

Com efeito, previa o artigo 23 do antigo Código que "Salvo disposição em contrário, os atos judiciais serão executados no prazo de quarenta e oito (48) horas pelo serventuário a quem incumbirem"; e seu § 2° assim dispunha: "o não cumprimento desse dever sujeitará, de pleno direito, os serventuários à multa de cincoenta mil réis (50$000) por dia de retardamento". É interessante verificar que, hoje, praticamente não se cogita de semelhante mecanismo de coerção aos serventuários da justiça.[106]

Já a ação cominatória, prevista no Livro IV (Dos Processos Especiais), Título II, previa a "citação do réu para prestar o fato ou abster-se do ato, sob a pena contratual, ou a pedida pelo autor, si nenhuma tiver sido convencionada" (art. 303). No entender de autorizada doutrina,[107] fundamental era que houvesse pedido específico do autor para a imposição da multa, e que esta fosse cominada no preceito inicial, sob pena de o processo seguir o rito ordinário. No entanto,

---

[106] A estes se aplica a multa fixa prevista no parágrafo único do artigo 14 do CPC (vide Item 3.5.5).

[107] SANTOS, Moacyr. *Ações cominatórias no Direito brasileiro*. 3ª ed. São Paulo: Max Lemonad, 1962, Tomo II, p. 765-766.

havia entendimento jurisprudencial permitindo ao juiz fixar a multa em despacho saneador.[108]

Inegavelmente, em tais dispositivos encontrava-se multa equiparável à *astreinte* francesa. Ocorre que havia uma série de restrições à sua força coercitiva, a começar pela impossibilidade de fixação de ofício, passando pelo fato de a contestação do réu suspender automaticamente a eficácia do preceito,[109] bem como pelo fato de a multa não poder ultrapassar o valor da obrigação principal (ou da *prestação*, nos dizeres do Código – art. 1005).[110] Tais restrições eram de tal ordem que se chegou a afirmar que, na vigência do Código de Processo Civil de 1939, "o direito processual brasileiro desconhecia as *astreintes*".[111]

Outro diploma, também anterior ao Código de 1973, que já previa a utilização das *astreintes* para a coerção de obrigações de fazer e não fazer era a Lei Ordinária nº 5.250, de 9 de fevereiro de 1967 (Lei de Imprensa), em seu artigo 7º, § 1º.[112]

Foi, no entanto, o Código de Processo Civil de 1973, com a influência de leis especiais[113] e reformas posteriormente editadas,[114] que passou a consagrar a utilização da multa periódica como mecanismo preferencial na busca da tutela

---

[108] AMARAL SANTOS, Moacyr. *Ações cominatórias no Direito brasileiro*. 3ª ed. São Paulo: Max Lemonad, 1962, Tomo II, p. 765. Ainda assim, deveria a multa ter sido requerida expressamente pelo autor, não se admitindo a fixação de multa *ex officio*.

[109] Idem, p. 770.

[110] Há ainda nuances na sistemática do Código de Processo Civil de 1939 para a ação cominatória bem como para a execução das obrigações de fazer e não fazer, determinadas pela fungibilidade ou infungibilidade da obrigação. Para uma ampla exposição do tema, vejam-se AMARAL SANTOS, Moacyr. *Ações cominatórias no Direito brasileiro*. 3ª ed. São Paulo: Max Lemonad, 1962, Tomo I, p. 167-169 e Tomo II, p. 768, e PACHECO, José da Silva. *Ações executivas e execução de sentença*. Rio de Janeiro: Borsoi, 1957. p. 416-417.

[111] LIMA, Alcides de Mendonça. *Comentários ao Código de Processo Civil*. Rio de Janeiro: Forense, 1974. V. VI, T. II. p. 777.

[112] "Art 7º No exercício da liberdade de manifestação do pensamento e de informação não é permitido o anonimato. Será, no entanto, assegurado e respeitado o sigilo quanto às fontes ou origem de informações recebidas ou recolhidas por jornalistas, rádio-repórteres ou comentaristas.

§ 1º Todo jornal ou periódico é obrigado a estampar, no seu cabeçalho, o nome do diretor ou redator-chefe, que deve estar no gozo dos seus direitos civis e políticos, bem como indicar a sede da administração e do estabelecimento gráfico onde é impresso, sob pena de multa diária de, no máximo, um salário-mínimo da região, nos termos do art. 10" (a Lei de Imprensa foi declarada inconstitucional pelo Supremo Tribunal Federal, ao julgar procedente a ADPF nº 130, em 30 de abril de 2009).

"Art 10. A falta de registro das declarações exigidas no artigo anterior, ou de averbação da alteração, será punida com multa que terá o valor de meio a dois salários-mínimos da região.

§ 1º A sentença que impuser a multa fixará prazo, não inferior a 20 dias, para registro ou alteração das declarações.

§ 2º A multa será liminarmente aplicada pela autoridade judiciária cobrada por processo executivo, mediante ação do Ministério Público, depois que, marcado pelo juiz, não for cumprido o despacho.

§ 3º Se o registro ou alteração não for efetivado no prazo referido no § 1º deste artigo, o juiz poderá impor nova multa, agravando-a de 50% (cinquenta por cento) toda vez que seja ultrapassada de dez dias o prazo assinalado na sentença."

[113] Lei da Ação Civil Pública, Estatuto da Criança e do Adolescente, Código de Defesa do Consumidor.

[114] Leis 10.352/01, 10.358/01, 10.444/02, 11.232/05 e 11.382/06.

específica das obrigações de fazer e não fazer, e, ainda, na reforma trazida pela Lei 10.444/02, mecanismo alternativo para o cumprimento das obrigações de entrega de coisa.

O artigo 287, em sua redação original, já continha previsão para a aplicação da multa diária, somente em sentença, e desde que requerida pelo autor, na peça inicial.[115] Assim dispunha o referido dispositivo legal, que previa a ação cominatória no ordenamento processual brasileiro:

> Art. 287. Se o autor pedir a condenação do réu a abster-se da prática de algum ato, a tolerar alguma atividade, ou a prestar fato que não possa ser realizado por terceiro, constará da petição inicial a cominação da pena pecuniária para o caso de descumprimento da sentença (arts. 644 e 645).

Já os artigos 644[116] e 645,[117] aos quais remetia o artigo 287, diziam com a fixação, modificação ou manutenção da multa diária em sede de execução das obrigações de fazer. No entanto, da redação do artigo 645 e da interpretação que lhe conferia a doutrina, restava claro que, na hipótese de execução de sentença, a cominação da multa deveria ter sido requerida pelo autor na peça inicial do processo de conhecimento e fixada na sentença, não havendo a possibilidade de o juiz *inovar* no processo de execução, fixando a multa.[118]

Com o advento da Lei da Ação Civil Pública (Lei 7.347/85), sobreveio importantíssima evolução na sistemática das *astreintes*, com a possibilidade de sua fixação *ex officio* (art. 11, *in fine*),[119] bem como em sede liminar, a *incidir* não apenas do trânsito em julgado da sentença, mas, sim, "desde o dia em que se hou-

---

[115] No sistema do artigo 287 do CPC, eram controvertidos o termo inicial da incidência da multa, bem como a necessidade de pedido cominatório expresso do autor. ALEXANDRE DE PAULA transcreve acórdão do 1º Tribunal de Alçada Cível do Estado de São Paulo, que propugnava pela incidência da multa a partir do descumprimento do julgado (publicado na RT 617/109), bem como julgado do 2º Tribunal de Alçada do mesmo Estado, que afirmava ser a multa devida desde a citação inicial (publicado no JTACivSP 108/277). Na mesma obra, há menção a acórdão do STF que fixava a incidência da multa a partir do trânsito em julgado da decisão na ação cominatória (publicado em RT 560/255) (PAULA, Alexandre de. *Código de processo civil anotado*. São Paulo: Revista dos Tribunais, 1994. V. II, p.1216/1218). No que tange ao pedido cominatório, CALMON DE PASSOS sustentava, sob a égide do artigo 287 do CPC, que aquele era "indispensável, pena de inépcia, quando se pretende essencialmente a execução específica [...]" (CALMON DE PASSOS, José Joaquim. *Comentários ao Código de Processo Civil, Lei nº 5.869, de 11 de janeiro de 1973*. 7ª ed. Rio de Janeiro: Forense, 1994. V. III, p. 231).

[116] "Art. 644. Se a obrigação consistir em fazer ou não fazer, o credor poderá pedir que o devedor seja condenado a pagar uma pena pecuniária por dia de atraso no cumprimento, contado o prazo da data estabelecida pelo juiz" (redação original).

[117] "Art. 645. A condenação na pena pecuniária deverá constar da sentença, que julgou a lide".

[118] LIMA, Alcides de Mendonça. *Comentários ao Código de Processo Civil*. 1ª ed. Rio de Janeiro: Forense, 1974. V. VI, T. II, p. 779.

[119] Art. 11. Na ação que tenha por objeto o cumprimento de obrigação de fazer ou não fazer, o juiz determinará o cumprimento da prestação da atividade devida ou a cessação da atividade nociva, sob pena de execução específica, ou de cominação de multa diária, se esta for suficiente ou compatível, independentemente de requerimento do autor.

ver configurado o descumprimento" (art. 12, § 2°).[120] Assim, apenas a execução do crédito resultante da incidência da multa estaria condicionada ao trânsito em julgado da sentença de procedência.[121]

Seguiu-se à referida lei o Código de Defesa do Consumidor (Lei 8.078/90), que em seu artigo 84[122] instituiu a sistemática para cumprimento de obrigações de fazer e não fazer que seria incorporada, anos depois, ao Código de Processo Civil. Ali foram inseridos fundamentos básicos para a tutela das obrigações de fazer e não fazer e para a aplicação das *astreintes*, tais como, (I) a primazia da tutela específica em detrimento da tutela pelo equivalente pecuniário; (II) a independência entre o crédito resultante da multa e a indenização por perdas e danos eventualmente arbitrada; (III) a possibilidade de a multa ser aplicada em sede de antecipação da tutela; (IV) a possibilidade de o juiz fixar a multa de ofício e, por fim, (V) a possibilidade de adoção de outras medidas para a obtenção da tutela específica ou do resultado prático equivalente, dentre as quais medidas de sub-rogação (técnica de tutela eminentemente executiva).

Tal sistemática foi então incorporada ao Código de Processo Civil, através da Lei 8.952/94, que basicamente reproduziu o dispositivo da legislação consumeirista,[123] permitindo assim ao juiz a fixação das *astreintes* até mesmo em

---

[120] Art. 12. Poderá o juiz conceder mandado liminar, com ou sem justificação prévia, em decisão sujeita a agravo. [...] § 2° A multa cominada liminarmente só será exigível do réu após o trânsito em julgado da decisão favorável ao autor, mas será devida desde o dia em que se houver configurado o descumprimento.

[121] Há um precedente do STJ que, com base em lições doutrinárias, estabelece distinção entre a multa prevista no artigo 11 (chamada no acórdão de *astreinte*) e aquela prevista no artigo 12 (denominada, no acórdão, multa *initio litis*) da Lei da Ação Civil Pública (REsp 156.291/SP, Rel. Ministro ADHEMAR MACIEL, SEGUNDA TURMA, julgado em 09/10/1998, DJ 01/02/1999 p. 149). A distinção, em nosso sentir, carece de sentido, pois em ambas está-se diante de verdadeira *astreinte*, modificando-se apenas o momento de sua fixação (liminarmente ou na sentença).

[122] Eis a redação do referido artigo: "Art. 84. Na ação que tenha por objeto o cumprimento da obrigação de fazer ou não fazer, o juiz concederá a tutela específica da obrigação ou determinará providências que assegurem o resultado prático equivalente ao do adimplemento.

§ 1° A conversão da obrigação em perdas e danos somente será admissível se por elas optar o autor ou se impossível a tutela específica ou a obtenção do resultado prático correspondente.

§ 2° A indenização por perdas e danos se fará sem prejuízo da multa (art. 287, do Código de Processo Civil).

§ 3° Sendo relevante o fundamento da demanda e havendo justificado receio de ineficácia do provimento final, é lícito ao juiz conceder a tutela liminarmente ou após justificação prévia, citado o réu.

§ 4° O juiz poderá, na hipótese do § 3.° ou na sentença, impor multa diária ao réu, independentemente de pedido do autor, se for suficiente ou compatível com a obrigação, fixando prazo razoável para o cumprimento do preceito.

§ 5° Para a tutela específica ou para a obtenção do resultado prático equivalente, poderá o juiz determinar as medidas necessárias, tais como busca e apreensão, remoção de coisas e pessoas, desfazimento de obra, impedimento de atividade nociva, além de requisição de força policial."

[123] O texto do artigo 461 do CPC, após a reforma de 1994, ficou assim redigido:

"Na ação que tenha por objeto o cumprimento de obrigação de fazer ou não fazer, o juiz concederá a tutela específica da obrigação ou, se procedente o pedido, determinará providências que assegurem o resultado prático equivalente ao do adimplemento.

§ 1° A obrigação somente se converterá em perdas e danos se o autor o requerer ou se impossível a tutela específica ou a obtenção do resultado prático correspondente.

antecipação da tutela, o que já representava significativo progresso em relação à redação original do argigo 287. [124]

Todavia, muito faltava para que a medida representasse, na prática, um avanço significativo em termos de efetividade no cumprimento das obrigações de fazer e não fazer. É que a incidência da multa, segundo entendimento do Superior Tribunal de Justiça, estava condicionada a citação em processo de execução autônomo da decisão contendo o preceito.

É verdade que, no campo doutrinário, tal questão não se mostrava pacífica.

Como refere Geisa de Assis Rodrigues, autores "como Kazuo Watanabe e Ada Pellegrini Grinover defendem a tese de que a atual[125] concepção normativa já tem como decorrência a alteração da execução da obrigação de fazer e de não fazer advinda de sentença".[126]

Com efeito, sustenta Ada Grinover:

A primeira explicação para a manutenção dos arts. 632 *usque* 638 e 644-645 reside no fato de o art. 632 abrigar, também, a execução específica das obrigações de fazer ou não fazer com base em título extrajudicial. A obrigação a ser cumprida não será precisamente a que constar da sentença, mas poderá estar contida no título executivo extrajudicial, o qual demandará necessariamente atuação pela via do processo de execução. [...] A abrangência do capítulo sobre execução de obrigações de fazer ou não fazer determinadas em título judicial só pode ser residual, sob pena de negar-se aplicação ao disposto no art. 461.[127]

---

§ 2º A indenização por perdas e danos dar-se-á sem prejuízo da multa (art. 287).

§ 3º Sendo relevante o fundamento da demanda e havendo justificado receio de ineficácia do provimento final, é lícito ao juiz conceder a tutela liminarmente ou mediante justificação prévia, citado o réu. A medida liminar poderá ser revogada ou modificada, a qualquer tempo, em decisão fundamentada.

§ 4º O juiz poderá, na hipótese do parágrafo anterior ou na sentença, impor multa diária ao réu, independentemente do pedido do autor, se for suficiente ou compatível com a obrigação, fixando-lhe prazo razoável para o cumprimento do preceito.

§ 5º Para a efetivação da tutela específica ou para obtenção do resultado prático equivalente, poderá o juiz, de ofício ou a requerimento, determinar as medidas necessárias, tais como a busca e apreensão, remoção de pessoas e coisas, desfazimento de obras, impedimento de atividade nociva, além de requisição de força policial."

[124] É bem verdade que doutrina e jurisprudência por vezes sustentam como fundamento legal para a fixação das *astreintes* o poder geral de cautela do juiz, previsto no artigo 798 do CPC. Nesse sentido, Humberto Theodoro Júnior vislumbra também no artigo 798 do CPC, que prevê o *poder geral de cautela* do juiz, a autorização para a fixação das *astreintes* em processo cautelar. Veja-se, a esse respeito, THEODORO JÚNIOR, Humberto. Medida Cautelar. Multa diária. Exequibilidade (Parecer). *Revista de Processo* nº 96, p. 211, bem como acórdão do Tribunal de Justiça do Estado do Rio Grande do Sul, assim ementado: "[...] *Astreinte*. Concessão `extra petita'. A multa cominada encontra-se no poder geral de cautela do juiz, decorrendo, ainda, do princípio de efetividade da determinação judicial. [...]". (Agravo de Instrumento nº 70003653417, Décima Sexta Câmara Cível, Tribunal de Justiça do RS, Relator: Des. Paulo Augusto Monte Lopes, julgado em 19/12/01. Publicado em 28/12/01).

[125] Anterior à Lei 10.444/02.

[126] RODRIGUES, Geisa de Assis. Notícia sobre a Proposta de Nova Disciplina da Execução das Obrigações de Entrega de Coisa, de Fazer e de Não Fazer. in MARINONI, Luiz Guilherme (coord.). *A segunda etapa da reforma processual civil*. São Paulo: Malheiros, 2001, p. 179).

[127] GRINOVER, Ada Pellegrini. *Tutela jurisdicional nas obrigações de fazer e não fazer*. In TEIXEIRA, Sálvio de Figueiredo (coord.). *Reforma do Código de Processo Civil*. São Paulo: Saraiva, 1996, p. 265.

Entretanto, o entendimento de autores como Cândido Rangel Dinamarco,[128] Kazuo Watanabe[129] e Ada Pellegrini Grinover[130] não era aceito sem críticas.

Marcelo Lima Guerra se opunha fortemente à interpretação conferida pelos juristas acima referidos, afirmando que "a atuação prática de sentença que imponha obrigação de fazer ou de não fazer continua a exigir a instauração de processo executivo e os poderes conferidos ao juiz no mesmo § 5º só nesse processo é que podem ser exercidos".[131] Afirmava o autor que, mesmo *de lege ferenda*, inadmissível seria dar imediata eficácia executiva às sentenças proferidas no processo de conhecimento, visto que "só o processo de execução regularmente instaurado oferece uma estrutura dialética adequada que permite o controle efetivo, pelo juiz e pelas partes, da implementação das referidas medidas executivas inominadas, as quais tendem a ser dotadas de grande complexidade, principalmente quando voltadas a satisfazer obrigações de fazer ou não fazer de trato sucessivo".[132]

Muito embora estivesse Guerra a referir-se às medidas do § 5º do artigo 461, resta evidenciada, no seu posicionamento, a necessidade de instauração de processo executivo autônomo para que se exija do réu o cumprimento da obrigação declarada em sentença.

Seguindo esse entendimento, a multa fixada em sentença condenatória só se tornaria exigível caso o réu fosse citado em processo de execução, para cumprir o preceito condenatório. E este foi o posicionamento que acabou se consolidando no Superior Tribunal de Justiça.

Vale analisar caso julgado pelo STJ (REsp 220.232)[133] no qual se ventilaram nada menos do que três hipóteses distintas de contagem da multa, entre o entendimento do juiz de primeiro grau, o do tribunal estadual e o da Corte Superior.

Tendo o juiz de primeiro grau fixado em sentença multa pelo descumprimento do preceito, o juiz da execução entendeu incidirem as *astreintes* a partir da publicação da referida sentença.

Já o Tribunal de Justiça do Estado do Ceará, em entendimento diverso, e provendo em parte o apelo do devedor, determinou que a incidência da multa só se daria quando a *"sentença tornou-se operante"*. Esse momento, segundo a Corte Estadual, teria ocorrido quando os patronos do executado ingressaram com petição impugnando o cálculo da contadoria. Para os desembargadores do Tribu-

---

[128] DINAMARCO, Cândido Rangel. *A reforma do CPC*. 2ª ed. São Paulo: Malheiros, 1995, p. 155.

[129] WATANABE, Kazuo. *Tutela antecipatória e tutela específica das obrigações de fazer e não fazer (arts. 273 e 461 do CPC)*. In TEIXEIRA, Sálvio de Figueiredo (coord.). *Reforma do Código de Processo Civil*. São Paulo: Saraiva, 1996, p. 43-47.

[130] GRINOVER, Ada Pellegrini. *Tutela jurisdicional nas obrigações de fazer e não fazer*. In TEIXEIRA, Sálvio de Figueiredo (coord.). *Reforma do Código de Processo Civil*. São Paulo: Saraiva, 1996, p. 264-268.

[131] GUERRA, Marcelo Lima. *Execução indireta*. São Paulo: Revista dos Tribunais, 1998, p. 66.

[132] Idem, p. 69.

[133] REsp 220232/CE, Rel. Ministro Ruy Rosado de Aguiar, Quarta Turma, julgado em 02/09/1999, DJ 25/10/1999 p. 93.

nal do Ceará, deu-se por ciente da execução o devedor quando da impugnação, mediante petição, do cálculo da multa para fins de expropriação. Dessa forma, este seria o termo inicial para a incidência da multa.

O devedor, muito embora para si benéfico o acórdão em comparação com a decisão havida em primeira instância, manejou recurso especial, sustentando não ter sido citado pessoalmente para cumprir a obrigação de fazer, sendo, portanto, impossível reconhecer a incidência da multa antes da citação no processo de execução.

O Superior Tribunal de Justiça, ao analisar o recurso, estabeleceu claramente a diferença entre a citação para cumprimento da obrigação de fazer sob pena de multa e a mera citação para pagamento de multa, definindo não ter aquela ocorrido na espécie. Não houve, com efeito, citação no processo de execução, para que o devedor cumprisse a obrigação de fazer em prazo específico, sob pena de multa diária.

Por essa razão, entendeu a Corte Superior que deveria ser, necessariamente, procedida a citação do devedor, em processo de execução autônomo, para cumprimento do dispositivo sentencial, sendo que tão somente a partir do decurso do prazo estabelecido no mandado para o cumprimento da obrigação de fazer incidiria a multa fixada na sentença.

Em outras palavras, estabeleceu o Superior Tribunal de Justiça, confirmando precedentes anteriores da mesma Corte, que a multa diária só incidiria a partir do descumprimento da sentença, que *requer a instauração do processo de execução e sua regular formação, com a citação do executado, e ainda o descumprimento, no prazo estabelecido no mandado citatório*, da obrigação à qual foi aquele condenado.

Como bem se vê, o entendimento sufragado por Watanabe, Dinamarco e Grinover não encontrou acolhida na jurisprudência do Superior Tribunal de Justiça.

Todavia, o entendimento jurisprudencial reinante tornava evidente a incongruência entre o tratamento dado para a efetivação das sentenças e aquele conferido à efetivação das decisões antecipatórias da tutela, o que acabava refletindo, igualmente, no sistema de aplicação das *astreintes*, notadamente na incidência da multa.

Ocorre que o tratamento dado à antecipação da tutela, após a nova redação do artigo 461 (introduzida pela Lei 8.952/94), passou a ser privilegiado em relação à sentença. Ou seja, a tutela antecipada, *precária, provisória*, deferida com base em *cognição sumária*, passaria a ser exigível tão logo intimado o réu do seu deferimento, *independentemente de execução ex intervallo*.[134] Da mesma forma,

---

[134] Nesse sentido, decidiu o STJ que "a execução da decisão que concede a tutela antecipada pode ser feita nos próprios autos principais, aplicando-se, no que couber, o disposto no art. 588, incisos II e III do CPC" (REsp

a partir do descumprimento da ordem judicial para a qual havia sido *intimado* o réu, passariam a incidir as *astreintes*.

Paradoxalmente, a tutela definitiva, deferida com base em *cognição exauriente*, demandaria a instauração de um novo processo (execução *ex intervallo*), com a regular *citação* do réu, para, somente assim, caso este descumprisse a obrigação *exequenda*, incidirem as *astreintes*.

Essa manifesta contradição foi notada por juristas como Scarpinella Bueno:

> Aventamos anteriormente que existe uma patente incongruência no sistema processual brasileiro. [...] não há como deixar de admitir que uma decisão interlocutória proferida com base em cognição superficial – a decisão que, por hipótese, antecipe os efeitos da tutela em favor do autor – tende a ser mais eficaz que a própria sentença a ser proferida após o estabelecimento do contraditório e que é calcada em cognição *exauriente*.[135]

Luis Guilherme Marinoni, da mesma forma, já salientava que "se é possível a antecipação, mediante cognição sumária, dos efeitos da sentença, não há razão

---

203.224/TO, Rel. Ministro Waldemar Zveiter, Terceira Turma, julgado em 16/02/2001, DJ 02/04/2001 p. 287). Veja-se ilustrativo trecho do voto do relator, acompanhado à unanimidade pelos integrantes da Terceira Turma:

"Quer fazer crer o recorrente que a execução da tutela antecipada deve ser promovida tal qual uma execução, provisória, com citação e instauração de novo processo.

Tal, por óbvio, não se dá. Essa não é uma execução propriamente dita, aplicando-se, no que couber, como disse o relator *a quo*, os procedimentos relativos à execução provisória, nada impedindo que se faça nos próprios autos principais.

Assim está dito no parecer da d. Subprocuradoria-Geral da República (fls. 168/169):

'Cumpre destacar, de logo, não ter havido qualquer arbitrariedade por parte do M.M. Magistrado. De efeito, foram expedidos dois mandados, sendo um de citação e outro de encerramento e bloqueio.

A melhor doutrina sobre o tema não socorre o recorrente. De efeito, Luiz Guilherme Marinoni assim se pronuncia:

'Como dissemos em artigo publicado há dois anos, a "execução" da tutela sumária não se submete às regras do livro que trata do processo de execução. Isso porque a chamada "execução da tutela antecipada" não constitui "execução" propriamente dita'. (Marinoni, Luiz Guilherme. *A antecipação da tutela*. 4ª ed., São Paulo: Malheiros Editores, 1997, p. 178-179)

De sua vez, Antônio Cláudio da Costa Machado assim leciona:

Vê-se, portanto, que a decisão que antecipa a tutela em processos meramente declaratórios, ou constitutivos, tem caráter nitidamente mandamental, o que exclui a possibilidade de aplicação do inciso II do art. 588 a sua respectiva execução provisória. Como se dá ela, então? Obviamente pela efetivação da medida ordenada pelo magistrado, por intermédio do Oficial de Justiça, exatamente como ocorre com a execução de medidas cautelares, tais quais o arresto, ou o seqüestro.' (Machado, Antônio Cláudio da Costa. *Tutela Antecipada*. 2ª ed., São Paulo: Editora Oliveira Mendes, 1998, p. 606).

Cumpre destacar que não houve transferência de domínio de bem, apenas bloqueio das máquinas. Se houvesse transferência, dever-se-ia aí sim, seguir-se o modelo da execução provisória, consoante já decidiu esta Superior Corte no REsp. 161.479, Relator Ministro José Delgado.'

A insistência no pedido de autuação apartada, com nova citação, o que, certamente, causaria atrasos injustificados ao processo, não se coadunam com as afirmações do recorrente de que é o maior interessado no andamento célere do feito. O *decisum* está correto ao entender que as inúmeras insurgências demonstram que o ora recorrente objetiva retardar seu regular processamento."

[135] BUENO, Cassio Scarpinella. *Execução provisória e antecipação da tutela: dinâmica do efeito suspensivo da apelação e da execução provisória: conserto para a efetividade do processo*. São Paulo: Saraiva, 1999, p. 48.

para não se admitir a antecipação, através de execução imediata da sentença e de cognição *exauriente*, dos mesmos efeitos".[136]

A solução para o problema veio com a reforma promovida pela Lei nº 10.444, de 7 de maio de 2002 (publicada no Diário Oficial da União em 8 de maio de 2002), que com alteração no artigo 644,[137] eliminou o processo de execução autônomo para sentenças contendo obrigações de fazer, determinando a aplicação somente subsidiária das regras do Livro II (Do Processo de Execução), Título II (Das Diversas Espécies de Execução), Capítulo III (Da Execução das Obrigações de Fazer e de Não Fazer), ao procedimento de *cumprimento* daquelas decisões.

O próprio artigo 461 sofreu importante alteração, consistente na mudança da redação do § 5º e na inserção de novo parágrafo, ficando assim redigido:

> Art. 461. [...]
>
> [...]
>
> § 5º Para a efetivação da tutela específica ou a obtenção do resultado prático equivalente, poderá o juiz, de ofício ou a requerimento, determinar as medidas necessárias, tais como a imposição de multa por tempo de atraso, busca e apreensão, remoção de pessoas e coisas, desfazimento de obras e impedimento de atividade nociva, se necessário com requisição de força policial.
>
> § 6º O juiz poderá, de ofício, modificar o valor ou a periodicidade da multa, caso verifique que se tornou insuficiente ou excessiva.

Neste artigo, as mudanças na sistemática das *astreintes* foram significativas. Em primeiro lugar, acrescentou-se a previsão de multa *por tempo de atraso*, rompendo com a anterior orientação legislativa, que previa apenas a possibilidade de aplicação de multa *diária*.

Note-se que, de tão arraigada a periodicidade *diária* atribuída à multa, que o Ministro de Estado da Justiça, José Gregori, quando da exposição de motivos do Projeto de Lei nº 3.476/2000,[138] afirmou que seria acrescentada "a imposição de multa *diária*" no rol das medidas previstas no § 5º do artigo 461, esquecendo-se de que, já no projeto, a expressão utilizada era tão somente *multa* (e não *multa diária*), sendo que a lei veio a complementar o projeto, dando maior precisão ao seu texto, ao referir a multa por *tempo* de atraso.

Se dúvidas poderia haver quanto à possibilidade de fixação de outra unidade de tempo, que não o dia, mesmo diante da eliminação do termo *diária*, elas desapareceram por força do disposto no § 6º do artigo 461, que passou a prever

---

[136] MARINONI, Luiz Guilherme. *A antecipação da tutela*. 3ª ed. São Paulo: Malheiros, 1997, p. 185.

[137] O artigo ganhou a seguinte redação: "Art. 644. A sentença relativa a obrigação de fazer ou não fazer cumpre-se de acordo com o art. 461, observando-se, subsidiariamente, o disposto neste Capítulo. (Redação dada pela Lei nº 10.444, de 7.5.2002)."

[138] WAMBIER, Luiz Rodrigues e WAMBIER, Teresa Arruda Alvim. *Breves comentários à 2ª fase da reforma do Código de Processo Civil*. São Paulo: Revista dos Tribunais, 2002, p. 207.

As *Astreintes* e o Processo Civil Brasileiro

expressamente a possibilidade de o juiz mudar a *periodicidade* da multa, nos casos em que esta se tornar insuficiente ou excessiva.[139]

Salientamos que, em havendo previsão genérica de aplicação de multa, no § 5º do artigo 461, em periodicidade variável, deveria ter sido alterado o § 4º do mesmo artigo, que prevê a aplicação de multa *diária*. Nenhum sentido há em se invocar este artigo, havendo outro que o abranja completamente. Adiante-se, entretanto, que o § 4º do artigo 461 ainda contém as diretrizes pelas quais deve se guiar o magistrado ao aplicar a *astreinte*, inclusive aquela representada pela multa do § 5º do mesmo artigo.[140]

Cumpre referir que os artigos 461 e 461-A não são aplicáveis somente ao procedimento comum ordinário e sumário, mas a toda e qualquer "ação que tenha por objeto o cumprimento de obrigação de fazer ou não fazer" ou a "ação que tenha por objeto a entrega de coisa", incluindo-se aí, por exemplo, ações cautelares[141] e mandados de segurança, que, por serem predominantemente mandamentais,[142] estão mais afeitos à utilização da técnica de tutela coercitiva.

---

[139] Já em comentários à redação original do Código de Buzaid, Alcides de Mendonça Lima destacava que a menção à unidade "dia" tratava-se apenas de "sinônimo de unidade de tempo, podendo ser um mês, ano ou outro período, embora todos se decomponham em dias". Só não admitia o processualista a fixação da multa em unidade inferior a 24 horas ou um dia (LIMA, Alcides de Mendonça. *Comentários ao Código de Processo Civil*. Rio de Janeiro: Forense, 1974. V. VI, T. II). Hoje, já se admite a sua aplicação por qualquer unidade de tempo, inclusive inferiores a um dia (por todos, veja-se MARINONI, Luiz Guilherme e MITIDIERO, Daniel. *Código de Processo Civil comentado artigo por artigo*. São Paulo: Revista dos Tribunais, 2008. p. 636). Razoável, assim, a fixação de multa inclusive por minuto ou segundo, por exemplo, para casos de descumprimento de ordem para transmissão televisiva ou radiofônica de direito de resposta, não transmissão de propaganda difamatória etc.

[140] Enquanto o § 5º faz apenas menção à multa, o § 4º do artigo 461 contém parâmetros a serem adotados na fixação das *astreintes*, como a suficiência e compatibilidade para com a obrigação, bem como a necessidade de fixação de prazo razoável para cumprimento do preceito.

[141] Acerca da aplicação das *astreintes* no processo cautelar, salienta Márcio Louzada Carpena: "Não só possível, como também plenamente recomendável, em alguns casos, a cumulação na ordem cautelar de disposição *inibitória* (tutela inibitória) a teor da redação do art. 461, § 4º e § 5º, do CPC, para bem de dar maior cogência à medida deferida. Vale dizer, para se assegurar que o mandamento emanado seja imediata e devidamente respeitado por aquele contra quem é dirigido, no sentido de que faça ou deixe de fazer algo, é viável que o julgador, de ofício ou a requerimento da parte, previamente ao cumprimento do mandado cumule à medida uma disposição de inibição ao desacato, isto é, uma multa diária ou, de pronto, outra sanção, justamente para o caso de descumprimento da ordem" (CARPENA, Márcio Louzada. *Do Processo Cautelar Moderno*. Rio de Janeiro: Forense, 2003, p. 193). O Superior Tribunal de Justiça tem restringido, no entanto, o escopo de aplicação da multa em determinadas situações. Em ações exibitórias de documentos, por exemplo, não se reconhece a possibilidade de utilização das *astreintes*: "[...] É firme a orientação desta Corte no sentido de que, nas ações cautelares de exibição de documentos, descabe a fixação de multa pecuniária pelo descumprimento da ordem de apresentação. Precedentes. [...]" (AgRg nos EDcl no Ag 942.675/SC, Rel. Ministro Fernando Gonçalves, Quarta Turma, julgado em 04/11/2008, DJe 17/11/2008). Tal entendimento ensejou a edição da Súmula 372, destacado no Item 3.5.1.1.

[142] Ao explicar a natureza da sentença na ação cautelar, salienta Ovídio Baptista da Silva: "Somente uma sentença que contenha mais *ordem* do que *juízo* (julgamento) poderá atender à exigência de uma forma de tutela processual através da qual se deve dar proteção a um direito apenas eventual, sem que o magistrado, ao protegê-lo, declare sua própria existência, quer dizer, sem que sobre o ato sentencial se produza coisa julgada" (SILVA, Ovídio Araújo Baptista da. *Curso de Processo Civil*. 3ª ed. São Paulo: Rev. dos Tribunais, 1998, vol. III, p. 81).

Seguindo na análise das mudanças dispostas na nova legislação, o artigo 287 teve sua redação completamente alterada, ficando assim redigido:

> Art. 287. Se o autor pedir que seja imposta ao réu a abstenção da prática de algum ato, tolerar alguma atividade, prestar ato ou entregar coisa, poderá requerer cominação de pena pecuniária para o caso de descumprimento da sentença ou da decisão antecipatória de tutela (arts. 461, § 4º, e 461-A).

Note-se que, embora tenha mantido o termo "pena pecuniária", quando talvez tivesse sido mais adequado referir-se diretamente à multa (até mesmo para dar maior uniformidade às expressões utilizadas na legislação), eliminou o legislador expressões dúbias como "*constará* da petição inicial" (totalmente superada pelo artigo 461, § 4º, que permite a aplicação da multa *ex officio*), "fato que não possa ser realizado por terceiro" (o que dava a entender, erroneamente, que a multa só seria aplicável em obrigações infungíveis), e até mesmo "pedir condenação" (visto que a decisão que comina a multa será predominantemente mandamental[143]).

Acrescentou o legislador à frase "para o caso de descumprimento de sentença", a expressão "ou da decisão antecipatória de tutela (arts. 461, § 4º, e 461-A)", visto que aquela disposição, isolada, já se encontrava há muito superada pela possibilidade de antecipação da tutela com imposição de multa – art. 461, §§ 3º e 4º. A menção expressa aos arts. 461, § 4º, e 461-A é a confirmação de que eles são aplicáveis à *ação cominatória* do artigo 287.

A reforma não parou por aí. Atendendo, conforme noticia Athos Gusmão Carneiro,[144] proposta do processualista e então desembargador federal do Tribunal Regional Federal da 4ª Região (hoje Ministro do STJ), Teori Albino Zavascki,[145] acrescentou-se dispositivo que trouxe ao processo civil comum a regra que já existia nos Juizados Especiais, permitindo a aplicação das *astreintes* nas ações que tenham por objeto a entrega de coisa. Eis a redação do referido dispositivo (art. 461-A):

> Art. 461-A. Na ação que tenha por objeto a entrega de coisa, o juiz, ao conceder a tutela específica, fixará o prazo para o cumprimento da obrigação.
>
> § 1º Tratando-se de entrega de coisa determinada pelo gênero e quantidade, o credor a individualizará na petição inicial, se lhe couber a escolha; cabendo ao devedor escolher, este a entregará individualizada, no prazo fixado pelo juiz.

---

[143] Vide, neste particular, Item 3.3.6.

[144] CARNEIRO, Athos Gusmão. *Da antecipação da tutela no Processo Civil*. Rio de Janeiro: Forense, 1999.

[145] Da mesma forma, consta da exposição de motivos do Projeto de Lei 3.476/2000, que deu origem à Lei 10.444/02: "Art. 2º do Projeto – Art. 461-A. A mesma sistemática do art. 461 é proposta, por sugestão de Teori Zavascki, para as obrigações de entrega de coisa, ficando eliminada a ação autônoma de execução de tais obrigações nos casos em que o título for *judicial* (permanece a ação de execução, evidentemente, nos casos de título extrajudicial que consubstancie obrigação de dar)" (WAMBIER, Luiz Rodrigues e WAMBIER, Teresa Arruda Alvim. *Breves comentários à 2ª fase da reforma do Código de Processo Civil*. São Paulo: Revista dos Tribunais, 2002, p. 209).

§ 2º Não cumprida a obrigação no prazo estabelecido, expedir-se-á em favor do credor mandado de busca e apreensão ou de imissão na posse, conforme se tratar de coisa móvel ou imóvel.

§ 3º Aplica-se à ação prevista neste artigo o disposto nos §§ 1º a 6º do art. 461.

O dispositivo é aplicável tanto para ações que visem à entrega de coisa certa, quanto incerta, como se depreende claramente da leitura do § 1º.

A menção que faz o artigo 461-A aos §§ 1º a 6º do artigo 461 permite assumir que a multa prevista neste último dispositivo é aplicável àquele, inclusive cumulativamente, se necessário for, à medida de busca e apreensão ou imissão na posse, prevista no § 2º do artigo 461-A.[146]

Note-se que, por força da inclusão do artigo 461-A, bem como da alteração no artigo 621,[147] eliminou-se o processo de execução autônomo também para sentenças relativas a obrigações de entregar coisa certa ou incerta, de forma que, assim como ocorrido com as sentenças relativas a obrigações de fazer, "a regra [...] passará a ser a atuação do provimento judicial no mesmo processo em que ele é expedido, sem necessidade de se recorrer a outra ação. Assumem-se, então, no Direito Brasileiro, como regra, as assim chamadas 'ações sincréticas', de antiga postulação doutrinária".[148]

Assim, sentenças relativas a obrigações de fazer, não fazer e entrega de coisa prescindem de processo autônomo de execução, passando a se buscar o seu *cumprimento* (através de medidas de coerção) ou mesmo *execução* (medidas de sub-rogação) na forma dos artigos 461 e 461-A.[149] Logo, transitando em julgado ou sujeita ela a recurso desprovido de efeito suspensivo, será *intimado* o réu para

---

[146] AMARAL, Guilherme Rizzo. *Cumprimento e execução da sentença sob a ótica do formalismo-valorativo*. Porto Alegre: Livraria do Advogado, 2008. p. 165-166.

[147] Acrescentou-se, ainda, ao artigo 621 do CPC, que passou a dispor apenas acerca da execução de títulos *extrajudiciais* para a entrega de coisa certa, a possibilidade de fixação de multa *ex officio* pelo juiz, ao despachar a inicial do processo executivo: "Art. 621. [...] Parágrafo único. O juiz, ao despachar a inicial, poderá fixar multa por dia de atraso no cumprimento da obrigação, ficando o respectivo valor sujeito a alteração, caso se revele insuficiente ou excessivo".

[148] ARENHART, Sérgio Cruz. *Tutela específica da obrigação de entrega de coisa*. In MARINONI, Luiz Guilherme (coord.). *A segunda etapa da reforma processual civil*. São Paulo: Malheiros, 2001, p. 135.

[149] Faça-se, aqui, uma importante ressalva. Como bem observam Wambier, Correa de Almeida e Talamini, ainda sobrevivem hipóteses de execução (através de processo de execução autônomo) de obrigações de fazer (e, acrescentamos, de entrega de coisa), amparadas em título *judicial*: "Considerem-se os seguintes casos: transação realizada extrajudicialmente e apenas levada a homologação judicial; sentença estrangeira homologada pelo Supremo Tribunal Federal; sentença arbitral, quando o compromisso arbitral não houver previsto que a sentença teria a força do art. 461 (CPC, art. 584, III, IV e VI). Em todos esses casos, tais títulos executivos judiciais podem ser representativos de obrigação de fazer ou de não fazer, e continuarão ensejando o processo do art. 632 e seguintes. É que, nessas três hipóteses, a questão é trazida a Juízo depois que já está formado o título. Se a parte pretende apenas a efetivação concreta do comando contido no título, recorrerá ao processo do Livro II, e não ao processo para a aplicação do art. 461, que é (também) processo de conhecimento – destinado em princípio a casos em que ainda não há título executivo. (Fica, porém, a ressalva de que o detentor de título executivo *tem* interesse processual para recorrer ao processo do art. 461, na medida em que esse ir-lhe-á propiciar uma tutela mais eficiente. Todavia, nessa hipótese, o título executivo não valerá como tal, mas como mera prova.)" (WAMBIER, Luiz Rodrigues e outros. *Curso avançado de processo civil*. 5ª ed. rev., atual. e ampl. São Paulo: Revista dos Tribunais, 2002, V.2: processo de execução, p. 293).

cumpri-la, podendo o juiz fixar multa periódica (*astreinte*) para o caso de descumprimento (art. 461, § 4°) ou tomar as medidas necessárias para a efetivação da tutela específica ou a obtenção do resultado prático equivalente (art. 461, § 5°), tais como busca e apreensão ou requisição de força policial (sendo o rol do § 5° meramente exemplificativo).

Em suma: a decisão judicial passa a atuar no mesmo processo em que é proferida, sem necessidade de se recorrer a um novo e autônomo processo de execução. Para o Ministro Sálvio de Figueiredo Teixeira, que juntamente com Athos Gusmão Carneiro coordenou a comissão reformadora do CPC, "dá-se aí um processo sincrético, no qual se fundem cognição e execução".[150]

Não há dúvidas de que as reformas vieram para atender anseios justificados dos operadores do direito e, por que não, de todos os jurisdicionados, visto que se mostrava incompatível com a realidade social a imposição de um segundo processo (execução), findo um primeiro (conhecimento), este frequentemente longo e custoso para aquele que buscava a tutela de seu direito. Ademais, especialmente nos casos de obrigação de fazer e não fazer, a concessão de antecipação dos efeitos da tutela com base no artigo 461, § 3° – com a utilização de técnicas de tutela mandamental (art. 461, § 4°) ou executiva[151] (art. 461, § 5°) –, já colocava em dúvida, como visto anteriormente, a necessidade e a utilidade da execução *ex intervallo*.

Chega-se, assim, a um sistema provido de técnicas mais eficazes e céleres para a tutela dos direitos relativos a obrigações de fazer, não fazer e de entregar. "Altera-se, pois, o paradigma em que vive o direito processual: de um contexto em que se quer um juiz burocrata, destituído de estatalidade, passa-se, agora, a um magistrado que exerce autoridade, avantajado em poder estatal".[152]

Dentre as normas específicas, portanto, que restaram abrangidas pelos artigos 461 e 461-A, encontra-se o artigo 84 da Lei 8.078/90 (Código de Defesa do Consumidor),[153] além do artigo 52, V, da Lei 9.099/95 (Lei dos Juizados Especiais).

Da mesma forma, a *cominação de pena* prevista nas ações possessórias em geral (art. 921, II), bem como na ação de nunciação de obra nova (art. 936, II), além da *pena pecuniária* pelo descumprimento de preceito na ação de interdito proibitório (art. 932) seguirão a sistemática do artigo 461, com as limitações

---

[150] CARNEIRO, Athos Gusmão. *Sugestões para uma nova sistemática da execução.* Artigo publicado no *site* http://www.advogadopublico.hpg.ig.com.br/noticias/novas/5athosexecucao.htm. Acesso em 13 de junho de 2002.

[151] Na primeira edição da presente obra, trabalhávamos com a perspectiva das cargas de eficácia da sentença, daí por que, no texto original, em vez de técnica de tutela executiva referiamo-nos a "sentença executiva *lato sensu*". Tal mudança de perspectiva decorre da adoção de terminologia empregada por Luiz Guilherme Marinoni (vide Item 3.3.1) e de posteriores reflexões expostas em nossa obra *Cumprimento e execução da sentença sob a ótica do formalismo-valorativo* (Livraria do Advogado, 2008, p. 105-134). A mudança de perspectiva, no entanto, não altera as conclusões que foram adotadas originariamente no presente livro.

[152] ARENHART, Sérgio Cruz. *Tutela específica da obrigação de entrega de coisa.* (MARINONI, Luiz Guilherme (coord.). *A segunda etapa da reforma processual civil.* São Paulo: Malheiros, 2001, p. 137/138).

[153] Este, diga-se de passagem, inspirou a redação do artigo 461 do CPC, sendo-lhe praticamente idêntico.

decorrentes da especialidade de cada ação antes descrita (ex.: necessidade de justificação prévia – art. 928).

Importante citar, também, os artigos 11 da Lei 7.347/85 (Ação Civil Pública – LACP),[154] 213 da Lei 8.069/90 (Estatuto da Criança e do Adolescente – ECA) e 83 da Lei 10.741/03 (Estatuto do Idoso)[155] que, embora abrangidos pela sistemática do artigo 461, contêm especial disposição no sentido de que a multa será devida desde o dia em que se houver configurado o dano (ECA) ou o descumprimento do preceito (LACP), mas só será exigível do réu após o trânsito em julgado da sentença *favorável* ao autor.[156] Não houve qualquer previsão legislativa neste sentido para as *astreintes* do artigo 461, apesar da controvérsia doutrinária e jurisprudencial a respeito.[157]

Temos, assim, que as *astreintes* encontram sua sistemática legislativa fundada, basicamente, no que tange à sua fixação no processo de conhecimento,[158]

---

[154] "Art. 11. Na ação que tenha por objeto o cumprimento de obrigação de fazer ou não fazer, o juiz determinará o cumprimento da prestação da atividade devida ou a cessação da atividade nociva, sob pena de execução específica, ou de cominação de multa diária, se esta for suficiente ou compatível, independentemente de requerimento do autor.
[...]
§ 2º A multa cominada liminarmente só será exigível do réu após o trânsito em julgado da sentença favorável ao autor, mas será devida desde o dia em que se houver configurado o descumprimento."

[155] "Art. 83. Na ação que tenha por objeto o cumprimento de obrigação de fazer ou não-fazer, o juiz concederá a tutela específica da obrigação ou determinará providências que assegurem o resultado prático equivalente ao adimplemento. § 1º Sendo relevante o fundamento da demanda e havendo justificado receio de ineficácia do provimento final, é lícito ao juiz conceder a tutela liminarmente ou após justificação prévia, na forma do art. 273 do Código de Processo Civil. § 2º O juiz poderá, na hipótese do § 1º ou na sentença, impor multa diária ao réu, independentemente do pedido do autor, se for suficiente ou compatível com a obrigação, fixando prazo razoável para o cumprimento do preceito. § 3º A multa só será exigível do réu após o trânsito em julgado da sentença favorável ao autor, mas será devida desde o dia em que se houver configurado".

[156] "Art. 213. Na ação que tenha por objeto o cumprimento de obrigação de fazer ou não fazer, o juiz concederá a tutela específica da obrigação ou determinará providências que assegurem o resultado prático equivalente ao do adimplemento.
§ 1º Sendo relevante o fundamento da demanda e havendo justificado receio de ineficácia do provimento final, é lícito ao juiz conceder a tutela liminarmente ou após justificação prévia, citando o réu.
§ 2º O juiz poderá, na hipótese do parágrafo anterior ou na sentença, impor multa diária ao réu, independentemente de pedido do autor, se for suficiente ou compatível com a obrigação, fixando prazo razoável para o cumprimento do preceito.
§ 3º A multa só será exigível do réu após o trânsito em julgado da sentença favorável ao autor, mas será devida desde o dia em que se houver configurado o descumprimento".
Ao que tudo indica, o tema merecerá tratamento distinto com a edição de nova lei que disciplinará a ação civil pública e a tutela de interesses difusos, coletivos ou individuais homogêneos. No Projeto de Lei 5.139/2009, está previsto, no artigo 17, § 3º, que "A multa cominada liminarmente será devida desde o dia em que se houver configurado o descumprimento e poderá ser exigida de forma imediata, em autos apartados, por meio de execução definitiva". A referência à exigibilidade imediata e à definitividade da execução leva a crer que haverá não apenas uma mudança radical na sistemática prevista na atual Lei das Ações Civis Públicas (Lei 7.347/85), mas na própria natureza das *astreintes*, que adotará feição punitiva, a não ser que, na sua aplicação, se considere a possibilidade de restituição dos valores pagos a título de multa caso seja revertida a decisão que a fixou. Para a íntegra do projeto que tramita na Câmara dos Deputados, veja-se o *site* http://www.camara.gov.br/sileg/integras/651669.pdf.

[157] Vide Item 5.2.4.3.

[158] Para fins didáticos, permanecemos utilizando a expressão *processo de conhecimento*, sem embargo da pertinente observação de DANIEL MITIDIERO, para quem "apenas em homenagem à arquitetura inicial do Código

nos artigos 461 e 461-A do Código de Processo Civil Brasileiro; e no que tange à utilização no processo de execução de título *extrajudicial*, nos artigos 621, parágrafo único (entrega de coisa), e 645, *caput* (obrigações de fazer e não fazer) do mesmo diploma legal.

3.1.1. Cumprimento e Execução da Sentença: Leis 11.232/05 e 11.382/06 e seu impacto na sistemática das astreintes

A adoção de um processo sincrético, reunindo conhecimento e execução, para as sentenças relativas a obrigações de fazer e não fazer, pode ser considerada um embrião para as reformas havidas nos anos de 2005 e 2006, e referentes ao cumprimento e execução de sentenças relativas a obrigações de pagar quantia.

Todavia, muito embora tenha eliminado a necessidade de um processo autônomo para a execução das sentenças contendo obrigação de pagar, a Lei 11.232/05 ainda ficou atrelada à lógica da execução *ex intervallo*, haja vista ter mantido a exigência de o credor requerer o prosseguimento do processo na hipótese de descumprimento da sentença pelo devedor. Veja-se, a este propósito, a redação do artigo 475-J:

> Art. 475-J. Caso o devedor, condenado ao pagamento de quantia certa ou já fixada em liquidação, não o efetue no prazo de quinze dias, o montante da condenação será acrescido de multa no percentual de dez por cento e, a requerimento do credor e observado o disposto no art. 614, inciso II, desta Lei, expedir-se-á mandado de penhora e avaliação. (Incluído pela Lei nº 11.232, de 2005)

Como bem se vê, com o término do prazo para o cumprimento voluntário da sentença, dá-se a incidência de multa *fixa*, de 10% sobre o montante da condenação,[159] e o processo queda em compasso de espera até que requeira o credor o seu prosseguimento. Dúvida não há acerca da necessidadade de requerimento do credor e impossibilidade de prosseguimento *ex officio* da execução, tendo em vista não apenas a redação do *caput* (onde se lê "a requerimento do credor"), como também do próprio § 5º, segundo o qual "Não sendo requerida a execução no prazo de seis meses, o juiz mandará arquivar os autos, sem prejuízo de seu desarquivamento a pedido da parte".[160]

---

de Processo Civil se mostra possível, ainda, aludir a um 'processo de conhecimento'. A rigor, a Lei 11.232, de 2005, dá lugar a um processo misto, sincrético, em que se encontra junto à cognição a efetivação ou a execução do julgado, espécies do gênero 'cumprimento da sentença', consoante a nova terminologia legal. Efetiva-se a ordem (art. 461, CPC); executa-se o preceito (arts. 461-A e 475-I, CPC), com o que se logra cumprir a decisão jurisdicional" (MITIDIERO, Daniel. In ALVARO DE OLIVEIRA, Carlos Alberto (coord.). *A nova execução*. Rio de Janeiro: Forense, 2006. p. 2-3).

[159] Não se trata de *astreinte*, propriamente, pois (I) só se admite em valor fixo, e não periódico e (II) limita-se a 10% do valor da obrigação principal, sendo manifestamente inadequada para vencer a obstinação do devedor. É, sem embargo, medida que se enquadra dentre as técnicas de tutela mandamentais, haja vista que, ainda que de forma limitada, atua sobre a vontade do devedor, estimulando-o ao cumprimento da sentença.

[160] Sobre a sistemática de cumprimento da sentença na Lei 11.232/05, veja-se ALVARO DE OLIVEIRA, Carlos Alberto (coord.). *A nova execução*. Rio de Janeiro: Forense, 2006 e AMARAL, Guilherme Rizzo. *Cumprimento e execução da sentença sob a ótica do formalismo-valorativo*. Porto Alegre: Livraria do Advogado, 2008.

A Lei 11.232/05 traz importantes reflexos para a sistemática das *astreintes*, tendo em vista que o crédito resultante da incidência desta multa periódica deverá ser executado na forma do artigo 475-J. Assim, não mais subsiste a necessidade de um processo autônomo de execução para o crédito resultante da incidência da multa.

Da mesma forma, a Lei 11.382/06, que reformou a execução de títulos extrajudiciais, além de ter alterado substancialmente a sistemática expropriatória para as execuções patrimoniais em geral, impacta significativamente no sistema de aplicação das *astreintes*, em especial quando fixadas em execução de título extrajudicial. Um dos pontos que merecem especial atenção diz respeito à retirada do efeito suspensivo *ex lege* dos embargos à execução, passando a ser exceção a suspensão do feito executivo, de forma que o preceito contido no despacho citatório na execução de título extrajudicial, de regra, não terá sua eficácia suspensa com a oposição de embargos do executado.

Tais moficações serão analisadas de forma aprofundada no Capítulo 5 da presente obra, sendo importante, por ora, salientar que com a edição das Leis 11.232/05 e 11.382/06, antecedidas pelas Leis 10.444/02 e 8.952/94, parece ter se fechado o ciclo de reformas no tocante ao cumprimento e execução de títulos judiciais e extrajudiciais.

3.2. QUADRO COMPARATIVO BRASIL-FRANÇA

Para que se possam aproveitar, com segurança, os conceitos e definições utilizados pela doutrina e pela jurisprudência francesas, quando da análise da natureza jurídica da multa diária brasileira, é preciso que se trace um comparativo entre as *astreintes* nos dois ordenamentos jurídicos. As semelhanças e diferenças entre a *astreinte* francesa e a multa periódica brasileira indicarão quais caracteres da primeira podem ser aplicados à segunda.

O objeto da presente obra não é o estudo exaustivo da medida francesa, mas, sim, as *astreintes* no processo civil *brasileiro*. Por essa razão, aspectos procedimentais e especialíssimos do Direito francês não serão abordados.[161]

---

[161] Sobre o tema, recomenda-se a leitura de STARCK, Boris. *Obligations – Régime general.* 4ª ed. Paris: Litec, 1992 (em cooperação com Henri Roland e Laurent Boyer), PLANIOL, Marcel. *Traité Élémentaire de Droit Civil.* 3ª ed. Paris: Libraire Générale de Droit & de Jurisprudence, 1905, T. 2. e CHABAS, François. *L'astreinte en droit français.* Revista de Direito Civil, nº 69, p. 50-56; entre nós, a leitura de TALAMINI, Eduardo. *Tutela relativa aos deveres de fazer e de não fazer: CPC, art. 461; CDC, art. 84.* São Paulo: Revista dos Tribunais, 2001, p. 50-58; GUERRA, Marcelo Lima. *Execução indireta.* São Paulo: Revista dos Tribunais, 1998, p. 108-134; e, em Portugal, de SILVA, João Calvão da. *Cumprimento e sanção pecuniária compulsória.* 4ª ed. Coimbra: Almedina, 2002. p. 375-379.

A análise que ora se propõe é panorâmica, visando tão somente a delinear os elementos de contato entre os diferentes ordenamentos que autorizem a utilização segura dos ensinamentos doutrinários europeus.

As principais semelhanças, entre o sistema francês e o brasileiro, na previsão legal e aplicação das *astreintes*, podem ser visualizadas no Quadro 1:[162]

Quadro 1 – Semelhanças entre o sistema francês e o brasileiro

Característica	Direito francês (Lei 91-650)	Direito brasileiro (arts. 461, 644 e 645 do CPC)
Fixação de ofício pelo juiz	Art. 33 – Tout juge peut, *même d'office* [...][163]	Art. 461 [...] § 4º O juiz poderá, na hipótese do parágrafo anterior ou na sentença, impor *multa diária* ao réu, *independentemente do pedido do autor*, [...] § 5º Para a efetivação da tutela específica ou a obtenção do resultado prático equivalente, poderá o juiz, *de ofício* ou a requerimento, determinar as medidas necessárias, tais como a imposição de *multa* por tempo de atraso, busca e apreensão, remoção de pessoas e coisas, desfazimento de obras e impedimento de atividade nociva, se necessário com requisição de força policial.
Fixação em antecipação da tutela	Art. 484 – *L'ordonnance de référé*[164] *est une décision provisoire rendue à la demande d'une partie, l'autre présente ou appelée, dans le cas où la loi confère à un juge qui n'est pas saisi du principal le pouvoir d'ordonner immédiatement les mesures nécessaires.*[165] Art. 491 – *Le juge statuant en référé peut prononcer des condemnations à des astreintes.* Il peut les liquider, à titre provisoire. Il statue sur les dépens.[166]	Art. 461, § 3º Sendo relevante o fundamento da demanda e havendo justificado receio de ineficácia do provimento final, é lícito ao juiz conceder a *tutela liminarmente* ou mediante justificação prévia, citado o réu. A medida liminar poderá ser revogada ou modificada, a qualquer tempo, em decisão fundamentada. § 4º O juiz poderá, *na hipótese do parágrafo anterior* ou na sentença, *impor multa diária* ao réu [...]

---

[162] Todos os grifos apostos nos textos do Quadro 1 são nossos.

[163] Tradução livre: "Todo juiz pode, mesmo de ofício [...]".

[164] "É precipuamente através das *référés* que se desenvolve a adequada tutela (antecipada ou meramente conservatória), nas hipóteses em que não se pode aguardar a normal demora do processo – inclusive em relação aos direitos de fazer e de não fazer" (TALAMINI, Eduardo. *Tutela relativa aos deveres de fazer e de não fazer: CPC, art. 461; CDC, art. 84*. São Paulo: Revista dos Tribunais, 2001, p. 56).

[165] Tradução livre: "Art. 484. A ordem liminar é uma decisão provisória concedida por solicitação de uma parte, no caso em que a lei confere a um juiz que ainda não decidiu sobre o mérito, o poder de ordenar imediatamente as medidas necessárias."

[166] Tradução livre: "Art. 491. O juiz, decidindo através de decisão liminar, pode estabelecer condenação às *astreintes*, podendo liquidá-las a título provisório. O juiz decide sobre as custas."

As *Astreintes* e o Processo Civil Brasileiro

Autonomia (independência) do Juiz da Execução para fixação das *astreintes*	Art. 33 (Segundo parágrafo) – Le juge de l'execution *peut assortir d'une astreinte une décision rendue par un autre juge* si les circonstances en font apparaître la nécessité.[167]	Art. 644. A sentença relativa a obrigação de fazer ou não fazer cumpre-se de acordo com o art. 461, observando-se, subsidiariamente, o disposto neste Capítulo. Art. 461 [...] § 6° O juiz poderá, de ofício, modificar o valor ou a periodicidade da multa, caso verifique que se tornou insuficiente ou excessiva. Art. 621 *(obs. Execução de título extrajudicial. Obrigação de entrega de coisa)* [...] Parágrafo único. O juiz, ao despachar a inicial, poderá fixar multa por dia de atraso no cumprimento da obrigação, ficando o respectivo valor sujeito a alteração, caso se revele insuficiente ou excessivo.
Caráter coercitivo (independe de perdas e danos)	Art. 34 – L'astreinte est *independante des dommages- intérêts.*[168]	Art. 461, § 2° A indenização por *perdas e danos dar-se-á sem prejuízo da multa* (art. 287).
Caráter acessório (acessória à decisão judicial)	Art. 35 – [...], ordonner une astreinte pour assurer *l'execution de sa décision.*[169]	Art. 461, § 4° [...] fixando-lhe prazo razoável para o cumprimento do *preceito.*
Destinação do crédito derivado das *astreintes* à parte beneficiada pela decisão judicial	Não há previsão legal, sendo "ex- plicável apenas pela origem histórica da *astreinte*, a partir da indenização".[170] Há, entretanto, previsão para a destinação de parte do crédito da *astreinte* cominada em Tribunal Administrativo para fundos públicos.[171]	Tal qual no Direito francês, não há, curiosamente, previsão legal para a destinação do crédito resultante da imposição de multa diária. Mas praticamente não se discute a titularidade do autor.[172] Nas ações civis públicas ou ações coletivas, o crédito resultante da incidência da multa é revertido para o Fundo de que trata o artigo 13 da Lei 7.347/85.

---

[167] Tradução livre: "Art. 33 (segundo parágrafo). O juiz da execução pode combinar a *astreinte* à decisão tomada por um outro juiz, se as circunstâncias indicarem tal necessidade."

[168] Tradução livre: "Art. 34. A *astreinte* é independente das indenizações."

[169] Tradução livre: "Art. 35 [...] ordenar uma *astreinte* para assegurar a execução de sua decisão."

[170] TALAMINI, Eduardo. *Tutela relativa aos deveres de fazer e de não fazer: CPC, art. 461; CDC, art. 84.* São Paulo: Revista dos Tribunais, 2001, p. 52.

[171] Lei 80-539, art. 5°; Lei 95-125. Vide também TALAMINI, Eduardo. Op. cit., p. 55.

[172] Neste particular, veja-se Item 5.2.1.

Unidade de tempo	Embora não haja previsão legal específica, há casos, desde a origem das *astreintes*, de fixação de multa por dia, ano, e até mesmo segundo de atraso, como noticiam PLANIOL[173] e TALAMINI.[174]	A única unidade de tempo, até recentemente admitida expressamente pela lei, era o dia:[175] "Art. 461, § 4º O juiz poderá, na hipótese do parágrafo anterior ou na sentença, impor multa *diária* ao réu". Ocorre que, por força da alteração no § 5º do artigo 461, que inseriu o termo *multa por tempo* de atraso, além do novo § 6º, que permite ao juiz modificar o valor ou a *periodicidade* da multa, esta poderá ser fixada em outras unidades de tempo.[176]

As diferenças entre a medida francesa e a brasileira, conforme se verifica no Quadro 2,[177] dizem muito mais com aspectos procedimentais do que com a natureza das *astreintes*.

---

[173] "Exemple d'une condamnation à 1000 francs *par année* de retard prononcée contre un fermier qui ne tenait pas la terre en bon état de culture (Douai, 18 août 1844, S. 45. 2. 292) PLANIOL, Marcel. *Traité Élémentaire de Droit Civil*. 3ª ed. Paris: Libraire Générale de Droit & de Jurisprudence, 1905, t. 2, p. 73.

[174] Há decisões impondo *astreintes* por *segundo* de descumprimento, em casos que envolviam transmissão de publicidade televisiva (Starck, Roland e Boyer, *Obligations*: t. 3, n. 566, p.242, *apud* TALAMINI, Eduardo. Op. cit., p. 52.

[175] Em sentido contrário, ou seja, admitindo a periodicidade inferior (segundos, minutos, horas) e superior (semana, mês, ano) ao dia, TALAMINI, Eduardo. Op. cit., p. 239.

[176] No Parecer da Comissão de Constituição e Justiça do Senado, sobre o Projeto de Lei nº 3.476 (número original), que deu origem à Lei 10.444/02, o relatório do Senador Osmar Dias estabelece que o objetivo da alteração do § 5º e introdução do § 6º, ambos do artigo 461 do CPC, foi "flexibilizar a multa no que concerne ao valor e à periodicidade, quando mostrar-se insuficiente ou excessiva".

[177] Todos os grifos apostos nos textos do Quadro 2 são nossos.

Quadro 2 – Diferenças entre a medida francesa e a brasileira

Característica	Direito francês (Lei 91-650)	Direito brasileiro (arts. 461, 644 e 645 do CPC)
Astreintes provisórias e definitivas	Art. 34 – [...] L'astreinte est *provisoire ou définitive*.[178] L'astreinte doit être considérée comme provisoire, à moins que le juge n'ait précise son caractère définitif. Une astreinte définitive ne peut être ordonnée qu'après le prononcé d'une astreinte provisoire et pour une durée que le juge détermine. Si l'une de ces conditions n'a pas été respectée, l'astreinte est liquidée comme une astreinte provisoire.[179]	A lei não faz tal distinção. As *astreintes* podem ser modificadas, até mesmo durante o processo de execução, nos termos do artigo 644, sendo que o juiz não define, ao fixá-las, caráter de provisoriedade ou definitividade (vide também art. 461, § 6º). Não obstante, podem ser encontradas decisões afirmando a definitividade da multa quando fixada em decisão não mais sujeita a recurso (vide Item 5..2.4.3.1).
Aplicação a decisões que impõem obrigações de pagar	Não há ressalvas legais quanto aos tipos de obrigações que, determinadas por decisão judicial, podem ser protegidas pelas *astreintes*. "Sua aplicação, atualmente, estende-se a qualquer provimento judicial que imponha a observância de um dever cujo objeto consista na prestação de uma conduta ativa ou omissiva (dar, fazer, não fazer)".[180] "Há notícias de seu emprego inclusive contra devedores de obrigações monetárias".[181]	Somente é possível nos casos de obrigação de fazer, não fazer e entregar coisa (arts. 461 e 461-A). Excluem-se, portanto, as obrigações de pagar quantia (vide Item 3.5.4).

---

[178] Segundo os artigos 35 e 36 da Lei 91-650, as *astreintes* definitivas, diferentemente das provisórias, não podem ser modificadas, retroativamente, na data de sua liquidação (TALAMINI, Eduardo. *Tutela relativa aos deveres de fazer e de não fazer: CPC, art. 461; CDC, art. 84*. São Paulo: Revista dos Tribunais, 2001, p. 54). No entanto, a sua liquidação se justifica pela possibilidade de redução de seu período de incidência, em razão de atraso por causa estranha ao comportamento do réu (neste sentido: GUERRA, Marcelo Lima. *Execução indireta*. São Paulo: Revista dos Tribunais, 1998, p. 132/133).

[179] Tradução livre: "[...] A *astreinte* é provisória ou definitiva. A *astreinte* deve ser considerada como provisória a menos que o juiz não tenha preciso o seu caráter definitivo. Uma *astreinte* definitiva só pode ser ordenada após a ordenação de uma *astreinte* provisória e por uma duração que o juiz determina. Se uma das condições não for respeitada, a *astreinte* é liquidada como uma *astreinte* provisória."

[180] TALAMINI, Eduardo. Op. cit., p. 54.

[181] STARCK, Roland e Boyer, *Obligations*: t. 3, n. 594, p.250; H., L. e J. Mazeaud e F. Chabas, *Leçons*, II-1, n. 948, p.1.032, *apud* TALAMINI, Eduardo. Op. cit., p. 56.

Liquidação e execução provisória das *astreintes*	Embora ausente previsão legal expressa, a doutrina entende viável a liquidação e execução provisória das *astreintes* sejam elas provisórias ou definitivas. Neste sentido é a lição de CHABAS, mencionada por GUERRA:[182] "A utilidade de uma liquidação provisória da astreinte nem precisa ser demonstrada: a parte recalcitrante verá a realidade cara-a-cara e deverá cumpri-la imediatamente, não podendo mais especular sobre a indulgência do juiz. Além do que conclui Chabas, é preciso que se realize tanto a liquidação como a execução provisórias da *astreinte* quer a [*astreinte*] provisória quer a definitiva."	Há, na Lei nº 7.347 de 24.07.1985 (Ação Civil Pública), norma expressa: "Art. 12 § 2º – A multa cominada liminarmente só será exigível do réu após o trânsito em julgado da decisão favorável ao autor, mas será devida desde o dia em que houver configurado o descumprimento". No mesmo sentido, veja-se o artigo 213 da Lei 8.069/90 (Estatuto da Criança e do Adolescente – ECA). Não havendo também previsão legal para a execução provisória das *astreintes* previstas no artigo 461, autorizada doutrina[183] tem se inclinado para *não* admitir a execução provisória das *astreintes,* muito embora o tema seja extremamente controvertido (vide Item 5.2.4.3).

Como visto, a natureza coercitiva e acessória das *astreintes*, o fato de ser o crédito delas resultante revertido para a parte beneficiada pela decisão judicial que as cominou, e a possibilidade de serem fixadas em antecipação da tutela, são características francesas que se repetem no ordenamento jurídico brasileiro.

Como bem se vê, as diferenças procedimentais, bem como a maior abrangência da *astreinte* francesa, se comparada com a multa periódica brasileira, não têm o condão de afastar a identidade de natureza jurídica de ambas as medidas.

3.3. DA NATUREZA JURÍDICA DAS *ASTREINTES* BRASILEIRAS

O estudo da natureza jurídica das *astreintes* e das decisões judiciais que as fixam é de suma importância para a exata compreensão do funcionamento do instituto em análise. Somente compreendendo de forma exata a natureza jurídica das *astreintes*, poder-se-á alcançar conclusões acerca de seu cabimento, incidência, exigibilidade e eficácia. Também o próprio conceito das *astreintes* brotará da exata compreensão de sua gênese.

---

[182] GUERRA, Marcelo Lima. Op. cit., p. 134.

[183] MARINONI, Luiz Guilherme. *Tutela específica: arts. 461, CPC e 84, CDC.* São Paulo: Revista dos Tribunais, 2001, p.109; DINAMARCO, Cândido. *A reforma do Código de Processo Civil.* São Paulo: Malheiros, 1995, p. 158; GRINOVER, Ada Pellegrini. Tutela jurisdicional nas obrigações de fazer e não fazer. *Revista de Processo*, nº 79, p. 71, nota 28.

Em sentido contrário: MOREIRA, José Carlos Barbosa. *O novo Processo Civil brasileiro: exposição sistemática do procedimento.* 22ª ed. rev. e atual. Rio de Janeiro: Forense, 2002, p. 220; GUERRA, Marcelo Lima. *Op. cit.*, p. 213; MARANHÃO, Clayton. *Tutela específica das obrigações de fazer e não fazer* (MARINONI, Luiz Guilherme (coord.). *A segunda etapa da reforma processual civil.* São Paulo: Malheiros, 2001, p.130) e outros.

As *Astreintes* e o Processo Civil Brasileiro

As semelhanças entre a previsão legislativa das *astreintes* na França e no Brasil, bem como a sua aplicação jurisprudencial, foram devidamente apreciadas anteriormente.[184] Ambas podem ser aplicadas de ofício; servem para assegurar a execução (cumprimento) das decisões judiciais; são independentes das perdas e danos; pode o juiz moderar ou suprimir a medida mesmo em caso de inexecução do comando judicial; ambas podem ser fixadas em unidade livre de tempo e assumem caráter coercitivo (sendo-lhes negado qualquer caráter punitivo).

Algumas diferenças, entretanto, existem: há, na França, o que se chama de *astreintes* provisórias e definitivas, podendo aquelas ser alteradas ou até suprimidas pelo juiz em sua liquidação, e estas tão somente em caso fortuito ou de força maior. Tal não ocorre no Brasil, ao menos no campo legislativo. Também no Direito francês, é o juiz que deve iniciar a liquidação das *astreintes*, em caso de inexecução total ou parcial, bem como no atraso na execução da decisão judicial. No Brasil, a iniciativa é exclusiva do autor (credor).

Esse comparativo guarda relevância na medida em que permite a apropriação de determinadas conclusões acerca da natureza jurídica das *astreintes* francesas e sua aplicação à multa prevista no ordenamento jurídico brasileiro. No decorrer do presente estudo, tal apropriação se dará de forma a auxiliar na definição da natureza das *astreintes* brasileiras, principalmente suprindo lacunas porventura encontradas na abordagem do tema pela doutrina e jurisprudência nacionais.

Marcelo Lima Guerra sustenta terem-se tornado obsoletas as controvérsias sobre a natureza das *astreintes* francesas, e atribui-lhes o caráter acessório, coercitivo, arbitrário e patrimonial. Com relação à multa brasileira, sustenta o autor que, embora incontroverso o caráter coercitivo da multa, ainda há "diversos pontos duvidosos ou lacunosos a exigirem do intérprete uma reconstrução sistemática do instituto".[185]

Ocorre que nem mesmo a discussão acerca da natureza jurídica das *astreintes* está isenta de controvérsias. Discute-se, como adiante será demonstrado, se a multa tem caráter exclusivamente coercitivo ou se também almeja a punição do demandado. Há também controvérsia acerca de sua acessoriedade, bem como sobre a carga de eficácia predominante da decisão que a fixa. A definição de cada um desses pontos implicará diferentes reflexos sobre o funcionamento das *astreintes* – especialmente sobre a sua incidência, exigibilidade e quantificação – razão pela qual é preciso definir, com precisão, a sua real natureza jurídica.

3.3.1. Tutela jurisdicional ou técnica de tutela?

Preliminarmente, é preciso que seja exatamente compreendida a diferença entre tutela jurisdicional e técnica de tutela jurisdicional, sendo o instituto em análise uma manifestação desta última.

---

[184] Item 3.2.

[185] GUERRA, Marcelo Lima. *Execução indireta*. São Paulo: Revista dos Tribunais, 1998, p. 188.

Tal alerta é feito de forma incisiva por Marinoni, para quem não é incorreto falar-se em "tutela jurisdicional" quando se trata, por exemplo, da sentença que fixa as *astreintes*. Ocorre que, quando "se percebe, contudo, a necessidade de distinguir os meios (que permitem a prestação da tutela) do fim a ser obtido (o resultado no plano do direito material), apresenta-se como adequada a distinção entre tutela jurisdicional *stricto sensu* e técnicas de tutela jurisdicional".[186]

De fato, a tutela jurisdicional *stricto sensu* consiste no fim almejado pela imposição da multa. Este fim, como visto, historicamente foi o cumprimento da obrigação pelo réu-devedor, na forma específica, sob a coerção do comando da *astreinte*. A fixação da multa não tem finalidade em si mesma, visto que só existe como meio, ou *técnica* para a consecução da tutela jurisdicional. Por essa razão, parece-nos acertado Marinoni ao classificar as sentenças (condenatória, mandamental etc.) como "técnicas que permitem a prestação da tutela jurisdicional", ou, simplesmente, "técnicas de tutela".[187]

Edson Prata procurou diferenciar jurisdição e *imperium*, para, então, considerar as *astreintes* pertencentes às medidas decorrentes do poder de império do magistrado. Assim salienta Prata:

> Jurisdição vem de "juris" e "dictio", o que significa *dizer o direito*. Dizer só não: dizer e fazer cumprir, [...] Mas como fazer cumprir uma decisão se lhe falta força, às vezes? Como fazer cumprir, se não dispõe de meio seguro e eficiente para impor sua autoridade? [...] Vemos, pois, que dizer o direito não é bastante. Além da jurisdição, da "juris dictio", impõe-se o poder de "imperium", pelo qual se força o cumprimento efetivo de uma decisão. O "imperium" é a efetivação da autoridade do juiz. É a "jurisdictio" com poderes extraordinários. [...].[188]

Completa Edson Prata, citando lição de Amilcar de Castro, ao afirmar que "o juiz é forçado a multar para conseguir um meio de desempenhar a sua função jurisdicional".[189]

Ressaltamos que quando Amilcar de Castro afirma que o juiz é *forçado* a multar para desempenhar sua função jurisdicional, ele está a referir-se ao conceito de jurisdição *lato sensu*, ou seja, àquele fornecido, por exemplo, por Alsina, ao considerar jurisdição "o poder conferido pelo Estado a determinados órgãos para resolver, mediante sentença, as questões litigiosas que lhe sejam submetidas e fazer cumprir as suas próprias decisões".[190] Como bem se vê, a jurisdição é composta, basicamente, de duas funções: estabelecer uma norma jurídica para o

---

[186] MARINONI, Luiz Guilherme. *Tutela específica: arts. 461, CPC e 84, CDC*. São Paulo: Revista dos Tribunais, 2001, p. 63.

[187] Idem. Como referido anteriormente, adotamos a definição de Marinoni em recente obra (*Cumprimento e execução da sentença sob a ótica do formalismo-valorativo* (Livraria do Advogado, 2008, p. 105-134), para modificarmos a nossa perspectiva de análise das cargas de eficácia da sentença.

[188] PRATA, Edson. As *"astreintes" no Direito brasileiro*. Revista Brasileira de Direito Processual. Uberaba: Ed. Forense, 1980. V.2, p. 20.

[189] Idem, V.2, p. 45.

[190] PRATA, Edson. As *"astreintes" no Direito brasileiro*. Revista Brasileira de Direito Processual. Uberaba: Ed. Forense, 1980, V.2, p. 20.

caso concreto (jurisdição *stricto sensu*) e proporcionar os meios para a atuação concreta da norma (poder de *imperium*).[191]

Assim, a primeira função jurisdicional, a *jurisdictio* propriamente dita, o ato de simplesmente *dizer o Direito*, independe da multa para ser desempenhada. A multa diz com a segunda função jurisdicional, com os meios de atuação concreta da norma jurídica proveniente do ato de dizer o direito. Diz respeito, portanto, com o *poder de império* do juiz.

Conclui-se, portanto, que a decisão que fixa as *astreintes*, seja ela final ou interlocutória, constitui *técnica de tutela*, *meio* para o cumprimento efetivo da função jurisdicional *lato sensu* e, portanto, manifestação do poder de *imperium* do juiz. Tal definição contribuirá, posteriormente, para a determinação da exata relação entre a decisão judicial para cujo cumprimento se exerce a coerção patrimonial e a multa em estudo.

3.3.2. A suposta eficácia moralizadora das *astreintes* e sua proteção à dignidade da justiça

Muito difundida na doutrina pátria e estrangeira é a ideia de que as *astreintes* seriam uma medida coercitiva destinada a resguardar a autoridade das decisões judiciais e, por consequência, a própria dignidade do Poder Judiciário.

Essa ideia está refletida no pensamento de Chabas, ao afirmar que "a *astreinte* não protege apenas os credores; ela é um instrumento da dignidade do Poder Judiciário".[192]

No Brasil, como demonstra Milton de Paulo Carvalho, a doutrina francesa repercute fortemente: "Alcides de Mendonça Lima aplaude a adoção das *astreintes*, pelo Código de Processo Civil vigente, como aplicação do princípio da probidade, presente nesse diploma, por seu alto sentido *ético* com que se rompe a resistência obstinada e ímproba do devedor, o qual além de lesar o credor ainda zomba do Estado-Juiz". "É um modo, assim, de zelar pela própria *dignidade da justiça*, como entidade sociopolítica, utilizando-se de todos os meios legais e civilizados para fazer cumprir o julgamento, sem violentar a pessoa humana".[193]

---

[191] "No direito moderno, a solução de conflitos pelo Estado não inclui somente *dizer o direito*: inclui também os atos com que, independentemente da vontade do obrigado ou mesmo contra sua vontade manifesta, o juiz propicia ao credor a efetiva obtenção do bem sonegado" (DINAMARCO, Cândido Rangel. *Instituições de direito processual civil*. 4ª ed., revista, atualizada e com remissões ao Código Civil de 2002. São Paulo: Malheiros, 2004. V. 1. p. 317).

[192] Tradução livre. No original: "L'astreinte ne protège pas seulement les créanciers; elle est un instrument de la dignité du pouvoir judiciaire" (CHABAS, François. *L'astreinte en Droit Français*. Revista de Direito Civil nº 69, p. 56).

[193] CARVALHO, Milton de Paulo. *Ainda a prisão civil em caso de alienação fiduciária. Da desconsideração do depósito*. Revista dos Tribunais, nº 787 (Maio/2001), p. 18.

Parece-nos, entretanto, que afirmar ser a *astreinte* um instrumento em prol da dignidade da Justiça é fazer pouco caso desta. E são diversas as razões para descartar a ideia dos juristas acima nominados. Senão, vejamos:

No caso das *astreintes* brasileiras, conforme veremos a seguir, elas somente são admitidas naquelas decisões que impõem ao réu o cumprimento de alguma obrigação de fazer, não fazer ou entregar coisa. Nestas, segundo os autores antes referidos, haveria interesse em proteger-se a *dignidade* da ordem judicial. Pergunta-se então: e quando o juiz determina que o réu pague determinada quantia? Não há interesse na proteção à dignidade da Justiça? Ou essas decisões são menos dignas?

Poder-se-á argumentar, a essas indagações, que nas execuções por quantia certa dispõe o juiz de meios para dar ao credor o que o mesmo deseja, através da execução por expropriação, razão pela qual não haveria *necessidade* na aplicação das *astreintes*. Ora, primeiramente, isso não exclui o fato de o devedor ter *descumprido* a determinação para pagar, ou seja, *descumprido decisão judicial*. Em segundo lugar, nas decisões em que se ordena que o réu cumpra obrigação de fazer *fungível*, veremos que são admissíveis as *astreintes*, mesmo dispondo o juiz de meios sub-rogatórios para alcançar o resultado pretendido pelo autor sem a colaboração do réu! O mesmo vale para o caso das decisões que impõem obrigações de entregar, nas quais o juiz dispõe, por exemplo, da busca e apreensão para alcançar o resultado desejado, sem a colaboração do demandado.

Como bem se vê, se o descumprimento de uma ordem judicial deve equiparar-se à ofensa à *dignidade da Justiça*, não serão as *astreintes* que irão evitá-la.

Outro importante aspecto é o fato de que cabe somente ao autor a iniciativa de executar a quantia resultante da incidência da multa. Não ignoramos o fato de que a ameaça ao patrimônio do réu exerce-se por força estatal, ou seja, pela mera previsão da multa diária no contexto decisório. Entretanto, difícil admitir que uma determinada sanção prevista em prol da dignidade da justiça e, portanto, em interesse do Estado, tenha seu último e derradeiro momento, a execução, conferida ao encargo de um particular (o autor).[194]

Razão, portanto, assiste a Marinoni, quando afirma que a multa prevista nos artigos 461 do CPC e 84 do CDC "é apenas um meio processual de coerção indireta voltado a dar efetividade às ordens do juiz; *não tem ela, como é óbvio, qualquer finalidade sancionatária* ou reparatória".

Alguns autores, ao tentarem justificar uma suposta *eficácia moralizadora* das *astreintes,* acabam por se contradizer, como se verifica no artigo de Francisco Antônio de Oliveira, ao afirmar que a multa "não tem por escopo acautelar

---

[194] É sintomático que as sanções decorrentes do *contempt of court* sejam executadas por *iniciativa estatal* quando o seu objetivo for *vingar* ou resguardar a autoridade da Corte, diferentemente daqueles casos em que são aplicadas tão somente para assegurar o cumprimento de uma obrigação em favor de uma das partes, hipótese em que exigem iniciativa do interessado para a sua execução (vide Item 2.2.4).

o interesse do credor, mas tornar efetiva a prestação jurisdicional que o Estado deve ao indivíduo".[195]

Ora, e de quem é o interesse de que se torne efetiva a prestação jurisdicional que o Estado deve ao indivíduo? Por óbvio, o *interesse* é deste último, ou seja, de quem requer ao Estado que lhe confira a tutela jurisdicional. Com isso não se quer negar o caráter publicístico do processo,[196] revelado no interesse público de realização de seus escopos políticos, sociais, econômicos e jurídicos.[197] O que não se pode é negar que o interesse subjetivo, imediato e predominante é do indivíduo, tanto que sua eventual renúncia ao direito protegido pela multa coercitiva, ou mesmo ao crédito dela resultante, desautoriza o Estado a continuar perseguindo o atendimento da decisão judicial.

Por derradeiro, cumpre salientar que, se as *astreintes* fossem medidas protetivas da *dignidade* do Poder Judiciário e de suas decisões, teríamos também de admitir sua incidência e posterior execução mesmo naqueles casos em que a decisão que contém a previsão cominatória, uma vez descumprida pelo réu, é posteriormente reformada com sucesso. Isso porque é inegável o fato de que a decisão existiu durante um certo período, e não foi cumprida (respeitada) pelo demandado.

Ocorre que, com a ressalva de existirem opiniões contrárias na doutrina,[198] entendemos que a multa somente será definitivamente devida se a decisão que a fixou for confirmada e transitar em julgado sentença de procedência.[199] Nos casos em que isso não ocorre, embora não devida a multa, não há como se admitir que a decisão não era *digna* de proteção, tão somente por ter sido, posteriormente, reformada.

Como bem se vê, antes de consistir em sanção contra uma eventual afronta à dignidade[200] do Poder Judiciário, a multa surge como instrumento apto a dar maior efetividade às decisões emanadas daquele Poder.

Interessante e correta, neste particular, a lição de Marinoni:

---

[195] OLIVEIRA, Francisco Antônio de. *As astreintes e sua eficácia moralizadora.* Revista dos Tribunais (1978), V. 508, p. 36.

[196] Em brilhante dissertação apresentada à banca da qual tivemos a honra de integrar, Bruno Marzullo Zaroni criticou nosso posicionamento neste particular, afirmando: "não parece consentâneo com o atual papel da jurisdição no Estado Constitucional a afirmação de que o interesse em tornar efetiva a prestação jurisdicional seja reservado, ainda que apenas preponderantemente, ao autor". (ZARONI, Bruno Marzullo. *Efetividade da execução por meio de multa – A problemática em relação à pessoa jurídica.* Curitiba, 2007. Dissertação (Mestrado em Direito) – Setor de Ciências Jurídicas, Universidade Federal do Paraná. p. 66).

[197] DINAMARCO, Cândido Rangel. *Instituições de direito processual civil.* 4ª ed., revista, atualizada e com remissões ao Código Civil de 2002. São Paulo: Malheiros, 2004. V. 1. p. 123-145.

[198] Vide Item 4.1.1.

[199] Vide Itens 4.1 e 5.2.4.3.

[200] GOMES JUNIOR, Luiz Manoel. *Execução de multa – Art. 461, § 4º, do CPC – e a sentença de improcedência do pedido.* In SHIMURA, Sérgio e WAMBIER, Teresa Arruda Alvim (Coord.). *Processo de execução.* São Paulo: Revista dos Tribunais, 2001, p. 563.

O fato de o valor da multa não poder ser cobrado desde logo não retira o seu caráter de coerção. O réu somente não será coagido a fazer ou não fazer quando estiver seguro de que o último julgamento lhe será favorável [...]

Perceba-se, ademais, que dentro do sistema brasileiro o valor da multa reverte em benefício do autor, razão pela qual, a prevalecer a tese de que o réu deve pagar a multa ainda quando tem razão, chegar-se-ia à solução de que o processo pode prejudicar o réu que tem razão para beneficiar o autor que não a tem. O autor estaria sendo beneficiado apenas por ter obtido uma decisão que afirmou um direito que ao final não prevaleceu.[201]

Não se está afirmando, com isso, que as *astreintes* não possuirão força coercitiva durante o período em que vigoram as decisões posteriormente cassadas ou reformadas. Denota-se, apenas, que a completude do processo de aplicação das *astreintes*, ou seja, sua previsão *in concreto*, sua incidência e sua execução, está umbilicalmente ligada ao interesse do autor e ao sucesso da demanda por este movida, independentemente de, no decorrer do processo, ter havido o descumprimento de uma ou outra ordem judicial.

Talvez a confusão que se faça entre o caráter coercitivo[202] das *astreintes* e uma suposta tentativa de proteção à dignidade da justiça esteja na comparação – errônea – entre a multa do artigo 461, §4º, e a medida imposta no *contempt of court* do sistema da *Common Law*.[203]

Ocorre que, entre nós, este último instituto não encontra semelhança nos dispositivos que preveem as *astreintes*, mas, sim, nos artigos 600[204] e 601[205] e, mais especialmente, no artigo 14, parágrafo único, após a reforma proporcionada pela Lei 10.358, de 27 de dezembro de 2001.[206]

---

[201] MARINONI, Luiz Guilherme. *Tutela específica: arts. 461, CPC e 84, CDC*. São Paulo: Revista dos Tribunais, 2001, p. 109/110.

[202] Vide Item 3.3.3.

[203] Vide Item 2.2.4.

[204] "Considera-se atentatório à dignidade da justiça o ato do devedor que:

I – frauda a execução;

II – se opõe maliciosamente à execução, empregando ardis e meios artificiosos;

III – resiste injustificadamente às ordens judiciais;

IV – não indica ao juiz onde se encontram os bens sujeitos à execução."

[205] "Art. 601. Nos casos previstos no artigo anterior, o devedor incidirá em multa fixada pelo juiz, em montante não superior a vinte por cento (20%) do valor atualizado do débito em execução, sem prejuízo de outras sanções de natureza processual ou material, multa essa que reverterá em proveito do credor, exigível na própria execução". Para Araken de Assis, o dispositivo contido no artigo 601 constitui repressão a ato atentatório da justiça, mas não *contempt of court* de caráter punitivo, "a qual resulta na prisão do contumaz (ROBERTO MOLINA PASQUEL, *Contempt of court*, nº 115, p.155). Adotou-se, até porque sob ressalva constitucional, natureza reparatória". (Reforma do Processo Executivo. *Revista Direito e Justiça*, v. 17 – Anos XVII e XVIII (1995-1996), p. 142). No entanto, como demonstrado anteriormente, o *contempt of court* não necessariamente resultará em prisão, podendo consistir em multa aplicada ao contumaz (Item 2.2.4).

[206] Antes da nova redação do artigo 14 do CPC, já havia decisões que diferenciavam as *astreintes* (art. 644), de caráter coercitivo, da multa por ato atentatório à dignidade da justiça, que estaria previsto no artigo 600. Neste sentido vai acórdão do Tribunal de Justiça do Estado do Rio Grande do Sul, assim ementado: "Previdência Publica. Ipergs. Suspensão administrativa do pagamento. Ordem de pagamento, em determinado prazo, sob pena de multa diária. 1. As diferenças pensionais vencidas durante a suspensão do pagamento administrativo,

Assim dispõe este último dispositivo:

Art. 14. São deveres das partes e de todos aqueles que de qualquer forma participam do processo:

[...]

V – cumprir com exatidão os provimentos mandamentais e não criar embaraços à efetivação de provimentos judiciais, de natureza antecipatória ou final.

Parágrafo único. Ressalvados os advogados que se sujeitam exclusivamente aos estatutos da OAB, a violação do disposto no inciso V deste artigo constitui ato atentatório ao exercício da jurisdição, podendo o juiz, sem prejuízo das sanções criminais, civis e processuais cabíveis, aplicar ao responsável multa em montante a ser fixado de acordo com a gravidade da conduta, e não superior a 20% (vinte por cento) do valor da causa; não sendo paga no prazo estabelecido, contado do trânsito em julgado da decisão final da causa, a multa será inscrita sempre como dívida ativa da União ou do Estado.

Aí está, parece-nos, o verdadeiro embrião do *contempt of court* de caráter punitivo no Direito brasileiro – muitíssimo limitado, é verdade, se comparado à medida no direito estrangeiro, que permite até mesmo a prisão do indivíduo –, verdadeira *pena* aplicada em face de ato atentatório ao exercício da jurisdição, cujo resultado pecuniário reverterá para a *União* ou para o *Estado*. Nesse sentido, a lição de Sálvio de Figueiredo Teixeira, que, ao apresentar o anteprojeto que deu origem à nova redação do art. 14, afirma:

Finalmente, dentre outras propostas de menor porte, é de assinalar-se ainda que o anteprojeto traz ao direito brasileiro, especialmente no campo da execução, o que há de melhor no sistema *Common Law* em termos de efetividade e eficácia da tutela jurisdicional, a saber, os institutos da *injunctio*n e do *contempt of court*. A esse respeito, insere-se no artigo 14, o seguinte inciso (V) e parágrafo: [...].[207]

Comentando o referido dispositivo, Luiz Rodrigues Wambier salienta: "[...] como afirma Jorge de Oliveira Vargas, o processo civil da atualidade requer que a parte coopere para uma sã administração da justiça, sendo inadmissível, em seu sentir, admitir-se a impunidade daquele que obstrui a efetividade da jurisdição".[208]

---

devem ser cobradas mediante a devida execução, com todas as decorrências, extraindo-se, a final, precatório, se for o caso (cf, art. 100, par. 3). 2. A obrigação de solver dívida em dinheiro é uma espécie de obrigação de dar, ou seja, prestação de coisa; logo, impossível a aplicação da multa diária (*astreinte*), prevista no art. 644 do CPC, exclusiva para as obrigações de fazer, ou seja, prestação de fato, pela qual a parte devedor fica vinculada a determinado comportamento. Cabe, sim, a multa por ato atentatório à dignidade da justiça (CPC, arts. 600-1). 3. Agravo provido em parte." (6fls) (Agravo de Instrumento nº 70002644482, Primeira Câmara Cível, Tribunal de Justiça do RS, Relator: Des. Irineu Mariani, julgado em 29/08/01).

[207] TEIXEIRA, Sálvio de Figueiredo. O prosseguimento da reforma processual. *Revista de Processo*, nº 95, p. 11.

[208] WAMBIER, Luiz Rodrigues e WAMBIER, Teresa Arruda Alvim. *Breves comentários à 2ª fase da reforma do Código de Processo Civil*. São Paulo: Revista dos Tribunais, 2002, p. 24.

Como bem se vê, aplica-se uma *punição* a quem atenta contra a dignidade da justiça; e de punição, como será demonstrado a seguir, não se tratam as *astreintes*.

Temos, assim, que é essencial a diferenciação entre os correspondentes pátrios das *astreintes* e do *contempt of court*, podendo-se afirmar que aquelas estão caracterizadas nos artigos 461, §§ 4º e 5º, do CPC e 84, § 4º, do CDC, e, este, no artigo 14, parágrafo único, do CPC, muito embora, neste particular, com abissal desvantagem em termos de efetividade se comparado com a sanção da *Common Law*. Se a multa punitiva do artigo 14 visa a proteger a dignidade e a autoridade do Poder Judiciário como instituição responsável pelo exercício da jurisdição, as *astreintes* têm como único objetivo dar força aos provimentos mandamentais, de forma a proporcionar ao autor a tutela específica, mediante o cumprimento da decisão judicial pelo próprio réu.

3.3.3. O caráter coercitivo das *astreintes*

Conforme referido por diversas vezes quando da análise da origem das *astreintes*, seja no Direito francês, seja em suas posteriores manifestações no Brasil e demais ordenamentos jurídicos analisados, a multa é medida coercitiva, destinada a pressionar o devedor para cumprir decisão judicial, e não a reparar os prejuízos do seu descumprimento (muito embora esta função ressarcitória tenha, por algum tempo, se mostrado presente nos primórdios da utilização das *astreintes*). O réu, ameaçado pela incidência de multa que, por incidir por tempo indefinido, pode chegar a valores bem maiores que os da própria obrigação principal, é compelido a defender seu patrimônio, através do cumprimento da decisão judicial. O exercício da *técnica de tutela* das *astreintes* permite, assim, a materialização da *tutela jurisdicional* almejada pelo autor.

Com efeito, o caráter coercitivo das *astreintes* é incontroverso, estando presente em todos os conceitos oferecidos pela doutrina, praticamente desde o surgimento da medida. Talamini, resgatando a origem da *astreinte* na França, salienta: "No início, ao menos formalmente, a justificativa era sob a ótica da indenização, mas logo se estabeleceu o caráter coercitivo do *astreinte*".[209]

Planiol, já no início do século passado, preconizava: "chama-se 'astreinte' uma condenação pecuniária proferida à razão de um tanto por dia de atraso (ou por qualquer outra unidade de tempo, de acordo com as circunstâncias) e destinada a obter do devedor a execução de uma obrigação de fazer pela ameaça de uma

---

[209] TALAMINI, Eduardo. *Tutela relativa aos deveres de fazer e de não fazer: CPC, art. 461; CDC, art. 84*. São Paulo: Revista dos Tribunais, 2001, p. 50.

pena considerável, suscetível de aumentar indefinidamente".[210] No mesmo sentido, vão Henri e Leon Jean Mazeaud,[211] bem como Paul Cuche e Jean Vincent.[212]

Josserand, ao expor sua definição de *astreintes*, realça sobremaneira o caráter coercitivo da medida:

> La *astreinte* es una condena pecuniaria que se pronuncia a razón de "tanto" por día, por semana, por mes o por año de retraso, y que tiende a vencer la resistencia del deudor de una obligación de hacer, a ejercer presión sobre su voluntad; gracias a la progresión que la caracteriza, este sistema es de eficiencia y seguridad a toda prueba: no hay fortuna que pueda resistir una presión continua e incesantemente acentuada; la capitulación del paciente es fatal; se vencen su resistencia, sin haber ejercido violencia sobre su persona; se procede contra sus bienes, contra su fortuna, contra sus recursos materiales.[213]

E completa:

> La *astreintes* no es, pues, una reparación; nada tiene de común con los daños y perjuicios; es esencialmente una medida, una vía de ejecución, una palanca con cuyà ayuda se presiona sobre la voluntad del deudor para arrancarle el cumplimiento de una obligación de hacer, estrictamente personal, que le incumbía; gracias a ella, la regia *nemo potest praecise cogi ad factum* ve estrechársele su campo de acción.[214]

O caráter coercitivo (ameaça de pena) também está presente na doutrina de François Chabas: "L'astreinte n'a pas pour fonction de réparer, mais de menacer et de punir".[215] Ou seja, as *astreintes* não têm, no entender de Chabas, a função de reparar, mas de *ameaçar* de punição o réu que descumpre a ordem judicial.

A doutrina produzida no Brasil segue a mesma tendência.

Enrico Tullio Liebman, fundador da Escola Processual de São Paulo[216] e de inegável influência no processo civil brasileiro, ao tratar das "medidas coativas" no processo de execução, incluiu a *astreinte* entre elas, afirmando ser "destinada a obter do devedor o cumprimento de obrigação de fazer pela ameaça de uma pena susceptível de aumentar indefinidamente".[217]

---

[210] Tradução livre. No original: "On appelle «astreinte» une condamnation pécuniaire, prononcée à raison de tant par jour de retard (ou par toute autre unité de temps, appropriée aux circonstances) et destinée à obtenir du débiteur l'execution d'une obligation de faire par la menace d'une peine considerable, susceptible de grossir indéfiniment" (PLANIOL, Marcel. *Traité Élémentaire de Droit Civil*. 3ª ed. Paris: Libraire Générale de Droit & de Jurisprudence, 1905, T. 2, p.73/74).

[211] MAZEAUD, Henri et Leon Jean. *Leçons de Droit Civil*. Editions Montchrestion, 1973, números 940 e seguintes.

[212] CUCHE, Paul e outro. *Voix d'execution*. Dalloz, 1970.

[213] *Apud* GODOY, José Carlos de. *Astreintes*. Em Revista dos Tribunais (1997), V. 742, p. 134.

[214] *Apud* Idem.

[215] CHABAS, François. *L'astreinte en Droit Français*. Revista de Direito Civil nº 69, p. 52.

[216] CINTRA, Antonio Carlos de Araújo e outros. *Teoria geral do processo*. 11ª ed. São Paulo: Malheiros, 1995, p. 120.

[217] LIEBMAN, Enrico Tullio. *Processo de execução*. São Paulo: Saraiva Livraria Acadêmica, 1946, p. 337.

Mário Moacyr Porto, que, já em 1968, clamava pela importação da medida francesa para o Direito brasileiro, salientava que a *astreinte* é "uma sanção pecuniária que o juiz impõe ao devedor recalcitrante a fim de compeli-lo a cumprir pontualmente as suas obrigações".[218]

No mesmo sentido, ressaltando o caráter coativo ou coercitivo das *astreintes*, podem-se citar diversos autores, destacando-se Cândido Rangel Dinamarco,[219] Kazuo Watanabe,[220] Ovídio Baptista da Silva,[221] Barbosa Moreira,[222] Araken de Assis,[223] Humberto Theodoro Júnior,[224] Sálvio de Figueiredo Teixeira,[225] Sérgio Gilberto Porto,[226] Eduardo Talamini,[227] Luiz Guilherme Marinoni,[228] Luiz Fux,[229] dentre outros.[230]

Marcelo Lima Guerra, afirmando estarem definitivamente afastadas as dúvidas sobre o caráter da multa, aduz que "esse caráter coercitivo da multa está expressamente consagrado no § 2º, do art. 461 do CPC, segundo o qual 'a indenização por perdas e danos dar-se-á sem prejuízo da multa (art. 287)'". Discordamos do referido jurista, não no tocante ao caráter coercitivo das *astreintes*, mas nos argumentos utilizados para justificar tal natureza.

O fato de estar prevista na legislação processual a independência entre a indenização por perdas e danos e a multa, não confere a esta o caráter coercitivo, mas, sim, retira-lhe o caráter ressarcitório, o que é bem diferente.

---

[218] PORTO, Mário Moacyr. *Astreinte*. Revista dos Tribunais (1968), V. 394, p. 29.

[219] DINAMARCO, Cândido Rangel. *Instituições de direito processual civil*. São Paulo: Malheiros, 2004. V. 4. p. 471.

[220] "A multa, em suma, tem função puramente coercitiva" (in GRINOVER, Ada Pellegrini e outros. *Código Brasileiro de Defesa do Consumidor comentado pelos autores do anteprojeto*. 7ª ed. Rio de Janeiro: Forense Universitária, 2001, p. 773).

[221] SILVA, Ovídio Araújo Baptista da. *Curso de Processo Civil*. 3ª ed. São Paulo: Ed. Rev. dos Tribunais, 1998, vol. II, p. 150.

[222] MOREIRA, José Carlos Barbosa. *O novo processo civil brasileiro: exposição sistemática do procedimento*. 22ª ed. rev. e atual. Rio de Janeiro: Forense, 2002, p. 217-219.

[223] ASSIS, ARAKEN DE. *Manual do processo de execução*. 7ª ed. São Paulo: Ed. Rev. dos Tribunais, 2001, p. 493.

[224] THEODORO JÚNIOR, Humberto. Tutela específica das obrigações de fazer e não fazer. *Revista de Processo*, nº 105, janeiro-março 2002, p. 25.

[225] TEIXEIRA, Sálvio de Figueiredo. *Código de Processo Civil anotado*. 4ª ed. aum. ver. e atual. São Paulo: Saraiva, 1992, p. 383.

[226] PORTO, Sérgio Gilberto. *Comentários ao Código de Processo Civil*. São Paulo: Revista dos Tribunais, 2000. V. 6, p. 121.

[227] TALAMINI, Eduardo. *Tutela relativa aos deveres de fazer e de não fazer: CPC, art. 461; CDC, art. 84*. São Paulo: Revista dos Tribunais, 2001, p. 233-234.

[228] MARINONI, Luiz Guilherme. *Tutela específica: arts. 461, CPC e 84, CDC*. São Paulo: Revista dos Tribunais, 2001, p. 105.

[229] FUX, Luiz. *Curso de direito processual civil*. Rio de Janeiro: Forense, 2001, p. 72.

[230] PRATA, Edson. *As "astreintes" no Direito brasileiro*. Revista Brasileira de Direito Processual. Uberaba: Ed. Forense, 1980. V.2; OLIVEIRA, Francisco Antônio de. *A 'astreintes' e sua eficácia moralizadora*. Revista dos Tribunais (São Paulo, 1978). V. 508, p. 35-39. ARENHART, Sérgio Cruz. *A tutela inibitória da vida privada*. São Paulo: Revista dos Tribunais, 2000, p. 192-193.

Basta lembrar que, se tão somente punitivo fosse o caráter das *astreintes*, sua execução também poderia se dar sem prejuízo das perdas e danos. Assim ocorre, por exemplo, com a multa punitiva do artigo 14, parágrafo único, semelhante àquela prevista no artigo 600, cujo caráter punitivo se sobrepõe ao coercitivo, este minimizado pelo fato de haver limitação ao valor da multa (20% sobre o valor da causa). Sua execução se dá pelo Estado e, segundo o dispositivo legal, "sem prejuízo das sanções criminais, civis e processuais cabíveis".

Conclui-se, portanto, que a independência entre as *astreintes* e as perdas e danos tão somente contribui para o entendimento de que aquelas não compõem a indenização, e nem são alternativas a esta última, podendo ambas somar-se no momento da execução. O que, efetivamente, contribui para a compreensão do caráter predominantemente coercitivo da multa em estudo são os dispositivos que a vinculam ao descumprimento da decisão judicial pelo réu, combinados à forma de aplicação das *astreintes* pela jurisprudência, permitindo a progressão indefinida do *quantum* da multa, sem qualquer previsão legal expressa neste sentido (ou, é bem verdade, no sentido contrário).

Com efeito, a jurisprudência brasileira, ao apreciar a *pena pecuniária* de que trata o artigo 287 – que nada tem "pena", constituindo multa coercitiva idêntica àquela prevista no artigo 461 –, há muito fixou o entendimento de que as *astreintes* desempenham o papel de meio de coerção, tendente a obter do réu a prestação necessária para o adimplemento de uma obrigação imposta por decisão judicial. Como noticia Godoy,[231] o Supremo Tribunal Federal esclareceu devidamente a questão:

> A pena cominatória que, a título de *astreintes*, se comina não tem caráter de indenização pelo inadimplemento da obrigação de fazer ou de não fazer, mas sim o de meio coativo de cumprimento da sentença, como resulta expresso na parte final do art. 287 do CPC; [...] (acórdão unânime, da 2ª Turma do STF, de 20.11.1981, no RE 94.966-6-RJ, Relator Ministro Moreira Alves; publicado no DJ de 26.03.1982; Adcoas 1982, nº 84.871; RT 560/255 e RTJ 103/774).

Ao interpretar o artigo 644 do Código de Processo Civil brasileiro, em sua redação anterior, o Superior Tribunal de Justiça considerou que "o objetivo buscado pelo legislador, ao prever a pena pecuniária no art. 644, do CPC, foi coagir o devedor a cumprir a obrigação específica".[232]

Assim, pode-se serenamente concluir que as *astreintes* constituem meio coativo, ou técnica de tutela coercitiva, que objetiva ameaçar o patrimônio do devedor, pressionando-o para o cumprimento de determinada decisão judicial.

---

[231] GODOY, José Carlos de. *Astreintes*. Em Revista dos Tribunais (1997), V. 742, p. 136.

[232] STJ – 4ª Turma, REsp 13.416/RJ, j. em 17.03.1992, DJ 13.04.1992, p.5001. FONTE: Revista dos Tribunais, vol. 685, p. 199. No mesmo sentido vai acórdão oriundo do REsp 123.645/BA, publicado em RT 764/184: "As 'astreintes', originadas do direito francês, têm por objetivo coagir o devedor, que foi condenado a praticar um ato ou abster-se da referida prática, a realizar o comando imposto pelo juiz. Elas não correspondem a qualquer indenização por inadimplemento e, portanto, somente são incidíveis nas obrigações de fazer ou de não-fazer."

Do caráter coercitivo das *astreintes* brotarão diversas outras características importantes, tais como a desvinculação do valor da multa para com o da obrigação principal cujo cumprimento é almejado, bem como a independência em relação às perdas e danos oriundas do descumprimento da decisão judicial.

3.3.4. O caráter acessório das *astreintes*

A classificação das *astreintes* como técnica de tutela (portanto, *meio*) para, através da coerção, pressionar o devedor ao cumprimento de determinada decisão judicial, autoriza uma segunda conclusão: as *astreintes* possuem caráter acessório, ou seja, como técnica destinada ao alcance de determinado fim, só têm razão de existir quando este fim ainda é almejado.

A importância de realçar-se o caráter acessório das *astreintes* está diretamente ligada aos efeitos que alterações no *status* da obrigação principal ou na possibilidade de seu cumprimento podem provocar na eficácia da decisão que as fixa, bem como na sua incidência e exigibilidade.

Exemplificando: consistindo a multa *técnica de tutela*, e, portanto, *acessória*, não subsiste a decisão que a fixa se o devedor, por exemplo, foi exonerado da obrigação por força de posterior decisão judicial.[233]

Neste particular – e apenas aqui –, é possível comparar-se as *astreintes* a instituto distinto, qual seja, a cláusula penal contratual, tendo em vista que ambas visam a compelir o devedor ao cumprimento de uma obrigação principal, e, portanto, se submetem à regra que remonta ao Direito romano (Digesto, 33.8.2): *Nam quae acessorium locum optinent, exstinguuntur, cum principales res peremptae fuerint*,[234] ou seja, quando tiverem sido extintas as coisas principais, extinguem-se também suas acessórias, ou simplesmente *acessorium sequitur principale*[235] (o acessório segue o principal).

Como bem refere Sílvio Rodrigues, "a cláusula penal é uma obrigação acessória de um contrato principal [...] de modo que, em relação a ela, aplica-se a regra de que o acessório segue o principal".[236] O que ocorre com as *astreintes*, especificamente neste particular, não é diferente.

Marc Donnier e Jean-Baptiste Donnier referem-se à *astreinte francesa* como "acessória de uma condenação principal.[237]

---

[233] Note-se que há grande controvérsia doutrinária acerca do assunto, que será tratado especificamente no Item 4.1.1.

[234] GIORDANI. Mário Curtis. *O Código Civil à luz do Direito Romano: parte geral*. Rio de Janeiro: Forense, 1992, p. 91.

[235] Idem, p. 92.

[236] RODRIGUES, Sílvio. *Direito civil*. 23ª ed. atualizada, São Paulo: Saraiva, 1995, v. 2, p. 82.

[237] Tradução livre. No original: "l'acessoire d'une condamnation principale" (DONNIER, Marc e outro. *Voies d'execution et procedures de distribution*. 6ª ed. Paris: Litec, 2001. n. 301-302, p.106, *apud*. THEODORO JÚNIOR, Humberto. Tutela específica das obrigações de fazer e não fazer. *Revista de Processo*, nº 105, janeiro-março 2002, p. 25).

No Brasil, as lições doutrinárias apontam também para esse caráter acessório. Marcelo Lima Guerra afirma que "a multa não pode ser imposta diante da impossibilidade prática da execução específica ser realizada. É dizer: quando se verificar que a execução específica é ou tornou-se impossível, a multa não pode ser imposta, ou continuar incidindo, concretamente".[238]

O autor, ao se referir às *astreintes* francesas, afirma que elas constituem *condenação acessória*. A sutileza do termo *condenação* acessória, em vez de *obrigação* acessória, está na lição de Starck, Roland & Boyer, emprestada por Guerra, para afirmar que a natureza das *astreintes* é processual, não sendo elas um atributo da obrigação, mas decorrentes de um ato da autoridade da justiça.[239]

Parece-nos, no que se refere à vinculação com a decisão judicial (e não ao efeito condenatório, especificamente[240]), correta a afirmação. É, de fato, inegável que as *astreintes* estarão sempre vinculadas, de forma acessória, a decisões judiciais que impõem ao réu-devedor o cumprimento de determinada obrigação[241], possuindo, assim, natureza processual. Negar tal natureza seria negar a própria origem *judicial* ou *jurisdicional* das *astreintes*. Ora, o termo inicial da multa "toma em conta o descumprimento da condenação principal – e não a data do inadimplemento do dever objeto da tutela".[242] Esta é a lição do Direito francês (Dec. 92-755, art. 51), e que encontra correspondência no Brasil, visto que o artigo 461, § 4º, do Código de Processo Civil Brasileiro, bem como o § 4º do artigo 84 da Lei 8.078/90 (Código de Defesa do Consumidor), preveem a fixação de prazo razoável para o cumprimento da obrigação fixada no comando judicial, o

---

[238] GUERRA, Marcelo Lima. *Execução indireta*. São Paulo: Revista dos Tribunais, 1998, p. 192.

[239] Idem, p. 116.

[240] Neste particular, vide Item 3.3.6.

[241] No curso da presente obra, utilizamos os termos *dever* e *obrigação* indistintamente, dado que trabalhamos com o sentido amplo de obrigação. Como ensinou Clóvis do Couto e Silva, "a relação obrigacional pode ser entendida em sentido amplo ou em sentido estrito. 'Lato sensu' abrange todos os direitos, inclusive os formativos, pretensões e ações, deveres (principais e secundários dependentes e independentes), obrigações, exceções, e ainda posições jurídicas. 'Stricto sensu' dever-se-á defini-la tomando em consideração os elementos que compõem o crédito e o débito, como faziam os juristas romanos" (COUTO E SILVA, Clóvis do. *A obrigação como processo*. São Paulo: José Bushatsky, 1976. p. 8). O mesmo já era ensinado no século XIX por POTHIER: "La palabra *obligación* tiene dos significaciones. En su sentido más lato, *lato sensu*, es sinónima de *deber y* comprende las obligaciones *imperfectas* lo mismo que las obligaciones *perfectas*. [...] en un sentido más recto y menos amplio, no comprende sino las obligaciones perfectas, que dan a aquél con quien la hemos contraído el derecho de exigirmos su cumplimiento; [...]" (POTHIER, Robert Joseph. *Tratado de las obligaciones*. Trad. da edição francesa *Traité des obligations* – 1824. Buenos Aires: Atalaya, 1947. p. 7). Por fim, vale também salientar que a opção por não distinguir obrigação e dever foi também adotada por Liebman, em seu *Processo de execução*, como o próprio autor afirma: "[...] é necessário esclarecer que a palavra obrigação é empregada, aqui, como sempre neste curso, em seu sentido mais amplo. Não é obrigação só aquela que nasce de relação obrigacional. Também o direito real, que se caracteriza pelo fato de dever ser respeitado por todos, em caso de lesão faz surgir para aquêle que o lesou ou para outrem (por ex.: possuidor) obrigação pessoal e determinada de repor as coisas no estado primitivo: restituição de coisa, reparação dos danos causados, etc." (LIEBMAN, Enrico Tullio. *Processo de execução*. São Paulo: Saraiva, 1946. p. 20).

[242] TALAMINI, Eduardo. *Tutela relativa aos deveres de fazer e de não fazer: CPC, art. 461; CDC, art. 84*. São Paulo: Revista dos Tribunais, 2001, p. 51.

que pressupõe que é este, e não a obrigação declarada na decisão, que determina o termo *a quo* da contagem da multa.

Entretanto, não se pode negar certa vinculação das *astreintes*, em diferente grau, à própria obrigação imposta pela chamada "condenação" principal. Senão, vejamos.

É o próprio Guerra, citando lição de Starck, Roland & Boyer, quem afirma que fica sem efeito a *astreinte* quando a providência condenatória principal prescreve ou ainda se resulta praticamente impossível sua execução.[243] Ora, a providência condenatória (*rectius,* mandamental[244]) principal, cuja execução se torna impossível, nada mais é do que a própria obrigação fixada na decisão. Em resumo, não constitui equívoco afirmar que as *astreintes* são acessórias da decisão judicial e dependentes da possibilidade de cumprimento da obrigação principal.

Exemplificando: digamos que o réu seja "condenado"[245] a entregar determinado objeto de arte ao autor em 24 horas, sob pena de multa diária. Em razão de incêndio, ocorrido dez dias após o término do prazo fixado no comando judicial, o objeto é destruído, tornando, por óbvio, impossível o cumprimento da obrigação.

Seguindo a lição de Guerra e de grande parte da doutrina, não mais devem incidir *astreintes* na espécie, ante a impossibilidade fática do cumprimento da obrigação. A multa diária, no caso, será devida até o momento em que se inviabilizou o cumprimento específico da obrigação. Na lição de Araken de Assis, "realizar-se-á o cômputo da pena do dia da sua incidência até aquele acontecimento que inviabilizou o cumprimento *in natura*".[246] No caso acima, a multa incidirá por dez dias apenas.

A "condenação", neste caso, deverá ajustar-se à nova realidade, o que não fere a coisa julgada.[247] Essa adaptação não equivale à eliminação da "condenação", pois, se assim fosse, teríamos que admitir a extinção completa do crédito resultante da incidência da *astreinte*. O conteúdo declaratório da decisão judicial permanece intacto, ou seja, ainda há declaração judicial da obrigação do réu para com o autor, tendo perecido tão somente a possibilidade da execução *in natura*, em razão de alteração no mundo dos fatos.

Note-se que é errôneo, como bem aponta Guerra, afirmar serem as *astreintes* acessórias da *obrigação* principal. Mas é inegável que da possibilidade de execução concreta desta última dependem as *astreintes* para incidir.

---

[243] GUERRA, Marcelo Lima. Op. cit., p. 116.

[244] Vide Item 3.3.6.

[245] As aspas decorrem do fato de que, em nosso sentir, as decisões que determinam a entrega de coisa, um fazer ou um não fazer não possuem eficácia condenatória preponderante, mas, sim, mandamental. Veja-se, neste particular, o que escrevemos no Item 3.3.6.

[246] ASSIS, Araken de. *Manual do processo de execução.* 7ª ed. São Paulo: Ed. Rev. dos Tribunais, 2001, p. 499.

[247] PORTO, Sérgio Gilberto. *Coisa julgada civil.* Rio de Janeiro: AIDE, 1998, p. 99.

Já com relação ao comando judicial propriamente dito, a acessoriedade é manifesta. Marinoni[248] salienta que, impugnada com sucesso a condenação à prestação "principal" (termo que, por si só, evidencia logicamente o caráter acessório da multa diária), resta inexigível o valor correspondente ao período em que incidiram as *astreintes*.

Assim, no exemplo antes referido, se o réu apela da sentença e obtém decisão favorável que transita em julgado, o crédito resultante das *astreintes*, que até então incidiram, extingue-se de pleno direito, não podendo ser cobrado, diferentemente do que ocorreu no caso da impossibilidade fática do cumprimento da obrigação. Isto porque "não parece correto admitir que aquele que resultou vitorioso no processo deva pagar por não ter cumprido decisão que ao final não prevaleceu, já que o processo não pode prejudicar a parte que tem razão (seja ela autora ou ré)".[249]

Paolo Cendon,[250] entretanto, noticia caso da experiência francesa em que, havendo execução provisória das *astreintes*, se manteve a sentença que as fixou, mesmo tendo sido impugnada com sucesso a condenação à obrigação principal.

Este caso francês, fruto de entendimento minoritário da jurisprudência daquele país,[251] não representa a correta compreensão acerca da medida em análise.

Se a *astreinte* constitui técnica de tutela e, portanto, meio para a obtenção da tutela jurisdicional específica, quando esta última não é sequer devida ao autor (credor), ou, em outras palavras, quando o Estado (Juiz) não deve proporcionar ao autor a tutela jurisdicional específica, não há razão para adotar-se técnica para esse fim. Seria admitir-se a adoção de técnica para o alcance do nada.

A razão da existência das *astreintes* é a necessidade de alcançar-se um determinado fim. Não sendo este mais almejado, a multa perde a razão primeira e única de sua existência.

Neste particular, é importante frisar que o beneficiado pela multa diária é o autor, e não o Estado. A multa visa primordialmente à obtenção de determinada tutela pelo demandante. Se o contrário fosse verdadeiro, ou seja, se a multa diária tivesse como *único* escopo assegurar a autoridade e o respeito às decisões judiciais, seria admissível a exigibilidade do crédito dela resultante mesmo naqueles casos em que a decisão que a cominou fosse impugnada com sucesso, como vimos, anteriormente, no caso francês.[252] Da mesma forma, cumpriria ao juiz liquidar e executar as *astreintes,* o que também não ocorre no Brasil.

---

[248] MARINONI, Luiz Guilherme. *Tutela específica: arts. 461, CPC e 84, CDC*. São Paulo: Revista dos Tribunais, 2001, p. 111.

[249] Idem, p. 110.

[250] *Apud* MARINONI, Luiz Guilherme. *Tutela específica: arts. 461, CPC e 84, CDC*. São Paulo: Revista dos Tribunais, 2001, p. 111.

[251] Idem.

[252] Conforme será visto no Item 4.1.1, bem como no Item 5.2.4.3.1, há autores, no Brasil, que adotam as conclusões do criticado caso francês, ao afirmarem ser possível a cobrança de *astreintes* mesmo quando a decisão que as fixou, tendo sido descumprida, é revogada, cassada ou reformada.

Na verdade, já há, no ordenamento jurídico brasileiro, medida exclusivamente com a finalidade de assegurar a autoridade das decisões judiciais em geral. Trata-se do artigo 14, parágrafo único, do Código de Processo Civil brasileiro, com a redação dada pela Lei 10.358, de 27 e dezembro de 2001, já referido no Item 3.3.2, supra.[253] A despeito da insuficiência e da escassa aplicação da multa contida no parágrafo único do artigo 14, não nos parece adequado deformar a natureza das *astreintes* previstas no artigo 461, §§ 4º e 5º, para atribuir-lhe semelhante função.

A questão referente à incidência e exigibilidade das *astreintes* será abordada em momento oportuno,[254] servindo as questões ora trazidas tão somente para demonstrar a importância do estudo da natureza jurídica da multa para os temas que a seguir serão tratados.

Conclui-se, assim, que as *astreintes* são acessórias da ordem (preceito) contida na decisão judicial que as fixa, razão pela qual sua existência depende da manutenção de tal decisão, e sua incidência está vinculada à possibilidade prática de cumprimento específico da obrigação nela declarada.

3.3.5. O caráter patrimonial e a discussão acerca da natureza de pena privada

É inegável que as *astreintes* guardam determinado caráter patrimonial. Juristas franceses, como Josserand, afirmam que a multa vence a resistência do obrigado sem exercer violência sobre sua pessoa, mas "contra sus bienes, contra su fortuna, contra sus recursos materiales".[255]

Entre nós, Araken de Assis[256] define a multa do artigo 461 como meio de *coerção patrimonial*.

Não obstante ser inafastável o fato de que a ameaça exercida pelas *astreintes* é sobre o patrimônio do réu-devedor, cumpre salientar que a finalidade da multa não é atingir este mesmo patrimônio. Visam as *astreintes* a exercer pressão psicológica no obrigado, para que este cumpra a obrigação específica, determinada no comando judicial, justamente para *evitar* a excussão de seus bens particulares.

Neste particular, parece-nos que a *violência* a que se refere Josserand é aquela que se exerce em um segundo momento, ou seja, quando da execução do crédito resultante da incidência das *astreintes*. A violência que as *astreintes* exer-

---

[253] Note-se que a multa aplicada por força deste dispositivo será inscrita sempre como dívida ativa da União ou do Estado. Não reverte, portanto, para o autor (credor), mas, sim, para os cofres públicos.

[254] Itens 3.8 e 5.2.4.3.

[255] *Apud* GODOY, José Carlos de. Astreintes. *Revista dos Tribunais* (1997), V. 742, p. 134.

[256] ASSIS, ARAKEN DE. *Manual do processo de execução.* 7ª ed. São Paulo: Ed. Rev. dos Tribunais, 2001, p. 493.

cem naturalmente sobre o réu, como medida coercitiva, é de caráter psicológico e, portanto, não contra seus bens, mas contra a pessoa do devedor.

Com efeito, "Se a multa não atinge os seus escopos, não levando o demandado a adimplir a ordem do juiz, converte-se automaticamente em desvantagem patrimonial que recai sobre o réu inadimplente. Neste momento, é certo, acaba por assumir a mera feição de sanção pecuniária; entretanto, tal feição, assumida pela multa justamente quando ela não cumpre os seus objetivos, é acidental em relação à sua verdadeira função e natureza".[257]

Conclui-se, portanto, que o caráter patrimonial está presente nas *astreintes*, mas com a ressalva de que, antes de haver a execução da multa, a coerção se dá sobre a pessoa do réu, através de *ameaça* contra seu patrimônio. O fato de as *astreintes* atingirem, ocasionalmente, o patrimônio do réu inadimplente é, com efeito, meramente acidental.

Questão de grande relevância, e que gera diversos questionamentos, não só no Direito brasileiro, mas em diversos outros sistemas jurídicos que preveem as *astreintes* ou medidas análogas, consiste na reversão dos valores resultantes da incidência da multa ao patrimônio do credor da obrigação resguardada pela medida coercitiva.

Trata-se do que os franceses chamam de caráter patrimonial das *astreintes*. Como lembra Guerra, as *astreintes* francesas possuem caráter patrimonial, tendo em vista que "a quantia arrecadada com a aplicação da medida *reverte em favor do próprio credor da obrigação reconhecida na condenação principal,* à garantia da qual se concede tal medida coercitiva".[258]

No Brasil, o mesmo ocorre, visto que não apenas reverte para o autor a quantia eventualmente arrecadada junto ao réu a título de *astreintes*, como só é dado ao autor promover sua execução, podendo, inclusive, optar por não fazê-lo.

É evidente que a proibição de enriquecimento injusto do autor entra em confronto com o caráter patrimonial da multa, que, segundo Guerra, assume a natureza de *pena privada*.[259] Autores franceses também definem as *astreintes* como uma espécie de *pena cominatória*, como vemos em Planiol: "La somme ainsi fixée est une véritable *peine*, mais qui est prononcée à *titre comminatoire* et pour le cas seulement où le débiteur n'executerait pas son obligation, dans un certain délai qui lui est fixé par le tribunal".[260]

---

[257] MARINONI, Luiz Guilherme. *Tutela específica: arts. 461, CPC e 84, CDC.* São Paulo: Revista dos Tribunais, 2001, p. 106.

[258] GUERRA, Marcelo Lima. *Execução indireta.* São Paulo: Revista dos Tribunais, 1998, p. 122.

[259] Idem, p. 123.

[260] PLANIOL, Marcel. *Traité élementaire de droit civil.* 3ª ed. Paris: Libraire Générale de Droit & de Jurisprudence, 1905, T. 2, p. 74.

Esta suposta "pena", por sua vez, independe e desvincula-se das perdas e danos (não tem, como visto, caráter ressarcitório[261]) e, portanto, poderá determinar o deslocamento, do patrimônio do réu-devedor para o do autor-credor, de valores bem maiores do que aqueles que poderiam ser atribuídos à obrigação principal para cujo cumprimento se fixa a medida coercitiva.

A aparente antinomia entre a proibição de enriquecimento injusto e o caráter patrimonial das *astreintes* será abordada posteriormente, quando da análise da legitimidade para execução da quantia certa oriunda da incidência da multa.[262]

Interessa-nos, neste momento, investigar acerca da caracterização das *astreintes* como pena privada. Luiz Fux, invocando Liebman, afirma que "a multa diária não é pena posto que não substitui o cumprimento da obrigação principal, mas 'meio de coerção' cuja origem remonta às 'astreintes' do direito francês idealizadas para compelir o devedor ao cumprimento das obrigações de fazer".[263]

Liebman, no entanto, vale-se da ideia de *pena* para conceituar as *astreintes*. Em seu *Processo de execução*, afirma, claramente, que a *astreinte* é "uma *pena* imposta com caráter cominatório para o caso em que o obrigado não cumprir a obrigação no prazo fixado pelo juiz".[264] No mesmo sentido vão diversos autores citados por Liebman, como Meynal, A. Esmein, Planiol e L. Ferrara.[265]

Entre autores brasileiros, a noção de *pena* é utilizada por Araken de Assis[266] e Marcelo Lima Guerra.[267]

Humberto Theodoro Júnior parece adotar posição intermediária, afirmando que "não se multa *só* com o propósito de penalizar o inadimplente e muito menos com o direto e único intento de arruiná-lo economicamente; é necessário que a medida sancionatória seja de fato útil e adequada ao fim proposto".[268]

Modernamente, entretanto, alguns autores têm atentado para o fato de que o objetivo imediato das *astreintes* não é penalizar o réu, mas coagi-lo para o cumprimento de comando judicial. Assim, caracterizar a medida por seu aspecto acidental, ou seja, caracterizá-la pela forma que assume justamente quando não cumpre sua função primordial, constituiria equívoco.

---

[261] Vide Item 3.3.3.

[262] Item 5.2.1.

[263] FUX, Luiz. *Curso de direito processual civil*. Rio de Janeiro: Forense, 2001, p. 1.082.

[264] LIEBMAN, Enrico Tullio. *Processo de execução*. São Paulo: Saraiva Livraria Acadêmica, 1946, p. 337/338.

[265] Idem.

[266] ASSIS, ARAKEN DE. *Manual do processo de execução*. 7ª ed. São Paulo: Ed. Rev. dos Tribunais, 2001, p. 496.

[267] GUERRA, Marcelo Lima. *Execução indireta*. São Paulo: Revista dos Tribunais, 1998, p. 115.

[268] THEODORO JÚNIOR, Humberto. Tutela específica das obrigações de fazer e não fazer. *Revista de Processo*, nº 105, janeiro-março 2002, p. 26.

As *Astreintes* e o Processo Civil Brasileiro

É por isso que, na lição de Ovídio Baptista da Silva,[269] observa-se: "Na verdade, não se trata propriamente de uma pena, como pondera J.C. Barbosa Moreira [...], e sim do que a doutrina denomina 'execução através de coação patrimonial' (Araken de Assis, *Manual*, I, p. 35 e 323)".

Parece-nos equivocada a utilização da denominação *pena* para a definição da natureza jurídica das *astreintes*.[270] A pena é estabelecida para o descumprimento de determinada norma jurídica, e se aplica através de mera subsunção: descumprido o preceito, aplica-se a sanção.

As *astreintes* configuram meio de coerção para compelir o réu ao cumprimento da norma jurídica à qual aquelas estão vinculadas, através da ameaça ao patrimônio do demandado.

Entretanto, a concretização da ameaça (atingimento do patrimônio) não se dá através de mera técnica de subsunção, estando condicionada a fatores externos e, inclusive, posteriores à sua própria incidência no caso concreto. Ora, fixada a multa em antecipação da tutela, é inegável a sua existência e atuação coercitiva enquanto perdurar a eficácia da decisão antecipatória. Entretanto, revogada, *a posteriori*, a decisão interlocutória, não serão mais exigíveis os valores decorrentes da incidência da *astreinte*, mesmo que tenha havido o descumprimento do comando judicial antecipatório.[271]

Em resumo, a suposta *pena*, mesmo tendo ocorrido o seu fato gerador (descumprimento da norma judicial), não se aplicaria. É inegável, entretanto, que, como fator de coerção, a medida existiu enquanto perdurou a eficácia da decisão à qual estava vinculada, exercendo real e efetiva pressão psicológica sobre o réu.

Daí se depreende que as *astreintes* não assumem o caráter primordial de *pena*, mas, sim, de autêntica forma de coerção, sendo esta a única forma cuja existência independe de quaisquer outros fatores que não a própria fixação da multa em decisão judicial. Do contrário, considerando as *astreintes* como verdadeira *pena*, deveríamos admitir que ela não existiu naqueles casos em que, descumprida a decisão judicial, esta é posteriormente revogada ou impugnada com sucesso (o que, com efeito, sustentam alguns autores).[272]

É facilmente perceptível que a chamada *pena* pecuniária é tão somente uma consequência resultante da inaptidão das *astreintes* para compelir o réu a cumprir a decisão judicial no prazo determinado. As *astreintes* constituem, diferentemente, técnica de tutela de caráter coercitivo, não se amoldando, assim, ao conceito de pena.

---

[269] SILVA, Ovídio Araújo Baptista da. *Curso de Processo Civil*. 3ª ed. São Paulo: Ed. Rev. dos Tribunais, 1998, vol. II, p. 150.

[270] Também por esta razão, entendemos não ter sido feliz o legislador ao manter, no artigo 287 do CPC, o termo *pena pecuniária*.

[271] Vide Item 4.3.

[272] Vide Itens 4.2.2 e 4.3.

3.3.6. A relação das *astreintes* com a carga da eficácia das decisões judiciais

A análise da carga de eficácia dos provimentos judiciais que cominam *astreintes* é tema de relevância para a definição da natureza jurídica da medida em estudo.

É curial relembrar que a multa não tem fim em si mesma, sendo sempre acessória de determinado comando judicial.[273] Por força de seu caráter acessório e coercitivo, as *astreintes* estarão sempre vinculadas à decisão judicial, exercendo pressão psicológica no destinatário dessa decisão (réu-devedor) para que cumpra determinado comando judicial. Embora alguns autores[274] refiram, sem qualquer censura, que a vinculação se dá à *condenação principal*, mister se faz uma análise mais cuidadosa do tema, para que se verifique, com precisão, se as decisões que permitem o acoplamento das *astreintes* serão sempre condenatórias, ou se poderão conter cargas de eficácia distintas ou, até mesmo, se tais decisões nunca serão propriamente condenatórias.

De antemão, pode-se antecipar que "a definição da eficácia preponderante será dada pela constatação da(s) consequência(s) autorizada(s) pelo provimento judicial, além da multa processual, em caso de insistência do destinatário em desobedecê-lo".[275]

Assim, a decisão judicial, composta de seu comando principal, acrescido da multa, deverá ser analisada nesta conjuntura para que se encontre sua carga de eficácia preponderante. Partiremos da classificação quinária das sentenças, proposta por Pontes de Miranda,[276] para tentar descobrir, entre as diferentes cargas de eficácia (declaratória, constitutiva, condenatória, mandamental e executiva), a que prevalece tratando-se das decisões que fixam as *astreintes*.

Alerta-se para o fato de que o objetivo do presente estudo não é criar definições e conceitos estanques para as espécies de sentenças conforme sua eficácia, tema extremamente polemizado na doutrina.[277]

---

[273] Vide Item 3.3.4.

[274] GUERRA, Marcelo Lima. *Execução indireta*. São Paulo: Revista dos Tribunais, 1998, p. 116.

DONNIER, Marc e outro. *Voies d'execution et procedures de distribution*. 6ª ed. Paris: Litec, 2001. n. 301-302, p. 106, *apud* THEODORO JÚNIOR, Humberto. Tutela específica das obrigações de fazer e não fazer. *Revista de Processo*, nº 105, janeiro-março 2002, p. 25.

[275] TALAMINI, Eduardo. *Tutela relativa aos deveres de fazer e de não fazer: CPC, art. 461; CDC, art. 84*. São Paulo: Revista dos Tribunais, 2001, p. 234.

[276] PONTES DE MIRANDA, Francisco Cavalcanti. *Tratado das ações*. 2ª ed. São Paulo: Revista dos Tribunais, 1972, T. I.

[277] Acerca da complexidade do tema, veja-se artigo de José Carlos Barbosa Moreira, intitulado "Conteúdo e efeitos da sentença – variações sobre o tema". *Revista da AJURIS*, Vol. 35, p. 204/212. Veja-se também ALVARO DE OLIVEIRA, Carlos Alberto. *O problema da eficácia da sentença*, in MACHADO, Fábio Cardoso; AMARAL, Guilherme Rizzo (org.). *Polêmica sobre a ação: a tutela jurisdicional na perspectiva das relações entre direito e processo*. Porto Alegre: Livraria do Advogado, 2006. p. 41-54.

Aliás, declaração, constituição, condenação, mandamento e execução são ora atribuídas à eficácia da sentença,[278] ora a técnicas de tutela,[279] ora a formas de tutela jurisdicional,[280] não havendo consenso sobre em quais dessas definições melhor encaixar-se-iam as cinco expressões antes referidas. Em obra mais recente,[281] passamos a analisar a questão sob a ótica das *técnicas de tutela*, passando a tratar não mais da eficácia condenatória, constitutiva, declaratória, mandamental e executiva, mas das *técnicas de tutela* condenatória, constitutiva, declaratória, mandamental e executiva.[282]

Não obstante, para os fins específicos do presente estudo, onde se objetiva, tão somente, encontrar a relação entre as *astreintes* e as chamadas cargas de eficácia, não há prejuízo algum em se manter a perspectiva original de análise sob o prisma das cargas de eficácia das decisões judiciais.

Seria de todo inadequado apropriar-se da classificação quinária das sentenças segundo Pontes de Miranda sem que se repetisse a ressalva por ele feita, no sentido de que "não há nenhuma ação, nenhuma sentença, que seja pura. Nenhuma é somente declarativa. Nenhuma é somente constitutiva. Nenhuma é somente condenatória. Nenhuma é somente mandamental. Nenhuma é somente executiva. [...] A ação somente é declaratória porque sua eficácia maior é a de declarar [...] A ação somente é constitutiva porque sua carga maior é a de constitutividade".[283]

Não que a reprodução sirva para manifestar concordância absoluta à ressalva feita pelo autor, que originariamente aduzia que *todas* as sentenças conteriam as cinco cargas de eficácia (daí a teoria da "constante quinze"), o que parece facilmente superável se pensarmos na sentença de improcedência (cuja eficácia predominante é declaratória negativa e não podemos encontrar, por exemplo, eficácia executiva). O importante, aqui, é afirmar a possibilidade de a sentença

---

[278] PONTES DE MIRANDA, Francisco Cavalcanti. *Tratado das ações.* 2.ed. São Paulo: Revista dos Tribunais, 1972. t. 1.

[279] MARINONI, Luiz Guilherme. *Técnica processual e tutela dos direitos.* São Paulo: Revista dos Tribunais, 2004. p. 290.

[280] ALVARO DE OLIVEIRA, Carlos Alberto. O problema da eficácia da sentença. In —— (org.). *Eficácia e coisa julgada.* Rio de Janeiro: Forense, 2006. p. 33-48. A ideia foi aprofundada pelo processualista em artigo intitulado "Direito material, processo e tutela jurisdicional". In MACHADO, Fábio Cardoso; AMARAL, Guilherme Rizzo (org.). *Polêmica sobre a ação: a tutela jurisdicional na perspectiva das relações entre direito e processo.* Porto Alegre: Livraria do Advogado, 2006. p. 285-319.

[281] AMARAL, Guilherme Rizzo. *Cumprimento e execução da sentença sob a ótica do formalismo-valorativo.* Porto Alegre: Livraria do Advogado, 2008. p. 105-134.

[282] CARLOS ALBERTO ALVARO DE OLIVEIRA, muito embora negue a ideia de reduzir a eficácia à técnica de tutela, preferindo assim a expressão *forma* de tutela jurisdicional, vale-se de semelhante perspectiva, afirmando que, "nesse contexto, a eficácia se apresenta apenas como uma forma da tutela jurisdicional, outorgada a quem tenha razão, seja o autor, seja o réu (sentença declaratória negativa)" (ALVARO DE OLIVEIRA, Carlos Alberto. *O problema da eficácia da sentença.* In MACHADO, Fábio Cardoso; AMARAL, Guilherme Rizzo (org.). *Polêmica sobre a ação: a tutela jurisdicional na perspectiva das relações entre direito e processo.* Porto Alegre: Livraria do Advogado, 2006. p. 51).

[283] PONTES DE MIRANDA, Francisco Cavalcanti. *Tratado das ações.* 2ª ed. São Paulo: Revista dos Tribunais, 1972, T. I, p. 124.

conter múltiplas eficácias (ou ainda, de o juiz valer-se de mais de uma técnica de tutela para dar efetividade à sua decisão). Por essa razão, a proposta inicial deste tópico é a de encontrar a carga de eficácia *prevalecente* nas diversas decisões que fixam as *astreintes*, e não uma suposta carga única de eficácia, seja ela declaratória, constitutiva, condenatória, mandamental ou executiva.

Partindo da análise de cada uma das espécies suprarreferidas, encontraremos a(s) de maior preponderância na decisão que fixa a multa em estudo.

Iniciando-se pela sentença[284] declaratória, trata-se da "prestação jurisdicional que se entrega a quem pediu a tutela jurídica sem querer 'exigir'. No fundo, protege-se o direito ou a pretensão somente, ou o interesse em que alguma relação jurídica não exista, [...]". Com efeito, a definição de Pontes de Miranda atravessou o século e encontra-se presente em autores modernos, como Luiz Fux, que acrescenta ainda a expressão *certeza jurídica*, ao apresentar a seguinte definição: "As sentenças declaratórias afirmam a existência ou inexistência de uma relação jurídica como objeto principal ou incidental de um processo. Com essa essência, as sentenças declaratórias conferem a *certeza jurídica* almejada pela parte através da decisão judicial".[285]

Da definição de Fux, já pode ser descartada a presença preponderante do efeito declaratório na decisão que fixa as *astreintes*. A declaração basta por si mesma, independe de processo complementar, tal qual o executivo, para que a tutela final pretendida pelo autor seja obtida. Independe, também, da prática de qualquer ato pelo demandado, que, portanto, não precisa sofrer coerção de qualquer espécie.

É também cediço que as *astreintes* podem, e cada vez mais *devem*, ser arbitradas em antecipação da tutela, permitindo maior efetividade processual, como já visto anteriormente. Como ensina Zavascki, no caso da tutela meramente declaratória,[286] só pode ela servir ao demandante se concedida de forma definitiva, não havendo utilidade alguma em antecipá-la provisoriamente. O que se antecipa, na ação declaratória, "são os efeitos que decorrerão do preceito contido na (provável) futura sentença de procedência".[287]

Clássico exemplo dessa situação é oferecido por Athos Gusmão Carneiro: "[...] o autor postula a declaração da nulidade do ato que o excluiu de uma sociedade recreativa, e pode obter em AT a permissão para continuar frequentando provisoriamente as dependências sociais, com as prerrogativas que normalmente

---

[284] O termo "sentença", empregado por PONTES DE MIRANDA, será utilizado seguidamente, sem que isso signifique que a classificação da eficácia das sentenças não se aplique a decisões interlocutórias, acórdãos etc.

[285] FUX, Luiz. *Curso de direito processual civil*. Rio de Janeiro: Forense, 2001, p. 687.

[286] Salientamos que, para PONTES DE MIRANDA, o correto seria afirmar *preponderantemente* declaratória. Ver PONTES DE MIRANDA, Francisco Cavalcanti. *Tratado das ações*. 2ª ed. São Paulo: Revista dos Tribunais, 1972, T. I, p. 124.B

[287] CARNEIRO, Athos Gusmão. *Da antecipação da tutela no processo civil*. Rio de Janeiro: Forense, 1999, p. 45.

cabem aos associados".[288] Ou seja, obtém antecipadamente ordem de abstenção contra o réu, que não pode impedi-lo de exercer, ainda que provisoriamente, direitos de associado. No entanto, *certeza jurídica* só viria a obter com a sentença tornada definitiva pelo trânsito em julgado.

Vale acrescentar que, como salientamos em recente estudo,[289] a obtenção de certeza jurídica, decorrente do trânsito em julgado da sentença declaratória, não é essencial para a produção da eficácia declaratória em si. Com efeito, em importante estudo, Enrico Tullio Liebman desfez a confusão comumente encontrada na associação entre declaração e coisa julgada, afirmando que a eficácia declaratória manifesta-se mesmo antes do trânsito em julgado da sentença. "Uma coisa é a eficácia declaratória, outra coisa é sua imutabilidade",[290] disse o italiano. Daí por que o trânsito em julgado passa a ser elemento de maior estabilidade da declaração contida na sentença, mas não elemento da existência da própria declaração: "se pode concluir que a sentença ainda sujeita a recurso, a reforma ou a anulação é, certamente, dotada de menor estabilidade mas, nem por isso, destituída de eficácia".[291] [...] É preciso, no entanto, ressaltar que, embora a sentença declaratória tenha eficácia antes do seu trânsito em julgado – não se podendo negar a existência ou inexistência da relação jurídica, nela declaradas – a certeza propriamente dita só virá com o trânsito em julgado, com a imutabilidade da declaração contida na sentença.[292]

Por essa razão, poder-se-ia considerar incabível antecipar simplesmente efeitos declaratórios[293] e, portanto, considerar também descabida a aplicação da multa nas decisões de cunho predominantemente declaratório.

Cumpre, entretanto, ressaltar que a vida do Direito é muito mais rica do que pressupõe a lógica da afirmação acima. É possível imaginarem-se casos em que a antecipação da declaração seja necessária e útil ao demandante, como vislumbrou o Tribunal de Justiça do Estado do Rio Grande do Sul, em acórdão cujo relator foi o então Des. José Maria Rosa Tesheiner:[294]

---

[288] CARNEIRO. Op. cit., p. 45..

[289] AMARAL, Guilherme Rizzo. *Cumprimento e execução da sentença sob a ótica do formalismo-valorativo.* Porto Alegre: Livraria do Advogado, 2008. p. 116.

[290] LIEBMAN, Enrico Tullio. Efeitos da sentença e coisa julgada. In ——. *Eficácia e autoridade da sentença.* 2ª ed. Trad. Ada Pellegrini Grinover. Rio de Janeiro: Forense, 1981. p. 281. Afirma Liebman: "Com efeito, creio que a sentença possui eficácia declaratória, mesmo antes de passar em julgado, isto é, mesmo antes de alcançar a coisa julgada formal. E é justamente a eficácia de declaração 'ao estado natural', antes e independentemente de seu trânsito em julgado, o efeito que pode ser classificado junto aos outros possíveis de efeitos da sentença (a executoriedade e a eficácia constitutiva), porque somente assim se apresenta ela homogênea com relação aos demais efeitos da sentença".

[291] Ibidem, p. 283.

[292] DINAMARCO, Cândido Rangel. *Instituições de direito processual civil.* 4ª ed. São Paulo: Malheiros, 2004. v. 3, p. 227.

[293] ZAVASCKI, Teori Albino. *Antecipação da tutela.* São Paulo: Saraiva, 2000, 3ª ed. revista e ampliada, p. 83-84.

[294] Note-se que o acórdão citado, proferido no ano de 1992, não tratava de caso de antecipação da tutela, mas, sim, de medida cautelar inominada (na ementa, constou medida cautelar *declaratória*, possivelmente por conta

À primeira vista, pareceria impossível uma declaração cautelar. Efetivamente, quando se pede declaração judicial, busca-se a certeza jurídica, que somente se alcança através de sentença definitiva, que produza coisa julgada material. Como admitir-se, então, a possibilidade de uma declaração cautelar e, portanto, provisória?

Melhor exame, porém, conduz à certeza de que é juridicamente possível declaração cautelar que, paradoxalmente, produz certeza sem afastar a incerteza.

O caso em exame ilustra bem essa possibilidade. A legitimidade da representação não interessa apenas às partes que aqui contendem, mas também a terceiros, em especial às empresas da respectiva categoria econômica. Ora, declarada, ainda que provisoriamente, a legitimidade de uma, quem com ela contrate terá em seu prol a teoria da aparência, donde a validade dos contratos celebrados, independentemente do resultado da ação principal. [...]

Eis aí um fenômeno processual realmente admirável.[295]

Note-se, no entanto, que há uma diferença fundamental entre o exemplo oferecido por Athos Gusmão Carneiro e o acórdão acima transcrito. Naquele, não era urgente a antecipação da declaração de nulidade do ato da sociedade recreativa, mas tão somente a antecipação de efeitos *mandamentais* de uma eventual sentença de procedência, no sentido de obrigar que o clube permitisse a entrada do autor nas suas dependências. No acórdão oriundo do Tribunal de Justiça do Estado do Rio Grande do Sul, mostrava-se urgente a própria certificação propiciada pela declaração, e não apenas efeitos mandamentais (até porque não haveria como expedirem-se ordens para todo e qualquer terceiro que fosse contratar com uma das partes).

Assim, temos que nas decisões de eficácia predominantemente declaratória, é descabida a utilização das *astreintes*, não em razão da suposta e tão propalada impossibilidade de antecipação da tutela declarativa, mas pela simples razão de o provimento declaratório bastar por si mesmo, não havendo necessidade de conduta do réu ou execução do comando judicial.

Pela mesma razão, não prepondera o efeito constitutivo nas decisões que fixam as *astreintes*.

A constitutividade, diferentemente da declaração, "muda em algum ponto, por mínimo que seja, o mundo jurídico".[296] Para Ovídio A. Baptista da Silva, "por meio das ações constitutivas,[297] busca-se a formação, a modificação ou a extin-

---

do efeito declaratório antecipado), amplamente utilizada para a antecipação dos efeitos da tutela definitiva de mérito antes da instituição da antecipação da tutela no artigo 273 do CPC. Por tal razão, é plenamente possível imaginar-se a transposição da situação verificada no referido acórdão para os casos previstos no artigo 273 em sua atual redação.

[295] AGI 592034003, Quarta Câmara Cível, Rel. Des. José Maria Rosa Tesheiner. Julgado em 23.09.1992. Fonte: Jurisprudência TJRS, C-Cíveis, 1993, V-1, T-3, p. 226-230.

[296] PONTES DE MIRANDA, Francisco Cavalcanti. *Tratado das ações*. 2ª ed. São Paulo: Revista dos Tribunais, 1972, T. I, p. 203.

[297] É apenas aparente a controvérsia entre Ovídio Baptista da Silva e Pontes de Miranda. Ao afirmar que *tanto faz classificarem-se as sentenças (de procedência) quanto classificarem-se as ações de direito material* (Op. cit., p.340), o primeiro aparentemente contradiz o segundo, que nega relação necessária entre os pesos efica-

ção de uma relação jurídica".[298] Como bem se vê, não obstante as diferenças em relação ao efeito declarativo, também o efeito constitutivo satisfaz plenamente o autor, não havendo necessidade de coerção do réu-devedor para sua obtenção. A mudança no *mundo jurídico* se opera independentemente de comportamento comissivo ou omissivo do réu. Daí a conclusão lógica de que as *astreintes* não se fazem presentes, por absoluta desnecessidade, nas decisões de eficácia predominantemente constitutiva. Propositalmente, deixamos por último os três efeitos restantes das sentenças: *condenatório, executivo* e *mandamental*. É em torno destes que geralmente paira a dúvida acerca da natureza da decisão que fixa a multa.

Condenar, na lição de Pontes de Miranda, é reprovar, é "ordenar que sofra. Entra, além do *enunciado de fato, o de valor*. [...] A eficácia executiva das sentenças de condenação é só *efeito*, não é *força*. Por isso não lhe é inerente, essencial".[299]

Com efeito, a definição de condenação oferecida por Pontes de Miranda repercute até hoje, sendo que Araken de Assis a reverbera, afirmando que, na condenação, "o juiz reprova o réu e ordena que sofra a execução".[300] Cumpre salientar que esta definição sofre acirrada crítica de José Maria Rosa Tesheiner, para quem a condenação não se constitui em *ordem* para que o réu sofra a execução, mas tão somente em *autorização* para que o autor promova a execução.[301]

Tesheiner afirma, ainda, que, pela definição de Araken de Assis, a sentença condenatória confundir-se-ia com a mandamental e com a executiva, visto que as duas primeiras autorizariam a execução, e as duas últimas possibilitariam a execução no mesmo processo em que foram proferidas.[302] Logo, definindo-se as decisões judiciais pelos seus efeitos, haveria entre elas uma espécie de comistão.

---

ciais da ação de direito material e da sentença (Op. cit., p.126). Este aparente dissídio somente ocorre porque PONTES DE MIRANDA trabalha com a hipótese de sentença de improcedência, o que, por OVÍDIO BAPTISTA DA SILVA, foi descartado ao aduzir o termo *sentenças de procedência*. Para ambos, no entanto, se a sentença for de cognição completa e de procedência, a eficácia da mesma será equivalente à eficácia da ação, até mesmo pelo chamado princípio da congruência entre o pedido e a sentença. Já manifestamos, em mais de uma oportunidade, nosso posicionamento contrário à noção de ação de direito material para explicar a relação entre direito material e processo. Não há, em nosso sentir, *ação* declaratória, *ação* constitutiva, *ação* condenatória, *ação* mandamental ou *ação* executiva. A ação é abstrata, e é fenômeno processual. A esse respeito, veja-se o que escrevemos em *A polêmica em torno da "Ação de Direito Material"* (In MACHADO, Fábio Cardoso; AMARAL, Guilherme Rizzo (org.). *Polêmica sobre a ação: a tutela jurisdicional na perspectiva das relações entre direito e processo*. Porto Alegre: Livraria do Advogado, 2006. p. 111-127) e em *Cumprimento e execução da sentença sob a ótica do formalismo-valorativo*. Porto Alegre: Livraria do Advogado, 2008. p. 105-115.

[298] SILVA, Ovídio Araújo Baptista da. *Curso de processo civil (processo de conhecimento)*. 2ª ed. Porto Alegre: Fabris, 1991. V. 1, p. 140.

[299] PONTES DE MIRANDA, Francisco Cavalcanti. Op. cit., T. I., p. 209/210.

[300] ASSIS, Araken de. Sobre a execução civil (Réplica a Tesheiner). *Revista de Processo*, nº 102, p. 10.

[301] TESHEINER, José Maria. Execução civil (Um estudo fundado nos Comentários de Araken de Assis). *Revista de Processo*, nº 102, p. 30.

[302] Idem, p. 31. É claro que tal entendimento teria de ser adaptado à realidade trazida pela Lei 11.232/05, pela qual também a sentença condenatória possibilita a sua execução no mesmo *processo*, tendo sido eliminada existência de um processo autônomo para o cumprimento e execução das sentenças relativas a obrigações de pagar

O debate instaurado entre os dois autores é de extrema relevância para o deslinde da problemática acerca da carga predominante de eficácia da decisão que fixa as *astreintes*. É preciso, portanto, construir-se definição segura acerca do que seja sentença condenatória, executiva e mandamental.

Há diferenças claras entre a sentença condenatória e as executivas e mandamentais, e estas diferenças foram salientadas, de forma breve, por Pontes de Miranda (que sustentou sua construção teórica sob o ponto de vista dogmático).

Primeiramente, há diferença entre a sentença mandamental e a condenatória, visto que, uma vez proferida a *ordem*, não há necessidade de ato complementar de provocação, pelo autor, para que esta ordem surta efeitos no mundo jurídico. Trata-se de ato *imediato*.[303] Já a sentença condenatória é ato *mediato*, e, portanto, está sujeita a intervalo entre o seu trânsito em julgado e a instauração do processo executivo. Evidentemente, não trabalhava Pontes de Miranda com a hipótese atual (após a Lei 11.232/05), na qual não se faz necessário processo autônomo de execução para a efetivação da sentença condenatória. Não obstante, permanece praticamente intacto o caráter mediato da sentença condenatória realçado na lição de Pontes, tendo em vista que, tirante a modesta multa coerciva de 10% sobre o valor da condenação para a hipótese de descumprimento da sentença pelo réu, ainda se faz necessária provocação do autor para a instauração de uma *fase* de execução.

Em segundo lugar, na condenação o juiz não manda nem ordena que sofra o réu a execução. Neste particular, é certeira a crítica de Tesheiner a Araken de Assis. Ressalte-se que este incorre em evidente contradição, ao aderir ao posicionamento de Ovídio Baptista da Silva afirmando que "a condenação jamais conterá uma *ordem* dirigida às partes".[304] Ora, se jamais conterá ordem, não se pode afirmar que constitui *ordem* para que o réu sofra a execução![305]

Na sentença condenatória, resta evidenciada a total disponibilidade das partes quanto aos atos ulteriores à sua prolação. Findo o processo (ou fase) de conhecimento, e querendo o autor, poderá este dispor da execução independentemente da condenação e da ação principal, que ficará *estacionada*.[306] Na sentença mandamental, essa disponibilidade encerrou-se quando do ajuizamento da ação. Só não será cumprido o mandamento se o autor desistir da ação ou renunciar ao direito nela discutido. Deixando-a *viva*, o impulso inicial será suficiente para que

---

quantia certa. Tais mudanças, no entanto, não retiram o caráter de execução *ex intervallo*, restando mantido o hiato entre conhecimento e execução, sendo que esta se inicia tão somente com o impulso do credor, após transcorrido o prazo para cumprimento voluntário do devedor.

[303] PONTES DE MIRANDA, Francisco Cavalcanti. *Tratado das ações*. 2ª ed. São Paulo: Revista dos Tribunais, 1972, T. I., p. 211.

[304] ASSIS, Araken de. Sobre a execução civil (Réplica a Tesheiner). *Revista de Processo*, nº 102, p. 13.

[305] Idem, p. 10.

[306] Não poderia ser mais claro o § 5º do artigo 475-J do CPC: "Art. 475-J. [...] § 5º Não sendo requerida a execução no prazo de seis meses, o juiz mandará arquivar os autos, sem prejuízo de seu desarquivamento a pedido da parte. (Incluído pela Lei nº 11.232, de 2005)".

o Estado ordene e faça cumprir sua ordem, no mesmo processo em que foi ela proferida (como visto, é o que ocorre com a sistemática das ações previstas nos artigos 461 e 461-A).[307]

A diferença entre condenação e execução também não é controvertida, visto que na execução não se vislumbra o caráter mediato da condenação. A sentença executiva permite que imediatamente e independentemente de novo impulso da parte interessada sejam realizados atos concretos para a sua efetivação. Através de meios sub-rogatórios, permite-se que o Estado (juiz) atue de forma a substituir a vontade do réu, o que se denota se analisarmos os exemplos típicos de sentenças executivas (como aquelas proferidas em ação de despejo, reintegração de posse, busca e apreensão etc.). Já a sentença condenatória, como vimos, exige, se não mais a instauração de novo processo (processo de execução), ao menos um novo impulso da parte interessada para que se inaugure um procedimento próprio para seu cumprimento ou execução.

Qual, por fim, a diferença entre sentença executiva e mandamental? Superada essa controvérsia, mostrar-se-á possível a conceituação das três cargas de eficácia restantes (condenatória, executiva e mandamental) e a identificação de uma (ou mais) delas como fator predominante na decisão que fixa as *astreintes*.

Não parece correto afirmar que a diferença fundamental entre a carga de eficácia executiva e mandamental consista no fato de que a primeira atinge o patrimônio do réu, retirando dele valor para colocá-lo no patrimônio do autor. Esta, com efeito, é a definição de Pontes de Miranda, a qual, segundo Tesheiner, "trata-se de um conceito restrito".[308] Não haveria, no efeito mandamental, transferência de patrimônio.[309]

Ocorre que a distinção acima proposta não oferece uma resposta satisfatória à indagação acerca da carga de eficácia das decisões que determinam o cumprimento de obrigação de fazer ou não fazer pelo réu. Perquirir-se a patrimonialidade de cada obrigação parece-nos critério demasiadamente casuístico e desvinculado dos aspectos intrínsecos do provimento jurisdicional. Ademais, o próprio conceito de patrimonialidade é hoje justificado de forma tão ampla que não lhe permite funcionar como aspecto diferenciador.[310]

---

[307] Vide Item 3.1.1.

[308] TESHEINER, José Maria. Execução civil (Um estudo fundado nos Comentários de Araken de Assis). *Revista de Processo*, nº 102, p. 31.

[309] ARAKEN DE ASSIS afirma que o deslocamento forçado de pessoas constitui execução (ASSIS, Araken de. Sobre a execução civil (Réplica a Tesheiner). *Revista de Processo*, nº 102, p. 13), e afirma: "A força executiva retira valor que está no patrimônio do demandado ou dos demandados, e põe-no no patrimônio do demandante" (ASSIS, Araken de. *Manual do processo de execução*. 7ª ed. São Paulo: Ed. Rev. dos Tribunais, 2001, p. 88). Ora, descabida a inserção de pessoas no patrimônio do demandante ou demandado, como o próprio processualista acaba por afirmar, ao salientar consistir a remoção de pessoas exceção ao princípio da patrimonialidade (ASSIS, Araken de. *Manual do processo de execução*. Op. cit., p. 107).

[310] TALAMINI, Eduardo. *Tutela relativa aos deveres de fazer e de não fazer: CPC, art. 461; CDC, art. 84.* São Paulo: Revista dos Tribunais, 2001, p. 205. Segundo o autor, conceitua-se muitas vezes a patrimonialidade

As diferenças entre o provimento mandamental e executivo foram também apreciadas por Ovídio Baptista da Silva, para quem "a execução é *ato privado da parte* que o juiz, através do correspondente processo – se a demanda fora condenatória ou desde logo por simples decreto, se a ação era executiva –, realiza em substituição à parte que deveria tê-lo realizado. Na sentença mandamental, o juiz realiza o que somente ele, como representante do Estado, em virtude de sua *estatalidade*, pode realizar".[311]

Muito embora não compartilhemos da ideia que a execução seja ato privado da parte, uma vez que também a execução é ato que somente o juiz pode praticar – não havendo poder correspondente na esfera privada[312] – a ideia de atividade substitutiva ou sub-rogatória não é prejudicada. Tendo em vista a proibição da autotutela, a atividade da parte é substituída, porém o é por atos estatais cuja natureza e força distinguem-se substancialmente do ato privado de satisfação do direito.

Retornando à distinção entre eficácia mandamental e executiva, como bem salienta Talamini, "o provimento mandamental (*rectius:* a força mandamental contida no provimento) jamais propicia atividade executiva (sub-rogatória) – nem mesmo naquele processo em que foi proferido. Ele é efetivado por meios de pressão psicológica, para que o próprio réu, por conduta própria, cumpra a ordem que lhe foi dada".[313]

Com efeito, em se tratando de decisões de eficácia mandamental, mesmo que o réu não cumpra a ordem imposta judicialmente, são inegáveis os efeitos que tal ordem produz, sujeitando aquele, uma vez recalcitrante, a sanções cíveis, processuais e até criminais. Nunca, entretanto, o Estado substituirá a vontade do

---

como a aptidão de o inadimplemento ser reparado, compensado ou combatido coercitivamente mediante sanções com conteúdo econômico.

[311] SILVA, Ovídio Araújo Baptista da. *Curso de processo civil.* 3ª ed. São Paulo: Revista dos Tribunais, 1998, vol. II, p. 335. Na primeira edição da presente obra, acolhemos de forma integral a definição de Ovídio Baptista da Silva para a sentença executiva. Entretanto, ao enfrentarmos com maior profundidade as relações entre os planos do direito material e do processo, constatamos ser inadequada a ideia de mera substituição de um ato da parte, bem como a tentativa de explicar aquela relação a partir do conceito de *ação de direito material.*

[312] "Tomando como exemplo o mandamento e a execução, estes constituem técnicas de tutela de naturezas muito *semelhantes* às únicas duas "ações de direito material" possíveis de se imaginar (força ou ameaça). *Semelhantes*, porém não idênticas. O mandamento e a execução estatais são *irresistíveis*. Falhando o primeiro, entra em cena o segundo. Não há balanço de forças entre o Estado-Poder e o cidadão. Há, no entanto, esse balanço entre particulares. Veja-se, do ponto de vista do que verdadeiramente ocorre no processo, que quando alguém pede ao juiz que mande ou execute, não afirma "eu poderia fazê-lo, mas, como estou proibido, peço ao juiz que o faça". Não afirma, assim, uma "ação de direito material proibida". Não o faz pois, se o fizesse, poderia o juiz negar o pedido ao verificar que, no real jogo de forças entre autor e réu, possivelmente o réu levasse vantagem (por maior porte físico, poderio econômico, ou maiores condições de se defender). O que afirma aquele que vai a juízo é "sou titular de um direito, que está sendo ameaçado ou violado por outrem. Peço, assim, que se impeça a concretização do que se ameaça, ou que cesse a violação e indenizem-se os danos que dela decorreram." Afirma-se (mera asserção: não se trata ainda de *provar*) o direito, a sua ameaça ou violação, e franqueia-se ao particular o acesso à jurisdição" (AMARAL, Guilherme Rizzo. *Cumprimento e execução da sentença sob a ótica do formalismo-valorativo.* Porto Alegre: Livraria do Advogado, 2008. p. 107-108).

[313] TALAMINI, Eduardo. Op. cit., p. 205.

demandado, através de meios sub-rogatórios, inerentes tão somente ao provimento executivo. Se o fizer, estaremos diante de ato de execução, e não de ordem ou mandamento.

Assim, concluímos que somente haverá execução quando o Estado (Juiz) substituir a vontade do obrigado, através de meios sub-rogatórios, para conferir ao autor a tutela pretendida. Naqueles casos em que isso se torna impossível (como, por exemplo, nos casos em que se trata de obrigação naturalmente infungível, passível de cumprimento tão somente pela pessoa do devedor), somente o provimento mandamental satisfaria o autor.

Chegamos, assim, à correta diferenciação entre as eficácias (ou técnicas de tutela) condenatória, executiva e mandamental, com o que nos é permitido verificar a possibilidade e a necessidade de fixação das *astreintes* como acessório a cada uma delas.

Com relação à *condenação*, esta restou definida como a autorização ao autor para que promova a execução do réu, porém não induz à execução imediata, dependendo da iniciativa do demandante. Trata-se de decisão que não apenas declara a existência do direito, mas *autoriza* (e não ordena!) o autor a submeter o réu à execução, mediante nova e necessária provocação do Poder Judiciário.

Como visto em item anterior,[314] antes da reforma promovida pela Lei 10.444/02, a falta de harmonização dos artigos 461 e 644 gerava uma certa confusão quanto à natureza das sentenças que impunham determinada obrigação de fazer ou não fazer sob pena de multa. A sentença definitiva e condenatória que fixava as *astreintes* em caso de descumprimento da obrigação, sem promover a antecipação da tutela (ou seja, que demandava processo executivo autônomo e subsequente), na verdade não se encontrava dotada da coerção proporcionada pela multa. Isto porque a conduta imposta ao réu na condenação só se tornaria exigível fosse ele regularmente citado em processo de execução autônomo. Não sendo *exigível* do réu a conduta, não havia sentido em sua coerção. Esse vinha sendo o entendimento do Superior Tribunal de Justiça, que determinou como termo *a quo* de contagem da multa fixada em sentença o término do prazo fixado para cumprimento da obrigação, contado tão somente da citação no processo executivo.[315]

Assim, não obstante a viabilidade de fixação do *quantum* das *astreintes* na sentença condenatória, se esta não antecipasse os efeitos da tutela, tão somente vincularia a multa a provimento executivo futuro, caso fosse o processo de execução instaurado pelo autor, momento em que, inclusive, poderia ser alterado o *quantum* fixado no processo de conhecimento (pela redação então conferida ao art. 644, parágrafo único).[316]

---

[314] Item 3.1.

[315] REsp 220.232/CE, 4ª Turma do STJ, Rel. Min. Ruy Rosado de Aguiar. DJU 25/10/1999. RSTJ 129/378.

[316] Ver Item 5.1.1.

Concluímos, assim, que a aparição frequente das *astreintes* em sentenças condenatórias de forma alguma determinava que aquelas estivessem vinculadas, em caráter de acessoriedade, a estas últimas, visto que não as auxiliavam em nada, não realçavam em nada seus efeitos. Auxiliavam, sim, a futura execução, quando já não mais se falaria em efeito condenatório, mas em efeito mandamental.

Ocorre que, em razão da alteração completa da sistemática referente às ações que têm por objeto obrigação de fazer, não fazer ou entrega de coisa,[317] as sentenças nestas proferidas deixaram de ter caráter condenatório, visto que não autorizam (na verdade, prescindem de) processo de execução autônomo. O juiz, na sentença, apenas fixa o prazo para cumprimento da obrigação, podendo fixar multa para o caso de descumprimento do preceito. Antes mesmo da reforma do CPC, juristas que entendiam que a fixação de prazo para cumprimento da obrigação, em sentença, não equivalia à antecipação da tutela, já sustentavam entendimento de que seria desnecessária a instauração do processo executivo autônomo.

Nesse sentido é a lição de Ada Pellegrini Grinover: "Se o juiz tiver imposto as *astreintes* antecipadamente ou na sentença, consoante § 3º e 4º do art. 461, com fixação de prazo razoável para o cumprimento do preceito, nada mais restará a fazer *in executivis* (ressalvado o eventual processo de execução por quantia certa para o recebimento das multas)".[318]

Assim, bem se vê que as *astreintes*, diferentemente do que sustentou Guerra,[319] nunca foram e não são acessórias de uma *condenação* principal.

Partindo para a análise das decisões de carga de eficácia predominantemente *executiva*, estas permitem que o juiz atue de forma a substituir a vontade do réu recalcitrante, no mesmo processo em que são proferidas, através de meios de sub-rogação (execução por terceiro ou substituição da vontade do obrigado pelo Estado).

Com efeito, como expõe Lucon, o juiz emite um comando ordenando a realização de atos práticos e materiais a serem executados de imediato por *auxiliares do Poder Judiciário*.[320]

É evidente que, agindo o Estado em substituição à vontade do réu, não é essencial a coerção deste último, razão pela qual as *astreintes* não se mostram necessárias para "reforçar" decisões de eficácia executiva.

---

[317] Lei 10.444/02 (ver Item 3.1).

[318] GRINOVER, Ada Pellegrini. Tutela jurisdicional nas obrigações de fazer e não fazer. *Revista de Processo*, nº 79, p. 74.

[319] GUERRA, Marcelo Lima. *Execução indireta*. São Paulo: Revista dos Tribunais, 1998, p. 116.

[320] LUCON, Paulo Henrique dos Santos. *Eficácia das decisões e execução provisória*. São Paulo: Revista dos Tribunais, 2000, p. 161.

As *Astreintes* e o Processo Civil Brasileiro

Portanto, se uma certa sentença determina tão somente que se proceda, de imediato, à busca e apreensão de bem em posse do demandado, não há razão alguma para a cominação de multa, visto que o que se está a exigir é uma ação do Estado, através da invasão na esfera patrimonial do devedor, do qual se pressupõe uma atitude passiva.[321] Igualmente, se a sentença determinasse a realização de obra por terceiro, às custas do réu, não faria sentido a fixação de *astreinte* para a hipótese de descumprimento, na medida em que nenhuma pressão sobre o réu far-se-ia necessária para que terceiro realizasse o empreendimento.

Diferentemente ocorreria se a sentença determinasse que *o réu* entregasse o bem, fizesse ou deixasse de fazer algo. Nestes casos, estaríamos diante de decisão com eficácia predominantemente *mandamental*. Nesta, a decisão é constituída de uma ordem dirigida ao réu, para que este cumpra determinada obrigação, sob pena de sujeitar-se aos instrumentos de coerção oriundos do poder de *imperium* do juiz. Não se visa à sub-rogação, sendo que "a eficácia mandamental carece de operações práticas para alcançar ao demandante vitorioso o bem da vida".[322]

Bem se vê que é essencial, para a efetividade da tutela mandamental, a utilização de técnica de tutela coercitiva, e as *astreintes* justamente preenchem esta lacuna, a ponto de autores como Marinoni definirem o uso da coerção indireta como *técnica mandamental*.[323]

Moacyr Amaral Santos, mesmo sob a égide do Código de 1939, ligava o preceito cominatório das chamadas ações cominatórias ao *mandado judicial*, ao referir: "Nem por outro motivo se diz *preceito cominatório*, isto é, mandado judicial, monitório, com *ameaço* de pena".[324]

A mandamentalidade reside justamente na "conjugação da declaração da conduta devida com a utilização de medidas coercitivas destinadas a forçar o réu a cumprir o comando judicial. A decisão só se torna uma *ordem* quando a

---

[321] Isso não significa dizer que não possa o juiz empregar *cumulativamente* as técnicas de tutela executiva e mandamental, assim determinando a busca e apreensão do bem e, *ao mesmo tempo*, fixando prazo para que o réu o entregue voluntariamente, sob pena de multa. Recentemente, afirmamos que "as técnicas de tutela mandamental (multa) e executiva (busca e apreensão) poderão ser adotadas simultaneamente. Quando adotadas cumulativamente medidas coercitivas e sub-rogatórias, evidentemente que as *astreintes*, manifestação daquelas, continuarão incidindo até a obtenção da tutela específica ou do resultado prático equivalente. Não há, aqui, *opção* por apenas um meio executório, uma vez que "desde logo o provimento terá *eficácias executiva lato sensu* e mandamental" (TALAMINI, Eduardo. *Tutela relativa aos deveres de fazer e de não fazer: CPC, art. 461; CDC, art. 84*. São Paulo: Revista dos Tribunais, 2001. p. 281), ou, diríamos, desde logo o juiz empregará técnicas de tutela executiva e mandamental" (AMARAL, Guilherme Rizzo. *Cumprimento e execução da sentença sob a ótica do formalismo-valorativo*. Porto Alegre: Livraria do Advogado, 2008. p. 165-166).

[322] ASSIS, ARAKEN DE. *Manual do processo de execução*. 7ª ed. São Paulo: Ed. Rev. dos Tribunais, 2001, p. 87.

[323] MARINONI, Luiz Guilherme. *Tutela específica: arts. 461, CPC e 84, CDC*. São Paulo: Revista dos Tribunais, 2001, p. 71.

[324] AMARAL SANTOS, Moacyr. *Ações Cominatórias no Direito brasileiro*. 3ª ed. São Paulo: Max Lemonad, 1962, Tomo I, p. 150.

ela se empresta força coercitiva; caso contrário é mera declaração de dever de conduta".[325]

Conclui-se, portanto, que as técnicas de tutela coercitiva são essenciais aos provimentos mandamentais; e sendo as *astreintes* uma manifestação daquelas, elas mostram-se especialmente afeitas às decisões de carga de eficácia predominantemente mandamental.[326]

Cumpre, entretanto, salientar que "a eficácia mandamental pode vir conjugada à eficácia executiva *lato sensu* ou à eficácia condenatória, sendo certo que nos arts. 273 e 461 pode ser verificada a conjugação de muitas das eficácias já mencionadas".[327] Como já referimos anteriormente, nenhuma decisão é puramente mandamental ou executiva.

Podemos exemplificar da seguinte forma: é concedida tutela liminarmente, com base no artigo 461, § 3º, para se determinar que uma indústria cesse suas atividades em razão da emissão de poluentes, sob pena de multa diária. Tal decisão tem cunho mandamental, mas poderá, com base no § 5º do art. 461 (*impedimento de atividade nociva*), ser executada por auxiliares da justiça, o que denota o caráter executivo.

Resta evidenciado que as *astreintes* estão vinculadas tão somente ao provimento de cunho mandamental, em nada auxiliando o provimento executivo, que pode àquele ser cumulado para assegurar a tutela específica ou o resultado prático equivalente.

Assim, é relevante a advertência de Grinover, ao afirmar que "caberá à sensibilidade do juiz optar entre as *astreintes* (as únicas adequadas às prestações correspondentes às obrigações personalíssimas, infungíveis por natureza), cumulá-las com as medidas sub-rogatórias capazes de levar ao resultado prático equivalente ao adimplemento, ou decidir pela tomada imediata e exclusiva destas; [...]".[328]

Concluímos, portanto, que as *astreintes* somente podem ser vinculadas a decisões que possuam carga de eficácia mandamental, sendo a estas essenciais como técnica para a obtenção da tutela.

---

[325] SPADONI, Joaquim Felipe. *A multa na atuação das ordens judiciais. In* SHIMURA, Sérgio e WAMBIER, Teresa Arruda Alvim (Coord.). *Processo de execução.* São Paulo: Revista dos Tribunais, 2001, p. 485.

[326] Neste particular, incompreensível a conclusão à qual chegou a Segunda Câmara Cível do Tribunal de Justiça do Estado do Rio Grande do Sul: "Ementa: Administrativo. Serviço público de saúde. Fornecimento de medicamento. Lei 9908/93. 1 – O direito à saúde é exercido pelo acesso igualitário às ações e serviços prestados pelo estado. Hipótese em que o Estado do Rio Grande do Sul se obrigou legalmente a fornecer medicamentos gratuitos para os necessitados. Lei 9.908/93. 2 – tratando-se de sentença com eficácia mandamental descabe fixar 'astreinte' como coerção ao seu cumprimento. Recurso desprovido. Sentença modificada em parte em reexame". (Reexame Necessário nº 70000103481, Segunda Câmara Cível, Tribunal de Justiça do RS, Relator: Des. Maria Isabel de Azevedo Souza, julgado em 27/10/99).

[327] LUCON, Paulo Henrique dos Santos. *Eficácia das decisões e execução provisória.* São Paulo: Revista dos Tribunais, 2000, p. 166.

[328] GRINOVER, Ada Pellegrini. Tutela jurisdicional nas obrigações de fazer e não fazer. *Revista de Processo*, nº 79, p. 70.

3.4. CONCEITO

Analisada a natureza jurídica das *astreintes*, é possível traçar seu conceito de forma mais segura.

É interessante ressaltar que a maior parte dos conceitos oferecidos, seja pela doutrina francesa, seja pela brasileira, trazem em seu bojo boa parte dos elementos que compõem a natureza jurídica das *astreintes*.

Planiol, incorporando lição de autores franceses do século XIX, esboçou conceito que se mostra ainda atual:

> On appelle «astreinte» une condamnation pécuniaire, prononcée à raison de tant par jour de retard (ou par toute autre unité de temps, appropriée aux circonstances) et destinée à obtenir du débiteur l'exécution d'une obligation de faire par la menace d'une peine considérable, susceptible de grossir indéfiniment.[329]

Liebman, por sua vez, não construiu conceito próprio, optando por oferecer tradução literal da definição de Planiol, conforme se verifica no *Processo de execução* do mestre italiano:

> Chama-se "astreinte" a condenação pecuniária proferida em razão de tanto por dia de atraso (ou por qualquer unidade de tempo, conforme as circunstâncias), destinada a obter do devedor o cumprimento de obrigação de fazer pela ameaça de uma pena suscetível de aumentar indefinidamente.[330]

Características frequentes nos primeiros conceitos da *astreinte* são sua vinculação a uma *obrigação* de fazer, seu caráter coercitivo e a independência em relação às perdas e danos. Tais características acompanharam os conceitos da *astreinte* até recentemente, exercendo forte influência inclusive naqueles que foram responsáveis pela introdução definitiva da medida no ordenamento jurídico brasileiro, como é o caso de Kazuo Watanabe:[331]

> A multa é medida de coerção indireta imposta com o objetivo de convencer o demandado a cumprir espontaneamente a obrigação. Não tem a finalidade compensatória, de sorte que, ao descumprimento da obrigação, é ela devida independentemente da existência, ou não,

---

[329] PLANIOL, Marcel. *Traité élémentaire de droit civil*. 3ª ed. Paris: Libraire Générale de Droit & de Jurisprudence, 1905. T. 2, p. 73/74.

[330] LIEBMAN, Enrico Tullio. *Processo de execução*. São Paulo: Saraiva Livraria Acadêmica, 1946, p. 337/338.

[331] A Kazuo Watanabe se deve a empreitada de ter introduzido no processo civil brasileiro a tutela específica do credor nas obrigações de fazer ou não fazer. Foi ele que motivou a comissão nomeada em 1985, pelo Ministério da Justiça, para apresentar a proposta de modificação do Código de Processo Civil Brasileiro, o que acabou se tornando fonte inspiradora do art. 84 do Código de Defesa do Consumidor e resultou na alteração do artigo 461 do Código de Processo Civil. Decisiva, também, a participação de Watanabe na comissão que preparou o Projeto de Lei que resultou na Lei 7.347/85 (Ação Civil Pública), que em seu artigo 11 prevê também as *astreintes*. Nesse sentido: GRINOVER, Ada Pellegrini. Aspectos da reforma do Código de Processo Civil. *Revista de Processo*, nº 79, p. 68/69.

de algum dano. E o valor desta não é compensado com o valor da multa, que é devido pelo só fato do descumprimento da medida coercitiva.[332]

Modernamente, tanto na doutrina francesa quanto entre nós, alguns elementos foram acrescidos aos conceitos antes apresentados. O caráter acessório tem sido ressaltado, e, principalmente, no que diz respeito à propalada vinculação com a obrigação principal, a mudança conceitual é mais presente.

Deixam-se de lado as referências à chamada *obrigação principal*, e desvia-se o foco para a decisão judicial ou, em alguns casos, mais especificamente, à condenação principal. Veja-se, por exemplo, o conceito de Donnier:

L'astreinte est une mesure destinée à vaincre la résistance apposée à l'exécution d'une condamnation [...] cela signifie que l'astreinte ne peut être que l'acessoire d'une condamnation principale dont elle este chargée d'assurer l'execution.[333]

Marinoni, demonstrando precisão terminológica, não vincula as *astreintes* à *condenação* principal, mas às *ordens* do juiz, demonstrando, em seu conceito, a acessoriedade às decisões de cunho mandamental:

A multa é um meio de coerção indireta que tem por fim propiciar a efetividade das ordens de fazer e de não-fazer do juiz, sejam elas impostas na tutela antecipatória ou na sentença.[334]

É bem verdade que o autor tem sustentado a aplicação das *astreintes* não só para a tutela das obrigações de fazer e de não fazer, como também para a tutela das obrigações de pagar quantia.[335] Como demonstraremos a seguir, não vemos viabilidade para tal proposta.[336]

Nã obstante, em face da previsão legislativa de aplicação da multa, também para dar efetividade às decisões que impõem obrigação de entregar (art. 461-A, introduzido pela Lei 10.444/02), como já ocorria nos Juizados Especiais (Lei 9.099/95, artigo 52, inciso V), pode-se ampliar o conceito de *astreinte* para concluir que ela constitui técnica de tutela coercitiva e acessória, que visa a pressionar o réu para que este cumpra mandamento judicial, sendo a pressão exercida através de ameaça ao seu patrimônio, consubstanciada em multa periódica a incidir em caso de descumprimento.

---

[332] WATANABE, Kazuo. Tutela antecipatória e tutela específica das obrigações de fazer e não fazer (arts. 273 e 461 do CPC). In TEIXEIRA, Sálvio de Figueiredo (coord.). *Reforma do Código de Processo Civil*. São Paulo: Saraiva, 1996, p. 47.

[333] DONNIER, Marc e outro. *Voies d'execution et procedures de distribution*. 6ª ed. Paris: Litec, 2001. nº 301-302, p. 106. *Apud*. THEODORO JÚNIOR, Humberto. Tutela específica das obrigações de fazer e não fazer. *Revista de Processo*, nº 105, janeiro-março 2002, p. 25.

[334] MARINONI, Luiz Guilherme. *Tutela específica: arts. 461, CPC e 84, CDC*. São Paulo: Revista dos Tribunais, 2001, p. 105-106.

[335] MARINONI, Luiz Guilherme. *Técnica processual e tutela dos direitos*. São Paulo: Revista dos Tribunais, 2004. p. 605.

[336] Vide Item 3.5.4.

Temos que o conceito ora oferecido melhor individualiza as *astreintes* no Direito brasileiro, diferenciando-as dos demais meios de coerção.

3.5. TIPOS DE OBRIGAÇÕES QUE, IMPOSTAS POR DECISÃO JUDICIAL, AUTORIZAM A UTILIZAÇÃO DAS *ASTREINTES*

Questão de imprescindível deslinde diz com os casos em que podem ser utilizadas as *astreintes*, no que tange não apenas aos requisitos expressamente previstos em lei (como, por exemplo, os tipos de obrigações que, impostas por comando judicial, permitem que este venha acompanhado da multa), mas também ao juízo de conveniência do magistrado ao fixá-la (atenção à efetividade da medida e seu objetivo).

3.5.1. Obrigações de fazer e não fazer. Obrigações de entrega de coisa

Impende salientar, de início, que a reforma que sofreu o Código de Processo Civil brasileiro no ano de 2002 (Lei 10.444) determinou uma significativa alteração na sistemática das *astreintes*, ampliando seu campo de aplicação, bem como sua forma. Antes da referida reforma, e de acordo com o § 4º do artigo 461, as *astreintes* só poderiam ser utilizadas naquelas decisões que contivessem ordem para o réu cumprir determinada obrigação de fazer ou não fazer. Tratava-se de evidente reflexo da já existente ação cominatória, constante da antiga redação do artigo 287, que previa a imposição de *astreinte* "se o autor pedir a condenação do réu a abster-se da prática de algum ato, a tolerar alguma atividade, ou a prestar fato que não possa ser realizado por terceiro".

A interpretação que o Supremo Tribunal Federal deu ao dispositivo da ação cominatória originou, inclusive, a Súmula 500 daquela Corte, determinando que *"Não cabe a ação cominatória para compelir-se o réu a cumprir obrigação de dar"*. Tão arraigada era essa concepção, que doutrinadores[337] e glosadores[338] de escol afirmaram, peremptoriamente, não caber cominação de multa nas obrigações de dar, esquecendo-se da previsão de exceção, contida na Lei 9.099/95 (Juizados Especiais), que já previa a aplicação da medida mesmo nos casos de obrigação de *entregar*, além de fazê-lo para os casos de obrigações de fazer ou de não fazer.[339]

---

[337] ASSIS, Araken de. *Manual do processo de execução*. 7ª ed. São Paulo: Ed. Rev. dos Tribunais, 2001, p. 496.

[338] "Por outras palavras, na obrigação de dar não cabe cominação de multa" (NEGRÃO, Theotonio. *Código de Processo Civil e legislação processual em vigor*. 30ª ed. São Paulo: Saraiva, 1999, p. 353).

[339] Artigo 52, inciso V, da Lei 9.099/95: "Nos casos de obrigação de entregar, de fazer, ou de não fazer, o juiz, na sentença ou na fase de execução, cominará multa diária, arbitrada de acordo com as condições econômicas do devedor, para a hipótese de inadimplemento. Não cumprida a obrigação, o credor poderá requerer a elevação

A multa fixada com base na lei dos Juizados Especiais, segundo o Enunciado nº 24, das Turmas Recursais do Brasil, deveria ser *diária* e em *valor fixo:* "A multa cominatória, em caso de obrigação de fazer ou não fazer, deve ser estabelecida em valor fixo diário".[340]

Paulo Henrique dos Santos Lucon, em interessante artigo,[341] abordou a questão da aplicação das *astreintes* nos Juizados Especiais de forma quase exaustiva. Afirmava o autor que "a grande novidade do aludido dispositivo legal em relação aos sistemas do Código de Processo Civil e do Código de Defesa do Consumidor consiste em permitir a aplicação da multa diária aos casos de obrigação de entregar".

Segundo Lucon, a multa seria aplicável tão somente nos casos de obrigação de entregar *coisa certa,*[342] não fazendo qualquer menção às obrigações de entregar *coisa incerta*, que em nenhum momento foram excluídas pela legislação especial.

Neste particular, entendemos que, com base no artigo 52, V, da Lei 9.099/95, nos Juizados Especiais a multa diária aplicava-se nas obrigações de fazer, de não fazer, e naquelas de entrega de coisa *certa* ou *incerta*, visto que o dispositivo antes referido entre estas não fez distinção.

Correta a interpretação de Lucon ao afirmar que a Súmula 500 do STF teria sua incidência afastada nos casos previstos na Lei 9.099/95. Entretanto, tal ocorre não apenas porque "o dispositivo legal em questão foi instituído em prol da efetividade do processo, integrando o sistema processual aos preceitos de direito material e aos valores sociais e políticos eleitos pela nação",[343] mas, principalmente, porque a súmula do STF decorre de interpretação do artigo 302, inciso XII, do Código de Processo Civil de 1939, tendo sido proferida em 3 de outubro de 1969,[344] mais de um quarto de século antes da publicação da Lei 9.099/95.

Interessante referir, entretanto, que pela Lei 9.099/95 havia sido conferido ao juiz do Juizado Especial um espectro de abrangência maior, no que tange à aplicabilidade das *astreintes*, do que aquele dado ao juiz comum. Tal discrepância fez com que autores como Lucon pregassem a aplicação do artigo 52, inciso V, genericamente a todas as situações em que se discutisse a entrega de coisa certa, e não apenas àquelas afeitas aos Juizados Especiais. Para o jurista, "não

---

da multa ou a transformação da condenação em perdas e danos, que o juiz de imediato arbitrará, seguindo-se a execução por quantia certa, incluída a multa vencida de obrigação de dar, quando evidenciada a malícia do devedor na execução do julgado".

[340] *Revista dos Juizados Especiais*. Porto Alegre: Departamento de Artes Gráficas do TJRS, 2001, nº 31, abril/2001.

[341] LUCON, Paulo Henrique dos Santos. Juizados especiais cíveis: aspectos polêmicos. *Revista de Processo*, nº 90, p. 186.

[342] Idem, p. 186.

[343] Idem, p. 186.

[344] Publicada no DJ 10-12-1969, p. 5.931.

há como negar o caráter geral do preceito constante do inc. V do art. 52 da Lei 9.099, de 26.09.1995, não devendo ele ficar restrito ao microssistema dos juizados especiais".[345]

Todavia, até antes da entrada em vigor da Lei 10.444/02, a única extensão da aplicação do artigo 52, V, da Lei 9.099/95, deveria ser feita aos Juizados Especiais Federais, tendo a Lei 10.259, de 12 de julho de 2001, que os instituiu, previsto expressamente a aplicação do disposto no diploma de 1995.[346] A completa ausência de previsão legal para aplicação das *astreintes* nos casos referidos no artigo 461, e a inexistência de dispositivo determinando a aplicação subsidiária da Lei 9.099/95 ao Código de Processo Civil, vedariam a interpretação proposta por Lucon.

Entretanto, era inegável o desequilíbrio entre os poderes conferidos ao juiz comum e ao do Juizado Especial no que toca à aplicação da multa, e sendo ambos os juízes togados,[347] aquele deveria dispor dos mesmos recursos deste para pressionar o réu a cumprir decisões judiciais.

Os anseios de juristas como Lucon acabaram sendo atendidos. Anteprojeto já noticiado por Athos Gusmão Carneiro, em sua obra *Da antecipação da tutela no processo civil*,[348] então em estudos pela Comissão Reformadora do CPC, tomou forma na mencionada Lei n° 10.444/02, que, dentre outras alterações na Lei Processual, acrescentou ao CPC o artigo 461-A, permitindo a aplicação da multa em ações relativas à obrigação de entregar coisa.[349]

A Lei 10.444 também alterou o artigo 287, para nele fazer constar expressamente a possibilidade de cominação de *pena pecuniária* também nas ações que tenham por objeto obrigação de entregar coisa, e o artigo 621, acrescentando-lhe parágrafo único para permitir a aplicação de multa em execução de obrigações da mesma espécie.

Note-se, ainda, que foi superada a dúvida quanto à extensão das obrigações de entrega às quais se aplicariam as *astreintes*. Como se depreende do § 1° do artigo 461-A, a multa é cabível não apenas para a tutela das obrigações de entrega de coisa *certa*, mas também de coisa *incerta*, ou "determinada pelo gênero e quantidade".

---

[345] LUCON, Paulo Henrique dos Santos. Juizados especiais cíveis: aspectos polêmicos. *Revista de Processo*, n° 90, p. 188. Ressalta o autor, entretanto, que "deve-se aguardar o pronunciamento dos tribunais delimitando a real extensão do mencionado dispositivo legal. Melhor seria alterar a redação do art. 461 do CPC pra nela incluir também as situações em que se discute obrigação para a entrega de coisa certa".

[346] "Art. 1°. São instituídos os Juizados Especiais Cíveis e Criminais da Justiça Federal, aos quais se aplica, no que não conflitar com esta lei, o disposto na Lei 9.099, de 26 de setembro de 1995."

[347] Sobre a estrutura e composição dos Juizados Especiais Cíveis, veja-se: GRINOVER, Ada Pellegrini. Do juizado de pequenas causas. Aspectos constitucionais. *Revista da AJURIS*, n° 28, julho 1983. Ano X, p. 47-57.

[348] CARNEIRO, Athos Gusmão. *Da antecipação da tutela no processo civil*. Rio de Janeiro: Forense, 1999, p. 50.

[349] Vide Item 3.1.

A lei em referência finalizou a chamada "segunda fase da reforma", precedida pelas Leis 10.352, de 26.12.2001, e 10.358, de 27.12.2001.[350] Evidentemente, restou prejudicada a Súmula 500 do STF, antes mencionada, no que tange às obrigações de entrega de coisa.

Portanto, como *regra geral*, as *astreintes* aplicam-se às decisões que impõem ao réu o cumprimento de *obrigação de* fazer, *não fazer*, e de entregar coisa *certa* ou *incerta*.

3.5.1.1. Obrigação de exibir documentos

Não obstante se tratar de obrigação de fazer, a exibição de documento ou coisa, segundo entendimento consolidado do Superior Tribunal de Justiça,[351] não pode ser objeto de coerção por meio da utilização das *astreintes*. Foi, inclusive, editada a Súmula 372 pelo STJ (Segunda Seção, julgado em 11/03/2009, DJe 30/03/2009), com a seguinte redação: "Na ação de exibição de documentos, não cabe a aplicação de multa cominatória".

De tal entendimento, todavia, não se pode concluir pela possibilidade de aplicação da presunção de confissão prevista no artigo 359 do CPC nas ações cautelares de exibição de documento ou coisa. Isso porque, diferentemente da determinação de exibição no processo de conhecimento, no processo cautelar instutuído com a mera finalidade exibitória não se tem, necessariamente, presentes os fatos que o autor pretende provar com a exibição.

Assim, a vedação da utilização das *astreintes*, combinada à inaplicabilidade da presunção de veracidade dos fatos, faz com que a busca e apreensão seja a única técnica de tutela apta à obtenção do resultado almejado pela parte interessada. Nesse sentido, veja-se recente julgado do Superior Tribunal de Justiça:

CAUTELAR DE EXIBIÇÃO DE DOCUMENTOS. ART. 359 DO CPC. NÃO APLICAÇÃO. MEDIDA ADEQUADA. BUSCA E APREENSÃO.

– No processo cautelar de exibição de documentos não há a presunção de veracidade do Art. 359 do CPC.

– Em havendo resistência do réu na apresentação dos documentos, cabe ao juiz determinar a busca e apreensão (Art. 362 do CPC) - não lhe é permitido impor multa ou presumir confissão (REsp 887.332/RS, Rel. Ministro HUMBERTO GOMES DE BARROS, TERCEIRA TURMA, julgado em 07/05/2007, DJ 28/05/2007, p. 339).

---

[350] A respeito da 2ª fase da reforma do CPC, vide WAMBIER, Luiz Rodrigues e WAMBIER, Teresa Arruda Alvim. *Breves comentários à 2ª fase da reforma do Código de Processo Civil*. São Paulo: Revista dos Tribunais, 2002.

[351] "[...] É firme a orientação desta Corte no sentido de que, nas ações cautelares de exibição de documentos, descabe a fixação de multa pecuniária pelo descumprimento da ordem de apresentação. Precedentes. [...]" (AgRg nos EDcl no Ag 942.675/SC, Rel. Ministro Fernando Gonçalves, Quarta Turma, julgado em 04/11/2008, DJe 17/11/2008).

3.5.2. Obrigação de prestar declaração de vontade

Tratamento peculiar recebe a obrigação de prestar declaração de vontade, quase sempre[352] espécie do gênero obrigação de fazer.

Marcel Fréjaville,[353] que elencou diversos exemplos de aplicação das *astreintes*, incluiu entre estes os casos em que se obriga alguém a outorgar procuração, fazer um contrato ou permitir o cancelamento de inscrição hipotecária. Tais exemplos, todos constituindo obrigações de prestar declaração de vontade, estão excluídos definitivamente do campo de aplicação da multa.

Isto porque, com a criação da ação de adjudicação compulsória, o legislador processual permitiu que a sentença transitada em julgado produzisse todos os efeitos da declaração de vontade. Vai neste sentido a lição de Humberto Theodoro Júnior:

O primeiro expediente que se manifestou como meio sub-rogatório utilizável nas execuções de obrigações de fazer foi a substituição da declaração de vontade nos compromissos de contratar pela sentença judicial. Entendia-se a princípio que a promessa de declaração de vontade compreendia obrigação de fazer infungível, já que somente o devedor tinha condições para manifestar sua própria vontade. O direito evoluiu, no entanto, para a fungibilidade, pois sem nenhum constrangimento direto e pessoal ao devedor, bastaria a lei conferir a outrem a função de declarar a vontade em lugar do devedor. E foi o que se fez ao criar-se a ação de adjudicação compulsória em que o juiz, diante da recusa do promitente a outorgar o contrato definitivo, profere sentença que o substitui e produz em favor do promissário todos os efeitos jurídicos que deveriam ser gerados pela declaração sonegada pelo devedor inadimplente.

Com a sentença do procedimento previsto nos arts. 639 a 641 do CPC,[354] o credor obtém, portanto, execução específica da obrigação de fazer contida na promessa de contratar. Por expediente diverso do contrato prometido chega-se a efeito jurídico e prático a ele equivalente.[355]

Não discordando da opinião de Humberto Theodoro Júnior, que é acompanhada unanimemente pela doutrina e pela jurisprudência, no que toca à não

---

[352] "É preciso salientar que nem toda a declaração de vontade se constitui em objeto de obrigação de fazer. [...] Na hipótese de declaração de vontade, a obrigação será de fazer, quando o adimplemento não se constituir imediatamente em atribuição patrimonial" (COUTO E SILVA, Clóvis V. do. *Obrigação como processo*. São Paulo: José Bushatsky, 1976, p.156). Salienta o autor que, noutros casos, pode ser a declaração de vontade objeto de obrigação de dar.

[353] FRÉJAVILLE, Marcel. *Astreinte – Encyclopédie Juridique Dalloz*. Tomo I, 1951. Apud. PRATA, Edson. *As "astreintes" no Direito brasileiro*. Revista Brasileira de Direito Processual. Uberaba: Ed. Forense, 1980. V.2, p. 37.

[354] "Art. 639. Se aquele que se comprometeu a concluir um contrato não cumprir a obrigação, a outra parte, sendo isso possível e não excluído pelo título, poderá obter uma sentença que produza o mesmo efeito do contrato a ser firmado". "Art. 641. Condenado o devedor a emitir declaração de vontade, a sentença, uma vez transitada em julgado, produzirá todos os efeitos da declaração não emitida". Com a entrada em vigor da Lei 11.232/05, tais dispositivos foram substituídos, respectivamente, pelos artigos 466-B e 466-A, com idêntica redação.

[355] THEODORO JÚNIOR, Humberto. Tutela específica das obrigações de fazer e não fazer. *Revista de Processo* nº 105, janeiro-março 2002, p. 25.

aplicação das *astreintes* como tutela coercitiva na execução das obrigações de declarar vontade, impende salientar, apenas, que tal não decorre, de forma alguma, da suposta *fungibilização* desta espécie de obrigação.

Ora, ninguém senão o próprio jurista antes referido afirma que a multa "pode ser cominada tanto no caso das obrigações infungíveis como das obrigações fungíveis".[356] Portanto, o fato de a obrigação de prestar declaração de vontade ser supostamente *fungível* não excluiria a aplicação das *astreintes*.

O que sucedeu com a norma do revogado artigo 641 do Código de Processo Civil brasileiro, hoje contida no artigo 466-A,[357] com idêntica redação, é que ela não tornou fungível a declaração de vontade, mas tão somente determinou que a sentença passada em julgado produz *os mesmos efeitos* da declaração de vontade não prestada. Até mesmo porque "uma coisa fungível pode ser declarada não fungível. É impossível, entretanto, atribuir a fungibilidade a coisas que, por sua natureza, são *infungíveis*".[358] Com efeito, "a lei não pode transformar o quadrado em redondo".[359]

Assim, embora precisa a afirmação de que o procedimento descrito nos revogados artigos 639 a 641 (hoje, respectivamente, artigos 466-B e 466-A) é que determina a não aplicação das *astreintes* na execução das obrigações de prestar declaração de vontade, é preferível a explicação de Sílvio Rodrigues, relembrando a contribuição de Bueno Vidigal:

> O problema que se propõe é o de saber se o inadimplemento de tal obrigação pode conduzir à execução específica ou se nenhum remédio resta à outra parte, senão reclamar perdas e danos. Isto é, quando alguém se recusa a prestar declaração a que estava obrigado, pode o juiz, através de sentença, substituir a declaração que deixou de ser externada?
>
> A resposta, em sentido afirmativo, foi dada pela primeira vez pelo art. 1.006 do Código de Processo Civil de 1939, nestes termos:
>
> *Art. 1.006. Condenado o devedor a emitir declaração de vontade, será esta havida por enunciada, logo que a sentença de condenação passe em julgado.*
>
> De acordo com tal dispositivo, recorria o legislador a uma ficção, para atingir o fim almejado. De fato, tinha por enunciada a declaração de vontade (o que é falso), quando a sentença que reconhecesse a obrigação de externá-la transitasse em julgado.
>
> Luiz Eulálio de Bueno Vidigal censurou o recurso à ficção, de que lançava mão o legislador brasileiro, segundo o modelo alemão (Código de Processo Civil alemão, § 894), pois, a seu ver, teria andado melhor se se houvesse limitado a declarar que a sentença passada em julgado produz os efeitos da declaração de vontade não prestada.

---

[356] THEODORO JÚNIOR. Op. cit., p. 24.

[357] Introduzido pela Lei 11.232/05.

[358] GOMES, Orlando. *Introdução ao direito civil*. 5ª ed. Rio de Janeiro: Forense, 1977, V. 1, p. 247.

[359] STF (RTJ 45/564) – GOMES, Fábio. *Carência de ação: doutrina, comentários ao CPC, análise da jurisprudência*. São Paulo: Revista dos Tribunais, 1999, p. 63.

A sugestão do eminente professor paulista foi acolhida pelo novo Código, cujo art. 641, equivalente ao 1.006, acima transcrito, dispõe [...].[360]

Por fim, cumpre responder a uma última indagação: se o artigo 466-A exige o trânsito em julgado da sentença para que se produzam os efeitos da declaração não emitida, seria necessária a utilização das *astreintes* para a obtenção da declaração, pelo próprio réu, em sede antecipatória da tutela?

A resposta há de ser negativa.

Nas hipóteses dos artigos 466-A e 466-B está-se diante de técnica de tutela executiva, visto que "condena-se e executa-se na mesma relação processual".[361] Como registra Daniel Francisco Mitidiero, o reconhecimento da eficácia executiva da sentença de que tratam os dispositivos acima referidos é tema controvertido na doutrina nacional e estrangeira. Porém, "não lhe reconhecer essa eficácia pode causar embaraços consideráveis à doutrina".[362] Logo, como na utilização de tal técnica de tutela nenhum comportamento específico se espera do réu, sentido não há no exercício de coerção através de multa periódica.

Além disso, o juiz, ao proferir sentença na ação dos artigos 466-A e 466-B, não concede a tutela específica ao autor (que seria a declaração do próprio réu), mas, sim, outorga *resultado prático equivalente* àquela, consubstanciado no provimento jurisdicional. Por essa razão, lhe é autorizada a antecipação da tutela, nos termos do artigo 461, § 3°, para que, liminarmente, profira decisão em prol do autor. Não há qualquer interesse ou necessidade na busca da declaração pessoal do demandado.

Diga-se, de passagem, que sequer é crível imaginar que o demandante, tendo à disposição o procedimento dos artigos 461, § 5°, 466-A e 466-B, vá requerer em juízo a intimação do réu para que preste declaração de vontade sob pena de multa.[363]

3.5.2.1. A outorga de escritura e a utilização das astreintes

Não obstante as considerações feitas no item precedente, no sentido do descabimento da utilização da *astreinte* como técnica de coerção das obrigações de

---

[360] RODRIGUES, Sílvio. *Direito civil.* 23ª ed. São Paulo: Saraiva, 1995, v. 2, p. 41/42.

[361] SILVA, Ovídio Araújo Baptista da. *Curso de processo civil.* 3ª ed. São Paulo: Rev. dos Tribunais, 1998, vol. II, p. 144.

[362] MITIDIERO, Daniel. In ALVARO DE OLIVEIRA, Carlos Alberto (coord.). *A nova execução.* Rio de Janeiro: Forense, 2006. p. 17. Como demonstra o autor, a eficácia executiva da sentença de que tratavam os artigos 639 e 641 e que hoje tratam os artigos 466-A e 466-B do CPC é sustentada por PONTES DE MIRANDA, OVÍDIO ARAÚJO BAPTISTA DA SILVA, TEORI ALBINO ZAVASCKI, JOSÉ CARLOS BARBOSA MOREIRA e ARAKEN DE ASSIS.

[363] Nesse sentido, e fazendo menção ao posicionamento que adotamos na primeira edição desta obra, veja-se DANIEL MITIDIERO, In ALVARO DE OLIVEIRA, Carlos Alberto (coord.). *A nova execução.* Rio de Janeiro: Forense, 2006. p. 21.

declarar vontade, interessante situação se verifica, no campo jurisprudencial, no que toca à obrigação de outorga de escritura de compra e venda de imóvel.

Inegavelmente, o revogado artigo 639 sempre teve sua maior aplicabilidade justamente às hipóteses de inadimplemento de contratos preliminares e, mais especificamente, de promessas de compra e venda de imóveis. Basta constatar as alusões invariavelmente feitas pela doutrina àquelas espécies de negócio jurídico quando da análise do referido dispositivo legal,[364] bem como os inúmeros julgados vinculando este à promessa de compra e venda de imóveis.[365] O mesmo continua valendo para o novel artigo 466-B.

Diante disso, natural seria a conclusão de que o inadimplemento de contrato de promessa de compra e venda de imóvel seria resolvido pura e simplesmente com a técnica de tutela prevista no revogado artigo 639 (hoje artigo 466-B), técnica esta eminentemente executiva e que, portanto, prescinde da vontade do demandado para produzir efeitos concretos. Não outorgando o réu escritura pública transferindo a propriedade ao autor, este a obterá independentemente da contribuição do demandado com o simples trânsito em julgado da sentença de procedência ou, até mesmo, presente alguma das hipóteses do artigo 273, em sede de antecipação da tutela executiva.

No entanto, se olharmos para a forma como a referida matéria vem sendo tratada pela jurisprudência, constataremos que há muito as *astreintes* têm sido utilizadas para a coerção de obrigações de declarar vontade, quando estas dizem respeito justamente à obrigação de outorga de escritura definitiva para a transferência da propriedade de bens imóveis. Nesse sentido, já decidiu o Superior Tribunal de Justiça que "não há impossibilidade jurídica de pedido cominatório para outorga de escritura definitiva de imóvel quitado".[366] Faria sentido a utiliza-

---

[364] Por todos, veja-se PONTES DE MIRANDA (*Comentários ao Código de Processo Civil*. Rio de Janeiro: Forense, 1976. T. X. p. 119) e ALCIDES DE MENDONÇA LIMA (*Comentários ao Código de Processo Civil*. Rio de Janeiro: Forense, 1974. V. VI, T. II. p. 758).

[365] No Supremo Tribunal Federal, veja-se o RE 108548, Relator(a): Min. CARLOS MADEIRA, SEGUNDA TURMA, julgado em 30/05/1986, DJ 27-06-1986 PP-11621 EMENT VOL-01425-04 PP-00684. Já no Superior Tribunal de Justiça, veja-se o REsp 306.012/RJ, Rel. Ministro BARROS MONTEIRO, QUARTA TURMA, julgado em 10/09/2002, DJ 17/03/2003, p. 234.

[366] EDcl no Ag 541.589/RS, Rel. Ministro FERNANDO GONÇALVES, QUARTA TURMA, julgado em 07/12/2004, DJ 01/02/2005, p. 566. No mesmo sentido, REsp 756.525/DF, Rel. Ministra DENISE ARRUDA, PRIMEIRA TURMA, julgado em 04/09/2007, DJ 11/10/2007 p. 294 e REsp 493937/DF, Rel. Ministro CARLOS ALBERTO MENEZES DIREITO, TERCEIRA TURMA, julgado em 04/09/2003, DJ 28/10/2003 p. 285. No Tribunal de Justiça do Estado do Rio Grande do Sul, veja-se o acórdão proferido na Apelação Cível Nº 70018138735, Décima Oitava Câmara Cível, Tribunal de Justiça do RS, Relator: Mario Rocha Lopes Filho, Julgado em 28/06/2007, assim ementado: "APELAÇÃO CÍVEL. CUMPRIMENTO DE OBRIGAÇÃO DE FAZER. OUTORGA DE ESCRITURA PÚBLICA. IMÓVEL TRANSFERIDO POR MANDATÁRIO COM AMPLOS PODERES. Incumbe aos promitentes-vendedores outorgar a escritura pública de transferência definitiva da propriedade de bem imóvel, quando implementadas todas as condições do contrato pela promitente-compradora, em especial, o adimplemento do preço. O fato de o mandatário ter agido ou não de boa-fé na pactuação de promessa de compra e venda, em declarar a inexistência de débitos vinculados ao imóvel, não pode alcançar terceiro de boa-fé, na medida em que possuía amplos poderes para transigir e, inclusive, dar quitação. Eventuais prejuízos devem ser dirimidos entre os demandados e o mandatário. Assim, cabível a sujeição

ção de técnica coercitiva diante da técnica de tutela executiva muito mais efetiva prevista nos artigos 466-A e 466-B?

Em nosso sentir, é necessário dissecar o problema para resolvê-lo, e o fazemos ao reconhecer que há três hipóteses distintas em que a questão emergirá, sendo a resposta acerca do cabimento ou não das *astreintes*, em cada uma delas, substancialmente diferente.

A primeira hipótese é aquela na qual só depende da vontade do réu a obtenção da escritura definitiva do imóvel. Não há exigências específicas (fiscais, registrais etc.) ou de terceiros (por exemplo, credores hipotecários) que impeçam a outorga da escritura, faltando-lhe apenas e tão somente a vontade do réu. A segunda hipótese é aquela na qual a outorga de escritura, ou a outorga da escritura sem quaisquer ônus, não depende apenas do réu, mas também de terceiro que, no entanto, pode ter a necessidade de sua anuência substituída ou mesmo suprimida pela declaração judicial. Exemplo típico é o da Súmula 308 do Superior Tribunal de Justiça, segundo a qual "a hipoteca firmada entre a construtora e o agente financeiro, anterior ou posterior à celebração da promessa de compra e venda, não tem eficácia perante os adquirentes do imóvel".[367] Uma terceira e última hipótese seria aquela na qual não depende apenas da vontade do réu a outorga da escritura ou ainda a outorga da escritura sem ônus, mas também de terceiros cuja relação jurídica se dá exclusivamente com o demandado, não havendo, no entanto, possibilidade de suprimir ou substituir a declaração de vontade por decisão judicial (ex.: necessidade de pagamento, pelo demandado, de débitos fiscais para concessão de certidão negativa).

Na primeira hipótese, parece-nos de todo inadequada a utilização de multa coercitiva contra o réu, na medida em que a sentença (ou mesmo a decisão antecipatória da tutela) produz, na forma do artigo 466-B, os mesmos efeitos do contrato a ser firmado e que antes dependia exclusivamente da vontade do réu. Ressai de forma clara a desnecessidade da medida coercitiva, diante de meio de técnica de tutela jurisdicional mais efetiva e especificamente prevista para tal situação.

Já na segunda hipótese, podem-se prever dois desdobramentos. Se o comprador do imóvel mover ação não apenas contra o vendedor (na hipótese da Súmula 308 do STJ, construtor do imóvel), mas também contra o terceiro cuja

---

dos demandados em imposição de multa diária para compelir ao cumprimento de obrigação de fazer. Apelação desprovida. Unânime."

[367] SEGUNDA SEÇÃO, julgado em 30/03/2005, DJ 25/04/2005, p. 384. Veja-se também substancioso voto proferido pelo então Desembargador do Tribunal de Justiça do Estado do Rio Grande do Sul, Carlos Alberto Alvaro de Oliveira, no acórdão em apelação cível assim ementado: Falência. Pedido de alvará para registro de escritura, livre de ônus hipotecário. Conhecimento do recurso. Fungibilidade. Incidência do princípio da boa-fé contratual em contratos firmados entre promitente comprador e incorporador. Falência decretada após a quitação do contrato. Crédito hipotecário que deverá ser habilitado na falência. Recurso a que se nega provimento (Apelação Cível nº 70000999680, Sexta Câmara Cível, Tribunal de Justiça do RS, Relator: Carlos Alberto Alvaro de Oliveira, Julgado em 16/08/2000).

relação jurídica com o vendedor será afetada de alguma forma (por exemplo, contra o credor hipotecário, por força do pedido de declaração de ineficácia da garantia hipotecária, também na hipótese da Súmula 308 do STJ), então não se mostrará necessária ou adequada a utilização das *astreintes*, visto que a coisa julgada, considerada *res inter alios,* poderá atingir o credor hipotecário que integra o polo passivo da demanda. Nessa hipótese, a sentença terá eficácia executiva, na medida em que suprirá a vontade do réu vendedor do imóvel, bem como eficácia declaratória, na medida em que reconhecerá a ineficácia da garantia hipotecária contra o adquirente do imóvel e autor da ação.

No entanto, podemos imaginar um outro desdobramento da mesma hipótese. Se, ao ajuizar a demanda, o comprador inserir no polo passivo tão somente o vendedor, deixando de fora terceiro do qual também dependa a outorga da escritura, então a técnica de tutela prevista nos artigos 466-A e 466-B não se mostrará suficiente para a obtenção da escritura com a extinção dos ônus incidentes sobre o imóvel, na medida em que não bastará suprir a vontade do réu, sendo necessária a produção de efeitos contra terceiros, o que não se mostrará possível por não terem estes participado do processo. Nesse caso, diante da insuficiência da técnica prevista nos artigos 466-A e 466-B, entendemos admissível a utilização das *astreintes* para determinar ao réu que outorgue escritura definitiva do imóvel livre de ônus, sendo que tal prestação final dependerá de outra(s) que o réu porventura terá de adotar perante terceiros, e que não depende(m) de mera declaração de vontade. É claro que se o pedido for somente de outorga da escritura, independentemente da manutenção do ônus hipotecário, então retornaríamos à primeira hipótese analisada neste item, mostrando-se desnecessária a utilização da *astreinte* ou de qualquer outro meio de coerção do réu.[368]

Por fim, tem-se a terceira hipótese, na qual não depende apenas da vontade do réu a outorga da escritura ou da escritura sem ônus, mas também de terceiros cuja relação jurídica se dá exclusivamente com o demandado, não havendo regra jurídica que permita ao autor o afastamento da necessidade de anuência dos terceiros (ex.: dívidas fiscais que recaiam sobre o imóvel, determinadas exigências do registro de imóveis como reunião, abertura ou cancelamento de matrículas etc.). Nesse caso, a utilização das *astreintes* mostra-se adequada, diante da impossibilidade de obtenção da tutela específica com o mero suprimento da declaração de vontade do réu.

É preciso ponderar, no entanto, que o réu poderá demonstrar a *impossibilidade fática* de obtenção da declaração de vontade de terceiros, seja por recusa ilegítima destes (imagine-se o credor hipotecário que, mesmo tendo satisfeito o seu crédito, recusa-se a fornecer a documentação necessária para a baixa do gravame hipotecário), seja por impossibilidade absoluta de cumprimento da obrigação (ex.: réu destituído de patrimônio para quitar o débito que gera o ônus

---

[368] É que, neste caso, por força do direito de sequela, previsto no artigo 1.419 do Código Civil, as dívidas acompanham o bem dado em garantia e transferido a terceiro, sem prejuízo, portanto, para este último.

As *Astreintes* e o Processo Civil Brasileiro

hipotecário). Em tais casos, não se pode permitir a incidência das *astreintes*, visto que estas assumiriam nítido caráter punitivo, diante da impossibilidade de cumprimento específico da obrigação pelo réu.

Sopesando as soluções acima indicadas, denota-se que elas se encaixam com perfeição na regra geral de que somente haverá sentido na utilização das *astreintes* quando a técnica de tutela mais efetiva for a mandamental, ou seja, quando for necessário ordenar a alguém que faça ou deixe de fazer algo. Em havendo técnica muito mais simples, direta e econômica que alcance ao autor idêntico resultado – como é o caso da técnica prevista nos artigos 466-A e 466-B –, não haverá sentido na utilização da técnica de tutela mandamental.

É preciso ressaltar, no entanto, o cuidado que se deve adotar na imposição de multa periódica para o cumprimento de obrigações que não dependam apenas do réu, mas de terceiros que com este guardem relação. Pelo menos duas ordens de preocupação podem ser apontadas.

Primeiramente, em diversas passagens da presente obra procuramos demonstrar que as *astreintes* não devem incidir quando a obrigação se mostrar de impossível cumprimento pelo devedor. Pois bem: imaginemos que não se trate de hipoteca contratada entre a construtora e o agente financiador, mas, sim, hipoteca comum entre particulares. Imaginemos que, por conta da impossibilidade de impor qualquer decisão ao credor hipotecário, o autor obtenha decisão judicial determinando ao réu que, sob pena de multa periódica, lhe outorgue escritura definitiva do imóvel sem quaisquer ônus pendentes sobre este último, compromisso este assumido contratualmente pelo demandado. Imaginemos, no entanto, que o réu não possua patrimônio apto a quitar a dívida garantida pelo hipoteca. *Quid juris?*

Ora, parece claro que a obrigação se tornou momentaneamente impossível, e neste caso a multa incidiria como punição ao demandado, e não mais como mecanismo coercitivo. Daí, portanto, a sua inadequação e, portanto, inaplicabilidade para o caso concreto.[369]

Outra preocupação diz respeito àquelas situações em que o réu, muito embora cumprindo tudo que dele se poderia exigir para o atingimento da obrigação de fazer, não conta com a colaboração de terceiros que, por deliberalidade do autor, não compõem o polo passivo da lide. Assim, imaginemos a recusa do INSS em expedir certidão negativa mesmo após o devido pagamento do tributo, ou a recusa do credor hipotecário em levantar a hipoteca ainda que tenha o réu quitado a sua dívida.

---

[369] Veja-se também, a este respeito, o que escrevemos em nossos comentários ao artigo 475-J do CPC, in ALVARO DE OLIVEIRA, Carlos Alberto (coord.). *A nova execução*. Rio de Janeiro: Forense, 2006. p. 124-126, bem como a honrosa crítica de ATHOS GUSMÃO CARNEIRO em *O princípio sententia habet paratam executionem e a multa do artigo 475-J do CPC*. Publicado no *site* do Instituto Brasileiro de Direito Processual Civil. Disponível em www.direitoprocessual.org.br. Acesso em 2 de fevereiro de 2009.

Não fazendo parte da relação processual, não podem estes terceiros ter contra si expedidas ordens judiciais que possam interferir em suas esferas jurídicas. Por outro lado, o réu, não obstante o seu máximo empenho – até o limite do possível, diga-se – é incapaz de atender à determinação judicial contra ele imposta. Em tal situação, é preciso reconhecer, igualmente, a inaplicabilidade das *astreintes*, o que não significa dizer que não possa o réu vir a ser condenado por perdas e danos decorrentes do atraso no cumprimento da obrigação originalmente pactuada. Uma vez mais, a imposição de multa periódica contra alguém que nada pode fazer para obstar a sua incidência transformaria as *astreintes* em técnica de caráter punitivo, com o agravante de não sofrer limitação de qualquer espécie.

Em interessante precedente, a Quarta Turma do Superior Tribunal de Justiça, por maioria, com base no voto do Ministro Ruy Rosado de Aguiar, manteve acórdão que afastara multa diária imposta ao vendedor de imóvel, tendo uma das razões sido justamente a dependência de atos a serem praticados por terceiros. Lê-se, na ementa, "que o ato somente poderá ser praticado depois de vencidas as circunstâncias jurídicas de difícil desenlace, a depender de providências judiciais e de cancelamento de registro, com nova redistribuição da área da garagem",[370] pelo que restou mantido o afastamento da imposição de multa.

Não se pretende, com tais considerações e ressalvas, diminuir o importante papel das *astreintes* na tutela das obrigações de fazer, mas, isto sim, colocar aquela medida em seu leito natural, reconhecendo-lhe o caráter coercitivo e acessório e, ao mesmo tempo, expurgando qualquer cunho punitivo que se venha a tentar lhe atribuir.

3.5.3. Obrigações de fazer fungíveis e infungíveis

As obrigações de fazer, segundo o saudoso Clóvis do Couto e Silva, relacionam-se a trabalho ou serviço determinado. Para o jurista em comento, "poder-se-ia definir a obrigação de fazer, segundo Kunkel, como toda aquela em que a prestação consistisse numa atividade, inclusive na atividade necessária para que alguém desse algo".[371]

---

[370] REsp 223.782/RJ, Rel. Ministro CESAR ASFOR ROCHA, Rel. p/ Acórdão Ministro RUY ROSADO DE AGUIAR, QUARTA TURMA, julgado em 20/02/2001, DJ 28/05/2001 p. 162. O acórdão revela, com detalhes, as dificuldades encontradas para o cumprimento da obrigação de fazer. Veja-se trecho do voto do Min. Ruy Rosado de Aguiar, relator para o acórdão: "É que, devido ao emaranhado das situações, possivelmente muito tempo ainda fluirá antes de serem alcançadas as condições para tal escritura: em primeiro lugar, depende do registro de uma nova divisão da área da garagem, que deixará de ter 18 vagas, para voltar a apenas 8; depois, será preciso que tal escritura pública seja precedida de autorização judicial no inventário da ré Maria Schmidt Carneiro, se ainda não terminou pois entre os herdeiros há uma interdita; duas das vagas pertencentes à ré Maria já foram alienadas em hasta pública, sendo preciso compor esses interesses com a execução da sentença, para que seja escriturada a vaga do autor, com 20 m²".

[371] COUTO E SILVA, Clóvis V. do. *A obrigação como processo*. São Paulo: José Bushatsky, 1976, p. 157.

Entretanto, é preciso que, previamente, se faça uma diferenciação sobre a fungibilidade das obrigações. Com efeito, o fazer, assim como as coisas (artigo 85 do Código Civil), pode ser fungível ou infungível. Segundo Orlando Gomes:

> A noção de fungibilidade estende-se ao objeto das *obrigações de fazer*. A *prestação* pode consistir, realmente, em *serviço fungível*, ou não. Serviço fungível é o que pode ser prestado por outra pessoa que não o devedor. O credor tem a faculdade de mandar executá-lo por substituto, às exigências da outra parte. Serviço não-fungível, o que se contrata *intuitu personae*, isto é, em atenção às qualidades pessoais do devedor. Sua execução por terceiro ou é impossível ou desinteressante ao credor. A distinção interessa no que concerne ao cumprimento das obrigações.[372]

Na definição de Maria Helena Diniz, "ter-se-á obrigação de fazer infungível se consistir seu objeto num *facere* que só poderá, ante a natureza da prestação ou por disposição contratual, ser executado pelo próprio devedor, sendo, portanto, *intuitu personae*, uma vez que se levam em conta as qualidades pessoais do obrigado".[373]

Já a obrigação de fazer fungível o será sempre que "a prestação do ato puder ser realizada indiferentemente tanto pelo devedor como por terceiro, [...]".[374]

Por essa razão, as obrigações de *não* fazer são naturalmente *infungíveis*. Não há, obviamente, como alguém *deixar de fazer* algo por outrem.[375]

Restando clara a diferença entre obrigações de fazer fungíveis e infungíveis, há ainda que se diferenciar aquelas obrigações cuja infungibilidade decorre de sua própria natureza, ou de convenção das partes. Isso porque há dissonância doutrinária, conforme será visto a seguir, quanto à possibilidade de utilização das *astreintes* nos casos em que é possível a utilização de meios de sub-rogação.

Para Humberto Theodoro Júnior, a obrigação de fazer, além de poder ser fungível, pode ser *materialmente infungível* ou *apenas juridicamente infungível*.[376] A obrigação apenas juridicamente infungível seria, segundo o jurista mineiro, representada pela obrigação de declaração de vontade, enquanto a materialmente infungível decorreria do *intuitu personae* de que se revestiria a avença entre as partes, que deu origem à relação obrigacional.

---

[372] GOMES, Orlando. *Introdução ao direito civil*. 5ª ed. Rio de Janeiro: Forense, 1977, V. 1, p. 248.

[373] DINIZ, Maria Helena. *Código Civil anotado*. 3ª ed. São Paulo: Saraiva, 1997, aumentada e atualizada, p. 659.

[374] Idem, p. 661.

[375] Neste sentido, a lição de BARBOSA MOREIRA: "Por isso, não vemos a necessidade, suposta por ADA PELLEGRINI GRINOVER, [...] de `tomar *cum grano salis* a afirmação corrente de que as obrigações de não fazer seriam sempre infungíveis'. A afirmação é exatíssima: não a infirma, nem a restringe, o possível nascimento de obrigação *de fazer* (esta, com prestação fungível) em consequência do descumprimento da obrigação de abster-se. São duas situações inconfundíveis, embora o Código de Processo Civil adote a rubrica `Da obrigação de não fazer' para a seção composta dos arts. 642 e 643, ambos concernentes, na verdade, à obrigação de *desfazer* o que é um *facere*" (MOREIRA, José Carlos Barbosa. A sentença mandamental – Da Alemanha ao Brasil. *RDR* nº 14 – maio/agosto 1999, p. 40).

[376] THEODORO JÚNIOR, Humberto. *Curso de direito processual civil*. Rio de Janeiro: Forense, 1998. V. II, p. 161/162.

Araken de Assis distingue a infungibilidade que decorre das *aptidões pessoais do obrigado*[377]da que resulta de *avença*. Segundo o processualista, aquelas poderiam ser executadas por meios sub-rogatórios, sendo que "o obrigado não responde pelas imperfeições da obra do terceiro, conforme acentua o art. 636, *caput*".[378] Já no caso de infungibilidade por *avença*, "impossível se afigura a sub--rogabilidade, porque interferiria no âmbito auto-regramento de vontades".[379]

Todavia, entendemos que se a distinção guarda relevância no que tange à natureza ou origem da infungibilidade, não haverá qualquer diferença de tratamento no tocante à possibilidade de utilização de meios sub-rogatórios. Em ambos os casos, sendo de interesse do autor (credor), viável se mostra a execução por sub-rogação.

Isso porque a infungibilidade aproveita apenas o credor. Tal já era a lição clara do artigo 878 do Código Civil de 1916, *verbis*: "Na obrigação de fazer, o credor não é obrigado a aceitar de terceiro a prestação, quando for convencionado que o devedor a faça pessoalmente". Ou seja, *o credor não é obrigado*, mas, logicamente, *poderá* aceitar de terceiro a execução da obrigação, às custas do devedor, caso este se mostre inadimplente. O referido dispositivo não encontra correspondente no atual Código Civil. No entanto, temos que no artigo 249[380] deste último diploma legal, que repete a lição do artigo 881 do Código Civil de 1916, encontra-se fundamento para sustentar a manutenção do entendimento ora esposado.

Veja-se, a propósito, a lição de Teori Albino Zavascki:

> A infungibilidade é estabelecida em favor do credor. Há situações, com efeito, em que a pessoalidade decorre de cláusula contratual, embora, materialmente, a prestação possa ser executada por terceiro. O credor, neste caso, não está *obrigado* a aceitar a prestação vinda de terceiro, mas, em caso de inadimplemento, poderá optar pela faculdade do art. 634, sem que a isso possa se opor o devedor, Em outras palavras, a obrigação que exclui a alternativa da prestação por terceiro (e que pode levar à solução prevista no art. 638) é aquela estabelecida *intuitu personae*, em que o *facere* produzirá um resultado peculiar e inconfundível, com características individualizadoras marcadas pelas aptidões, ou pela fama, ou pela técnica, ou por outro predicativo pessoal do devedor.[381]

Corrobora tal entendimento Luiz Fux, ao afirmar:

> As "obrigações de fazer com prestação infungível", diversamente das anteriores, são contraídas não em função do resultado que se pretende, senão em face das qualidades pes-

---

[377] ASSIS, Araken de. *Manual do processo de execução*. 7ª ed. São Paulo: Ed. Rev. dos Tribunais, 2001, p. 456.

[378] Idem.

[379] Idem.

[380] "Art. 249. Se o fato puder ser executado por terceiro, será livre ao credor mandá-lo executar à custa do devedor, havendo recusa ou mora deste, sem prejuízo da indenização cabível."

[381] ZAVASCKI, Teori Albino. *Comentários ao Código de Processo Civil*. São Paulo: Revista dos Tribunais, 2000. V. 8, p. 480.

soais do devedor. Assume, portanto, relevo, a colaboração do devedor. Nesta modalidade o resultado, *em princípio*, não pode ser obtido pela realização da prestação por terceiro posto que o vínculo assentou-se na *intuitu personae*. Afirmou-se, *em princípio*, porque a infungibilidade é disponível pelo credor, no sentido de que ele pode substituir o devedor se assim o desejar.[382]

As situações em que será *impossível* a sub-rogação, portanto, são muito mais raras do que sustenta Araken de Assis, e estão adstritas àquelas situações em que, pela natureza da obrigação ou por determinadas qualidades do devedor, mostra-se impossível a obtenção até mesmo de resultado prático equivalente através da sub-rogação. Como exemplo, podemos citar a obrigação de determinado atleta vencedor de uma competição comparecer a programa de entrevistas para narrar sua conquista (ora, impossível substituí-lo por outro, que não vivenciou o mesmo que o obrigado original), ou, ainda, a obrigação de fornecimento de determinada tecnologia detida exclusivamente por uma determinada empresa, inexistindo equivalentes no mercado.[383]

Descarta-se do rol de obrigações infungíveis insusceptíveis de sub-rogabilidade, por exemplo, o caso "do pintor famoso que se obrigou a fazer um quadro ou um mural".[384] Segundo Humberto Theodoro Júnior, neste caso "não há possibilidade de a obra ser realizada por outrem".[385] Nesse particular, razão assiste a Araken de Assis, para quem "se alguém convenciona a pintura de uma natureza morta e o artista se recusa a entregá-la no prazo e forma combinados, nada veda obtenha idêntico proveito através da tela de outro mestre do pincel e da paleta".

Note-se que a diferença deste último exemplo, para os apresentados no parágrafo anterior, está justamente no objeto da obrigação e na possibilidade de satisfazer o interesse do credor, ainda que por resultado meramente *equivalente* ao originariamente contratado. Ora, mesmo que quisesse o credor, nenhum terceiro poderia lhe prestar as obrigações referidas nos primeiros exemplos (entrevista ou fornecimento de tecnologia exclusiva). Já *uma* pintura de natureza morta pode ser feita por qualquer artista plástico. Diferente seria se estivesse o credor erigindo um museu em homenagem a determinado artista plástico, e contratasse junto a

---

[382] FUX, Luiz. *Curso de direito processual civil*. Rio de Janeiro: Forense, 2001, p. 485.

[383] Na primeira edição desta obra, trazíamos o exemplo da obrigação de empresa de telefonia disponibilizar serviço telefônico para determinado terminal (com o correspondente número telefônico) que havia sido por ela desligado, sendo que não haveria como outra empresa fazê-lo, visto que somente a obrigada original dispõe do acesso ao terminal e àquela terminação numérica. Ocorre que, a partir de 1º de março de 2009, e em função da Resolução nº 460, de 19 de março de 2007, da Agência Nacional de Telecomunicações - ANATEL, todo o Brasil passou a estar coberto pela chamada "portabilidade numérica", que vem a ser *"a facilidade que possibilita ao cliente de serviços de telefonia fixa e móvel manter o número do telefone (código de acesso) a ele designado, independentemente da operadora do serviço a que esteja vinculado"* (fonte: http://www.anatel.gov.br. Acesso em 28 de março de 2009).

[384] THEODORO JÚNIOR, Humberto. *Curso de direito processual civil*. Rio de Janeiro: Forense, 1998. V. II, p. 165.

[385] Idem.

este a pintura de um quadro. Neste caso, sim, de nada adiantaria a pintura de um terceiro, que ficaria deslocada no contexto do museu.

Concluímos, assim, que o autor (credor) será sempre o melhor juiz no que tange à possibilidade de sub-rogação para o cumprimento de obrigação infungível, visto que tal característica somente àquele aproveita. Haverá casos em que impossível será a sub-rogação, e outros em que ela se mostrará viável, mesmo diante da infungibilidade.

Feita essa ressalva, cumpre salientar que o artigo 461 se aplica, indiscriminadamente, às ações que visem ao cumprimento de obrigações de fazer e não fazer, não distinguindo entre obrigações fungíveis ou infungíveis. Não obstante, em face da possibilidade de utilização de meios sub-rogatórios para a obtenção do cumprimento de obrigação de fazer *fungível*, e até mesmo de boa parte das obrigações infungíveis (como visto acima), discute-se na doutrina a aplicabilidade da multa nas ações em que se visa ao cumprimento deste último tipo de obrigação.

Carmona, ao comentar a reforma sofrida pelo Código Processual pela promulgação da Lei 8.953/94, afirmou peremptoriamente:

> [...] reservaram-se as *astreintes* – a meu ver – apenas para as obrigações de fazer e não fazer infungíveis, onde a multa teria o condão de pressionar o devedor para que a obrigação fosse cumprida, sendo certo que o Estado, em tais hipóteses, não consegue substituir a vontade do inadimplente no plano dos fatos: se o devedor recusar-se a cumprir a obrigação, fracassa a tentativa de execução específica, sendo de rigor a conversão em perdas e danos.[386]

A posição sustentada por Carmona, entretanto, vai de encontro à grande parte da doutrina nacional, que admite pacificamente a aplicação das *astreintes*, tanto nos casos de obrigação fungível quanto infungível.

Com efeito, "embora a multa assuma especial relevância na tutela de deveres infungíveis, é cabível também sua cominação para o cumprimento de deveres de fazer fungíveis".[387]

Barbosa Moreira, ao definir o campo de aplicação dos meios de coerção e, especificamente, da multa diária, salienta:

> O campo de aplicação por excelência dos meios de coerção é o das obrigações com prestação *infungível*. [...] A lei, entretanto, não restringe aos casos acima indicados a admissibilidade dos meios de coerção. [...] são eles eventualmente utilizáveis, não havendo outra solução, em qualquer hipótese de obrigação de fazer (com prestação fungível ou infungível), ou de obrigação de não fazer. Ficam excluídas as obrigações de dar [...] A despeito da

---

[386] CARMONA, Carlos Alberto. *O processo de execução depois da reforma.* Revista Forense, Vol. 333, p. 44. No mesmo sentido, SANTOS, Ernane Fidélis. *Novos perfis do processo civil brasileiro.* Belo Horizonte: Del Rey, 1996, p. 77.

[387] TALAMINI, Eduardo. *Tutela relativa aos deveres de fazer e de não fazer: CPC, art. 461; CDC, art. 84.* São Paulo: Revista dos Tribunais, 2001, p. 239.

dicção ampla do texto, contudo, parece-nos que devem excluir igualmente as obrigações de emitir declaração de vontade, [...].[388]

Como demonstra Eduardo Talamini, diversos outros juristas de escol, dentre eles Cândido Rangel Dinamarco,[389] Ada Pellegrini Grinover,[390] Araken de Assis[391] e Marcelo Lima Guerra,[392] sustentam a aplicabilidade das *astreintes* tanto para obrigações de fazer fungíveis quanto infungíveis.

A jurisprudência do STJ já se manifestou nesse sentido: "Conquanto se cuide de obrigação de fazer fungível, ao autor é facultado pleitear a cominação de pena pecuniária. Inteligência dos arts. 287 e 644 do CPC".[393] Hoje, a matéria é pacífica no âmbito da Corte, sendo considerada cabível "a cominação de multa diária (*astreintes*) como meio executivo para cumprimento de obrigação de fazer (fungível ou infungível) ou entregar coisa".[394] Assim, o fato de determinada obrigação poder ser cumprida por terceiro, que não o próprio devedor, não afasta a possibilidade de aplicação da multa diária como meio de coerção.

Nesse particular, correta a assertiva de Guerra a respeito das *astreintes* francesas, que pode ser transposta para a multa do artigo 461, de natureza semelhante àquelas. Para Guerra, repercutindo lição de François Chabas, "a *astreinte* não tem um caráter subsidiário, no sentido de consistir num mecanismo de que só se poderia lançar mão quando falhassem os meios executivos propriamente ditos".[395]

Com efeito, a *astreinte* é acessória, porém não subsidiária.[396] Não há nada que lhe atribua esta última característica; muito pelo contrário: uma interpretação sistemática[397] das regras e princípios do Processo Civil brasileiro indica justamente o contrário. Senão, vejamos.

---

[388] MOREIRA, José Carlos Barbosa. *O novo processo civil brasileiro: exposição sistemática do procedimento.* 22ª ed. rev. e atual. Rio de Janeiro: Forense, 2002, p. 218-219. A menção à inaplicabilidade das *astreintes* às obrigações de dar deve-se ao fato de que o texto é anterior à edição da Lei 10.444/02, a qual prevê a possibilidade de aplicação da multa para a tutela das obrigações de entrega de coisa.

[389] DINAMARCO, Cândido Rangel. *A reforma do Código de Processo Civil.* 2ª ed. São Paulo: Malheiros, 1995, p. 154.

[390] GRINOVER, Ada Pellegrini. Tutela jurisdicional nas obrigações de fazer e não fazer. *Revista de Processo*, nº 79, 1995, p. 70.

[391] ASSIS, Araken de. Reforma do processo executivo. *Revista Direito e Justiça*, v. 17 – Anos XVII e XVIII (1995-1996), p. 149/150.

[392] GUERRA, Marcelo Lima. *Execução indireta.* São Paulo: Revista dos Tribunais, 1998, p. 164.

[393] RSTJ 25/389.

[394] REsp 893.041/RS, Rel. Ministro TEORI ALBINO ZAVASCKI, PRIMEIRA TURMA, julgado em 05/12/2006, DJ 14/12/2006, p. 329.

[395] GUERRA. Op. cit., p. 128.

[396] Em sentido contrário, afirmando ter a multa caráter subsidiário quando aplicada em face de obrigações de prestação fungível, ASSIS, Araken de. *Manual do processo de execução.* 7ª ed. São Paulo: Rev. dos Tribunais, 2001, p. 496.

[397] CANARIS, Claus-Wilhelm. *Pensamento sistemático e conceito de sistema na ciência do direito.* 2ª ed. Lisboa: Calouste Gulbenkian, 1996.

A provável razão pela qual alguns doutrinadores entendiam não serem as *astreintes* aplicáveis às obrigações fungíveis era o artigo 287, que ao tratar da ação cominatória referia ser ela aplicável à tutela das obrigações de "prestar fato que não possa ser realizado por terceiro". Note-se que tal artigo, alterado pela Lei 10.444/02, suprimiu tal expressão,[398] o que indica a clara opção do legislador pela aplicação da multa às obrigações fungíveis.

Além disso, a regra contida no § 4º do artigo 461 não faz qualquer ressalva no que toca à fungibilidade da prestação de fazer. Saliente-se também que o artigo 632, que trata da execução da obrigação de fazer contida em título extrajudicial, e que também não faz ressalva à fungibilidade das obrigações, prevê, primeiramente, a citação do devedor para satisfazer a obrigação. A possibilidade de adoção de medida sub-rogatória, esta sim, vem em caráter subsidiário, no artigo 633.

Analisando o artigo 461-A, que dispõe acerca da entrega de coisa (certa ou incerta), é evidente a possibilidade de tal entrega se dar por atividade do juiz, através, por exemplo, de medida de busca e apreensão. No entanto, não se exclui a aplicação da multa. Pelo contrário, ela é expressamente prevista em lei, sendo que as medidas sub-rogatórias (busca e apreensão ou imissão na posse) só são previstas para o caso de descumprimento da obrigação, pelo devedor, no prazo fixado pela decisão judicial.

Em alguns casos, evidentemente, verificando o juiz que a multa não terá o condão de pressionar o réu recalcitrante a entregar a coisa, entendemos plenamente admissível a adoção imediata de medidas sub-rogatórias para a obtenção da tutela específica. Em outras situações, até mesmo a cumulação pode ser viável.[399]

Por todas essas razões, acreditamos não haver uma ordem preestabelecida entre a fixação da multa e a adoção de medidas sub-rogatórias. A prudência do juiz está em verificar, caso a caso, qual a técnica de tutela mais adequada para alcançar o objetivo da execução, sem descurar nunca da lição de Carnelutti, bem lembrada por Moacyr Amaral Santos, ao afirmar que "a finalidade prática da execução está no conseguir o credor exequente, por meio do órgão jurisdicional, o bem que teria obtido com o cumprimento da obrigação pelo devedor, ou seja, o mesmo bem que teria obtido se o devedor satisfizesse voluntariamente a obrigação".[400]

Assim, independentemente do juízo de fungibilidade, almeja-se sempre o cumprimento específico da obrigação, da forma mais rápida e eficaz para o credor. Por certo, posicionamentos doutrinários isolados contra a utilização das

---

[398] Vide Itens 3.1 e 3.1.1.

[399] AMARAL, Guilherme Rizzo. *Cumprimento e execução da sentença sob a ótica do formalismo-valorativo.* Porto Alegre: Livraria do Advogado, 2008. p. 165-166.

[400] SANTOS, Moacyr Amaral. *Primeiras linhas de direito processual civil.* 16ª ed. São Paulo: Saraiva 1997, V. 3, p. 373-374.

astreintes para a coerção do réu ao cumprimento das obrigações fungíveis não resistirão à realidade legislativa e jurisprudencial.

3.5.3.1. Do direito moral do artista ou da incoercibilidade da liberdade de criação pessoal

Outra questão emergente diz com a possibilidade de aplicação das *astreintes* para forçar o réu a cumprir obrigações que demandem processo criativo, de inspiração, tal qual aquela relacionada com o que a doutrina denomina de *direito moral do artista*.[401] Ao discorrer sobre as *astreintes* francesas, Guerra salienta que "há um setor dos direitos extrapatrimoniais onde a *astreinte* é tradicionalmente vedada. Trata-se daquele relativo ao direito moral do autor, do artista ou do ator. Assim, não se pode, por exemplo, obrigar um pintor a realizar uma tela, mesmo que a tanto ele esteja obrigado por contrato. Afirma-se, para justificar esse entendimento, que o artista tem o direito exclusivo de decidir se determinada obra é ou não digna de ser realizada".[402]

A razão para a vedação da utilização das *astreintes*, entretanto, parece estar mais centrada no interesse do autor (credor) do que no do próprio réu (devedor).

Tomando-se o exemplo de Savatier, para quem a *astreinte* coíbe "o poeta a compor o prometido soneto (*facere*), mediante a virulência da pena pecuniária",[403] imagine-se como se sairia o escritor na composição do soneto de forma forçada. Certamente, na ausência de inspiração, aliada à má-vontade do compositor, o resultado dificilmente seria de agrado do credor, o qual, ainda, dada a subjetividade dos conceitos artísticos, não poderia questionar a qualidade do trabalho. Com efeito, *a emenda sairia pior que o soneto*.

A ideia é bem exposta por João Calvão da Silva:

> É que, como commumente se reconhece, estamos num domínio delicado em que, nas palavras de VIOT COSTER, "a inspiração do autor, suas ideias, suas criações, numa palavra, sua arte, não pode tornar-se subitamente fecundas pela presença de uma *astreinte*". [...] Pode o autor ter vontade de cumprir, de realizar a obra intelectual a que se vinculou, mas faltar-lhe (temporariamente) a inspiração. Esta reclama espontaneidade e livre concentração, e poderia, assim, ser contraproducente a aplicação da técnica coercitiva, pois a obra talvez fosse realizada, mas, com grande probabilidade, não traduziria as qualidades irredutivelmente individuais do autoir, a sua personalidade e individualidade. [...] Há, portanto, uma incompatibilidade natural entre a sanção pecuniária compulsória e a criação intelec-

---

[401] CALVÃO DA SILVA critica a afirmação de que a incompatibilidade da utilização da *astreinte* para a coerção das obrigações do artista estaria vinculada ao "direito moral de autor". Afirma o autor que a incompatibilidade seria determinada pelo "direito à liberdade de criação pessoal", da qual o direito moral de autor seria expressão (SILVA, João Calvão da. *Cumprimento e sanção pecuniária compulsória*. 4ª ed. Coimbra: Almedina, 2002. p. 482).

[402] GUERRA, Marcelo Lima. *Execução indireta*. São Paulo: Revista dos Tribunais, 1998, p. 131.

[403] SAVATIER, René. *Traité de la responsabilité civile en droit français*. 2ª ed. Paris: LGDJ, 1951, V. 2, p.173, *apud* ASSIS, Araken de. *Manual do processo de execução*. 7ª ed. São Paulo: Revista dos Tribunais, 2001, p. 496.

tual no domínio literário, artístico ou científico, porquanto o êxito desta tem na inspiração, na fantasia, no génio, na inteira liberdade de criação uma "condição absoluta".[404]

Nesses casos, é evidente o prejuízo que traria a adoção da coerção do demandado, seja pelo constrangimento excessivo deste, seja pelo resultado insatisfatório que tal procedimento traria ao autor. A opção pela tutela ressarcitória pelo equivalente pecuniário, além de eventuais perdas e danos, mostra-se muito mais adequada à espécie, não pela ponderação entre interesses do autor e do réu, mas por sua coincidência.

3.5.4. Do descabimento da utilização das *astreintes* como coerção ao cumprimento da obrigação de pagar quantia

Na primeira edição desta obra, contentamo-nos em afirmar que as *astreintes* não seriam aplicáveis à tutela das obrigações de pagar quantia. Não chegamos a justificar aprofundadamente nosso ponto de vista, até mesmo porque pensávamos, então, que opinião contrária, embora existente na doutrina, dificilmente ganharia força com o tempo, diante da clareza dos dispositivos legais que tratavam da matéria e que reduziam a aplicabilidade da multa periódica à tutela das obrigações de fazer, não fazer e entrega de coisa.

Estávamos errados. Doutrina e jurisprudência, esta mais timidamente, levantaram e têm levantado a hipótese de aplicação das *astreintes* também à tutela das obrigações de pagar quantia. O afastamento sem maiores explanações que propusemos à aplicação da multa em tais situações foi justamente criticado por Daniel Mitidiero, ao afirmar:

> Não se pode excluir cabalmente, portanto, como igualmente o fez Guilherme Rizzo Amaral, a utilização da multa para tutela das obrigações de pagar quantia, porquanto, consoante já observamos, a construção do devido processo legal processual é sempre uma empresa em constante atualização concreta, não sendo adequado vedar-se de forma apriorística essa ou aquela técnica para tutela jurisdicional do direito.[405]

A crítica é de todo pertinente. Não que estejamos de acordo com a ideia de fundo. Deixemos desde já isto claro: continuamos a entender pela inaplicabilidade das *astreintes* para a tutela das obrigações de pagar quantia. Porém, tal não se dá por *vedação apriorística*, e a maneira como expusemos o tema originariamente poderia levar a tal conclusão. É preciso justificar o porquê da inaplicabilidade.

---

[404] SILVA, João Calvão da. *Cumprimento e sanção pecuniária compulsória.* 4ª ed. Coimbra: Almedina, 2002. p. 479-480.

[405] MITIDIERO, Daniel Francisco. *Elementos para uma teoria contemporânea do processo civil brasileiro.* Porto Alegre: Livraria do Advogado, 2005, p. 89-90.

Tivemos a oportunidade de fazê-lo em outro trabalho,[406] no qual respondemos à crítica inicial de Mitidiero procurando demonstrar que não caberia ao juiz autoampliar seus poderes sempre que entendesse menos adequada a técnica de tutela disposta pelo legislador a uma determinada situação concreta. O formalismo processual[407] também deve ser visto como "garantia de liberdade contra o arbítrio dos órgãos que exercem o poder do Estado",[408] e a possibilidade de o juiz ignorar as técnicas de tutela predispostas pelo legislador para criar procedimento próprio tem enorme potencial para resultar em processo de cunho ditatorial. Muito embora venha sempre a calhar o alerta de Couture, para quem "por trás de cada teoria interpretativa, por trás de cada método, encontra-se escondida uma tendência filosófica",[409] não nos parece que Mitidiero tenha por trás de sua teoria qualquer tendência ao despotismo jurisdicional, até mesmo porque suas ideias de colaboração no processo civil e a sua constante pregação pelo diálogo no processo são não apenas conhecidas como já se tornaram referência na doutrina brasileira.[410]

Confirmando a ideia de que não só "o devido processo legal é sempre uma empresa em constante atualização concreta",[411] mas que a própria ciência processual o é, sobreveio réplica de Mitidiero, na qual, em suma, taxou nosso posicionamento de "legalista", ou ainda, "bem ao sabor da *scizenza giuridica dell'Ottocento*".[412] Afirmou que, em nosso entendimento, "o problema da execução forçada dos créditos seria um problema que tem de ser resolvido em abstrato tão somente pelo legislador infraconstitucional. Depende de lei, em suma".[413]

Graças à aguçada crítica, foi-nos permitido sintetizar o nosso posicionamento, o que viemos a fazer na obra *Cumprimento e execução da sentença sob a ótica do formalismo-valorativo*. Nesse trabalho, procuramos oferecer um critério para a solução do permanente conflito entre os valores *efetividade* e *segurança*. Apresentando-os como *esferas valorativas*, demonstramos que, se de um lado, o processo precisa estar dotado de *celeridade*, *economia processual* e *simplicidade*, bem como ser capaz de permitir o *aproveitamento dos atos processuais* e

---

[406] AMARAL, Guilherme Rizzo. Comentários ao artigo 475-J do CPC. In ALVARO DE OLIVEIRA, Carlos Alberto (coord). *A nova execução*. Rio de Janeiro: Forense, 2006, p. 121-124.

[407] Vale dizer, o *formalismo-valorativo*, conforme preconizado por Carlos Alberto Alvaro de Oliveira, cujas ideias são acolhidas tanto por Mitidiero quanto por este autor.

[408] ALVARO DE OLIVEIRA, Carlos Alberto. *Do formalismo no processo civil*. 3ª ed. rev., atual. e aumentada. São Paulo: Saraiva, 2009, p. 9.

[409] COUTURE, Eduardo J. *Interpretação das leis processuais*. Trad. Dra. Gilda Marciel Corrêa Meyer Russomano. 2ª ed. Rio de Janeiro: Forense, 1993, p. 9.

[410] Veja-se, neste particular, sua magistral tese de doutorado recentemente publicada sob o título *Colaboração no processo civil: pressupostos sociais, lógicos e éticos*. São Paulo: Revista dos Tribunais, 2009.

[411] MITIDIERO, Daniel Francisco. *Elementos para uma teoria contemporânea do processo civil brasileiro*. Porto Alegre: Livraria do Advogado, 2005. P. 89-90.

[412] MITIDIERO, Daniel Francisco. *Processo civil e estado constitucional*. Porto Alegre: Livraria do Advogado, 2007, p. 98.

[413] Idem.

a busca da *tutela específica* – características essas ligadas à esfera valorativa da *efetividade*, de outro, o processo também precisa ser *previsível*, ensejar a *confiança legítima* do cidadão, preservar a *estabilidade das situações jurídicas*, a *busca pela verdade* e, da mesma forma, *o respeito à lei (dignidade da legislação)* – características ligadas à esfera valorativa da *segurança*. Nenhuma das características ou valores são absolutos; pelo contrário, devem ser ponderados através de um critério justo e equilibrado. O postulado da proporcionalidade, aplicado por um intérprete imparcial e sob um ponto de vista neutro – vale dizer, sem pensar como *autor* ou como *réu* – trará a resposta, no caso concreto, dos valores a sofrerem limitações em favor de outros.[414]

Com isso, demonstramos que a inaplicabilidade da multa periódica para a tutela das obrigações de pagar quantia não é, como percucientemente sustentou Mitidiero em sua crítica original, um dado apriorístico, mas, sim, o resultado de um trabalho criterioso de conformação dos valores em jogo.

Finalmente, reproduzimos, para evitar tautologia, a síntese de nosso posicionamento:

> O artigo 475-J não dá margem para o alargamento ou redução da referida multa, tampouco permite sua incidência periódica, o que afasta por completo a possibilidade de aplicação das *astreintes*. Não podemos esquecer que estamos trabalhando, nessas hipóteses, com os poderes do juiz. Aplicar uma multa sem previsão legal não significa adequar o procedimento, mas sim *ampliar poderes*. E, o que é pior, "autoampliar" poderes, dando azo à criação de um processo autoritário, onde o juiz define a extensão de sua força e de sua penetração na esfera jurídica das partes, ignorando o processo democrático de criação da lei processual pelo legislador. Quando se fala em formalismo, no seu sentido valorativo (que não deve ser confundido com excesso de formalidades[415]), "não se trata, porém, apenas de ordenar, mas também de disciplinar o poder do juiz, e, nessa perspectiva, o formalismo processual atua como garantia de liberdade contra o arbítrio dos órgãos que exercem o poder do Estado".[416] Nesse sentido, "a realização do procedimento deixada ao simples querer do juiz, de acordo com as necessidades do caso concreto, acarretaria a possibilidade de desequilíbrio entre o poder judicial e o direito das partes".[417] E, por fim, "tão importante é a tipicidade do procedimento estabelecida previamente pela lei, com base em determinados valores e experiências, que é pensada mesmo, por certa doutrina, como nota distintiva essencial da jurisdição em face da administração".[418] Portanto, se o juiz pode – e deve – adaptar o procedimento para adequá-lo ao caso concreto, não pode, sob hipótese alguma, ampliar seus próprios poderes para além dos limites estabelecidos pelo legislador. Não obstante o romantismo da ideia, o caso concreto não induz a consensos sobre os poderes a serem desempenhados, sendo evidente o risco de um

---

[414] Para uma compreensão ampla de tal proposição, veja-se AMARAL, Guilherme Rizzo. *Cumprimento e execução da sentença sob a ótica do formalismo-valorativo.* Porto Alegre: Livraria do Advogado, 2008, p. 194-197.

[415] "Não se deve confundir, a despeito da homonímia, o formalismo de que se trata com o formalismo fetiche da forma – este último, na verdade, deformação daquele" (DIDIER JUNIOR, Fredie. *Pressupostos processuais e condições da ação: o juízo de admissibilidade do processo.* São Paulo: Saraiva, 2005, p. 166).

[416] ALVARO DE OLIVEIRA, Carlos Alberto. *Do formalismo no processo civil.* 2ª ed. São Paulo: Saraiva, 2003, p. 7.

[417] Ibidem, p. 7-8.

[418] Ibidem, p. 8.

As *Astreintes* e o Processo Civil Brasileiro

processo ditatorial se deixada essa definição ao livre-arbítrio do juiz.[419] Como ressalta Humberto Theodoro Júnior, dirigindo-se ao legislador, quando este "descamba para o plano em que os valores éticos ocupam o lugar dos preceitos certos, claros, impositivos que devem ser as normas jurídicas autênticas, realiza na verdade a destruição da ordem jurídica".[420] Com mais razão e maior ênfase, podemos afirmar que o afastamento de preceitos certos, claros e impositivos por um homem só (juiz), ou mesmo por um colegiado de juízes, tende a ser ainda mais corrosivo à ordem jurídica, por assumir evidente aspecto ditatorial e antidemocrático.

Ressalta, aqui, o valor *segurança*, e o elemento correspondente à dignidade da legislação e respeito ao direito positivo. O ganho em efetividade de eventual aplicação da multa periódica para a tutela dos deveres de pagar quantia *contrariamente ao que dispõe o legislador* não nos parece proporcional ao perigoso precedente de autoampliação de poderes pelo próprio órgão jurisdicional. Não nos impressiona, outrossim, o argumento acerca do dever fundamental à tutela jurisdicional efetiva.[421] Não se equipara a técnica de tutela condenatória à ausência de tutela efetiva, e muito menos pode-se afirmar que houve silêncio do legislador. O que se passa é que o legislador elegeu técnica de tutela *menos efetiva* do que aquelas que poderia ter eleito, e isso não transfere ao juiz a possibilidade de *legislar* em sentido contrário. Fosse assim, o que impediria o juiz de, por exemplo, afastar o efeito suspensivo da apelação em outras hipóteses que não aquelas listadas nos incisos do artigo 520, independentemente da reforma que já se avizinha nesse sentido? Que necessidade haveria para os dispositivos que regulam o cumprimento da sentença, se quaisquer outras medidas poderia adotar o juiz caso as julgasse mais adequadas?

---

[419] AMARAL, Guilherme Rizzo. In ALVARO DE OLIVEIRA, Carlos Alberto (coord.). *A nova execução: comentários à Lei n.º 11.232, de 22 de dezembro de 2005*. Rio de Janeiro: Forense, 2006.

[420] THEODORO JÚNIOR, Humberto. A onda reformista do direito positivo e suas implicações com o princípio da segurança. *Revista Magister: direito civil e processual civil*, v. 2, n. 11, p. 5-32, mar./abr. 2006.

[421] Transcrevemos, aqui, por absoluta relevância, trecho do voto do então Desembargador Carlos Alberto Alvaro de Oliveira, sustentando serem aplicáveis as *astreintes* para a tutela dos deveres de pagar quantia: "Nos dias atuais, as medidas coercitivas vêm se caracterizando como instrumento de concretização do direito fundamental à tutela jurisdicional efetiva, de tal sorte que o seu emprego não pode ser excluído de maneira apriorística. Como bem pondera Marcelo Lima Guerra (*Execução indireta*, São Paulo, Revista dos Tribunais, 1998, p. 54), 'o juiz tem o poder-dever de, mesmo e principalmente no silêncio da lei, determinar as medidas que se revelem necessárias para melhor atender aos direitos fundamentais envolvidos na causa, a ele submetida'. E o Jurista, com toda pertinência, invoca o ensinamento de Vieira de Andrade (*Os direitos fundamentais na Constituição Portuguesa de 1976*, p. 256), no sentido de que na falta de lei que concretize determinado direito fundamental, 'o princípio da aplicabilidade directa vale como indicador de exeqüibilidade imediata das normas constitucionais, presumindo-se a sua perfeição, isto é, a sua auto-suficiência baseada no caráter líquido e certo do seu conteúdo de sentido. Vão, pois, aqui incluídos o dever dos juízes e dos demais operadores jurídicos de aplicarem os preceitos constitucionais e a autorização para com esse fim os concretizarem por via interpretativa'. Tal significa, no âmbito do processo de execução, que o juiz tem o poder-dever de, mesmo e principalmente no silêncio da lei, determinar os meios executivos que se revelem necessários para melhor atender à exigência de prestação de tutela executiva eficaz (Marcelo Guerra op. cit., p. 57). No campo da execução por quantia certa não se passa de modo diverso, justificando-se o emprego de medidas coercitivas, como a *astreinte*, por concretizar o valor constitucional protegido da efetividade da tutela jurisdicional. Por tal razão, o uso de tais medidas não pode ser obstado nem por expressa disposição infraconstitucional, muito menos pelo silêncio dessa legislação. Dessa forma, como observa ainda aqui Marcelo Guerra (op. cit., p. 186), 'sempre que a aplicação de alguma medida coercitiva, inclusive a multa diária, revelar-se capaz de superar esses obstáculos e contribuir para uma satisfação mais pronta e efetiva do crédito objeto da execução, ela pode ser utilizada, desde que, é óbvio, não se violem outros bens constitucionalmente protegidos.' E em abono da tese o doutrinador cita o escólio de Michele Taruffo (*Note sul diritto alla condanna e all'esecuzione*, p. 666-668)" (Tribunal de Justiça do Estado do Rio Grande do Sul. Sexta Câmara Cível. Ação Rescisória n.º 599263183. Rel. Des. Osvaldo Stefanello. J. em 26 de abril de 2000).

Embora entendamos, particularmente, *adequada* a proposta de utilizar-se das *astreintes* para tutelar deveres de pagar quantia,[422] tal proposta já vem há muito sendo discutida pela doutrina, e, ainda assim, não foi acolhida pela comissão reformadora do CPC e, ao fim e ao cabo, pelo legislador. Coerentemente, o Superior Tribunal de Justiça a tem afastado.[423] Sugerir que, diante de tão clara e restrita sistemática legislativa, haja espaço para criações mais *adequadas*, afastando-se sem constrangimento todo o arcabouço legal – e a limitação de poderes! – previsto para tais hipóteses, é colocar em estado de manifesta insegurança os litigantes, e em descrédito a lei processual. E, repita-se, não se trata, aqui, de pregar o formalismo pernicioso, ou a interpretação estritamente literal da legislação. Reconhecemos que o processo é permeado de valores, como a efetividade e a segurança, que permitem juízos de proporcionalidade e, assim, de adequação das regras processuais. Todavia, o sistema processual está concebido de tal forma que, negando-se a sistemática recentemente instituída para o cumprimento da sentença, estar-se-á negando o próprio sistema como tal, abrindo-se um novo – e desconhecido, pois criação momentânea do intérprete – universo para a tutela dos deveres de pagar quantia, onde os poderes do magistrado são desconhecidos e revelados a todo o momento, para a surpresa e perplexidade das partes.[424]

Com isso não queremos sustentar o aprisionamento do intérprete ao texto legal, ou o engessamento do sistema. Há situações em que, no próprio entrechoque entre as esferas valorativas da efetividade e da segurança, para se evitar o atingimento do núcleo da primeira é preciso atingir substancialmente a segunda, inclusive para se ampliar poderes do juiz não previstos em lei. Exemplo típico foi a evolução jurisprudencial que permitiu aos juízes antecipar a tutela por meio de ações cautelares inominadas, antes de ser modificada, pela Lei 8.952/94, a redação do artigo 273 do CPC. Ali, tinha-se situação em que a ampliação do poder judicial para não só garantir como *satisfazer* antecipadamente o direito era condição absoluta para a própria utilidade do processo. Perecendo o direito – ou, muitas vezes, o titular do direito (ex.: antecipações da tutela para obtenção de medicamentos, tratamentos de saúde etc.) –, violar-se-ia o núcleo da efetividade, perdendo o sentido a própria instituição do processo.

É fácil ver que o mesmo não se passa com a adoção, pelo legislador, de técnicas *menos eficazes* (ou, ainda, de poderes judiciais *reduzidos*), porém ainda assim capazes de alcançar a tutela ao jurisdicionado. Podemos concordar que, em muitas situações, a técnica de expropriação é menos efetiva do que a da coerção via multa periódica ou ameaça de

---

[422] Veja, a este respeito, o que escrevemos em nossos comentários ao artigo 475-J, em resposta à crítica que recebemos de Daniel Mitidiero (ALVARO DE OLIVEIRA, Carlos Alberto (coord.). *A nova execução: comentários à Lei n.° 11.232, de 22 de dezembro de 2005.* Rio de Janeiro: Forense, 2006. p. 121-124).

[423] REsp 770.295/RS, Rel. Min. Teori Albino Zavascki, Primeira Turma, julgado em 27.09.2005, DJ 10.10.2005, p. 258.

[424] Vem a calhar a lição de Calmon de Passos acerca dos perigos do abandono do conjunto de regras processuais em busca da efetividade processual: "Devido processo constitucional jurisdicional, cumpre esclarecer, para evitar sofismas e distorções maliciosas, não é sinônimo de formalismo, nem de culto da forma pela forma, do rito pelo rito, sim *um complexo de garantias mínimas contra o subjetivismo e o arbítrio dos que têm poder de decidir*. [...] Dispensar ou restringir qualquer dessas garantias não é simplificar, deformalizar, agilizar o procedimento privilegiando a efetividade da tutela, sim favorecer o arbítrio em benefício do desafogo de juízos e tribunais. Favorece-se o poder, não os cidadãos, dilata-se o espaço dos governantes e restringe-se o dos governados. E isso se me afigura a mais escancarada antidemocracia que se pode imaginar" (CALMON DE PASSOS, José Joaquim. *Direito, poder, justiça e processo.* Rio de Janeiro: Forense, 1999. p. 69-70, grifos no original).

prisão, mas a adoção da primeira, ainda que menos efetiva, não implica o atingimento do núcleo da efetividade.

Encaramos, assim, a ideia de aplicação das *astreintes* como técnica de tutela dos deveres de pagar quantia como uma ótima sugestão *ao legislador reformista*, e não aos juízes.

Hoje, no entanto, a multa de 10% prevista no artigo 475-J é fixa, não podendo vir a ser aplicada na forma periódica, como se fosse verdadeira *astreinte*.[425]

Havendo na doutrina posicionamentos favoráveis[426] e contrários[427] à utilização das *astreintes* para a tutela das obrigações de pagar quantia,[428] o mesmo não se pode dizer da jurisprudência do Superior Tribunal de Justiça, que se definiu no sentido da inaplicabilidade da multa processual em tais hipóteses,[429] ressalvados

---

[425] AMARAL, Guilherme Rizzo. *Cumprimento e execução da sentença sob a ótica do formalismo-valorativo.* Porto Alegre: Livraria do Advogado, 2008, p. 194-197.

[426] Sob o título "A multa para dissuadir o inadimplemento da sentença que determina o pagamento de dinheiro", Luiz Guilherme Marinoni, aduz que "se a multa já vem sendo utilizada, com enorme sucesso, para dar efetividade diante das obrigações de fazer (fungível ou não-fungível), de não-fazer e de entregar coisa, não há qualquer razão para a sua não-utilização no caso de soma em dinheiro" (MARINONI, Luiz Guilherme. *Técnica processual e tutela dos direitos.* São Paulo: Revista dos Tribunais, 2004, p. 625). Carlos Alberto Alvaro de Oliveira defende a aplicação da *astreinte* para "emprestar maior efetividade à decisão" condenatória, mas apenas como "elemento eventual e excepcional, com vistas a atuar sobre a vontade do obrigado, induzindo-o à satisfação, a depender das circunstâncias do caso concreto, sem caráter de generalidade" (ALVARO DE OLIVEIRA, Carlos Alberto. *Teoria e prática da tutela jurisdicional.* Rio de Janeiro: Forense, 2008, p. 174-175).

[427] Os autores que entendem pela inaplicabilidade da multa periódica para a tutela das obrigações de pagar quantia em geral não se estendem na fundamentação de tal posicionamento, possivelmente em razão da clareza dos dispositivos legais que tratam da matéria e da jurisprudência praticamente consolidada naquele sentido. Athos Gusmão Carneiro afirma que "os meios disponíveis a um 'imediato' adimplemento forçado revelam-se inadequados, dada a necessidade de expropriar bens do patrimônio do devedor [...]" (CARNEIRO, Athos Gusmão. *Cumprimento da sentença civil.* Rio de Janeiro: Forense, 2007, p. 50). Luiz Rodrigues Wambier, ao tratar do cabimento da multa para a coerção ao cumprimento da sentença condenatória ao pagamento de quantia, expressamente aduz ser aquela limitada a 10% do valor da condenação, como expressamente dispõe o art. 475-J, *caput*, do CPC (WAMBIER, Luis Rodrigues. *Sentença civil: liquidação e cumprimento.* 3ª ed., rev., atual. e ampl. São Paulo: Revista dos Tribunais, 2006, p. 394-395). Cândido Rangel Dinamarco afirma que a execução por quantia certa contra devedor solvente "não sofreu impactos significativos dos movimentos reformadores do Código de Processo Civil [...] não contando com medidas severas no sentido de persuadir o obrigado" (DINAMARCO, Cândido Rangel. *Instituições de direito processual civil.* São Paulo: Malheiros, 2004. V. 4, p. 410).

[428] A título de informação, veja-se que, no Projeto de Lei 5.139/2009, que disciplina a nova ação civil pública, se prevê, expressamente, a utilização de multa coercitiva para a tutela das obrigações de pagar quantia (art. 26). Para a íntegra do Projeto, veja-se o *site* http://www.camara.gov.br/sileg/integras/651669.pdf.

[429] PROCESSUAL CIVIL. TUTELA ANTECIPADA. FORNECIMENTO DE MEDICAMENTOS PELO ESTADO. BLOQUEIO DE VERBAS PÚBLICAS. IMPOSSIBILIDADE. [...] A multa é meio executivo de coação, não aplicável a obrigações de pagar quantia, que atua sobre a vontade do demandado a fim de compeli-lo a satisfazer, ele próprio, a obrigação decorrente da decisão judicial. Já o seqüestro (ou bloqueio) de dinheiro é meio executivo de sub-rogação, adequado a obrigação de pagar quantia, por meio do qual o Judiciário obtém diretamente a satisfação da obrigação, independentemente de participação e, portanto, da vontade do obrigado. [...] (REsp 766.475/RS, Rel. Ministro TEORI ALBINO ZAVASCKI, PRIMEIRA TURMA, julgado em 27/09/2005, DJ 10/10/2005, p. 257). No mesmo sentido, REsp n. 784.188/RS, relator Ministro Teori Zavascki, DJ de 14.11.2005; REsp 371.004/RS, Rel. Ministro JOÃO OTÁVIO DE NORONHA, SEGUNDA TURMA, julgado em 07/03/2006, DJ 06/04/2006, p. 254; AgRg na MC 13.566/RJ, Rel. Ministra NANCY ANDRIGHI, TERCEIRA TURMA, julgado em 11/03/2008, DJe 26/03/2008; REsp 446677/SC, Rel. Ministro ARNALDO ESTEVES LIMA, QUINTA TURMA, julgado em 20/11/2006, DJ 11/12/2006 p. 404; AgRg no REsp 644488/MG, Rel. Ministro JOSÉ ARNALDO DA FONSECA, QUINTA TURMA, julgado em 15/09/2005, DJ 17/10/2005, p. 334; AgRg no REsp 951.072/RS, Rel. Ministro OG FERNANDES, SEXTA TURMA, julgado em 05/03/2009, DJe 30/03/2009.

os casos de "falsas obrigações de pagar", ou seja, situações em que a obrigação contida na sentença é, em verdade, de *fazer*, não obstante seu conteúdo patrimonial aparente.[430]

3.5.5. O sujeito passivo da multa, sua aplicação contra a Fazenda Pública, as *astreintes* contra o autor e contra terceiros

Naturalmente, o sujeito passivo da multa será o réu. Cabendo a ele o cumprimento do preceito judicial, a sua recalcitrância dá ensejo à incidência do mecanismo de coerção.

Pouco importa ser o réu particular ou pessoa jurídica de direito público. Conforme salienta Talamini:

Não há o que obste a cominação da multa contra pessoas de direito público. A separação dos poderes não serve de argumento em sentido contrário. [...] Aliás, a *ideal* observância dos princípios norteadores da função pública tornaria a multa até desnecessária. [...] Como, no entanto, a realidade administrativa está longe daquele parâmetro ideal, os meios processuais de coerção, inclusive a multa, revelam-se de extrema utilidade.[431]

Há, da mesma forma, reiteradas decisões do Superior Tribunal de Justiça, admitindo, pacificamente, a aplicação da multa periódica contra a Fazenda Pública.

Processual Civil. Obrigação de fazer. Multa diária (*astreintes*). Fixação de ofício contra pessoa jurídica de direito público. Possibilidade.

1 – As *astreintes* podem ser fixadas pelo juiz de ofício, mesmo sendo contra pessoa jurídica de direito público (Fazenda Estadual), que ficará obrigada a suportá-las caso não cumpra a obrigação de fazer no prazo estipulado. Precedentes desta Corte. 2 – Recurso não conhecido.[432]

---

[430] PROCESSUAL CIVIL. RECURSO ESPECIAL. EXECUÇÃO DE SENTENÇA. IMPOSIÇÃO DE MULTA DIÁRIA PELO DESCUMPRIMENTO. ART. 461 DO CPC. OBRIGAÇÃO DE PAGAMENTO AO AUTOR. DÚVIDA SOBRE O MONTANTE A SER CREDITADO. IMPOSSIBILIDADE. 1. Decorrendo da sentença, não a obrigação de pagar quantia, mas sim a de efetuar crédito em conta vinculada do FGTS, o seu cumprimento se dá sob o regime do art. 461 do CPC. Não havendo dúvida sobre o montante a ser creditado e nem outra justificativa para o não-atendimento da sentença, é cabível a aplicação de multa diária como meio coercitivo para o seu cumprimento. Precedentes: REsp 83649/MG, 1ª T., Min. José Delgado, DJ de 09.11.2006; REsp 719.344/PE, 2ª T., Min. João Otávio de Noronha, DJ de 05.12.2006; REsp 869.106/RS, 1ª T., Min. Teori Albino Zavascki, DJ de 30.11.2006; REsp 679.048/RJ, Rel. Min. Luiz Fux, DJ de 28.11.2005. 2. Assim, para a aplicação da multa diária é indispensável a cumulação de dois pressupostos, a saber: (a) que o título executivo seja claro no sentido de que a condenação é para efetuar crédito na conta do FGTS (e não para pagar ao autor); e também (b) que não haja dúvida sobre o montante a ser creditado (ou seja, que tenha havido liquidação do valor a ser creditado). 3. No caso dos autos, nenhum dos requisitos encontra-se atendido, sendo incabível a multa. 4. Recurso especial improvido (REsp 1036968/DF, Rel. Ministro TEORI ALBINO ZAVASCKI, PRIMEIRA TURMA, julgado em 13/05/2008, DJe 28/05/2008). No mesmo sentido: REsp 953.112/RS, Rel. Ministro HERMAN BENJAMIN, SEGUNDA TURMA, julgado em 04/09/2007, DJ 08/02/2008 p. 660.

[431] TALAMINI, Eduardo. *Tutela relativa aos deveres de fazer e de não fazer: CPC, art. 461; CDC, art. 84*. São Paulo: Revista dos Tribunais, 2001, p. 241.

[432] REsp 01378/SP (1999/0005215-3). DJ 21/06/1999, p.212. Sexta Turma. Rel. Min. FERNANDO GONÇALVES. J. em 01/06/1999. No mesmo sentido: REsp 246701/SP (2000/0007819-0). Quinta Turma. Rel. Min. JORGE SCARTEZZINI j. em 26/09/2000, DJU 16/10/2000, p. 327. Não obstante a possibilidade de fixação

Ressalte-se, ainda, que a argumentação de que o agente público, por negligência ou má-fé no desatendimento de ordem judicial (sem a aprovação do ente ao qual está vinculado), possa causar graves danos ao erário não é suficiente para afastar a incidência da multa contra o ente público. Se assim o fosse, o seria também para pessoas jurídicas privadas, que possuem em seu quadro de funcionários pessoas capazes de causar, individualmente, dano aos cofres da empresa.

Tanto pessoas jurídicas de direito público, quanto de direito privado, são responsáveis por seus empregados, funcionários, agentes e representantes.[433] Dessa forma, a conduta destes últimos deve ser controlada. Na administração pública, por exemplo, a auditoria interna, a fiscalização do Tribunal de Contas, um sistema de seleção criterioso, um período de estágio probatório de fato, e não *pro forma*, são algumas das medidas que podem minimizar o risco do descumprimento de uma ordem judicial por agente público. O que não se pode admitir é escusar a pessoa jurídica de direito público, seja pelo deliberado descumprimento de ordem judicial, seja pelo seu desatendimento por falha no controle dos atos dos agentes públicos.

A multa será suportada pela pessoa jurídica de direito público, e não pelo agente que, *diretamente*, desatendeu ao preceito judicial. Nesse particular, veja-se a lição de Talamini ao abordar a aplicabilidade da multa ao mandado de segurança:

> Admitindo-se o emprego da multa coercitiva no mandado de segurança, surge a necessidade de definir sobre quem o encargo recairá: o agente posto na condição de "autoridade coatora" ou a pessoa jurídica exercitadora de função pública, à qual ele está vinculado? A resposta passa pela consideração da legitimidade passiva no mandado de segurança. Reconhecendo-se que o pólo passivo da demanda é ocupado pela pessoa de direito público

---

da multa periódica contra a Fazenda Pública, a jurisprudência tem limitado tal aplicação sob o argumento da proteção ao erário e à coletividade. Nesse sentido, vejam-se as seguintes decisões da Presidência do Supremo Tribunal Federal:

"[...] a fixação de multa em valor elevado e sem limitação máxima constitui ônus excessivo ao Poder Público e à coletividade, pois impõe remanejamento financeiro das contas estaduais, em detrimento de outras políticas públicas estaduais de alta prioridade. Dessa forma, remanesce íntegra a decisão, quanto à possibilidade de multa por abrigar adolescentes infratores em cadeias comuns, em detrimento de abrigá-los em outras unidades especializadas existentes no Estado. Destaco, contudo, que não se impede a fixação de multa por descumprimento de decisão judicial. O que não se pode perder de vista é a possibilidade de vultoso prejuízo à coletividade, por multa fixada em decisão liminar baseada em juízo cognitivo sumário. [...] Diante do exposto, defiro parcialmente o pedido de suspensão, tão-somente quanto à fixação de multa diária por descumprimento da ordem judicial de construção de unidade especializada, em doze meses, na comarca de Araguaína/TO" (SL 235, Relator(a): Min. Presidente Gilmar Mendes, julgado em 08/07/2008, publicado em DJe-143, divulgado em 01/08/2008, publicado em 04/08/2008).

"[...] reconheço que a fixação de multa diária em valor que pode atingir o patamar de R$ 20.000,00 (vinte mil reais) constitui pesado ônus não apenas contra o poder público municipal, mas em detrimento de toda a coletividade, visto que essa despesa, não prevista em dotação orçamentária, poderá impor o remanejamento financeiro, em prejuízo de outras necessidades públicas também relevantes, configurando-se, pois, lesão à economia pública municipal. 11. Ante o exposto, defiro, em parte, o pedido, apenas para suspender a fixação de multa prevista na decisão [...]" (STA 190, Relator(a): Min. Presidente Ellen Gracie, julgado em 14/04/2008, publicado em DJe-070 DIVULG 17/04/2008 PUBLIC 18/04/2008).

[433] Artigos 932, III, e 933 do Código Civil. Artigo 37, § 6º, da Constituição Federal.

ou de direito privado no exercício de função pública, de quem o agente funciona apenas como especial "representante" (*rectius: presentante*), há de concluir-se que o custo da coerção patrimonial, em princípio, recai sobre aquela – como, de resto, recairão as demais decorrências patrimoniais da concessão da segurança.[434]

Não impressiona o argumento lançado por Bruno Marzullo Zaroni, de que *"o cumprimento do comando contido na decisão judicial, quando voltado contra a pessoa jurídica, depende de ato daqueles que a dirigem"*.[435] De fato, a estrutura organizacional da pessoa jurídica, seja ela de direito público ou privado, faz com que suas ações ou omissões dependam de manifestações de vontade das pessoas físicas que a dirigem, e não somente delas, como também daquelas responsáveis pela efetiva execução dos atos de cumprimento da decisão judicial.

Todavia, fazer recair sobre uma ou mais dessas pessoas físicas o peso da multa periódica pressupõe que o juiz conheça perfeitamente a cadeia de comando da pessoa jurídica, pois do contrário estaria ele cometendo flagrante injustiça e violência contra o patrimônio de alguém que não necessariamente tem condições de movimentar a estrutura de uma organização inteira para o atendimento da decisão judicial. E mais: não raro as dificuldades para o cumprimento do comando judicial não estão na mera ausência de *ordem* do dirigente da pessoa jurídica, mas em problemas estruturais desta – inclusive anteriores à assunção das funções diretivas por determinadas pessoas – e que não podem ser imputados às pessoas físicas que a dirigem, sob pena de desconsideração da personalidade jurídica fora das hipóteses do artigo 50 do Código Civil.

Isso para não se falar no evidente problema da violação do contraditório. A pessoa física do agente público ou do diretor de uma determinada empresa não integra a relação processual, não tendo, assim, condições de discutir à plenitude seja a existência da obrigação imposta pela decisão judicial, seja a viabilidade de seu cumprimento no prazo determinado pelo juiz. A esse respeito, vejam-se os votos de dois eminentes processualistas, Ministros Teori Albino Zavascki e Luiz Fux, em bem fundamentado acórdão proferido pelo Superior Tribunal de Justiça (REsp 679048/RJ, Rel. Ministro Luiz Fux, Primeira Turma, julgado em 03/11/2005, DJ 28/11/2005, p. 204), no qual se traçou distinção entre a multa do artigo 14, parágrafo único (aplicável a terceiros estranhos à lide), e as *astreintes*, aplicáveis somente contra o réu:

O EXMO. SR. MINISTRO TEORI ALBINO ZAVASCKI:

[...]

3.Tem razão a recorrente ao aduzir que o art. 461, § 4º, do CPC contém autorização para a fixação de multa diária, cujo objetivo é o de constranger o devedor a cumprir a obrigação

---

[434] TALAMINI, Eduardo. *Tutela relativa aos deveres de fazer e de não fazer: CPC, art. 461; CDC, art. 84*. São Paulo: Revista dos Tribunais, 2001, p. 453.

[435] ZARONI, Bruno Marzullo. *Efetividade da execução por meio de multa – A problemática em relação à pessoa jurídica*. Curitiba, 2007. Dissertação (Mestrado em Direito) – Setor de Ciências Jurídicas, Universidade Federal do Paraná. p. 270.

As *Astreintes* e o Processo Civil Brasileiro

constante do título executivo, unicamente ao réu, vale dizer, ao executado, a quem cabe adotar as providências internas necessárias à satisfação da determinação judicial. É inviável, assim, a imposição das *astreintes* diretamente a empregado da CEF.

Registra-se, por fim, que o julgado colacionado no voto do relator, no ponto, diz respeito a hipótese distinta da dos presentes autos. Considerou-se, naquela decisão, legítima a imposição de multa ao gerente, em razão de sua recalcitrância em cumprir as reiteradas determinações judiciais para que procedesse ao creditamento das quantias, nos termos do art. 14 do CPC, isto é, pelo reconhecimento da caracterização de ato atentatório ao exercício da jurisdição. É o que se depreende do item 2 de sua ementa.

"As razões da aplicação de multa pelo juízo singular ao Gerente da CEF, confirmadas pela Corte *a quo*, decorreram da sua inércia em proceder à disponibilização do numerário referente à correção monetária das contas vinculadas do particular após 4 (quatro) determinações judiciais e decorridos mais de 8 (oito) meses desde a primeira intimação, mesmo sem haver qualquer discordância quanto aos valores apurados, configurando injustificado e grave desrespeito ao mandamento judicial. Constitui, portanto, ato atentatório à dignidade da justiça autorizando a reprimenda respectiva, consoante autorização expressa do art. 14, parágrafo único, do CPC."

No caso que ora se examina, o acórdão recorrido consignou expressamente que "não há qualquer indício de que a CEF tenha praticado qualquer ato no sentido de criar embaraços ao cumprimento da decisão judicial" (fl. 325), sendo a multa cominada ao gerente a prevista no art. 461, § 4º, do CPC.

[...]

O EXMO. SR. MINISTRO LUIZ FUX:

[...]

Isto porque, tratando-se de figuras distintas, vale dizer: meio de coerção visando o cumprimento da obrigação (astreintes) e sanção de múltiplas conseqüências (art. 14, V, do CPC), impõe-se a exclusão do "gerente", posto não partícipe da relação processual que gerou a imposição da medida de apoio coercitiva, sob pena de grave violação do *due process of law* e do contraditório.

Destarte, o art. 14, parágrafo único, do CPC, refere-se ao "responsável" pelo embaraço à execução do julgado, e este somente surge no processo satisfativo, por isso que quando da emissão do provimento autoexecutável e mandamental o juízo não podia, antecipadamente, presumir atentado à jurisdição.

Assim, resta evidenciado que a condenação de fazer foi imputada à CEF, a qual, por ausência de individualidade bio-psicológica, teve o sancionamento imposto "por ato do gerente" que não foi nominado, revelando a impessoalidade da condenação".

Terão, evidentemente, as pessoas de direito público ou de direito privado no exercício de função pública assegurado o direito de regresso contra o agente responsável pelo descumprimento da ordem judicial, nos casos de dolo ou culpa, como prevê o artigo 37, § 6º, da Constituição Federal. O mesmo vale para as pessoas jurídicas de direito privado. Se seus dirigentes forem pessoal e exclusivamente responsáveis pelo descumprimento de decisão judicial e, com isso, ensejarem prejuízo para a empresa por conta da incidência da multa, poderão ser responsabilizados pessoalmente em ação de regresso movida pela própria empresa. Não é outra a lição do artigo 158 da Lei das S/A (Lei 6.404/76), ao dispor que o administrador responde, "civilmente, pelos prejuízos que causar, quando proceder: I - dentro de suas atribuições ou poderes, com culpa ou dolo; II - com violação da lei ou do estatuto".[436]

Por fim, tendo até o presente momento sido analisada a aplicação das *astreintes* para pressionar o *réu* ao cumprimento de determinada ordem judicial, é de se indagar se o *autor* pode ser submetido à pressão decorrente da cominação da multa em estudo. Spadoni salienta, ainda que brevemente e sem citar exemplos, tal possibilidade, ao afirmar:

> De fato, devemos reconhecer que, diante da lacuna existente em nosso sistema processual, o posicionamento que encontra respaldo suficiente seja o que atribui à parte contrária os valores decorrentes da multa. Referimo-nos à parte contrária, e não apenas ao autor, porque entendemos que qualquer uma das partes, inclusive o autor, pode ser, no curso do processo, submetida a uma ordem judicial, tendo o dever de seu cumprimento incondicionado.[437]

De fato, o autor pode ser submetido a ordens judiciais no decorrer do processo. Assim como o podem pessoas que não fazem parte da lide, tal qual testemunhas, informantes, peritos, oficiais de justiça e outros *partícipes* do processo. Quem seria, nos casos desses partícipes, a *parte contrária* a receber o crédito resultante da incidência da multa? A parte a quem interessasse a ordem a ser cumprida?

Parece claro que o simples fato de alguém poder se submeter a *ordem* judicial não implica, necessariamente, a possibilidade de aplicação das *astreintes* como meio coercitivo. Mais uma vez, parece estar-se diante de confusão entre as *astreintes* e o chamado *contempt of court* ou, ainda, entre medida coercitiva destinada a proporcionar a tutela específica ao autor e medida de caráter punitivo, destinada a assegurar a autoridade e a dignidade do Poder Judiciário contra qualquer indivíduo.

A proposição de Spadoni, no sentido de se aplicar a multa periódica também contra o autor, não merece prosperar.[438] Se é verdade que pode o juiz "dilatar, completar e compreender" os textos legais, não pode ele "alterar, corrigir, substituir".[439] Não se pode perder de vista que o artigo 461 dispõe que na ação que tenha por *objeto obrigação de fazer ou não fazer*, as *astreintes* serão utilizadas para o cumprimento da *tutela específica*, ou seja, para a tutela da obrigação

---

[436] O § 2° do artigo 158 da Lei das S/A ainda dispõe que "Os administradores são solidariamente responsáveis pelos prejuízos causados em virtude do não cumprimento dos deveres impostos por lei para assegurar o funcionamento normal da companhia, ainda que, pelo estatuto, tais deveres não caibam a todos eles".

[437] SPADONI, Joaquim Felipe. A multa na atuação das ordens judiciais. In SHIMURA, Sérgio e WAMBIER, Teresa Arruda Alvim (Coord.). *Processo de execução*. São Paulo: Revista dos Tribunais, 2001, p. 504.

[438] O autor parece ter abandonado tal ponto de vista em obra mais recente (*Ação inibitória: a ação preventiva prevista no art. 461 do CPC*. São Paulo: Revista dos Tribunais, 2007. 2ª ed. revista e atualizada. p. 195-197), na qual não mais faz referência à titularidade da *parte contrária*, mas à titularidade *do autor*. Na mesma obra, faz coro à corrente que prega a atribuição do crédito resultante da multa ao Estado, e não ao particular.

[439] MAXIMILIANO, Carlos. *Hermenêutica e aplicação do direito*. 18ª ed. Rio de Janeiro: Forense, 1998, p. 79.

devida pelo réu ao autor. O § 4º do referido artigo refere expressamente multa diária *ao réu*, independentemente de pedido do *autor*.

Até mesmo na nova redação do § 5º, a chamada *multa por tempo de atraso* é *medida necessária* para a *efetivação da tutela específica ou a obtenção do resultado prático equivalente*, não havendo como imaginar sua aplicação *contra* o autor, visto que a ele interessam tais resultados.

No artigo 287 consta que poderá *o autor* requerer a cominação de pena pecuniária em face do *réu*, e não o contrário.

A aplicação das *astreintes* para coagir o demandante ao cumprimento de ordem judicial é, portanto, hipótese *não prevista* em lei, o que faz da proposta hermenêutica de Spadoni não uma interpretação extensiva dos dispositivos que regram a matéria, mas, sim, uma interpretação *analógica*. Entretanto, vale o alerta do saudoso Ministro Carlos Maximiliano, para quem "o manejo acertado da analogia exige, da parte de quem a emprega, inteligência, discernimento, rigor de lógica; não comporta uma ação passiva, mecânica. O processo não é simples, destituído de perigos; facilmente conduz a erros deploráveis o aplicador descuidado".[440]

Em obra clássica, expõe o jurista os pressupostos para uma correta interpretação analógica. Esta pressupõe: "1º) uma hipótese não *prevista*, senão se trataria apenas de *interpretação extensiva;* 2º) a relação contemplada no texto, embora diversa da que se examina, deve ser semelhante, ter com ela um elemento de identidade; 3º) este elemento não pode ser qualquer, e, sim, *essencial, fundamental*, isto é, o fato jurídico que deu origem ao dispositivo".[441]

Ao percorrer tais ideias, nota-se que a proposta de se aplicar, analogicamente, o artigo 461 às ordens emanadas contra o demandante preenche os dois primeiros requisitos. Trata-se de hipótese não prevista em lei e possui, como semelhança ou *elemento de identidade*, a necessidade de coação do sujeito da ordem judicial.

Entretanto, o *fato jurídico* que deu origem às *astreintes* é a busca da tutela específica, devida ao autor. As *astreintes*, como já se definiu anteriormente,[442] constituem técnica de tutela. Ora, se imposta contra o autor, não estará buscando a tutela para direito algum, mas tão somente assegurando (ou buscando assegurar) o cumprimento de uma decisão judicial, o que não constitui direito do juiz, mas manifestação de seu *poder* de *imperium*.[443] Isso porque a tutela almejada pelo réu contra o autor é sempre de cunho declaratório-negativo – e, portanto, independente de qualquer mecanismo de coerção para a sua efetivação –, salvo na hipótese de reconvenção, na qual evidentemente invertem-se os polos originais da demanda e se mostra, aí sim, possível a cominação de multa contra o novo réu (autor na demanda original) e em favor do novo autor (réu na demanda original).

---

[440] MAXIMILIANO. Op. cit., p. 211/212.

[441] Idem, p. 212.

[442] Vide Item 3.3.1.

[443] Vide Item 3.3.1.

Compreende-se a preocupação em submeter também o autor à autoridade das decisões judiciais. Entretanto, tal pode se dar pela nova redação do artigo 14 e pelo seu parágrafo único (faça-se justiça: dispositivo este introduzido pela Lei 10.358/01, inexistente à época em que o citado autor propôs a aplicação das *astreintes* contra o demandante). Em tal dispositivo, pune-se o descumprimento da ordem judicial, seja do réu, seja "das partes e de todos aqueles que de qualquer forma participam do processo", incluindo-se, segundo Wambier, juízes, auxiliares de justiça e "todos quantos puderem ser enquadrados na expressão *responsável* constante desse dispositivo".[444]

Note-se que a multa do artigo 14 é aplicável também contra *terceiro*, ao qual não podem ser impostas as *astreintes*, salvo quando aquele justamente deixar a sua condição original, para assumir a posição de *parte*, no polo passivo da relação processual (ex.: legitimidade extraordinária do terceiro adquirente no processo de execução para entrega de coisa certa).[445]

3.6. EFETIVIDADE DA MULTA: APLICAÇÃO DOS PRINCÍPIOS DA RAZOABILIDADE E DA PROPORCIONALIDADE

Não apenas na aplicação das *astreintes*, mas em todos os atos praticados pelo juiz ou qualquer outra autoridade estatal, devem ser observados os chamados princípios da *razoabilidade* e da *proporcionalidade*.

Com efeito, "*as normas ou as regras vêm perdendo, cada vez mais, espaço e relevo para os princípios*, despontando estes, por definição, como superiores àquelas, embora não se devendo postular um sistema somente de princípios, erro idêntico de pretender um sistema como mera e desconectada aglutinação de regras".[446]

Segundo Luís Roberto Barroso:

> O princípio da razoabilidade é um parâmetro de valoração dos atos do Poder Público para aferir se eles estão informados pelo valor superior inerente a todo ordenamento jurídico: a justiça. Sendo mais fácil de ser sentido do que conceituado, o princípio se dilui em um conjunto de proposições que não o libertam de uma dimensão excessivamente subjetiva. É razoável o que seja conforme à razão, supondo equilíbrio, moderação e harmonia; o que

---

[444] WAMBIER, Luiz Rodrigues e WAMBIER, Teresa Arruda Alvim. *Breves comentários à 2ª fase da reforma do Código de Processo Civil*. São Paulo: Revista dos Tribunais, 2002, p. 18.

[445] Sobre a assunção da condição de *parte* por terceiro, veja-se a lição de ARAKEN DE ASSIS: "O art. 592, I, do CPC legitima extraordinariamente o sucessor a título singular. [...] O sucessor apontado no art. 592, I, é parte e se opõe à execução mediante embargos do executado. [...] Exame da abrangência da legitimidade passiva na demanda executória revelou que o terceiro é parte [...]. Logo, opor-se-á através de embargos do executado (art. 636), devendo depositar a coisa (art. 626, *in fine*). [...]" (ASSIS, Araken de. *Manual do processo de execução*. 8ª ed. rev., atual. e ampl. São Paulo: Revista dos Tribunais, 2002, p. 286, 486-487).

[446] FREITAS, Juarez. Tendências atuais e perspectivas da hermenêutica constitucional. *Revista da AJURIS*, nº 76, Ano XXVI, dezembro de 1999, p. 398.

não seja arbitrário ou caprichoso; o que corresponda ao senso comum, aos valores vigentes em dado momento ou lugar.[447]

Assim, temos que a aplicação das *astreintes* não deve constituir fonte geradora de injustiça, como ocorreria, por exemplo, se permitida a cobrança da multa, mesmo nos casos em que a sentença definitiva fosse de improcedência.[448] A moderação de que trata o princípio, por sua vez, não impede a fixação de valores discrepantes da obrigação principal para as *astreintes*.[449] Deve haver moderação e equilíbrio para com o fim pretendido pelo ato da autoridade estatal. Sendo este a coerção do réu, o valor fixado para as *astreintes* só seria excessivo quando ultrapassasse o necessário para demover o réu de sua recalcitrância.

Além da razoabilidade na fixação das *astreintes*, é preciso também que haja proporcionalidade, o que, segundo Juarez Freitas, significa mais do que uma mera adequação meio-fim: "Proporcionalidade significa sacrificar o mínimo para preservar o máximo de direitos".[450]

Podemos dividir o princípio (ou postulado)[451] da proporcionalidade em três subprincípios (ou, segundo Alexy, máximas parciais), quais sejam: a) subprincípio da adequação, b) subprincípio da necessidade, e c) subprincípio da proporcionalidade em sentido estrito.[452]

Vejamos o significado de cada um desses subprincípios, e como eles podem ser aplicados à matéria em estudo:[453]

---

[447] BARROSO, Luís Roberto. *Interpretação e aplicação da constituição: fundamentos de um dogmática constitucional transformadora*. 3ª ed. São Paulo: Saraiva, 1999, p. 215.

[448] Vide Item 4.1.1.

[449] Neste particular, não se pode concordar integralmente com a conclusão contida em acórdão do Tribunal de Justiça do Estado do Rio Grande do Sul, no qual se decidiu que: "A multa do artigo 461 § 4º CPC deve ser *razoável e proporcional à obrigação* [...]" (Apelação cível nº 70000859900, Décima Nona Câmara Cível, Tribunal de Justiça do RS, Relator: Des. Elba Aparecida Nicolli Bastos, julgado em 13/11/01). A multa há de ser proporcional à capacidade de resistência do réu. Quanto maior esta, maior deve ser a multa. O valor da obrigação é apenas um dos elementos a serem levados em conta.Veja-se, a propósito, Item 3.9.

[450] FREITAS, Juarez. Tendências atuais e perspectivas da hermenêutica constitucional. *Revista da AJURIS*, nº 76, Ano XXVI, dezembro de 1999, p. 400.

[451] "O postulado da proporcionalidade aplica-se nos casos em que exista uma relação de causalidade entre um meio e um fim concretamente perceptível. A exigência de realização de vários fins, todos constitucionalmente legitimados, implica a adoção de medidas adequadas, necessárias e proporcionais em sentido estrito" (ÁVILA, Humberto. *Teoria dos princípios – da definição à aplicação dos princípios jurídicos*. São Paulo: Malheiros, 2003, p. 121).

[452] Nesse sentido, ALEXY, Robert. *Teoria dos Direitos Fundamentais*. Trad. Virgílio Afonso da Silva. São Paulo: Malheiros, 2008. p. 116-117. e SCHOLLER, Heinrich. O princípio da proporcionalidade no direito constitucional e administrativo da Alemanha. (trad. Ingo Wolfgang Sarlet). *Interesse Público 2* – 1999, p. 99.

[453] Sobre a aplicação dos subprincípios em referência ao processo civil, vide THEODORO JÚNIOR, Humberto. *Tutela específica das obrigações de fazer e não fazer*. *Revista de Processo*, nº 105, janeiro-março 2002, p. 30, TALAMINI, Eduardo. *Tutela relativa aos deveres de fazer e de não fazer: CPC, art. 461; CDC, art. 84*. São Paulo: Revista dos Tribunais, 2001, p. 265/266, e GUERRA, Marcelo Lima. *Execução indireta*. São Paulo: Revista dos Tribunais, 1998, p. 178. Veja-se também nossa obra *Cumprimento e execução da sentença sob a ótica do formalismo-valorativo*. Porto Alegre: Livraria do Advogado, 2008, p. 81-92, na qual desenvolvemos estas ideias e defendemos a utilização do postulado normativo aplicativo da proporcionalidade para a criação de um método de interpretação e aplicação das normas processuais,

O subprincípio da adequação traduz uma exigência de compatibilidade entre o fim pretendido pela norma e os meios por ela enunciados para sua consecução. Trata-se do exame de uma relação de causalidade, e uma lei (ou ato) somente deve ser afastada por inidônea quando absolutamente incapaz de produzir o resultado perseguido. Na fixação da multa, deve então perquirir o magistrado, primeiramente, se ela terá o condão de pressionar eficazmente o réu para a prática de determinada conduta, imposta pelo comando judicial. Assim, sendo o réu desprovido de patrimônio, ou sendo impossível o cumprimento da obrigação contida no preceito, não há falar em aplicação da multa, visto que inadequada, *inapta* para pressionar o réu a cumprir a determinação judicial.

Da mesma forma, a multa fixada em valor irrisório pode não ser adequada para o fim a que se destina. É, enfim, "necessário que a medida sancionatória seja de fato útil e adequada ao fim proposto".[454]

As *astreintes*, entretanto, podem ser *adequadas*, porém não *necessárias*. Com relação ao subprincípio da *necessidade* do meio utilizado, este determina que, entre dois meios possíveis, deve-se escolher o que seja menos gravoso ao jurisdicionado. É deste subprincípio que emerge a *proibição de excesso*. Aqui, entretanto, reside um aparente problema. É que, para a verificação da necessidade de imposição da multa processual, em tese seria preciso conhecer justamente o ânimo do réu. Caso este estivesse disposto a cumprir, espontaneamente, a ordem judicial, *desnecessária* mostrar-se-ia a imposição de multa. O problema, como dito, é apenas aparente. Isso porque, nesse caso específico, a fixação de multa desnecessária não causará prejuízo ao réu que, cumprindo a obrigação, ilidirá a incidência das *astreintes*. Não se desvirtua, assim, o *telos* da proporcionalidade, que é o menor sacrifício possível, com a fixação da multa em tal situação.

O último subprincípio, denominado *proporcionalidade em sentido estrito*, corresponde a um sistema de valoração, na medida em que ao se garantir um direito muitas vezes é preciso restringir outro, situação juridicamente aceitável somente após um estudo teleológico, no qual se conclua que o direito juridicamente protegido por determinada norma apresenta conteúdo valorativamente superior ao restringido.[455]

O juízo de proporcionalidade em sentido estrito permite um perfeito equilíbrio entre o fim almejado e o meio empregado, ou seja, o resultado obtido com a intervenção na esfera de direitos do particular deve ser proporcional à carga coativa dessa intervenção. Em outras palavras, "trata-se, pois, de uma questão de 'medida' ou 'desmedida' para se alcançar um fim: pesar as desvantagens dos

---

[454] THEODORO JÚNIOR, Humberto. Tutela específica das obrigações de fazer e não fazer. *Revista de Processo*, nº 105, janeiro-março 2002, p. 26.

[455] Assim, "O juízo de ponderação entre os pesos dos direitos e bens contrapostos deve ter uma medida que permita alcançar a melhor proporção entre os meios e os fins. [...] Decorre da natureza dos princípios válidos a otimização das possibilidades fáticas e jurídicas de uma determinada situação." STUMM, Raquel Denise. *Princípio da proporcionalidade no direito constitucional brasileiro*. Porto Alegre: Livraria do Advogado Editora, 1995, p. 81.

meios em relação às vantagens do fim".[456] Parece-nos, sem dúvida, que a regra contida no § 4º do artigo 461 concretiza esse princípio, ao determinar que a multa será suficiente ou compatível com a obrigação. Isso não significa limitar as *astreintes* ao valor da obrigação contida no preceito judicial, mas adequar a sua aplicação e o seu valor ao resultado que se busca alcançar com sua aplicação.

Nas palavras de Kazuo Watanabe, "o dispositivo confere maior plasticidade ao processo, principalmente quanto ao provimento nele reclamado, permitindo que o juiz, em cada caso concreto, através da faculdade prevista no parágrafo em análise, proceda ao adequado equilíbrio entre o direito e a execução respectiva, procurando fazer com que esta última ocorra de forma compatível e *proporcional* à peculiaridade de cada caso".[457]

3.7. MOMENTOS E INICIATIVA DE FIXAÇÃO E MODIFICAÇÃO DAS *ASTREINTES*

Impende determinar os momentos em que a multa em estudo pode ser fixada, bem como a iniciativa para sua fixação e modificação. Da leitura dos §§ 3º e 4º do artigo 461 CPC, depreende-se que a multa poderá ser imposta no momento do deferimento de liminar ou na sentença.

Entretanto, como bem anota Spadoni, o legislador processual não foi feliz ao referir-se apenas a esses dois momentos.[458] Segundo o autor:

[...] estes são os momentos ideais para a imposição da multa. No entanto, pode ocorrer que o juiz conceda a medida liminar pleiteada, mas não imponha, na mesma ocasião, a multa pecuniária. Acaso se revele a recalcitrância do réu no atendimento à ordem, e revelando-se ainda possível o cumprimento específico da decisão, pode e deve o magistrado, por meio de nova decisão interlocutória, impor multa ao réu, reforçando assim a possibilidade de atendimento ao comando judicial.[459]

Evidentemente, aqui não se pode interpretar literalmente o dispositivo legal. O objetivo claro da regra processual é aparelhar as decisões de cunho mandamental anteriores à sentença, bem como a própria sentença, de mecanismo de coerção capaz de pressionar o demandado a cumprir tais decisões. E assim tem sido compreendido, sem maiores percalços, seja na doutrina, seja na jurisprudência, o momento de fixação da multa periódica.

---

[456] CANOTILHO, J. J. G. *Direito constitucional e teoria da Constituição*. 4ª ed. Coimbra: Almedina, p. 263.

[457] GRINOVER, Ada Pellegrini e outros. *Código brasileiro de defesa do consumidor comentado pelos autores do anteprojeto*. 7ª ed. Rio de Janeiro: Forense Universitária, 2001, p. 773.

[458] SPADONI, Joaquim Felipe. *A multa na atuação das ordens judiciais*. In SHIMURA, Sérgio e WAMBIER, Teresa Arruda Alvim (Coord.). *Processo de execução*. São Paulo: Revista dos Tribunais, 2001, p. 491.

[459] Idem, p. 492.

É também possível a fixação da multa em sede recursal, caso nesta seja deferida medida antecipatória (como, por exemplo, ocorre pela redação do artigo 527, III)[460] ou definitiva.

Saliente-se, ainda, a possibilidade de fixação da multa no "despacho" da petição inicial no processo de execução de título executivo *extrajudicial*, como expressamente prevê o artigo 645. Aliás, o "despacho" referido nada mais é do que decisão interlocutória, sujeita, inclusive, a agravo de instrumento.

Em suma, as *astreintes* podem, a qualquer momento, ser fixadas, desde que presentes os requisitos para sua utilização (espécie de obrigação, possibilidade de seu cumprimento, adequação, necessidade etc.).

Mister se faz, entretanto, a análise das peculiaridades de alguns momentos específicos nos quais a multa pode ser aplicada.

3.7.1. Antecipação da tutela

Embora a antecipação da tutela prevista no artigo 461, § 3º não faça qualquer referência à necessidade de requerimento do autor para sua concessão (diferentemente do artigo 273, que expressamente exige *o requerimento da parte*), é de se aplicar subsidiariamente a exigência contida no artigo 273. Como ensina Zavascki, "embora silente a respeito o art. 461, não será cabível a medida sem pedido expresso do autor. O requerimento poderá ser formulado tão pronto se verificarem os requisitos que ensejam seu deferimento: com a petição inicial, a qualquer momento no curso do processo, ou na fase recursal".[461]

De fato, outra solução não poderia ser dada à omissão do artigo 461. Isso porque será do autor a responsabilidade de indenizar o réu pelos prejuízos que este vier a sofrer com o deferimento da antecipação da tutela, caso esta não seja confirmada por posterior sentença.[462]

Não teria sentido, assim, impor-se ao demandante o risco de suportar um encargo decorrente de medida que não requereu. Imagine-se, por exemplo, que em uma ação que verse sobre utilização indevida de nome comercial o juiz decida liminarmente, de ofício, pelo fechamento do estabelecimento do réu até que este deixe de utilizar aquela denominação. Submeter-se-ia o demandante, possivelmente contra sua vontade, ao risco de ter de arcar com os prejuízos decorrentes da medida antecipatória.

Entretanto, o fato de o juiz não poder, sem requerimento da parte interessada, antecipar a tutela, não implica a impossibilidade de vir ele a fixar, de

---

[460] Vide Item 4.2.2.1.

[461] ZAVASCKI, Teori Albino. *Antecipação da tutela*. São Paulo: Saraiva, 2000, 3ª ed. revista e ampliada, p. 157.

[462] "Em qualquer caso, o cumprimento da medida antecipatória correrá por conta e risco do requerente, sendo que, se procedente a ação, caberá definir apenas a razoabilidade ou não dos gastos despendidos com a execução, a serem indenizados pelo réu. Improcedente a demanda, poderá o réu postular o retorno ao *status quo ante*, além das perdas e danos que porventura lhe tenham sido infligidos" (ZAVASCKI. Op. cit., p. 154).

As *Astreintes* e o Processo Civil Brasileiro

ofício, as *astreintes*, em antecipação da tutela requerida pelo autor. É expressa a menção "independentemente de pedido do autor" no § 4º do artigo 461, seja para a fixação da multa em sentença, seja em provimentos antecipatórios. Assim, a multa, diferentemente da antecipação da tutela em si, pode ser fixada *ex officio* pelo magistrado (note-se que caberá ao autor executar o crédito resultante de sua incidência ou não,[463] o que afasta a assunção indesejada do risco de indenizar o réu, que ocorreria em casos de antecipação da tutela *ex officio*).

Spadoni salienta que, "por ser medida afeta ao poder jurisdicional, tendente a assegurar a efetividade do processo, a imposição de multa ao réu independe do pedido explícito da parte autora".[464] No entanto, a própria antecipação da tutela não deixa de ser *medida afeta ao poder jurisdicional, tendente a assegurar a efetividade do processo*, e nem por isso pode ser concedida de ofício. A razão para a autorização da concessão *ex officio* da multa pelo magistrado é, além da expressa previsão legal, o fato de a multa, como ademais as medidas coercitivas em geral, fazer parte do poder de *imperium* do juiz, da força que é inerente à atividade jurisdicional, não podendo ser limitada pelas partes. A *tutela* deve ser pleiteada pelo autor, mas este não pode interferir na *técnica de tutela*,[465] que será escolhida pelo órgão jurisdicional.[466]

3.7.2. Sentença

Como referido anteriormente, há previsão expressa para a fixação da multa em sentença (art. 461, § 4º).

Havia certa polêmica relativa aos recursos cabíveis no caso em que, em sentença, o juiz antecipava a tutela ao autor. A par da discussão acerca do recurso cabível em tal hipótese (se agravo de instrumento ou apelação),[467] o certo é que, antecipada a tutela no corpo sentencial, as *astreintes* passariam a incidir independentemente de citação do réu em processo de execução. Do contrário, fixada a multa sem qualquer menção ao caráter antecipatório (ou seja, à exigência de cumprimento imediato), vinha entendendo o Superior Tribunal de Justiça, antes da entrada em vigor da Lei 10.444/02, ser necessária a citação em processo de execução autônomo para dar início à incidência da multa.[468]

---

[463] Vide Item 5.2.1.

[464] SPADONI, Joaquim Felipe. *A multa na atuação das ordens judiciais*. In SHIMURA, Sérgio e WAMBIER, Teresa Arruda Alvim (Coord.). *Processo de execução*. São Paulo: Revista dos Tribunais, 2001, p. 490.

[465] Vide Item 3.3.1.

[466] Nesse sentido, veja-se o que escrevemos em *Cumprimento e execução da sentença sob a ótica do formalismo-valorativo*. Porto Alegre: Livraria do Advogado, 2008, p. 135-138.

[467] Sobre a polêmica, superada pela nova redação do artigo 520 do CPC (o recurso será o de apelação), veja-se: WAMBIER, Luiz Rodrigues e WAMBIER, Teresa Arruda Alvim. *Breves comentários à 2ª fase da reforma do Código de Processo Civil*. São Paulo: Revista dos Tribunais, 2002, p. 99-106.

[468] REsp 220232/CE, RSTJ 129/378, DJU 25/10/1999. 4ª Turma do STJ, Rel. Min. Ruy Rosado de Aguiar. Pela sistemática anterior, sendo omissa a sentença quanto ao termo *a quo* das *astreintes*, acertada a conclusão do

Ocorre que, pela eliminação do processo de execução *ex intervallo* para as sentenças relativas a obrigações de fazer, não fazer e de entregar coisa,[469] carece de sentido a conclusão então alcançada pela Corte Superior. Isso porque não há mais, para títulos judiciais relativos às obrigações acima referidas, previsão de processo de execução autônomo e, portanto, de *citação executiva*. Tem-se, assim, que a fixação das *astreintes* em sentença obedecerá à seguinte sistemática: entendendo o juiz estar diante de um dos casos previstos no artigo 461, § 3° (ou seja, havendo o *periculum in mora*), concederá a tutela antecipada no corpo sentencial, para "possibilitar a execução imediata da própria sentença, afastando o efeito suspensivo do recurso de apelação que, eventualmente, venha a ser interposto".[470] O afastamento do efeito suspensivo da apelação resta, ademais, expressamente previsto na redação do artigo 520, acrescido do inciso VII (Lei 10.352/01).[471] Nesses casos, as *astreintes* incidirão tão logo expire o prazo do réu para o cumprimento do preceito judicial.[472]

Por outro lado, aquelas sentenças que não confirmarem (nem concederem) a antecipação dos efeitos da tutela ao autor, e contra as quais caiba recurso de apelação com efeito suspensivo (o que constitui regra, excetuados os casos previstos nos incisos do artigo 520), ao fixarem *astreintes* terão a incidência destas condicionada ao término da suspensão da eficácia da sentença, que

---

Superior Tribunal de Justiça, representada pelo acórdão abaixo ementado, no sentido de ser a citação executiva o marco inicial da contagem da multa:

"Processo civil. Execução. Obrigação de fazer. Pena pecuniária. CPC, arts. 287, 632, 644 e 645. Termo *a quo*. Recurso não conhecido. I – Inexistindo avença, o judiciário deve estabelecer o momento inicial para o cumprimento do julgado nas obrigações de fazer. II – A sentença cabe marcar esse termo: preferencialmente, se do trânsito em julgado ou da citação executiva. III – Omissa a sentença, é de entender-se a citação executiva como o termo *a quo* da *astreinte* a que se referem os arts. 287, 632, 644 e 645 do Código de Processo Civil" (Superior Tribunal de Justiça – 4ª Turma. REsp n° 11368/DF (1991/0010447-7). Rel. Min. Sálvio de Figueiredo Teixeira. J. unânime em 31/10/1991. DJ 16/12/1991, p. 18546. RSTJ, vol.: 30, p. 465).

[469] Lei n° 10.444, de 7 de maio de 2002.

[470] MEDINA, José Miguel. *Juízo de admissibilidade e juízo de mérito dos recursos na nova sistemática recursal e sua compreensão jurisprudencial, de acordo com as Leis 9.756/98 e 9.800/99*. In ALVIM, Eduardo Pellegrini de Arruda e outros (coord.). *Aspectos polêmicos e atuais dos recursos* – 2ª série. São Paulo: Revista dos Tribunais, 2000, p. 354.

[471] "Art. 520. A apelação será recebida em seu efeito devolutivo e suspensivo. Será, no entanto, recebida só no efeito devolutivo, quando interposta de sentença que:

[...]

VII – confirmar a antecipação dos efeitos da tutela." Note-se que a redação do artigo não deixa claro se a sentença na qual é *concedida* a antecipação da tutela submeter-se-ia ao mesmo regime daquela que *confirma* a antecipação. Trata-se, entretanto, de um falso problema. Se *concedida* a antecipação da tutela em sentença, é evidente que esta está a confirmar aquela. Admitindo a aplicação do art. 520, VII, à sentença que *concede* a antecipação da tutela, afirma NELSON NERY JÚNIOR: "Caso a tutela tenha sido concedida na própria sentença, a apelação eventualmente interposta contra essa sentença será recebida no efeito devolutivo quanto à parte que concedeu a tutela, e no duplo efeito quanto ao mais." (NERY JUNIOR, Nelson e NERY, Rosa Maria Andrade. *Código de Processo Civil comentado e legislação processual civil extravagante em vigor*. 6ª ed. revista. São Paulo: Revista dos Tribunais, 2002, p. 867).

[472] Veja-se Apelação n° 1054348500. Rel. Des. Júlio Vidal. 28ª Câmara do D.QUARTO Grupo (Ext. 2.° TAC) do Tribunal de Justiça do Estado de São Paulo. Data do julgamento: 24/10/2006. Data de registro: 06/11/2006, mencionando, inclusive, a primeira edição desta obra.

ocorrerá (I) com o julgamento do recurso de apelação (caso mantida, evidentemente, a sentença, e não obtido efeito suspensivo em outro recurso interposto pelo réu),[473] ou (II) com o trânsito em julgado na hipótese da não interposição de recurso.[474]

3.7.3. Decisões dos tribunais (monocráticas ou colegiadas)

Por inserir-se no poder de império que é inerente ao exercício da atividade jurisdicional estatal, é evidente a possibilidade de fixação da multa não apenas por juízes de primeiro grau, como também por relator de recurso (ao deferir, por exemplo, a antecipação da tutela com base no artigo 527, III) ou por órgão colegiado. A intimação da parte acerca da fixação de multa pela decisão monocrática ou colegiada do tribunal, e o termo inicial da contagem da multa, seguirão sistemáticas semelhantes àquela das decisões de primeiro grau, observada a circunstância de que os recursos contra decisões de segunda instância não terão, de regra, efeito suspensivo.[475]

3.7.4. Despacho citatório no processo executivo (títulos executivos extrajudiciais)

Muito embora eliminado o processo de execução *ex intervallo* para títulos executivos judiciais relativos a obrigações de fazer, não fazer (desfazer) e entregar coisa, manteve-se o processo executivo autônomo para títulos extrajudiciais referentes às mesmas espécies de obrigação. Assim, resta mantida a possibilidade de o juiz fixar multa por dia de atraso, "ao despachar a inicial", como prevê expressamente o artigo 645, *caput*. Os critérios para tal fixação, mormente a possibilidade de alteração do valor estipulado pelas partes no título, serão abordados em item próprio.[476]

Note-se, todavia, que o artigo 645 faz referência à multa diária. Parece-nos, todavia, ser aplicável, subsidiariamente, a regra do artigo 461, § 5º, permitindo a fixação da multa em outra unidade temporal, embora presuma-se serem raros os casos em que se fixa, em execução de título extrajudicial, a multa em unidade *inferior* ao dia. Ademais, unidades inferiores ao dia são mais utilizadas quando diante da efetivação de tutela de urgência, nas quais se mostra mais provável a

---

[473] Sobre os efeitos dos recursos na incidência e exigibilidade das *astreintes*, vide Item 4.2.

[474] MARINONI, Luiz Guilherme. *Tutela inibitória: individual e coletiva.* São Paulo: Revista dos Tribunais, 1998, p. 181.

[475] Vide Item 3.7.3.

[476] Item 5.1.2.

opção do autor pelo ajuizamento de ação de conhecimento com pedido de antecipação da tutela, do que pelo processo executivo.[477]

3.8. DA INCIDÊNCIA DA MULTA

3.8.1. Termo *a quo*

Note-se que somente com a recente reforma do CPC admitiu-se periodicidade da multa superior ou inferior ao *dia*. Praticamente todos os autores que escreveram sobre a incidência da multa o fizeram considerando tão somente a unidade diária.

Barbosa Moreira, ao descrever o procedimento da multa *diária*, afirma que "citado para a execução, pode acontecer que o devedor cumpra a obrigação, no prazo fixado no despacho da inicial ou na sentença. Não há cogitar, então, da cobrança de multa. Continuando inadimplente o devedor, a multa começa a incidir *desde o dia fixado*".[478]

Duvidas há se o *dia fixado* seja aquele que referiu o jurista no início de sua explanação, qual seja, o último dia do *prazo fixado* no despacho (*rectius*, na decisão) que defere a petição inicial ou na sentença. Cumpre lembrar que é incomum o juiz *fixar* o dia no qual incidirá a multa, sendo mais comum a menção ao prazo para cumprimento do comando judicial.

Luiz Rodrigues Wambier, de forma mais clara, afirma que "a multa processual incide só a partir do decurso do prazo estabelecido para cumprir a ordem judicial".[479] Nesse particular, é acompanhado por Spadoni,[480] Humberto Theodoro Júnior,[481] Marcelo Lima Guerra[482] e Eduardo Talamini.[483]

---

[477] Sobre a possibilidade de opção do detentor de título extrajudicial pela ação de conhecimento, veja-se: RODRIGUES, Geisa de Assis. Notícia sobre a proposta de nova disciplina da execução das obrigações de entrega de coisa, de fazer e de não fazer. In MARINONI, Luiz Guilherme (coord.). *A segunda etapa da reforma processual civil*. São Paulo: Malheiros, 2001, p. 184.

[478] MOREIRA, José Carlos Barbosa. *O novo processo civil brasileiro: exposição sistemática do procedimento*. 22ª ed. rev. e atual. Rio de Janeiro: Forense, 2002, p. 220.

[479] WAMBIER, Luis Rodrigues e outros. *Curso avançado de processo civil*. 3ª ed. São Paulo: Revista dos Tribunais, 2000, vol. 2, p. 280.

[480] "Em todo caso, os valores da multa passam a ser devidos desde o momento em que for constatado o não cumprimento do preceito judicial pelo réu, [...]" SPADONI, Joaquim Felipe. A multa na atuação das ordens judiciais. In SHIMURA, Sérgio e WAMBIER, Teresa Arruda Alvim (Coord.). *Processo de execução*. São Paulo: Revista dos Tribunais, 2001, p. 499.

[481] "A multa vigora a partir do momento fixado pela decisão, o qual se dará quando expirar o prazo razoável assinado pelo juiz para o cumprimento voluntário da obrigação." THEODORO JÚNIOR, Humberto. Tutela específica das obrigações de fazer e não fazer. *Revista de Processo*, nº 105, janeiro-março 2002, p. 27.

[482] "Por outro lado, não se afigura razoável a determinação de outra data que não a do transcurso do período que se concede ao devedor para adimplir." GUERRA, Marcelo Lima. *Execução indireta*. São Paulo: Revista dos Tribunais, 1998, p. 205.

[483] "Decorrido o prazo concedido para cumprimento do preceito – ou não havendo a pronta obediência, quando se exige cumprimento imediato –, passa a incidir a multa." TALAMINI, Eduardo. Op. cit., p. 248.

A descrição do termo *a quo* das *astreintes* feita pelos juristas acima elencados é diversa daquela feita por Araken de Assis, ao afirmar, citando acórdão do Superior Tribunal de Justiça, que "o *dies a quo* da pena é aquele *dia imediatamente posterior ao vencimento do prazo de cumprimento*".[484] Semelhante definição do termo *a quo* da multa oferecem Teori Albino Zavascki[485] e Carlyle Popp.[486]

Mais precisa é a definição do termo *a quo* dada pelo primeiro grupo de processualistas.

Isso porque aguardar-se a passagem do dia para que passem a incidir as *astreintes* é ignorar o fato de que, "muitas vezes, a prestação jurisdicional só é eficaz se imediatamente atuada, revelando a experiência forense que algumas horas são suficientes para torná-la desprovida de qualquer utilidade prática".[487]

Exemplo que pode ilustrar a situação acima descrita é o de emissora de televisão intimada, minutos antes de levar ao ar reportagem difamatória a respeito do autor, para não televisionar a matéria, sob pena de multa.

Não há nenhum sentido em se afirmar que a multa só incidirá no dia seguinte ao do descumprimento. Se assim fosse, a emissora de televisão veicularia a reportagem e, mesmo antes do *dia seguinte ao descumprimento da ordem judicial* (termo *a quo* da multa, na definição do segundo grupo de juristas antes referidos), já se configuraria a impossibilidade do cumprimento da determinação judicial (o que constitui, como se verá, termo *ad quem* da multa).

Como bem se vê, o termo *ad quem* da multa viria antes do seu termo *a quo*, o que implicaria dizer que a multa não incidiu ou, mais precisamente, que teve incidência *negativa*!

Frente aos deveres de fazer e de não fazer cuja violação se exaure em um único momento, demonstrados no exemplo antes citado, a adoção do termo *a quo* referido por Araken de Assis e Teori Albino Zavascki poderia ser justificada, pelo primeiro, em razão de *inadmitir* a multa diária naquelas situações[488] (ou seja, nem as cogitou quando da análise da incidência da multa); e pelo segundo, em razão de denominar de *multa fixa* aquela utilizada no caso exemplificado, diferenciando-a da multa diária.[489]

---

[484] ASSIS, Araken de. *Manual do processo de execução*. São Paulo: Ed. Rev. dos Tribunais, 2001, p. 498.

[485] "O termo *a quo* da incidência será o dia seguinte ao do término do prazo fixado para que a prestação seja entregue espontaneamente."

[486] "O termo inicial para a incidência da sanção pecuniária é o primeiro dia útil após o vencimento do prazo fixado pelo juiz". Interessante referir que o autor, em momento seguinte, contradiz-se ao afirmar que "em se tratando, porém, de sanção pecuniária estabelecida liminarmente, o seu termo *a quo* ocorrerá com o vencimento do prazo fixado pelo juiz na referida decisão" (POPP, Carlyle. *Execução de obrigação de fazer*. Curitiba: Juruá, 1995, p. 128).

[487] SPADONI, Joaquim Felipe. *A multa na atuação das ordens judiciais*. In SHIMURA, Sérgio e WAMBIER, Teresa Arruda Alvim (Coord.). *Processo de execução*. São Paulo: Revista dos Tribunais, 2001, p. 493.

[488] ASSIS, Araken de. Op. cit., p. 496.

[489] Conforme verificar-se-á no Item 3.8.4, ZAVASCKI entendia, mesmo antes da nova redação do artigo 461 do CPC, ser a multa fixa uma medida contida entre aquelas previstas no § 5º do referido artigo, e não no § 4º.

A imprecisão na definição do termo *a quo* das *astreintes* tem ocorrido, presumivelmente, em razão de determinados juristas tomarem em conta somente casos em que o *prazo para cumprimento* da decisão judicial é fixado em *dias*. É que, nesses casos, o prazo para cumprimento da ordem judicial seguirá regra idêntica à do artigo 184, *caput*, que dispõe: "Salvo previsão em contrário, computar-se-ão os prazos, excluindo o dia do começo e incluindo o do vencimento" (regra esta contida também no artigo 132, *caput*, do Código Civil). Por essa razão, o último dia do prazo deverá transcorrer integralmente para que se configure o descumprimento da ordem judicial, que passará a incidir *no dia seguinte*, mas não em razão de seguir a regra do artigo 184 e, sim, em razão de o *dia seguinte* coincidir com o *instante seguinte* ao descumprimento do comando judicial. Essa coincidência, entretanto, não ocorre sempre, como se verifica quando o descumprimento da decisão judicial implica violação do direito que se dá de forma instantânea, ou seja, não continuada.

Assim, em qualquer caso, o termo *a quo* da multa é o *instante* seguinte ao descumprimento do preceito judicial. Em outras palavras, as *astreintes* incidem *imediatamente* após o descumprimento da decisão judicial à qual estão vinculadas.

Nesse sentido, julgamento do Tribunal de Justiça do Estado do Rio Grande do Sul, no qual se considerou que a multa cominatória "incide a partir do descumprimento da decisão, modo imediato. O prazo do art-738, CPC, refere-se única e exclusivamente ao prazo para embargar, não se inserindo a penalidade em tal previsão, uma vez que se liga apenas ao descumprimento, à resistência ao determinado pela decisão".[490]

Importante salientar, da mesma forma, que as alterações no artigo 461 incluíram a previsão de *multa* no § 5º deste dispositivo, diferenciando-a da *multa diária* referida no § 4º do mesmo artigo. Como será demonstrado a seguir,[491] tal inclusão permitiu que a multa seja fixada em periodicidade inferior ao *dia*, ou até mesmo de forma *fixa*, o que, com efeito, tornaria sem sentido a fixação do termo *a quo* da incidência da multa no *dia* seguinte ao descumprimento da ordem judicial.

Resta também evidenciado, pela leitura dos artigos 287 e 461, § 4º, que o *descumprimento* da sentença ou da decisão na qual se fixa a multa determina o termo inicial de incidência das *astreintes*. Não há mais a menção contida na antiga redação do artigo 644, que – aparentemente – permitia ao juiz fixar data diversa daquela na qual seria exigível o cumprimento da obrigação, para o início da incidência da multa.[492] Nenhum sentido há em se postergar a incidência da

---

[490] Agravo de Instrumento nº 598172435, Vigésima Primeira Câmara Cível, Tribunal de Justiça do RS, Relator: Des. Francisco José Moesch, julgado em 28/10/98.

[491] Itens 3.8.3 e 3.8.4.

[492] Neste sentido, ARENHART, Sérgio Cruz. *A tutela inibitória da vida privada*. São Paulo: Revista dos Tribunais, 2000, p. 199/200.

multa para momento posterior ao prazo final de cumprimento do preceito pelo réu. Seria como lhe dar uma espécie de "folga" ou carência no prazo judicial, enfraquecendo sobremaneira a autoridade da decisão e sua efetividade.

No que tange à configuração do *descumprimento* da decisão (termo *a quo* das *astreintes*), cumpre salientar a importância das razões expendidas anteriormente,[493] quando se tratou do procedimento para intimação (e não citação) do réu para cumprimento de decisão judicial. Lá se demonstrou que, eliminado o processo de execução *ex intervallo* para as sentenças relativas às obrigações de fazer, não fazer (desfazer) e entregar coisa (por força da Lei 10.444/02), o descumprimento do comando judicial se dará sempre que, *intimado* (e não mais citado) deste, o réu não o cumpra no prazo ali contido. Exceção seja feita à citação no processo de execução de título extrajudicial, submetido à regra do art. 645 (onde ocorre *citação* para o cumprimento da obrigação contida no título).

Note-se que, no caso de fixação da multa em sentença, via de regra, esta tem sua eficácia impedida por ser impugnável por meio de recurso de efeito suspensivo. Como bem refere Araken de Assis, quando o recurso de apelação possui tão somente efeito devolutivo, "a sentença passa a emanar desde logo sua eficácia completa". Entretanto, "prevista apelação com efeito suspensivo e devolutivo, está a sentença *sub conditione* suspensiva desde a publicação".[494]

Barbosa Moreira salienta ainda que essa suspensão (a que o autor denomina *impedimento à eficácia*) não resulta da *interposição* da apelação, mas a *precede*. Com efeito, "seria errôneo pensar que, enquanto não interposto o recurso, a sentença produz efeitos, e só com a interposição deixa de produzi-los".[495] Assim, *se a sentença for impugnável por apelação com efeito suspensivo* (regra geral, por força do artigo 520), não há falar em incidência das *astreintes* no período que medeia a intimação do réu e a interposição do recurso.[496]

---

[493] Item 3.1.1.

[494] ASSIS, Araken de. Da natureza jurídica da sentença sujeita a recurso. *Revista Jurídica*, nº 101, set/out 1983, p. 16.

[495] MOREIRA, José Carlos Barbosa. Eficácia da sentença e autoridade da coisa julgada. *Revista da AJURIS*, nº 28, p. 23.

[496] Neste sentido, vale transcrever a lúcida lição de Nelson Nery Júnior: "Na verdade, a suspensividade diz mais de perto com a recorribilidade, do que propriamente com o recurso. [...] Dizemos que a suspensividade respeita mais propriamente à recorribilidade porque o efeito suspensivo, na prática, tem início com a publicação da sentença e perdura, no mínimo, até que se escoe o prazo para a parte ou interessado recorrer. Assim, durante o prazo para a interposição do recurso, já existe, em certa medida, o efeito suspensivo que se prolongará até o julgamento do recurso efetivamente interposto, ao qual a lei confirma efeito suspensivo. Olhando o fenômeno por outro ângulo, poder-se-ia dizer que o que ocorre durante o prazo que vai da publicação da decisão até o escoamento do termo para a interposição do recurso é a suspensão dos efeitos da sentença, não por incidência do efeito suspensivo do recurso, mas porque a eficácia imediata da decisão fica sob a condição suspensiva de não haver interposição de recurso que deva ser recebido no efeito suspensivo" (NERY JÚNIOR, Nelson. *Princípios fundamentais: teoria geral dos recursos*. 5ª ed. rev. e ampl. São Paulo: Revista dos Tribunais, 2000, p. 383/384).

3.8.1.1. Da necessidade de intimação pessoal do réu para o cumprimento da decisão e da inaplicabilidade dos artigos 184, §§ 1º e 2º, e 241

Doutrina e jurisprudência têm-se inclinado para exigir a intimação da parte, e não de seu advogado, no cumprimento das sentenças mandamentais, referentes aos artigos 461 e 461-A. Segundo Marinoni, "em geral, para a prática de atos *personalíssimos* da parte, esta é a via adequada [intimação pessoal], dirigida, então, diretamente à parte, e não a seu advogado".[497] A Primeira Turma do Superior Tribunal de Justiça, em acórdão relatado pelo Min. Luiz Fux, determinou que nada obstante a desnecessidade de *citação* do devedor para cumprir a obrigação de fazer, "o cumprimento da sentença pressupõe ordem para fazer, o que arrasta a necessidade de comunicação *faciem*, insubstituível pela publicação no diário oficial".[498]

Parece-nos correto tal entendimento, na medida em que as consequências do descumprimento da determinação judicial de caráter mandamental são mais graves (basta pensar na hipótese de crime de desobediência – art. 330, Código Penal – ou mesmo da incidência de *astreinte* sem limite de valor) do que aquelas decorrentes do descumprimento de prazos processuais cuja intimação pode ser feita na pessoa do advogado.

Assim, a intimação para dar início à contagem do prazo para cumprimento da decisão ou sentença na qual se comina multa diária deve ser na pessoa do destinatário da ordem judicial.

Frise-se ainda que o mandado de intimação deve conter todas as informações necessárias para que o demandado não apenas cumpra a determinação judicial, como conheça as consequências exatas do eventual descumprimento. Assim, inadmissível a intimação para cumprimento "sob pena de multa", sem que conste o valor unitário da *astreinte*. Em hipóteses como essa, a multa não incidirá, sendo que a fixação *a posteriori* do valor unitário da multa não retroagirá à data de descumprimento da intimação original. Também não incidirá a multa caso não conste do mandado de intimação o prazo concedido para o cumprimento da determinação judicial, salvo, é claro, nas hipóteses em que o cumprimento deva se dar instantaneamente (o que geralmente ocorre nas ordens de abstenção).

É de se indagar, ainda, se a intimação deve ser considerada como ocorrida no dia do recebimento do mandado pelo réu, ou se apenas da juntada do referido instrumento aos autos do processo. A questão é controvertida. Já decidiu o Superior Tribunal de Justiça que "a contagem do prazo deve ser iniciada a partir da

---

[497] MARINONI, Luiz Guilherme; ARENHART, Sérgio Cruz. *Manual do processo de conhecimento.* 2ª ed. São Paulo: Revista dos Tribunais, 2003. p. 132.

[498] REsp nº 692.386-PB. Primeira Turma do Superior Tribunal de Justiça. Rel. Min. Luiz Fux. J. em 11.10.2005. DJ 24.10.2005.

juntada aos autos da carta precatória, e não a partir do término do prazo dado ao cumprimento da obrigação".[499]

Ousamos divergir. Em nosso entendimento, os parágrafos 1º e 2º do artigo 184 não se aplicam ao termo *a quo* da multa. Tampouco se aplica o artigo 241. Isso significa que, recebido mandado de intimação pelo réu, instaura-se no dia[500] seguinte a contagem do prazo para cumprimento da obrigação, independentemente de se tratar de dia útil ou não, e independentemente da juntada aos autos do mandado de intimação.

As disposições dos artigos 184, §§ 1º e 2º, e 241 dizem respeito a prazos para a prática de atos processuais tais como a apresentação de defesa, recurso, provas etc. Já o cumprimento das obrigações, ainda que determinadas em decisões proferidas no processo, se dá fora deste, e independe do horário do expediente forense ou mesmo da abertura do fórum. É claro que, devendo o cumprimento da obrigação se dar necessariamente em dia útil (por depender, por exemplo, do horário de funcionamento de estabelecimentos como bancos ou cartórios), caso o *término* do prazo se dê em dia não util, deverá ser prorrogado para o primeiro dia útil subsequente.

Da mesma forma, a juntada aos autos do mandado de intimação não é requisito para que dele tenha conhecimento o réu. Evidentemente, enquanto não for juntado aos autos o mandado de intimação não se poderá reconhecer de imediato a incidência da multa, visto que não terá o juiz conhecimento da regular intimação do réu e, especificamente, da data em que ela ocorreu. No entanto, a juntada aos autos do instrumento de intimação permitirá ao juiz conhecer a data em que o réu efetivamente tomou conhecimento da obrigação e com isso determinar o termo final do prazo para o seu cumprimento, sendo a data do recebimento da intimação pelo réu, e não a data de sua juntada aos autos, que valerá para fins de determinação do termo *a quo* da incidência da multa, respeitado o prazo concedido para o cumprimento da determinação judicial.

Nesse sentido, veja-se o bem lançado voto do Ministro Humberto Gomes de Barros, no recurso especial nº 633.105-MG:

> O tema do termo inicial de contagem da multa por atraso no cumprimento de decisão é controverso, porque não existe previsão legal específica.

---

[499] Eis a ementa do acórdão: "FGTS. DESCUMPRIMENTO DE OBRIGAÇÃO. MULTA APLICADA. REDUÇÃO. ART. 461, § 6º, DO CPC. CONTAGEM DE PRAZO. JUNTADA DE CARTA PRECATÓRIA. VIOLAÇÃO DOS ARTS. 467, 468, 471, 472, 473 E 474 DO CPC. AUSÊNCIA DE PREQUESTIONAMENTO. SÚMULA Nº 282 do STF. 1. A ausência de prequestionamento dos dispositivos tidos por violados enseja a incidência da Súmula nº 282 do STF. 2. Na hipótese de ato que se realiza em cumprimento de carta de ordem, precatória ou rogatória, o início da contagem do prazo se dá a partir da data de sua juntada aos autos devidamente cumprida, em consonância com o artigo 241, IV, do CPC. 3. É possível a diminuição da multa imposta pelo Tribunal *a quo*, por se tratar de faculdade conferida ao julgador, em consonância com o artigo 461, § 6º, do CPC. 4. Recurso especial conhecido em parte e improvido (REsp 879.253/RS, Rel. Ministro JOÃO OTÁVIO DE NORONHA, SEGUNDA TURMA, julgado em 19/04/2007, DJ 23/05/2007, p. 254).

[500] Caso a contagem do prazo não seja em unidade inferior ao dia, é claro, hipótese em que o prazo poderia ser contado do horário certificado no mandado pelo oficial de justiça.

Há os que defendem o início da contagem na data da intimação, outros referem-se à data da juntada aos autos do mandado e outros ainda defendem que o magistrado deve designar prazo para cumprimento, sob pena de não existir mora.

A antecipação de tutela, embora concedida corriqueiramente, é medida extrema do processo. O seu deferimento depende, em última análise, da demonstração inequívoca de que a prestação jurisdicional não pode esperar. É, portanto, medida de urgência.

Por isso, não é possível condicionar seu cumprimento a qualquer outro fato que não a intimação daquele a quem se dirige a ordem. A partir do momento em que o réu toma ciência da medida, deve cumpri-la. O ideal é que o fizesse antes mesmo de pensar em questionar a decisão.

É, portanto, a intimação que constitui em mora aquele contra quem a ordem é dirigida, salvo quando o magistrado expressamente designa prazo para cumprimento.[501]

A intimação pessoal pode se dar, também, em audiência, desde que efetivamente presente a parte, e não apenas o seu advogado. Não se desconhece a presunção legal de intimação da parte e de seu advogado das decisões proferidas em audiência, ainda que nela estejam ausentes, caso tenham sido devidamente intimados para o comparecimento.[502] Todavia, a presunção legal de intimação em tais situações – válida no tocante ao início do prazo recursal contra as decisões proferidas em audiência – é incompatível com a segurança de que deve se revestir a intimação pessoal da parte para o cumprimento de decisões de cunho

---

[501] REsp 633105/MG, Rel. Ministro HUMBERTO GOMES DE BARROS, TERCEIRA TURMA, julgado em 25/09/2006, DJ 27/11/2006, p. 275.

[502] Sobre o tema, na doutrina veja-se LANES, Júlio Cesar Goulart. *Audiências: conciliação, saneamento, prova e julgamento*. Rio de Janeiro: Forense, 2009. p. 306. Na jurisprudência, veja-se o voto do Ministro Napoleão Nunes Maia Filho no REsp nº 981.313/PR: "[...] incabível a pretensão de ser intimado da sentença proferida na audiência à qual não compareceu, para que se tenha início a contagem do prazo recursal, sob pena de ser beneficiado pela própria desídia. 10. Acerca dessa questão, convém trazer à baila a lição do Professor GILSON DELGADO MIRANDA: *Uma observação importante diz respeito à intimação do pronunciamento judicial dado em audiência. Isso porque, considerando a regra do art. 242, §1º, do CPC, é irrelevante, para o início da contagem do prazo ao recurso, o comparecimento da parte à audiência, desde que ela tenha sido intimada previamente e de forma regular da designação do ato. Com efeito, o CPC traz, art. 242, a presunção legal de que as partes, a par da ausência, tomaram conhecimento da sentença, presunção esta que impõe prevalecer para tudo o que ocorrer na audiência, inclusive decisões interlocutórias* (Código de Processo Civil Interpretado. Coordenador ANTONIO CARLOS MARCATO. São Paulo, Editora Atlas, 2004, p. 1.539). 11. No mesmo sentido, é o entendimento jurisprudencial colacionado por THEOTONIO NEGRÃO, ao comentar o art. 506, I, do CPC: *O prazo para recorrer se conta da publicação em audiência da sentença, com prévia ciência aos litigantes, estejam ou não as partes presentes ao ato (RTJ 92/927, RTFR 161/27, RT 696/136, RJTJESP 37/47, JTA 117/292, Lex-JTA 145/64, 146/106). Porém, é imprescindível que tenham sido previamente cientificadas da sua realização, sendo desnecessária qualquer outra intimação (RSTJ 17/366, 67/347, RJTAMG 34/286, 52/85).* (Código de Processo Civil e legislação processual em vigor, 39ª ed., São Paulo, Editora Saraiva, 2007, p. 646). 12. Corroborando essa orientação, o STJ já teve a oportunidade de se manifestar sobre esta controvérsia no julgamento do REsp. 164.891/RS, que restou ementado nos seguintes termos: *APELAÇÃO. INÍCIO DO PRAZO. SENTENÇA PROFERIDA EM AUDIÊNCIA. 1. Se a parte interessada não esteve presente na audiência, mesmo devidamente intimada, e nela foi proferida a sentença, incide o art. 242, § 1º do Código de Processo Civil, não acolhendo fruto a argumentação de não ser possível publicar a sentença em audiência de conciliação, matéria que não está sendo questionada e que poderia sê-lo no recurso de Apelação, que quedou intempestivo. Recurso Especial não conhecido* (REsp. 164.891/RS, 3T, Rel. Min. CARLOS ALBERTO MENEZES DE DIREITO, DJU 26.04.1999, p. 94)" (REsp 981.313/PR, Rel. Ministro NAPOLEÃO NUNES MAIA FILHO, QUINTA TURMA, julgado em 09/10/2007, DJ 03/12/2007, p. 362).

mandamental. Se se exige a intimação pessoal da parte, não bastando a de seu advogado, para o cumprimento de tais decisões, com maior razão não se pode admitir a presunção legal de intimação em tais casos. Assim, intimada a parte ou o seu advogado para o comparecimento na audiência, eventual decisão que venha a ser nesta proferida determinando o cumprimento de obrigação de fazer, não fazer ou entrega de coisa terá, desde já, o respectivo prazo recursal iniciado – independentemente do comparecimento da parte ou de seu advogado. Porém, o prazo para o efetivo cumprimento da decisão somente se iniciará com a intimação pessoal da parte, posterior à audiência.

Pelas mesmas razões, a intimação por edital ou por hora certa não proporcionará a incidência das *astreintes*.

3.8.2. Termo *ad quem*

Com relação ao termo *ad quem* da multa, assim ensina Araken de Assis:

> Não há *dies ad quem*, a multa é infinda, vencerá dia a dia e seu curso somente se interromperá na ocasião do cumprimento e, querendo-o o credor, com pedido de liquidação das perdas e danos [...] Tornada impossível a obrigação *in natura*, com ou sem culpa do obrigado, a pena restará inexigível desde este momento, porque igualmente inviável seu escopo, que é a execução específica.[503]

Na verdade, há sentido em se falar em termo *ad quem*,[504] ou termo final da multa, à medida que se mostra necessário definir quando esta deve cessar sua incidência. A definição do termo final da multa decorre de duas características das *astreintes*: seu caráter coercitivo e seu caráter acessório. Só há sentido em se permitir a incidência da multa enquanto houver obrigação a ser cumprida pelo réu, e enquanto por este *puder* ela ser cumprida.

Por razões óbvias, tem-se que o cumprimento voluntário do preceito judicial, após o início da contagem da multa, implica a cessação da incidência das *astreintes*.[505]

A opção do autor pela execução através de sub-rogação, igualmente, constitui abandono da via coercitiva e, portanto, fixa o *dies ad quem* da multa (salvo, é claro, nos casos em que é possível a cumulação de medidas coercitivas e sub-rogatórias, como, por exemplo, na execução para entrega de coisa, em que pode haver medida de busca e apreensão cumulada com ordem para que o réu

---

[503] ASSIS, Araken de. *Manual do processo de execução*. 7ª ed. São Paulo: Revista dos Tribunais, 2001, p. 499.

[504] "RECURSO ESPECIAL. Limite do julgamento. Proposta no recurso especial a questão do *termo ad quem do período a considerar para o pagamento da multa*, descabe ir além para reduzir o seu valor. Código de Defesa do Consumidor. EQUIDADE. Código de Defesa do Consumidor. - É possível o julgamento por equidade na relação de consumo" (REsp 225.322/DF, Rel. Ministro CESAR ASFOR ROCHA, Rel. p/ Acórdão Ministro RUY ROSADO DE AGUIAR, QUARTA TURMA, julgado em 02/04/2002, DJ 10/03/2003, p. 222).

[505] Neste sentido, TALAMINI, Eduardo. *Tutela relativa aos deveres de fazer e de não fazer: CPC, art. 461; CDC, art. 84*. São Paulo: Revista dos Tribunais, 2001, p. 249.

entregue voluntariamente o objeto litigioso).[506] Como salienta Talamini, "a produção do resultado específico através de meios sub-rogatórios ('resultado prático equivalente') também faz cessar a incidência da multa". Nesse sentido, ao tratar da opção por outro meio executório, Araken de Assis afirma: "Nesta hipótese, por óbvio, o credor desiste implicitamente da pena, fixada, aliás, no seu exclusivo interesse, e não poderá invocá-la mais adiante".[507] É claro que não se trata, aqui, de desistência do crédito eventualmente gerado pela incidência da multa até o momento da referida opção. Não seria crível sustentar que a opção por meios de sub-rogação determinaria a extinção do referido crédito. Prova disso está na admissão, por Araken de Assis, da liquidação paulatina da pena, a fim de executar a quantia somada.[508] Nesse caso, não se sabe ao certo se irá o credor optar, futuramente, por outro meio executório.

Da mesma forma, a opção pela execução das perdas e danos não implica desistência do crédito resultante das *astreintes*, mas tão somente a cessação da incidência destas últimas.[509]

Com efeito, há previsão legal expressa nesse sentido, dispondo o artigo 461, § 2º, que "a indenização por perdas e danos dar-se-á sem prejuízo da multa (art. 287)".

Questão de importante deslinde diz com o exato momento em que cessa a incidência da multa nos casos acima referidos. Indaga-se se tal ocorreria no momento da *opção* do credor pela execução por sub-rogação ou conversão em perdas e danos, ou no momento da *prática* do ato sub-rogatório (alcançando-se a tutela específica ou resultado prático equivalente) ou do *recebimento*, pelo credor, do montante pecuniário referente às perdas e danos.

Barbosa Moreira, acompanhado por Calmon de Passos,[510] sustenta que não é a *opção* do credor por outro meio executório, mas, sim, o alcance da tutela pretendida que fixa o termo final da multa. Assim sustenta o processualista: "Não existe limite para a incidência: a cada dia que passa, eleva-se o montante da mul-

---

[506] Sobre a possibilidade de cumulação de medidas coercitivas e medidas sub-rogatórias, veja-se GRINOVER, Ada Pellegrini. Tutela jurisdicional nas obrigações de fazer e não fazer. *Revista de Processo*, nº 79, p. 70.

[507] ASSIS, Araken de. *Manual do processo de execução*. 7ª ed. São Paulo: Revista dos Tribunais, 2001, p. 500.

[508] Idem, p. 499.

[509] Neste sentido, a precisa lição de Zavascki: "As *astreintes* incidem, em princípio, enquanto o devedor se negar a cumprir a obrigação. Pode ocorrer, todavia, que o credor, no interregno, desista da prestação *in natura* e opte por receber o equivalente em perdas e danos, ou, ainda, prefira utilizar o procedimento do art. 634 (contratação de terceiro para realizar a obra). A desistência da prestação importará, também, na desistência do seu meio executivo típico. Portanto, formalizada a opção por perdas e danos, deixará de incidir a multa. O rito procedimental, daí por diante, será o da liquidação e execução de quantia, não sendo cabível, em seu transcurso, a aplicação de *astreintes*. Será devido, entretanto, o pagamento do montante relativo ao período pretérito, durante o qual ocorreu a incidência" (ZAVASCKI, Teori Albino. *Comentários ao Código de Processo Civil*. São Paulo: Revista dos Tribunais, 2000. V. 8, p. 505).

[510] PASSOS, J. J. Calmon. A crise do processo de execução. *Ciência Jurídica*, nº 37, p. 21, *apud*. ZAVASCKI, Teori Albino. *Comentários ao Código de Processo Civil*. São Paulo: Revista dos Tribunais, 2000. V. 8, p. 506.

ta, até que seja praticado o ato, ou cesse de o ser, ou se desfaça o que foi feito, conforme o caso; ou então, se resolvida a obrigação em perdas e danos, até que o credor embolse o respectivo *quantum*, como equivalente pecuniário da prestação originariamente devida".[511]

Primeiramente, saliente-se que não há como se tratar da mesma forma a conversão da obrigação em perdas e danos e a opção por um dos meios sub-rogatórios (notadamente aqueles que se inserem no § 5º do artigo 461). Isso porque, enquanto estes podem ser adotados juntamente com mecanismos de coerção como as *astreintes*, a opção por conversão em perdas e danos implica a cessação da busca pela tutela específica, não havendo mais necessidade de exercer-se pressão sobre o devedor, ao menos para esse fim.

Com relação à adoção de mecanismos sub-rogatórios para a obtenção da tutela específica ou do resultado prático equivalente, podem eles ser adotados cumulativamente com as *astreintes*.[512]

Assim, quando adotadas cumulativamente medidas coercitivas e sub-rogatórias, evidentemente que as *astreintes*, manifestação daquelas, continuarão incidindo até a obtenção da tutela específica ou do resultado prático equivalente. Não há aqui *opção* por apenas um meio executório, visto que "desde logo o provimento terá *eficácias* executiva *lato sensu* e mandamental".[513]

O exemplo constantemente empregado pela doutrina é o da "tutela para a observância do dever de não poluir".[514] Nesses casos, busca-se um único resultado, qual seja "a não emissão de material poluente pelo estabelecimento industrial".[515] Se o resultado será alcançado por força da coerção do demandado através das *astreintes*, ou do fechamento forçado do estabelecimento industrial (medida esta enquadrável no § 5º do artigo 461), pouco importa para a incidência da multa. Esta só cessará quando obtida a tutela específica ou o resultado prático equivalente, momento em que não será mais *necessária* a coerção do réu. Não há, nesse caso, "conversão de uma 'obrigação' em outra".[516]

---

[511] MOREIRA, José Carlos Barbosa. *O novo processo civil brasileiro: exposição sistemática do procedimento.* 22ª ed. revista e atualizada. Rio de Janeiro: Forense, 2002, p. 220.

[512] Neste sentido, ensina Talamini: "Os mecanismos sub-rogatórios e coercitivos, portanto, poderão até ser utilizados simultaneamente. Em face da absoluta preferência pelo resultado específico, a conjugação de ambos, sempre que viável, é uma imposição. Não se descarta que, além da ordem para que o réu cumpra acompanhada da cominação de multa ou medida de coerção atípica, o provimento desde logo determine a atuação de instrumentos que atinjam o "resultado prático equivalente", prescindindo da colaboração do demandado – com a óbvia ressalva que o meio coercitivo deixará de incidir, uma vez produzido o 'resultado prático equivalente' ou quando o procedimento para sua produção estiver em tal estágio que já não se revele proporcional o cumprimento específico [...]" (TALAMINI, Eduardo. *Tutela relativa aos deveres de fazer e de não fazer: CPC, art. 461; CDC, art. 84.* São Paulo: Revista dos Tribunais, 2001, p. 280).

[513] Idem, p. 281.

[514] Idem.

[515] Idem.

[516] Idem.

Diferentemente ocorreria se houvesse a opção tão somente pelo meio sub-rogatório, tal qual ocorre na execução por transformação (arts. 633, *caput,* primeira parte, e 634).[517] Assim, se o autor opta pela construção de obra por terceiro e às custas do demandado, para a qual estava obrigado este último, é evidente que não há cabimento mais para a incidência da multa, visto que não mais se busca qualquer conduta do réu, que não o pagamento das despesas com a contratação de terceiro. Há, como visto, a conversão de uma obrigação de *facere* do réu em uma obrigação pecuniária (pagamento das despesas da obra). Nessa hipótese, a partir do momento em que deferida a execução por terceiro, cessa a incidência das *astreintes*, pois cessa, também, a determinação para que o réu cumpra pessoalmente a obrigação de fazer.

No caso da conversão em perdas e danos, seja ela da obrigação de fazer, não fazer (neste caso, desfazer) ou de entregar coisa, opera-se, sem dúvida, a conversão da própria obrigação. No momento em que opta o autor pela execução das perdas e danos, não se está mais a buscar o cumprimento de uma decisão judicial relativa às obrigações acima referidas, mas, sim, relativa à obrigação pecuniária. Por essa razão, "não tem sentido, por exemplo, insistir na sua aplicação [das *astreintes*] enquanto não forem pagas as perdas e danos".[518]

Ademais, a execução das perdas e danos dar-se-á pelo rito da *execução por quantia certa* (art. 475-J), por meio da expropriação. Ora, nesses casos, é inviável a aplicação das *astreintes*, restando ausente qualquer previsão legal que a autorize.[519] A multa de que trata o artigo 461 só é admitida para a tutela de obrigações de fazer, não fazer e entregar coisa, sendo, portanto, inadmissível o entendimento de Barbosa Moreira, ao permitir a incidência da multa até que o credor *embolse* o montante das perdas e danos.[520] Tal posicionamento amplia sem amparo legal o escopo de aplicação da multa em análise. Ademais, o próprio processualista citado reconhece a inaplicabilidade das *astreintes* para a execução por quantia

---

[517] Note-se que, por força da alteração no artigo 644 do CPC, pela Lei 10.444/02, o artigo 633 é aplicável subsidiariamente à execução de sentença relativa a obrigação de fazer e não fazer.

[518] THEODORO JÚNIOR, Humberto. Tutela específica das obrigações de fazer e não fazer. *Revista de Processo*, nº 105, janeiro-março 2002, p. 27.

[519] Em sentido contrário: GUERRA, Marcelo Lima. *Execução indireta.* São Paulo: Revista dos Tribunais, 1998, p. 185 a 188. MARINONI, reconhecendo a impossibilidade atual de aplicação das *astreintes* para as obrigações de pagamento de quantia, prega a sua adoção, ao afirmar que "não há motivo para que a tutela que objetiva o pagamento de soma tenha que ser prestada unicamente através da execução forçada. Sabe-se, atualmente, que o custo e a lentidão do processo de execução por quantia certa desestimulam o acesso à justiça e retiram qualquer possibilidade de efetividade desta forma de prestação da tutela jurisdicional. [...] O pagamento de soma em dinheiro através da técnica mandamental não corresponde a uma visão autoritária da tutela dos direitos; é bom lembrar que o pequeno credor é aquele que mais sofre com a demora do processo. Para não se falar na efetividade que se obteria na Justiça do Trabalho, onde os trabalhadores litigam contra bancos, instituições financeiras, grandes construtoras etc., todas elas valendo-se do tempo do processo não só para obter benefícios financeiros, mas também para desestimular o trabalhador a ajuizar demandas ou para forçá-los a acordos desrazoáveis e imorais". MARINONI, Luiz Guilherme. *Tutela específica: arts. 461, CPC e 84, CDC.* São Paulo: Revista dos Tribunais, 2001, p. 194-195. Vide Item 3.5.4.

[520] MOREIRA, José Carlos Barbosa. *O novo processo civil brasileiro: exposição sistemática do procedimento.* 22ª ed. rev. e atual. Rio de Janeiro: Forense, 2002, p. 220.

certa,[521] o que evidencia contradição com o seu posicionamento no que se refere à aplicação das *astreintes* na execução das perdas e danos.

Assim, conclui-se que no momento da *opção*, pelo autor, da conversão da obrigação descumprida em perdas e danos, cessa a incidência das *astreintes*. Tal *opção* concretiza-se no "pedido de conversão em perdas e danos",[522] feito através de manifestação do autor nos autos, sendo que a partir desse momento dar-se-á a cessação da incidência da multa.

A distinção entre a hipótese de execução por terceiro – em que a incidência da multa cessará apenas no deferimento pelo juiz – e a hipótese de conversão em perdas e danos – em que a incidência da multa cessará com a mera manifestação do autor – se explica. É que enquanto na execução por transformação (art. 634) se vislumbra a substituição da técnica de tutela (de mandamental para executiva), na segunda hipótese, de conversão em perdas e danos (arts. 461, § 1º, e 633, *caput*, segunda parte) a própria tutela almejada deixa de ser a mesma, pois não mais o autor está buscando o direito à prestação do fato específico, mas, sim, o seu equivalente pecuniário. Aliás, é sintomático o artigo 634 estabelecer ser *lícito* ao juiz, a requerimento do exequente, decidir que terceiro preste o fato originariamente devido pelo executado, enquanto no artigo 461, § 1º, se estatui que a obrigação se converterá em perdas e danos se o autor a requerer *ou* se impossível a tutela específica ou a obtenção de resultado prático equivalente. Ou seja, a execução por transformação é determinada pelo juiz, a conversão em perdas e danos é determinada pelo requerimento do autor.

Por fim, a verificação da impossibilidade de cumprimento da obrigação determinada pela decisão judicial, com ou sem culpa do réu (obrigado), constitui igualmente termo final da incidência das *astreintes*.[523]

A *impossibilidade* deve aqui ser compreendida em sentido amplo, assim definida por Clóvis V. do Couto e Silva:

> A impossibilidade das obrigações, ou melhor dito, das prestações, comporta duas divisões: uma é a impossibilidade antes e no momento da feitura do negócio jurídico (inicial), e a outra, a ele posterior, denominada de superveniente.

---

[521] MOREIRA. Op. cit., p. 219.

[522] TALAMINI, Eduardo. *Tutela relativa aos deveres de fazer e de não fazer: CPC, art. 461; CDC, art. 84*. São Paulo: Revista dos Tribunais, 2001, p. 249.

[523] Como salienta Zavascki: "A multa deixará de incidir mesmo quando a impossibilidade da execução se der por culpa do devedor. É que, impossibilitada, material ou juridicamente, a entrega da prestação *in natura*, o meio coativo das *astreintes* que atua sobre a vontade do obrigado, perderá toda a sua eficácia, tornando-se inútil e por isso mesmo inaplicável, pouco importando que o agente causador do empecilho tenha sido o próprio executado. Seu ato ilícito há de ser punido, se for o caso, mas pelos meios sancionatórios próprios, não com *astreintes*, que, insista-se, não têm natureza punitiva e nem reparatória" (ZAVASCKI, Teori Albino. *Comentários ao Código de Processo Civil*. São Paulo: Revista dos Tribunais, 2000. V. 8, p. 506). No mesmo sentido, THEODORO JÚNIOR, Humberto. Tutela específica das obrigações de fazer e não fazer. *Revista de Processo*, nº 105, janeiro-março 2002, p. 27; ASSIS, Araken de. *Manual do processo de execução*. 7ª ed. São Paulo: Revista dos Tribunais, 2001, p. 499; TALAMINI, Eduardo. *Tutela relativa aos deveres de fazer e de não fazer: CPC, art. 461; CDC, art. 84*. São Paulo: Revista dos Tribunais, 2001, p. 249/250.

Ambas podem ser absolutas ou relativas. Diz-se que a impossibilidade é relativa, quando falta ao devedor meios para prestar; tem aí o significado de insolvência (*Unvermögen*) – o bem não está no patrimônio. A impossibilidade absoluta o é para todos; nem "A" nem "B" nem "C", nem qualquer outra pessoa pode prestar. A impossibilidade ocorre sem culpa ou com culpa do devedor ou do credor.[524]

Tanto a impossibilidade relativa quanto a absoluta determinam a cessação da incidência das *astreintes*, devendo ser apurado o montante que até então incidiu para que seja executado pelo autor (sem prejuízo das eventuais perdas e danos).[525] Evidentemente, se a impossibilidade é preexistente ao termo *a quo* das *astreintes*, não há falar na incidência destas, por absoluta perda de sua função coercitiva (não havia, desde o início, como se promover a tutela específica).

Por fim, resta evidente o fato de que o *cumprimento integral* do preceito contido na decisão na qual foram estabelecidas as *astreintes* determina também a cessação da sua incidência. Acerca do cumprimento *parcial* da obrigação e da possibilidade de fixação das *astreintes pro rata*, veja-se, adiante, o Item 3.8.8.

3.8.3. A unidade de tempo

Até a promulgação da Lei 10.444/02, a redação dos artigos 461 do CPC e 84 do CDC, assim como a de todos os demais dispositivos legais que previam a utilização das *astreintes*, apontavam para a adoção do "dia" como unidade de tempo na qual aquelas incidiriam no Direito brasileiro.

O termo "multa *diária*" era constante em todos os dispositivos que tratavam do tema, não havendo qualquer disposição fixando outra unidade de tempo. Tal situação gerou perplexidade na doutrina, visto que, dada a riqueza das situações práticas às quais seriam aplicáveis as *astreintes*, em alguns casos, supostamente, a unidade "dia" mostrar-se-ia inapta para conferir à multa o caráter coercitivo que lhe é inerente.

Inseriu-se, dessa forma, no § 5º do artigo 461, a previsão de *multa por tempo de atraso* (e não multa *diária*), permitindo expressamente ao juiz fixar as *astreintes* em periodicidade superior ou inferior ao dia.

3.8.4. As obrigações de cunho instantâneo e a chamada *multa fixa*

A primeira situação em que a multa diária, ou por qualquer outra unidade de tempo a incidir periodicamente, supostamente não atenderia ao fim coercitivo, seria aquela verificada quando a violação ao direito se dá de forma instantânea, ou seja, não continuada.

---

[524] COUTO E SILVA, Clóvis V. do. *Obrigação como processo.* São Paulo: José Bushatsky, 1976, p. 121.

[525] ASSIS, Araken de. *Manual do processo de execução.* 7ª ed. São Paulo: Revista dos Tribunais, 2001, p. 499.

Marinoni salienta:

A multa na forma diária não é adequada para evitar violações de natureza instantânea; quando se teme, por exemplo, que alguém pratique um ato ilícito ou mesmo volte a praticá-lo, não é adequado pensar em uma multa que passará a ter o seu valor aumentado após a prática do ato contrário ao direito. A incidência da multa em momento posterior ao do ilícito de eficácia instantânea não tem, como é evidente, o poder de inibir a sua prática.[526]

Parece lógico, à primeira vista, que "a cominação de multa de periodicidade diária só é adequada quando se está diante de deveres de fazer e de não-fazer cuja violação não se exaure em um único momento".[527]

Exemplo típico de uma situação em que a multa diária (ou periódica, utilizando-se de outra unidade de tempo) mostrar-se-ia, em tese, ineficaz seria aquela na qual há ordem judicial para se impedir a demolição de casa tombada pelo patrimônio histórico de um determinado município. Ora, o que se busca é evitar o ato imediato e irreversível decorrente da destruição. Após a sua prática, não há mais que se cogitar da incidência da multa diária, até mesmo porque ausente o seu caráter coercitivo (sendo impossível o retorno ao *status quo ante*).

Saliente-se, no entanto, que tal não ocorre com todas as obrigações de não fazer. Sempre que for possível o retorno ao *status quo ante*, ou seja, o desfazimento daquilo que não poderia ter sido feito, a multa periódica fixada para o caso de descumprimento da ordem de não fazer automaticamente passa a acompanhar a ordem de desfazer,[528] sem necessidade de provimento jurisdicional expresso nesse sentido.

Assim, por exemplo, se é determinado que empresa de energia elétrica (ré) não efetue o corte no fornecimento de energia para usuário (autor) que está discutindo débitos relativos a faturas impagas, sob pena de multa diária, o descumprimento da ordem judicial, com a realização do corte de fornecimento, implicará a incidência da multa diária até o momento em que a empresa volte a fornecer energia elétrica ao demandante. Neste segundo caso, é plenamente eficaz a aplicação da multa através da unidade diária.

No primeiro caso, entretanto, vimos que a incidência *dia a dia* da multa, em tese, mostrar-se-á ineficaz para pressionar o réu a cumprir a decisão judicial.

O legislador brasileiro não previu, nem mesmo após a reforma do CPC, de forma expressa, uma espécie de *astreinte* apta a incidir por cada infração, como o fez o legislador português, ao prever, no artigo 829-A, o pagamento de uma

---

[526] MARINONI, Luiz Guilherme. *Tutela específica: arts. 461, CPC e 84, CDC*. São Paulo: Revista dos Tribunais, 2001, p. 107.

[527] TALAMINI, Eduardo. *Tutela relativa aos deveres de fazer e de não fazer: CPC, art. 461; CDC, art. 84*. São Paulo: Revista dos Tribunais, 2001, p. 236.

[528] Idem, p. 238.

quantia pecuniária por cada dia de atraso *ou por cada infracção, conforme for mais conveniente às circunstâncias do caso...*".[529]

Por essa razão, a doutrina brasileira procurou encontrar a possibilidade de aplicação da referida multa, seja nos dispositivos referentes à multa diária, seja nos demais dispositivos que possibilitam ao juiz adotar as medidas necessárias para a obtenção da tutela específica ou de resultado prático equivalente.

Para Teori Albino Zavascki, a *multa fixa* constitui instituto diverso da *multa diária*:

> A multa diária é mecanismo que induz prestação de obrigação já violada; a multa fixa, ao contrário, supõe obrigação apenas ameaçada de violação. Embora se tratem, ambas, de meio de coerção patrimonial, as duas espécies de multa são instrumentos executórios substancialmente diferentes, seja quanto ao seu valor, seja quanto ao modo de atuar. Figure-se, como exemplo, a hipótese de atleta obrigado a não participar de determinada competição esportiva e que ameaça fazê-lo. A multa adequada a induzir o comportamento devido será, não a multa "diária", mas a de valor fixo, que, em caso de antecipação da tutela, há de ser cominada invocando-se o § 5º, do art. 461, e não o § 4º.[530]

Note-se que tal entendimento foi manifestado anteriormente à inserção da multa no rol do § 5º do artigo 461, pela Lei 10.444/02.

Salienta ainda o autor, a respeito da multa fixa, que, "embora tal modalidade de imposição não esteja considerada expressamente no Código, ela se compreende perfeitamente no âmbito do poder genérico atribuído ao juiz pelo § 5º do art. 461, e que lhe faculta 'determinar as medidas necessárias', para efetivar a tutela específica ou alcançar resultado prático equivalente".[531]

Admitindo a chamada multa fixa, porém discordando de Zavascki no que tange à suposta diferença com relação à multa do § 4º do artigo 461, Eduardo Talamini aduzia: "A multa 'fixa' não é outra medida que não aquela prevista no art. 461, § 4º, peculiarizada pela circunstância de que, com o inadimplemento, haverá, em seguida, a impossibilidade, sem que a multa prossiga incidindo. A diferença não está no instrumento coercitivo em si, mas no objeto da tutela".[532]

À parte a discussão conceitual, o fato é que está superada a discussão sobre a possibilidade de cominação de multa fixa pelo juiz, nada impedindo que isso ocorra, seja com supedâneo legal no § 4º, seja no § 5º, ambos do artigo 461.

É bem verdade que as alterações legislativas promovidas pela Lei 10.444/02, embora tenham acrescentado a multa no rol exemplificativo do § 5º do artigo 461,

---

[529] MARINONI, Luiz Guilherme. *Tutela específica: arts. 461, CPC e 84, CDC*. São Paulo: Revista dos Tribunais, 2001, p. 108.

[530] ZAVASCKI, Teori Albino. *Antecipação da tutela*. São Paulo: Saraiva, 2000, 3ª ed., revista e ampliada, p. 144.

[531] ZAVASCKI, Teori Albino. *Comentários ao Código de Processo Civil*. São Paulo: Revista dos Tribunais, 2000. V. 8, p. 504.

[532] TALAMINI, Eduardo. *Tutela relativa aos deveres de fazer e de não fazer: CPC, art. 461; CDC, art. 84*. São Paulo: Revista dos Tribunais, 2001, p. 238.

não o fizeram através de previsão de incidência *fixa*, mas, pelo contrário, expressamente incluíram a expressão *por tempo de atraso*, o que indica não haver, ainda, previsão legislativa expressa de uma espécie de multa em caráter *fixo* no CPC.

Note-se ainda que, pelo Projeto de Lei 3.476/2000, que deu origem à Lei 10.444/02, a *multa* do § 5º do artigo 461 não conteria qualquer menção a *tempo* de atraso, sendo que tal previsão veio a aparecer no texto final da lei. Conclui-se que a nova redação do artigo 461 permite expressamente a fixação de multa em outra unidade de tempo, que não o dia, mas não se refere à chamada *multa fixa*.

Entretanto, duas considerações se fazem necessárias para demonstrar que, não obstante a ausência de previsão legal expressa, a cominação de multa fixa é plenamente admissível no direito processual brasileiro.

A primeira delas diz com o fato de que, nas hipóteses de exaurimento do ilícito ou dano e um único instante, não há, efetivamente, diferença entre a chamada *multa fixa* e a *multa diária* ou a *multa por tempo de atraso*. Isso porque o fato de a multa ser *diária*, por exemplo, não implica que seja preciso transcorrer um dia do descumprimento da ordem judicial para que aquela incida. Conforme referido em momento anterior,[533] quando tratando da incidência da multa diária, "os valores da multa passam a ser devidos desde o momento em que for constatado o descumprimento do preceito judicial, [...]".[534]

Assim, temos que naqueles casos em que a violação da ordem judicial se exaure em um único momento não deixaria de incidir a multa diária por ocasião do descumprimento do preceito judicial. A multa diária incide no *instante* do descumprimento, e, portanto, o *dies a quo* da multa diária é adequado para os ilícitos de eficácia instantânea, assim chamados por Marinoni. Em outras palavras, pode-se dizer que a multa diária, ou seja, aquela que incide *dia a dia*, tem seu termo *inicial* de incidência, seu primeiro *dia* de incidência, no *exato instante* em que se configura o descumprimento do preceito judicial.

Resta saber, então, se o *dies ad quem* da multa diária é adequado para os casos em análise, ou se seria necessária a criação de uma nova espécie de multa, a chamada *multa fixa*.

Viu-se que, dentre os termos finais da contagem da multa diária, encontram-se: a) o cumprimento espontâneo do preceito judicial após o início da contagem da multa; b) o deferimento, pelo juiz, da execução através de medidas de sub-rogação em caráter exclusivo e execução do saldo resultante da incidência da multa diária; c) a opção do autor pela execução das perdas e danos; e d) a verificação da impossibilidade de cumprimento da obrigação determinada pela decisão judicial, com ou sem culpa do réu (obrigado).[535]

---

[533] Item 3.8.1.

[534] SPADONI, Joaquim Felipe. A multa na atuação das ordens judiciais. In SHIMURA, Sérgio e WAMBIER, Teresa Arruda Alvim (Coord.). *Processo de execução*. São Paulo: Revista dos Tribunais, 2001, p. 499.

[535] Item 3.8.2.

Concentremo-nos no último caso (alínea *d*). Como vimos, a incidência da multa em momento posterior ao do ilícito de eficácia instantânea não tem, como é evidente, o poder de inibir a sua prática. Por essa razão, sendo *impossível o cumprimento da obrigação determinada pela decisão judicial*, dada a irreversibilidade dos efeitos do descumprimento ocorrido, configura-se o término da incidência das *astreintes*.

Tomando exemplo já citado, a emissora de televisão que descumpre ordem judicial, veiculando reportagem difamatória, sujeitou-se ao termo inicial de incidência da multa diária ou periódica. Ato contínuo, pelo próprio fato de o ilícito ter se consumado, não havendo como apagar seus efeitos (conhecimento público da reportagem), se deu o termo final da multa.

Como visto, a multa não deixou de incidir, sendo que seu termo *a quo* se dá em momento instantaneamente anterior ao termo *ad quem*. Em outras palavras, a multa incide uma só vez naqueles casos em que se cuida de ilícito de eficácia instantânea. Não deixou, por essa razão, de ser multa diária ou periódica.

Assim, nas hipóteses de exaurimento instantâneo do ilícito ou dano, a diferença entre as situações em que se aplica a *multa diária* ou por tempo de atraso e a chamada *multa fixa* é, tão somente, que, naquele caso, verifica-se transcurso alongado de tempo entre os termos *a quo* e *ad quem* e que, na última hipótese, o transcurso é praticamente instantâneo. O que ocorre, como havia sido referido por Talamini, é uma diferença no objeto da tutela, e não na técnica de tutela coercitiva utilizada.

Note-se ainda que a Lei Ordinária nº 5.250, de 9 de fevereiro de 1967 (Lei de Imprensa), o mais antigo diploma vigente[536] que prevê a aplicação da *multa diária*, dispõe em seu artigo 7º, § 1º:

> Todo jornal ou periódico é obrigado a estampar, no seu cabeçalho, o nome do diretor ou redator-chefe, que deve estar no gozo dos seus direitos civis e políticos, bem como indicar a sede da administração e do estabelecimento gráfico onde é impresso, sob pena *de multa diária* de, no máximo, um salário-mínimo da região, nos termos do art. 10.

Ora, no momento em que o jornal circula de forma irregular, se dá a consumação irreversível do ilícito, sendo inadmissível imaginar que a multa continue a incidir quando o exemplar já está sendo vendido aos leitores. Nos dias subsequentes, caso ocorra nova infração, tratar-se-á de ilícito diverso do anterior, não havendo que se falar em ilícito continuado. Mesmo em se tratando de ilícito de consumação instantânea, o legislador previu a *multa diária* como meio eficaz de coerção do réu, e que incidirá uma só vez, *a cada infração*.

---

[536] Ressalte-se que, em 30 de abril de 2009, ao julgar procedente a ADPF nº 130, o Supremo Tribunal Federal declarou a inconstitucionalidade da Lei de Imprensa (Vide notícia publicada no *site* do Supremo Tribunal Federal – http://www.stf.jus.br/portal/cms/verNoticiaDetalhe.asp?idConteudo=107402&caixaBusca=N. Acesso em 17 de maio de 2009).

Concluímos, portanto, que a diferenciação que alguns autores fazem entre *multa fixa* e *multa diária* e, agora, *multa por tempo de atraso*, nas hipóteses de exaurimento do dano ou do ilícito em um único momento, não se mostra relevante.[537]

Ao que tudo indica, o legislador optou por inserir a *multa por tempo de atraso* no rol exemplificativo do § 5° do art. 461, justamente para dissipar as dúvidas quanto à possibilidade de sua fixação em outra unidade de tempo, e não para vedar a sua utilização nas hipóteses acima citadas.

A segunda consideração relevante é o fato de que existem situações em que a multa, por necessidade e conveniência, poderá ser verdadeiramente fixa, não obstante o ilícito ou dano possam se protrair no tempo. Tal se dá comumente em ações coletivas, nas quais a multiplicidade de titulares de direitos protegidos pela decisão judicial torna praticamente impossível o acompanhamento periódico das situações de descumprimento. Assim, por exemplo, nas demandas coletivas poderá o juiz determinar que a cada ocorrência de inscrição indevida em cadastro de devedores, ou a cada corte de fornecimento de determinado serviço por falta de pagamento de tarifa ou preço considerados abusivos, incidirá um valor fixo a título de *astreinte*. Tal sistemática facilita o controle, seja pelo autor da ação coletiva, seja pelo juiz, das hipóteses de incidência da multa e do montante porventura alcançado. E não refoge, diga-se de passagem, dos poderes gerais conferidos ao juiz pelo § 5° do artigo 461.

3.8.5. Unidades inferiores e superiores de tempo

Tendo sido dirimidas as dúvidas quanto à aplicabilidade da multa diária em situações em que o ilícito se consuma de forma instantânea, e não continuativa,

---

[537] Não obstante, chega-se a considerar *atécnica* a fixação de multa diária em tais hipóteses, como se lê em acórdão da Segunda Turma Recursal Cível do Estado do Rio Grande do Sul: "EMBARGOS DO DEVEDOR. TEMPESTIVIDADE. OPOSIÇÃO EM DEZ DIAS A CONTAR DA SEGURANÇA DO JUÍZO. MÉRITO. EXECUÇÃO DE MULTA COMINADA POR DECISÃO DE ANTECIPAÇÃO DE TUTELA. ASTREINTES. EXCLUSÃO DA COBRANÇA DE DETERMINADOS SERVIÇOS NA FATURA TELEFÔNICA. COMINAÇÃO DE MULTA DIÁRIA. IMPROPRIEDADE. DESCUMPRIMENTO QUE SE REPETE, ISOLADAMENTE, APENAS UMA VEZ A CADA TRINTA DIAS. REDUÇÃO NECESSÁRIA, POIS FOI EXPEDIDA APENAS UMA FATURA EM DESCONFORMIDADE COM A DECISÃO LIMINAR. REDUÇÃO DETERMINADA PELA SENTENÇA COMPATÍVEL COM A MULTA FIXA POR EVENTO, OU SEJA, A CADA FATURA EXPEDIDA EM DESCONFORMIDADE COM A DECISÃO, QUE DEVERIA TER SIDO DETERMINADA. DESPROVIMENTO DO RECURSO DO AUTOR, QUE VISAVA À IMPROCEDÊNCIA DOS EMBARGOS. Recurso improvido. [...] A multa liminar foi cominada de forma atécnica, pois, tratando-se de um evento fixo que se renova mensalmente, deveria ter sido cominada de forma fixa com base na expedição de cada fatura em desconformidade com a decisão. Razoável, então, seria a cominação de multa fixa de R$ 500,00 por cada fatura emitida em desconformidade com a decisão judicial, ou seja, aquela fatura que computasse os serviços cuja cobrança fora vedada pela decisão. A fixação da multa dessa forma obvia problemas como o ocorrido no caso em tela, em que é impossível o descumprimento diário da decisão tendo em vista que o ato cuja proibição se pretende ocorre uma vez a cada trinta dias" (Recurso Cível nº 71001773787, Segunda Turma Recursal Cível, Turmas Recursais, Relator: Maria José Schmitt Sant Anna, Julgado em 26/11/2008). É claro que, para fins de clareza da decisão, melhor teria sido ao juiz cominar multa fixa na espécie. Entretanto, a multa diária, como vimos, a rigor poderá atuar no caso concreto, tendo em vista que incidirá em um único momento (quando da expedição de fatura em desconformidade com a decisão judicial).

resta saber se, dada determinada circunstância, poderá o juiz fixar outra unidade de tempo que não o *dia* para a incidência da multa diária.

Antes da reforma sofrida pelo CPC no ano de 2002,[538] afirmava Araken de Assis que, "face à letra explícita dos arts. 644, *caput* e 645, *caput*, a única grandeza de tempo admissível é o dia, lapso temporal de vinte e quatro horas, diversamente da *astreinte* francesa".[539]

Com efeito, a *astreinte* francesa, como visto quando da análise de seu conceito,[540] bem como no quadro comparativo Brasil-França,[541] pode ser proferida à razão diária ou por qualquer outra unidade de tempo, de acordo com as circunstâncias.[542] Starck, Roland & Boyer noticiam casos, envolvendo transmissão de publicidade televisiva, em que as *astreintes* francesas foram impostas *por segundo* de descumprimento.[543]

Os autores que escreveram sobre as *astreintes*, sob a vigência do Código de Processo Civil de 1939, adotavam o entendimento francês, como se denota do já referido conceito de Liebman (tradução literal da definição de Planiol): "Chama-se 'astreinte' a condenação pecuniária proferida em razão de tanto por dia de atraso (*ou por qualquer unidade de tempo, conforme as circunstâncias*), [...]".[544]

Com a previsão do termo *"por dia de atraso"* na pena pecuniária do antigo artigo 644, e com a remissão expressa do artigo 287 àquele dispositivo, alguns autores passaram a restringir a utilização de unidades de tempo inferiores ao dia:

> A expressão legal "dia de atraso", constante do artigo 645, indica a "unidade de tempo", podendo ser um mês, um semestre, um ano ou outro período, embora todos se decomponham em dias. Tudo dependerá da situação de fato de cada caso. A pena, portanto, não poderá ser por hora, que é fração de dia. O mínimo de tempo será o de 24 (vinte e quatro) horas ou 1 (um) dia; o máximo não tem limite.[545]

---

[538] Lei 10.444/02.

[539] ASSIS, Araken de. *Manual do processo de execução.* 7ª ed. São Paulo: Revista dos Tribunais, 2001, p. 499.

[540] Item 3.4.

[541] Item 3.2, Quadro 1.

[542] "[...] par toute autre unité de temps, appropriée aux circonstances". PLANIOL, Marcel. *Traité élémentaire de droit civil.* 3ª ed. Paris: Libraire Générale de Droit & de Jurisprudence, 1905. T. 2, p. 73/74.

[543] *Apud* TALAMINI, Eduardo. *Tutela relativa aos deveres de fazer e de não fazer: CPC, art. 461; CDC, art. 84.* São Paulo: Revista dos Tribunais, 2001, p. 54.

[544] LIEBMAN, Enrico Tullio. *Processo de execução.* São Paulo: Saraiva Livraria Acadêmica, 1946, p. 337/338.

[545] PRATA, Edson. As *"astreintes"* no Direito brasileiro. Revista Brasileira de Direito Processual. Uberaba: Ed. Forense, 1980. V.2, p. 44. Note-se que o erro de digitação no texto de PRATA, onde constou artigo 645 em vez de 644, acabou por, não intencionalmente, antever a reforma que, 14 anos após a publicação do trabalho, inseriu o termo "dia de atraso" também no artigo 645 do CPC, onde antes não constava.

Verificaram-se, na doutrina nacional, diferentes interpretações acerca do tema. Como referido anteriormente, Araken de Assis afirmava expressamente que a única unidade de tempo admissível seria o dia.[546] O processualista gaúcho era acompanhado por Carreira Alvim, que salientava que "a multa imposta será necessariamente diária, o que afasta a possibilidade de multa em valor fixo (R$ 1.000,00 se não cumprir a ordem) ou por período diverso de tempo (semanal, quinzenal, mensal, etc.)".[547]

Marinoni, embora não fizesse referência expressa à possibilidade de fixação da multa em unidades de tempo inferiores ou superiores ao dia, ao justificar a imposição da chamada *multa fixa*, salientava que "a alusão à multa diária, presente nos arts. 461 do CPC e 84 do CDC, não impede que a multa seja empregada de outra forma, pois o que deve servir de parâmetro para a fixação da multa capaz de permitir a efetiva 'tutela das obrigações de fazer e não fazer' são as características do próprio caso concreto apresentado ao juiz".[548]

Teori Albino Zavascki, também ao justificar a imposição da chamada *multa fixa*, aduzia que, "embora tal modalidade de imposição não esteja considerada expressamente no Código, ela se compreende perfeitamente no âmbito do poder genérico atribuído ao juiz pelo § 5º do art. 461, que lhe faculta 'determinar as medidas necessárias', para efetivar a tutela específica ou alcançar resultado prático equivalente".[549] Presume-se, da assertiva feita pelo jurista, que o mesmo admitia, dentre as medidas necessárias, a imposição da multa através de unidade de tempo diversa do dia (inferior ou superior ao mesmo).

É, entretanto, Eduardo Talamini[550] quem se posicionou mais claramente em favor da utilização de unidades de tempo superiores e inferiores ao dia para a incidência periódica da multa diária, ao afirmar:

> Em relação às unidades de tempo superiores ao dia (semana, quinzena, mês...), tal possibilidade extrai-se da própria regra do art. 461, § 4º: ao se autorizar a multa *por dia*, permite-se igualmente sua incidência em qualquer outra periodicidade decomponível em *dias* (desde que razoável para o caso concreto). Mas também a cominação por hora ou outra unidade inferior ao dia é cabível, quando exigido pela urgência da situação. A amparar essa

---

[546] ASSIS, ARAKEN DE. *Manual do processo de execução.* 7ª ed. São Paulo: Revista dos Tribunais, 2001, p. 499.

[547] CARREIRA ALVIM, J.E. *Tutela específica das obrigações de fazer e não fazer na reforma processual.* Belo Horizonte: Del Rey, 1997, p. 171.

[548] MARINONI, Luiz Guilherme. *Tutela inibitória: individual e coletiva.* São Paulo: Revista dos Tribunais, 1998, p. 178.

[549] ZAVASCKI, Teori Albino. *Comentários ao Código de Processo Civil.* São Paulo: Revista dos Tribunais, 2000. V. 8, p. 480.

[550] No mesmo sentido, CLAYTON MARANHÃO: "Por outro lado, fixando o discurso em relação à multa, não necessariamente deve ela ser diária, podendo ser adotada outra unidade de tempo (*v.g.*, multa quinzenal ou mensal), e até ser estabelecida em valor fixo)." Tutela específica das obrigações de fazer e não fazer. In MARINONI, Luiz Guilherme (coord.). *A segunda etapa da reforma processual civil.* São Paulo: Malheiros, 2001, p. 129/30.

assertiva há, não só a consideração da finalidade da figura instituída no art. 461, § 4º, como a regra do art. 461, § 5º, que autoriza o emprego de meios coercitivos atípicos.[551]

Em nota a tal assertiva, afirmou o jurista: "No Projeto 3.476/2000, de nova reforma processual civil, propõe-se a menção à 'multa', sem alusão à sua periodicidade, no rol exemplificativo do § 5º. Ademais, surgiria um novo parágrafo (§ 6º), explicitando a possibilidade de se mudar o valor ou a *periodicidade* da multa – o que evidencia que ela não é necessariamente diária".[552]

Mesmo que a redação do § 5º do artigo 461 não tenha sido exatamente a mesma referida por Talamini, restou clara a opção do legislador por possibilitar a utilização de outras unidades de tempo que não o dia. Ao referir-se à multa *por tempo de atraso* no referido parágrafo e, especialmente, ao permitir ao juiz modificar o valor *ou a periodicidade* da multa (no § 6º do mesmo artigo), o legislador optou pela flexibilização da multa e de sua periodicidade, não havendo mais dúvidas quanto à possibilidade atual de sua fixação em horas, dias, semanas, meses etc.

Muito embora se conheçam casos, na jurisprudência francesa, em que as *astreintes* tenham sido fixadas em unidades inferiores ao dia,[553] é de se salientar que a periodicidade da multa não necessariamente constituirá fator essencial à sua efetividade. Da mesma forma que o mês pode ser decomposto em dias, razão pela qual a multa *mensal* não se mostra imprescindível (podendo ser fixada multa *diária* de valor 1/30 menor do que aquela pretendida para incidir *mensalmente*); é também verdade que a multa por hora, exemplificativamente, pode ser multiplicada por 24 para que se fixem *astreintes* diárias capazes de compelir o réu ao cumprimento da obrigação. Diga-se, de passagem, que maior coercibilidade terá a multa fixada dessa forma, visto que incidirá imediatamente após o descumprimento do preceito, em valor 24 vezes maior do que se incidisse *por hora*.

Multas anteriormente fixadas em unidade diária poderão ser alteradas para passarem a incidir através de outra unidade de tempo, maior ou menor. Isso porque, "em princípio, as leis passam a regrar os fatos *imediatamente*, ou seja, a partir do momento em que passam a ser *leis vigentes*".[554] Como se verá adiante,[555] a fixação da multa não está coberta pela coisa julgada, sendo que, "não havendo

---

[551] TALAMINI, Eduardo. *Tutela relativa aos deveres de fazer e de não fazer: CPC, art. 461; CDC, art. 84.* São Paulo: Revista dos Tribunais, 2001, p. 238-239.

[552] Idem, p. 239.

[553] Idem, p. 52-54.

[554] WAMBIER, Luiz Rodrigues e WAMBIER, Teresa Arruda Alvim. *Breves comentários à 2ª fase da reforma do Código de Processo Civil.* São Paulo: Revista dos Tribunais, 2002, p. 169. Sobre as relações entre direito intertemporal e processo, indispensável é a leitura de CARLOS MAXIMILIANO (*Direito intertemporal ou teoria a retroatividade das leis.* São Paulo: Livraria Editora Freitas Bastos, 1946) e GALENO LACERDA (*O novo direito processual civil e os feitos pendentes.* Rio de Janeiro: Forense, 1974). Veja-se também o que escrevemos na obra *Estudos de direito intertemporal e processo.* Porto Alegre: Livraria do Advogado, 2007.

[555] Item 5.1.1.

coisa julgada, todas as modificações ocorridas nas normas processuais incidem imediatamente, já que processo pendente é presente".[556]

Isso em absoluto significa dizer que multas anteriores à vigência da nova lei (Lei 10.444/02), arbitradas em unidades de tempo distintas do dia, restariam *validadas* pela nova legislação. Filiamo-nos ao entendimento de Araken de Assis e Carreira Alvim, para quem a multa fixada sob a égide da lei anterior só poderia ser fixada em unidade diária (o que, como referido anteriormente, não a impede de atuar satisfatoriamente nos casos de ilícito de consumação instantânea).

3.8.6. A modificação do *quantum* no curso da incidência das *astreintes*

Não há dúvidas quanto à possibilidade de alteração do valor da multa, bem como de sua periodicidade, durante sua incidência. Tal é previsto claramente na redação do artigo 461, § 6°, do Código de Processo Civil brasileiro, onde se lê: "O juiz poderá, de ofício, modificar o valor ou a periodicidade da multa, caso verifique que se tornou insuficiente ou excessiva".

Como referido no parecer da Comissão de Constituição e Justiça do Senado Federal:

A aplicação da multa é essencial ao interesse público, para tornar coercitiva a decisão judicial, e a sua *flexibilidade* deve mesmo ajustar-se à dinâmica do processo e às suas circunstâncias determinantes, quando se mostre excessiva e financeiramente insuportável para o réu e sua família, ou, ao contrário, se revelar-se *(sic)* insignificante a ponto de o seu pagamento causar indiferença ao credor.[557]

Por óbvio, quaisquer alterações no *quantum* e na periodicidade da multa só terão efeitos *ex nunc*, não podendo, portanto, retroagir para prejudicar o réu, visto que dessa forma se estaria promovendo a sua punição, o que descaracteriza as *astreintes*, conforme já referido quando da análise da natureza jurídica da medida.[558]

Questão de maior complexidade diz respeito à possibilidade de modificação da multa constante de sentença transitada em julgado, bem como de supressão de valores resultantes da incidência da multa. Tais temas serão tratados em itens próprios.[559]

3.8.7. A multa não pune atraso, mas, sim, desestimula o descumprimento

Impende registrar, ainda que brevemente, séria confusão que se estabelece em alguns casos, nos quais as *astreintes* são fixadas de forma a incidir durante

---

[556] WAMBIER, Luiz Rodrigues e WAMBIER, Teresa Arruda Alvim. Op. cit., p. 171.

[557] Disponível em http://www.senado.gov.br/web/senador/odias/x/Projetos%20de%20Relatoria/_paplc144-01.htm. Acesso em 7 de junho de 2002.

[558] Item 3.3.3.

[559] Respectivamente, Itens 5.1.1 e 5.2.6.

período em que o réu ou devedor está a cumprir obrigação de realização continuada.

No julgamento de Recurso Especial nº 158.282-SP, interposto pela Fazenda do Estado de São Paulo, entendeu a Quinta Turma do Superior Tribunal de Justiça que deveria ser revisto o *valor* da multa diária fixada em obrigação que o recorrente vinha empenhando-se em cumprir, em razão das dificuldades no referido adimplemento. Assim foi ementado o referido acórdão:

> Recurso especial. Processual civil. Obrigação de fazer. Alegação de descumprimento. Multa excessiva. Art. 644 CPC.
>
> Comprovado que a recorrente vem se empenhando em cumprir a referida obrigação, e tendo em conta os argumentos razoáveis por ela utilizados, considerando o número excessivo de servidores envolvidos – cem – e com lotação nas mais diversas Secretarias Estaduais, tem-se que o acórdão recorrido não observou a realidade do caso e da própria disposição do art. 644 do CPC ao impor um valor excessivo por dia de descumprimento.
>
> Recurso provido a fim de rever-se tal valor.[560]

Ao determinar a revisão e redução do valor da multa "para maior atender à realidade do caso", a Egrégia Corte Superior considerou razoáveis os seguintes argumentos expendidos pela recorrente:

> Se alguma providência administrativa ainda resta ser tomada, eventual atraso, nesta situação, é algo perfeitamente justificável, não merecendo tão desproporcional ameaça de fixação de multa diária e pena de desobediência. [...] Com efeito, a *agravante* cumpriu integralmente 98% do objeto da obrigação de fazer e, parcialmente, já foi cumprida a obrigação de fazer com relação às duas últimas autoras.

Sem adentrar o mérito das alegações da recorrente no caso acima, é evidente que, se há atraso *justificável*, não houve a fixação de prazo *razoável*, como prevê o artigo 461, § 4º, ou, ainda, há justa causa para o alargamento do prazo. Restando impossível o cumprimento completo do preceito no prazo estabelecido, não é caso de se diminuir o valor da multa, mas de postergar sua incidência, atendendo à razoabilidade do prazo.

No mesmo equívoco incorreu o Egrégio Tribunal de Justiça do Estado do Rio Grande do Sul, ao alterar valor fixado para a multa, com base nas dificuldades para o cumprimento da obrigação, *in verbis*:

> Apenas no que diz com o valor da multa diária fixada, tenho para mim que foi efetivamente excessivo o patamar de meio salário mínimo diário, considerada a circunstância de que a ação exigida dos apelantes, para o adimplemento da liberação, demanda algum tempo e variadas diligências, que podem protrair-se no tempo.[561]

---

[560] REsp nº 158.282 – SP (REG. Nº 97.0089130-5). J. em 17.03.1998. Unânime. Rel. Min. José Arnaldo. DJU 27.04.1998.

[561] Tribunal de Justiça do Estado do Rio Grande do Sul. 19ª Câmara Cível. Apelação Cível nº 70000428508. Rel. Des. Carlos Rafael dos Santos Junior. J. 29.08.2000. DJ 16.10.2000.

Ora, se para cumprir a determinação contida na decisão judicial é preciso de tempo, este deve ser devidamente considerado quando da fixação do *prazo razoável* previsto no artigo 461, § 4°.[562]

Deve-se, portanto, revisar o *prazo*, e não o *valor* da multa. Não se propõe *reduzir punição*, mas *adequar a coerção*. Correta, assim, a conclusão do Tribunal de Justiça do Estado do Rio de Janeiro, em acórdão relatado pelo Eminente Desembargador Sylvio Capanema, assim ementado:

> Agravo de Instrumento. Ação ordinária. Baixa de hipoteca. *Astreinte*. Cumprimento do preceito. Não caracterização do inadimplemento da obrigação de fazer. A multa diária não pode servir de enriquecimento do credor, ainda mais tendo o devedor demonstrado que cumpriu a obrigação, *não sendo o responsável direto pelo retardamento*. Provimento do agravo.[563]

Nas decisões do Superior Tribunal de Justiça e do Tribunal de Justiça do Estado do Rio Grande do Sul, antes transcritas, é evidente o desvirtuamento da função das *astreintes*, que deixam de assumir caráter coercitivo para adquirir feição punitiva. A multa, em verdade, *puniu* o demandado pelo atraso que ocorreu *anteriormente* à decisão judicial, ou seja, pelo fato de o réu ter iniciado o cumprimento da obrigação tão somente quando a decisão assim lhe impôs, e não antes. Trata-se, como visto, de aplicação de medida punitiva e retroativa, o que não se coaduna com a sistemática das *astreintes,* até aqui apresentada.

Eventuais prejuízos decorrentes de atrasos no cumprimento de obrigações de direito material podem ser objeto de indenização, assim como o próprio atraso pode ser causa de punição prevista em contrato entre as partes. O que não se pode é transformar a *astreinte*, medida de cunho estritamente coercitivo, em multa reparatória ou punitiva.

3.8.8. Cumprimento parcial da obrigação e *astreintes pro rata*

Questão que merece enfrentamento diz com a possibilidade de ser reduzido o montante da multa em razão do cumprimento *parcial*, porém tardio da obrigação pelo demandado. A jurisprudência oferece diferentes soluções, como se denota dos julgamentos do Tribunal de Alçada Cível do Rio de Janeiro e do Tribunal de Justiça do Estado do Rio Grande do Sul, abaixo transcritos:

---

[562] Neste sentido, vale atentar para a precisa lição de Talamini: "O lapso de tempo concedido ao réu não poderá ser curto em demasia, de modo que o impeça de cumprir a ordem tempestivamente, ainda que queira; [...] Evidentemente, tirando situações-limite (de fixação de período extraordinariamente pequeno ou prolongado), poderá ser difícil precisar o que concretamente se enquadra no conceito juridicamente indeterminado de 'prazo razoável'. Mas nem mesmo isso será óbice à revisão, em grau de recurso, do prazo que se estabeleça" (TALAMINI, Eduardo. *Tutela relativa aos deveres de fazer e de não fazer: CPC, art. 461; CDC, art. 84.* São Paulo: Revista dos Tribunais, 2001, p. 248).

[563] Tribunal de Justiça do Estado do Rio de Janeiro. Décima Câmara Cível. Agravo de Instrumento n° 2001.002.11864. Data de Registro: 25/02/2002. Julgado em 21/11/2001.

Se o executado cumpriu em parte a obrigação a que foi condenado, deve a multa cominada ser reduzida proporcionalmente.[564]

Astreinte. Inobservância de obrigação de fazer. Incidência da multa, que não sofre qualquer redução pela entrega de parte dos documentos. Baixo valor, ante a confessada falta da instituição financeira.[565]

É necessário que se faça, no entanto, uma distinção. O montante da multa que incidiu durante o período em que *nenhuma* parte da obrigação foi cumprida, evidentemente, não pode ser reduzido simplesmente pelo adimplemento parcial da obrigação contida no preceito judicial. O que se discute é a possibilidade de redução do valor incidente, a cada unidade de tempo, *após* o cumprimento *parcial* da ordem judicial.

Assim, tem-se que, se o réu é intimado, por exemplo, para entregar 10 cavalos puro-sangue ao autor, e entrega, *com atraso*, somente 8, sujeitar-se-á ele, *pelo tempo de atraso*, à integralidade da multa incidente naquele período. Isso porque descumpriu a *integralidade* da obrigação pelo período de atraso. Resta saber, isto sim, se, após a entrega parcial dos referidos animais, poderá ser reduzido o valor unitário (diário, mensal etc.) da multa proporcionalmente ao adimplemento do réu (80%), ou através de outro critério quantitativo.

Muito embora seja fato recorrente na jurisprudência, o assunto escapa à apreciação mais aprofundada da doutrina.[566] A resposta à questão posta no parágrafo anterior é, com efeito, complexa. Duas premissas devem ser fixadas antes de respondê-la.

Primeiramente, mesmo partindo do mais rígido posicionamento acerca da possibilidade de alteração do valor da multa fixado em sentença, "em qualquer hipótese, a modificação do valor da multa, tanto para aumentá-lo ou para reduzi-lo, só é lícita diante das alterações da situação concreta, tomada como base pelo juiz no momento de fixar a multa".[567] Em segundo lugar, é admissível a utilização do *valor da causa* "como critério para fixação do valor da multa, desde que se mantenha dentro dos limites da razoabilidade, ou seja, observe a "proporciona-

---

[564] Ac. Unânime da 5ª Câmara do Tribunal de Alçada Cível do Rio de Janeiro, de 9.10.1985, na apelação 24.505, rel. Juiz Antônio Lindbergh Montenegro (PAULA, Alexandre de. *Código de Processo Civil anotado.* 6ª ed. São Paulo: Revista dos Tribunais, 1994. V. III, p. 2643).

[565] Apelação Cível nº 70001022649, Vigésima Câmara Cível, Tribunal de Justiça do RS, rel. Des. Armínio José Abreu Lima da Rosa, julgado em 24/05/00.

[566] Um dos poucos que manifesta opinião, ainda que sucinta, sobre o assunto, é TALAMINI, ao afirmar que "o cumprimento de uma parte do comando judicial poderá ensejar sua diminuição" (TALAMINI, Eduardo. *Tutela relativa aos deveres de fazer e de não fazer: CPC, art. 461; CDC, art. 84.* São Paulo: Revista dos Tribunais, 2001, p. 244).

[567] GUERRA, Marcelo Lima. *Execução indireta.* São Paulo: Revista dos Tribunais, 1998, p. 196. Não é este o nosso posicionamento, como se observa do Item 5.1.1.

As *Astreintes* e o Processo Civil Brasileiro

lidade entre o benefício econômico que o infrator obteria na observância[568] do preceito e o valor da multa'".[569]

Retornando ao exemplo anterior, do réu que entrega ao autor 8 dos 10 cavalos que a este são devidos, parece-nos clara a possibilidade de redução do valor da multa. Isto se dá, primeiramente, porque a situação concreta alterou-se, sendo que a pressão psicológica necessária é para a entrega de apenas dois, e não dez cavalos; em segundo lugar, porque o valor da obrigação também sofreu mudança, sendo o benefício econômico do réu recalcitrante, com o inadimplemento parcial da obrigação, menor do que seria com o inadimplemento total. A redução pode-se dar a qualquer tempo após o cumprimento parcial do comando judicial, retroagindo (neste caso, sem punir, mas beneficiando o réu) até este momento. Posta dessa forma, a questão parece de fácil deslinde.

Note-se, entretanto, que o exemplo acima referido trata da obrigação para a entrega de coisas que, individualizadas, permitem que o autor delas usufrua independentemente do adimplemento total da obrigação. Enfim, consiste em uma obrigação divisível, sendo possível a "transferência de parte ideal da coisa, correspondente à metade do objeto".[570]

O mesmo não ocorreria no caso de obrigação indivisível.[571] Esta se dá "quando a prestação tem por objeto uma coisa ou um fato que não é suscetível de divisão por sua natureza ou pelo modo por que foi considerado pelas partes contratantes".[572] Exemplo típico é a obrigação do incorporador imobiliário em realizar a promoção e realização da construção (obrigação de fazer). Trata-se de "verdadeiro negócio jurídico complexo, resultante de uma reunião de outras declarações de vontade, complementares umas das outras".[573] Segundo Cambler, "é uma atividade humana e empresarial (comercial), configurando uma *unidade* de fatos, atos e negócios, de onde decorrem relações jurídicas típicas entre incorporador, os adquirentes e todos os demais sujeitos envolvidos no empreendimento. Os fatos, atos e negócios jurídicos reunidos objetivam a promoção e a realização da construção, para posterior alienação, das unidades condominiais integrantes do edifício, ou conjunto de edificações, produzindo-se o fenômeno do nascimento do direito de propriedade sobre esse bem e a consequente eficácia jurídica

---

[568] Parece-nos, aqui, que o autor quis dizer "*não* observância". Afinal, o infrator não obterá *benefício* econômico com a *observância* do preceito. Acrescente-se, ainda, que quando o autor alude à proporcionalidade entre o valor da multa e o benefício econômico do réu com o descumprimento do preceito, não se pode confundir com "equivalência". Na verdade, deve haver desproporção entre o valor econômico do descumprimento e o valor da multa, devendo este ser de grandeza superior, apta a exercer pressão irresistível sobre a pessoa do réu.

[569] FOWLER, Marcos Bittencourt. A (re)reforma do art. 461 do Código de Processo Civil: a multa e seus problemas. In MARINONI, Luiz Guilherme (coord.). *A segunda etapa da reforma processual civil.* São Paulo: Malheiros, 2001, p. 202.

[570] RODRIGUES, Sílvio. *Direito civil.* 23ª ed. São Paulo: Saraiva, 1995, v. 2, p. 58.

[571] "Tanto as obrigações de dar, como as de fazer, podem ser indivisíveis" (Idem).

[572] Idem, p. 57.

[573] CAMBLER, Everaldo Augusto. *Incorporação imobiliária.* São Paulo: Revista dos Tribunais, 1993, p. 262.

real".[574] Dessa forma, o incorporador imobiliário que registra a documentação necessária no Cartório do Registro de Imóveis (memorial descritivo da obra, projeto de construção etc.) promove a construção da obra, mas não obtém o *habite-se*,[575] e, consequentemente, não promove a individualização das unidades (art. 44 da Lei 4.591/64), não cumpre sua obrigação, não sendo esta divisível.[576]

Neste último caso, fixada multa para que o incorporador entregue a unidade individualizada ao adquirente final, aquela não poderá ter seu *quantum* reduzido pelo adimplemento *parcial* da obrigação, não tendo o autor usufruído de quaisquer vantagens pela conduta do demandado.

Em suma, sempre que a obrigação cumprida pelo réu for apenas um *meio* para a obtenção da tutela consubstanciada na obrigação principal, não há falar em redução da multa. Já quando a obrigação cumprida pelo demandado consistir parte *individualizável* da tutela pretendida pelo autor, poderá haver redução das *astreintes*.

Ressalva seja feita à situação em que o autor *recusa* o adimplemento parcial da obrigação, mesmo sendo esta divisível. Neste caso, é, em tese, aplicável a regra do artigo 314 do Código Civil, ao dispor que "ainda que a obrigação tenha por objeto prestação divisível, não pode o credor ser obrigado a receber, nem o devedor a pagar, por partes, se assim não se ajustou". Portanto, se o adimplemento parcial pelo demandado for recusado pelo demandante, continuarão incidindo as *astreintes* no valor previamente estabelecido para o cumprimento integral do preceito, a não ser que o juiz verifique capricho excessivo do autor (ou mesmo má-fé), como, por exemplo, ocorreria no caso antes citado, do credor de 10 cavalos, que se recusa a receber 8, tão somente para usufruir da multa intergral. Nesses casos, o processo estaria sendo utilizado como mecanismo de punição do réu, restando violada a regra do artigo 620, além dos princípios da *razoabilidade* e da *proporcionalidade*.[577]

3.9. A DETERMINAÇÃO DO *QUANTUM* DA MULTA

Sendo a *astreinte* medida que ameaça o *patrimônio* do réu, é imprescindível a definição das regras que irão determinar a fixação do seu valor. Regras que

---

[574] CAMBLER, Op. cit., p. 262.

[575] É claro que, demonstrando ter preenchido todos os requisitos para a obtenção do *habite-se*, não sendo este concedido por falhas e demora da Administração, poderá o construtor elidir a incidência da multa (veja-se, a esse respeito, Item 3.5.2.1).

[576] Importante é salientar que a demora deve ser atribuível ao demandado. Caso, por exemplo, seja comprovado que a obtenção do *habite-se* só não se mostrou possível por ato arbitrário da autoridade municipal, tendo o réu incorporador esgotado sua atividade, não há que se falar em coerção deste último. Estar-se-ia diante de verdadeira penalização, estranha à natureza das *astreintes*.

[577] Vide Item 3.6.

parecem estar longe de serem definidas, quando autores de escol afirmam que "nenhum outro critério substitui o do puro casuísmo".[578] Esse casuísmo, entretanto, não deve ser interpretado como ausência total de critérios ou regras, mas, sim, como o reconhecimento de que, apenas na análise do caso concreto, ter-se-á a noção aproximada dos parâmetros a serem adotados.

Nesse diapasão, é interessante o ensinamento de Araken de Assis:

> O juiz considerará o patrimônio do devedor – quanto mais rico, maior o valor da pena – e a magnitude da provável resistência, preocupando-se apenas em encontrar um valor *exorbitante* e *despropositado*, inteiramente *arbitrário*, capaz de ensejar o efeito pretendido pelo credor.[579]

Entendemos que a lição do processualista gaúcho encerra dois pontos importantes, que de certa forma não podem ser apartados. O primeiro deles diz com o patrimônio do devedor. Através da análise da grandeza patrimonial do réu, ter-se-á a primeira amostra da sua *capacidade* de resistência. Entretanto, é necessário ainda que se vislumbre o *interesse* de resistir. A *magnitude da provável resistência* resultará da combinação da capacidade patrimonial e do interesse – o que chamaremos de relação custo-benefício – na resistência do réu.

Haverá casos em que o réu, embora de patrimônio reduzido, venha a auferir grande vantagem patrimonial justamente pela prática reiterada de conduta que lhe é proibida por dever de abstenção declarado no preceito judicial. É evidente a insuficiência da simples análise do patrimônio do demandado, neste caso, para o cálculo da multa.

Da mesma forma, poderá haver réu de patrimônio abundante, mas que, diante de obrigação de pequeno valor e interesse, dispense uma ameaça desproporcional a seu patrimônio para sentir-se pressionado ao cumprimento da ordem judicial.

Essa adequação das *astreintes*, não apenas ao patrimônio do réu, como também à representatividade da própria obrigação declarada na decisão judicial, de certa forma está prevista em lei, visto que o artigo 461, em seu § 4º, dispõe que a multa será fixada se for "suficiente ou compatível com a obrigação". Vale dizer: a multa deverá ser fixada de forma *suficiente* para a coerção do réu, e *compatível* com a obrigação para cujo cumprimento visa-se a pressionar o demandado.

Nesse sentido, Carreira Alvim salienta a necessidade de análise tanto do patrimônio do réu, quanto de seu "poder de gastar" e, ainda, do próprio valor da causa.[580] Ao referir-se a este último item, entretanto, afirma o processualista

---

[578] ASSIS, Araken de. *Manual do processo de execução*. 7ª ed. São Paulo: Revista dos Tribunais, 2001, p. 498.

[579] Idem, p. 426.

[580] CARREIRA ALVIM, José Eduardo. *Tutela específica das obrigações de fazer e não fazer*. Belo Horizonte: Del Rey, 1997, p. 115.

que deve ser observada a "proporcionalidade entre o benefício econômico que o infrator obteria na observância do preceito e o valor da multa".[581]

Acreditamos que esse raciocínio deve ser evitado, uma vez que é a "proporcionalidade entre o benefício econômico que o infrator obteria na observância do preceito e o valor da multa" que, justamente, dará ensejo ao cálculo de *custo-benefício* pelo réu, decidindo este pelo atendimento ou desatendimento da ordem judicial. O valor da multa deve ser de magnitude suficiente, que faça com que o demandado sequer *cogite* em descumprir o preceito e arcar com o pagamento da multa.

Não há dúvidas, entretanto, de que o juiz deverá se guiar pelas dimensões oferecidas pelo patrimônio do réu e pela importância da obrigação declarada no preceito a ser cumprido. Para Talamini:

> Haverá de estabelecer-se montante tal que concretamente influa no comportamento do demandado – o que, diante das circunstâncias do caso (a situação econômica do réu, sua capacidade de resistência, vantagens por ele carreadas com o descumprimento, outros valores não patrimoniais eventualmente envolvidos etc.), pode resultar em *quantum* que supere aquele que se atribui ao bem jurídico visado.[582]

Conforme será demonstrado a seguir, a controvérsia acerca da fixação da multa diária está na discussão sobre seus eventuais limites, e não nos critérios para a fixação de seu valor, que doutrina e jurisprudência concordam dever ser aquele suficiente para atingir o fim precípuo das *astreintes*, que é a coerção eficaz do réu para o atendimento da ordem judicial.

Neste sentido, precisa é a lição de Sérgio Gilberto Porto, para quem "a multa, por ter caráter inibitório, deverá ser fixada em quantia alta, aos efeitos de levar o obrigado ao atendimento da obrigação e não ao pagamento daquela. Deve contemplar valor de tal ordem que seja um verdadeiro estímulo ao cumprimento da obrigação e não gerar o adimplemento da obrigação".[583] Entretanto, saliente-se que a aplicação, pela jurisprudência, dos critérios estabelecidos para o alcance deste fim, está longe de se dar de forma linear e equânime. Não raro, decisões que fixam multa em primeira instância são drasticamente alteradas em sede recursal, como se denota de casos julgados pelo Tribunal de Justiça do Estado do Rio de Janeiro.[584] No Superior Tribunal de Justiça, já se assentou que "somente

---

[581] CARREIRA ALVIM. Op. cit., p. 119.

[582] TALAMINI, Eduardo. *Tutela relativa aos deveres de fazer e de não fazer: CPC, art. 461; CDC, art. 84.* São Paulo: Revista dos Tribunais, 2001, p. 243.

[583] PORTO, Sérgio Gilberto. *Comentários ao Código de Processo Civil.* São Paulo: Revista dos Tribunais, 2000. V. 6, p. 121.

[584] "Fixou a ilustre Magistrada o valor diário das `astreintes' em R$ 1.000,00 [...] Entende-se exagerada essa fixação, de todo desproporcional, a meu ver, ao descumprimento do preceito. Se mantido esse valor, poderá ele, facilmente, se transformar em fator de enriquecimento sem causa, em desfavor da Agravante [...] Considera-se mais equânime reduzi-lo para R$ 200,00 diários, o que se entende consentâneo com a realidade, dada a natureza da lide" (TJRJ. 8ª Câm. Cível. Agravo de Instrumento nº 2000.002.14726. Data de Registro: 12/03/2001. Des. Luiz Odilon Bandeira. Julgado em 13/02/2001).

As *Astreintes* e o Processo Civil Brasileiro

é possível revisar o seu valor quando o montante fixado nas instâncias locais for exageradamente alto ou baixo, a ponto de maltratar o art. 461, § 4º, do CPC. Fora desses casos, incide a Súmula 7, a impedir o conhecimeto do recurso neste ponto".[585]

Vislumbra-se, pelo menos na prática jurisprudencial, a confirmação da lição de Araken de Assis,[586] para quem o *puro casuísmo* mostra-se superior a quaisquer outros critérios de fixação de valor.

3.9.1. Os limites do *quantum*

Não obstante a liberdade do magistrado na fixação do valor da multa, discussões em sede doutrinária e jurisprudencial em torno de possíveis limitações àquele poder merecem análise pormenorizada.

3.9.1.1. Dispositivos do direito material

Durante algum tempo, notadamente antes da edição do Código de Processo Civil de 1973, tinha-se que a cominação pecuniária não poderia exceder o valor da prestação à qual estava vinculada. Havia previsão expressa, nesse sentido, no artigo 1005[587] do Código de Processo Civil de 1939. O novo Código não repetiu a lição, o que levou a jurisprudência a admitir, gradativamente, a ausência de "teto" para a fixação da multa, reconhecendo a semelhança desta para com as *astreintes* francesas, desvinculadas de qualquer limite valorativo.

Entretanto, não são poucas as decisões proferidas, mesmo após a vigência do Código de 1973, no sentido de equiparar a multa diária à pena convencional do artigo 920 do Código Civil de 1916, estabelecendo para aquela o mesmo limite desta, ou seja, o da obrigação principal.[588] Dispunha o dispositivo da lei

---

¨Sendo o preço da assinatura mensal de R$ 16,57, afigura-se alto o valor de R$ 50,00 por dia, o que levaria, em caso de descumprimento, ao pagamento de uma multa mensal de R$ R$ 1.500,00. Isso poderia se constituir enriquecimento sem causa à Autora, visto que atualmente é facílimo conseguir a efetivação de contrato de serviço telefônico. [...] Assim, é razoável a fixação no valor de R$ 16,57 por dia, que é suficiente para intimidar a Ré e impece, por outro lado, eventual enriquecimento ilícito" (TJRJ. 9ª Câm. Cível. Agravo de Instrumento nº 1999.002.11897. Data de Registro: 28/05/2000. Folhas: 16626/16628. Órgão Julgador: Nona Câmara Cível. Votação: Unânime. Des. Paulo César Salomão. Julgado em 08/02/2000).

[585] AgRg no Ag 777089/RS, Rel. Ministro Humberto Gomes de Barros, Terceira Turma, julgado em 03/04/2007, DJ 21/05/2007, p. 572.

[586] ASSIS, Araken de. *Manual do processo de execução.* 7ª ed. São Paulo: Revista dos Tribunais, 2001, p. 498.

[587] "Art. 1.005. Se o ato só puder ser executado pelo devedor, o juiz ordenará, a requerimento do exequente, que o devedor o execute, dentro do prazo que fixar, sob cominação pecuniária, que não exceda o valor da prestação."

[588] Neste sentido: "EMBARGOS À EXECUÇÃO. MULTA PELO DESCUMPRIMENTO. VALOR EXCESSIVO. ART. 920 DO CC e PARÁGRAFO ÚNICO DO ART. 644 DO CPC. A multa é devida, eis que evidenciado o retardo injustificado no cumprimento da determinação judicial. Porém, alcançando valor superior ao do principal, deve ser reduzida, a fim de guardar proporção com o dano experimentado. Vedação do enriquecimen-

material: "O valor da cominação imposta na cláusula penal não pode exceder o da obrigação principal". O atual Código Civil traz, em seu artigo 412, idêntica redação.

Em face da analogia equivocada que se fazia entre a *pena* do artigo 920 do Código Civil de 1916 e a *medida coercitiva* dos artigos 287 e 644 do CPC, várias decisões restringiam o valor da multa ao valor da causa, ou ao valor da obrigação principal. O Ministro do Superior Tribunal de Justiça, Waldemar Zveiter, ao relatar o Recurso Especial nº 8.930/SP,[589] assim salientou:

> No sentido do aresto julgou-se que a multa deve ser limitada ao valor da causa (JTA 42/167, RP 4/399, em. 153) e não pode ultrapassar o pedido feito na inicial (RT 507/70; contra: RP 6/321, em. 145). Não ofende a coisa julgada limitá-la ao montante do principal, aplicando-se, por analogia, o art. 920 do CC (RT 591/234, 1ª col., em.).

Naquela ocasião, o Superior Tribunal de Justiça não enfrentou diretamente a temática da limitação das *astreintes*, por razões que fogem ao interesse do presente estudo.[590] Entretanto, pouco tempo depois, no julgamento do Recurso Especial nº 8.065/SP,[591] pôde aquela Corte Superior estabelecer o *leading case* na matéria, efetivamente desvinculando o valor das *astreintes* do valor da obrigação principal.

Lê-se no acórdão em referência, calcado no doutrina de Barbosa Moreira,[592] Pontes de Miranda,[593] Alcides Mendonça Lima,[594] Amilcar de Castro,[595] José Frederico Marques,[596] Vicente Greco Filho[597] e Sálvio de Figueiredo Teixeira:[598]

---

to ilícito" (Apelação Cível nº 70000366559, Décima Oitava Câmara Cível, Tribunal de Justiça do RS, Relator: Des. Wilson Carlos Rodycz, julgado em 29/06/00).

[589] REsp 8930/SP, Rel. Ministro WALDEMAR ZVEITER, TERCEIRA TURMA, julgado em 21/05/1991, DJ 05/08/1991, p. 9999).

[590] Trecho do voto do Min. Cláudio Santos, naquela ocasião: "Sr. Presidente, se estivéssemos a apreciar a ação originária, seria bastante oportuno o recurso para esta Corte dirimir o dissídio que grassa em torno do artigo 644 do Código de Processo Civil. O acórdão, decidindo a rescisória, entretanto, entendeu não ser o caso de ofensa literal ao texto da lei, exatamente em face do dissenso e, assim, não é possível o exame do tema central do recurso".

[591] Superior Tribunal de Justiça. Terceira Turma. Recurso Especial nº 8065 – São Paulo (91.2111-3). Rel. Min. Cláudio Santos. J. em 3 de setembro de 1991. Arquivo Geral – Divisão de Acórdãos do STJ. Publicado no DJU de 23 de setembro de 1991.

[592] MOREIRA, José Carlos Barbosa. Tutela específica do credor nas obrigações negativas. In *Temas de direito processual*. Segunda série. São Paulo: Saraiva, 1980. n. 10, p. 40.

[593] PONTES DE MIRANDA, Francisco Cavalcanti. *Comentários ao Código de Processo Civil*. Rio de Janeiro: Forense, 1976. t. X, p. 156.

[594] LIMA, Alcides de Mendonça. *Comentários ao Código de Processo Civil*. 2ª ed. Rio de Janeiro: Forense, 1977, V. VI, T. II, p. 846.

[595] CASTRO, Amílcar de. *Comentários ao Código de Processo Civil*. São Paulo: Revista dos Tribunais, 1974. V. VIII, p. 189.

[596] MARQUES, José Frederico. *Manual de direito processual civil*. São Paulo: Saraiva, 1976. V. IV, p. 134.

[597] GRECO FILHO, Vicente. *Direito processual civil brasileiro*. São Paulo: Saraiva, 1985. 3º vol., n. 115, p. 69.

[598] TEIXEIRA, Sálvio de Figueiredo. *Código de Processo Civil*. 1ª ed. nota, Rio de Janeiro: Forense, 1979, p. 152.

Em boa hora, a lei em vigor desvinculou o preceito cominatório do valor da obrigação ou da prestação, porque não cuida de pena civil, mas de pena judicial, que diz com a efetividade do processo e com a compulsividade da ordem do juiz. O preceito cominatório não tem caráter compensatório; tanto que não exclui perdas e danos. É pena que tem a ver com a coercitividade do provimento judicial.

Daí não se poder pensar na aplicação analógica do art. 920 do Código Civil, porque o espírito da lei, naquela disposição, é diverso da inteligência do art. 644 do CPC. Aquele visa coibir o abuso nas convenções particulares que podem proporcionar benefícios extra-ordinários ao credor ou mais do que os danos resultantes do inadimplemento da obrigação pelo obrigado. Este, como já afirmei, é uma cominação que visa obrigar o cumprimento da decisão judicial. Onde não há a mesma razão inaplicável é a mesma disposição.

Parece ter sido completamente assimilada, pela doutrina e pela jurisprudência, a lição contida no acórdão acima transcrito. Talamini é categórico ao afirmar: "A multa processual é inconfundível com a cláusula penal contratualmente fixada, de modo que não lhe é aplicável o art. 920 do Código Civil".[599]

Diversas são as vozes, como a de Humberto Theodoro Júnior, para quem, "enquanto for viável obter-se a prestação *in natura*, continuará cabível a multa, ainda que ultrapasse o valor da dívida, porque a *astreinte* não é meio de satisfação da obrigação, mas simples meio de pressão".[600]

Arenhart, por sua vez, salienta que, "se a função da multa pecuniária é exatamente impedir a ocorrência do dano, seria paradoxal tomar a extensão do dano como elemento para definir o montante da pena. Da mesma forma, o valor do direito protegido também não pode ser eleito como critério para avaliação do montante da multa".[601]

O entendimento do Superior Tribunal de Justiça pode ser representado pela seguinte ementa daquela Corte:

Multa. Cláusula penal. Multa compensatória. Limitação do art. 920 do Código Civil. Precedente da Corte. 1. Há diferença nítida entre a cláusula penal, pouco importando seja a multa nela prevista moratória ou compensatória, e a multa cominatória, própria para garantir o processo por meio do qual pretende a parte a execução de uma obrigação de fazer ou não fazer. E a diferença é, exatamente, a incidência das regras jurídicas específicas para

---

[599] TALAMINI, Eduardo. *Tutela relativa aos deveres de fazer e de não fazer: CPC, art. 461; CDC, art. 84*. São Paulo: Revista dos Tribunais, 2001, p. 242.

[600] THEODORO JÚNIOR, Humberto. Tutela específica das obrigações de fazer e não fazer. *Revista de Processo*, nº 105, janeiro-março 2002, p. 27. No mesmo sentido: MARINONI, Luiz Guilherme. *Tutela inibitória: individual e coletiva*. São Paulo: Revista dos Tribunais, 1998, p. 174/175; FOWLER, Marcos Bittencourt. *A (re) reforma do art. 461 do Código de Processo Civil; a multa e seus problemas*. (MARINONI, Luiz Guilherme (coord.). *A segunda etapa da reforma processual civil*. São Paulo: Malheiros, 2001, p. 201); TALAMINI, Eduardo. *Tutela relativa aos deveres de fazer e de não fazer: CPC, art. 461; CDC, art. 84*. São Paulo: Revista dos Tribunais, 2001, p. 242/243. TALAMINI elenca diversos acórdãos do STJ nesse sentido: STJ, REsp 43389-4-RJ, v.u., rel. Min. Waldemar Zveiter, j. 22.03.1994, em RSTJ 63/438; STJ, REsp 141559-RJ, v.u., rel. Min. Eduardo Ribeiro, j. 17.03.1998, *DJU* 17.08.1998, p. 68; STJ, REsp 196262-RJ, rel. Min. Carlos Alberto Direito, j. 06.12.1999, em *Inf. STJ* 6 a 10.12.1999.

[601] ARENHART, Sérgio Cruz. *A tutela inibitória da vida privada*. São Paulo: Revista dos Tribunais, 2000, p. 196/197.

cada qual. Se o Juiz condena a parte ré ao pagamento de multa prevista na cláusula penal avençada pelas partes, está presente a limitação contida no art. 920 do Código Civil. Se, ao contrário, cuida-se de multa cominatória em obrigação de fazer ou não fazer, decorrente de título judicial, para garantir a efetividade do processo, ou seja, o cumprimento da obrigação, está presente o art. 644 do Código de Processo Civil, com o que *não há teto para o valor da cominação*. 2. Recurso especial conhecido e provido.[602]

A questão parece ter se pacificado em torno da impossibilidade de se estabelecer *teto* para a incidência das *astreintes*, como explicita o Ministro Nilson Naves em recente decisão monocrática, citando precedentes daquela Corte:

Não procede a conclusão do Tribunal de origem de estabelecer um teto para o valor da multa cominatória. É que se trata de penalidade que deve ser paga até o efetivo cumprimento da obrigação. Ora, o estabelecimento de teto para o valor total da penalidade equivale a impor limitação temporal. Noutras palavras, paga a quantia, não mais poderia subsistir a cobrança dos valores decorrentes do não cumprimento da obrigação. Isto, contudo, não é o que determina o art. 461, § 6º, do Cód. de Pr. Civil, que tão-somente autoriza o julgador a elevar ou diminuir o valor da multa diária segundo as peculiaridades do caso concreto, e não limitá-la no tempo.

[...]

5. O valor da multa cominatória pode ultrapassar o valor da obrigação a ser prestada, porque a sua natureza não é compensatória, porquanto visa persuadir o devedor a realizar a prestação devida.

6. Advirta-se, que a coerção exercida pela multa é tanto maior se não houver compromisso quantitativo com a obrigação principal, obtemperando-se os rigores com a percepção lógica de que o meio executivo deve conduzir ao cumprimento da obrigação e não inviabilizar pela bancarrota patrimonial do devedor. 7. Recurso especial a que se nega provimento." (REsp-770.753, Ministro Luiz Fux, de DJ 15.3.07.) "Multa. Cláusula penal. Multa compensatória. Limitação do art. 920 do Código Civil. Precedente da Corte.

1. Há diferença nítida entre a cláusula penal, pouco importando seja a multa nela prevista moratória ou compensatória, e a multa cominatória, própria para garantir o processo por meio do qual pretende a parte a execução de uma obrigação de fazer ou não fazer.

E a diferença é, exatamente, a incidência das regras jurídicas específicas para cada qual. Se o Juiz condena a parte ré ao pagamento de multa prevista na cláusula penal avençada pelas partes, está presente a limitação contida no art. 920 do Código Civil. Se, ao contrário, cuida-se de multa cominatória em obrigação de fazer ou não fazer, decorrente de título judicial, para garantir a efetividade do processo, ou seja, o cumprimento da obrigação, está presente o art. 644 do Código de Processo Civil, com o que não há teto para o valor da cominação.[603]

Ressalte-se que a multa moratória, estabelecida contratualmente pelas partes, possui também caráter ressarcitório,[604] constituindo, em verdade, prefixação

---

[602] Superior Tribunal de Justiça. Recurso Especial nº 196.262. Rel. Min. Carlos Alberto Menezes Direito. J. em 06.02.1999. Unânime. Publicado no DJU 11.09.2000, p. 250. Revista dos Tribunais, nº 785, p. 197.

[603] Agravo de Instrumento nº 1.101.231 – SP. Rel. Min. Nilson Naves. DJe 11.03.2009.

[604] Nesse sentido, acórdão do Tribunal de Justiça do Estado do Rio Grande do Sul: "Ementa: contrato de promessa de compra e venda. Ação cominatória cumulada, alternativamente, com pedido de indenização. A

dos prejuízos pelo atraso no cumprimento de determinada obrigação, no que difere radicalmente das *astreintes*.

Por tudo quanto foi exposto acerca da natureza coercitiva das *astreintes*,[605] parece claro que não possam sofrer qualquer espécie de limitação em sua incidência, sob pena de tornarem-se ineficazes como técnica para a obtenção da tutela específica.

É fácil notar que, se fixado um "teto" para o *quantum* a ser atingido pelas *astreintes*, teríamos de admitir que elas possuem uma eficácia limitada pelo tempo. Ou seja, após atingirem o referido "limite", não exerceriam qualquer pressão sobre o réu recalcitrante, o que levaria ao necessário abandono da coerção pela multa e a adoção (se possível, é claro) de outra medida coercitiva ou mesmo de execução por sub-rogação. Verifica-se nesse posicionamento um evidente desprestígio da tutela específica, na *contramão* das reformas que vem sofrendo o processo civil brasileiro.

Isso não significa dizer que não possa o montante alcançado por força da incidência da multa sofrer controle por parte do Judiciário, controle esse que, inclusive, poderá ocasionar na sua redução. A questão será enfrentada em item próprio,[606] porém, desde já é preciso ressaltar que não se trata de impor um limite preestabelecido para a incidência da multa, mas, sim, de adequação posterior à sua incidência, quando determinadas circunstâncias assim o determinarem.

3.9.1.2. Convenção das partes

Com relação à multa fixada previamente pelas partes, em título executivo extrajudicial, o Código de Processo Civil, em seu artigo 645, § 1º, prevê que o juiz poderá *reduzir*, caso excessivo, o valor da multa previsto no título. Tal redação gerou (e ainda gera) uma certa confusão, por parte da doutrina e da jurisprudência, no que se refere à possibilidade de o juiz *aumentar* o valor fixado pelas partes, uma vez que a lei somente possibilitaria a sua redução.

Sérgio Bermudes, ao comentar o artigo 645, sustenta que, "se o valor da multa já estiver previsto no título, o juiz poderá reduzi-lo, se o reputar excessivo, conforme o parágrafo único. A norma não permite ao juiz aumentá-lo porque o legislador optou por respeitar o limite posto pelas próprias partes, na declaração de vontade de que resultou o título".[607] Nesse sentido, a lição de Cândido Rangel

---

discordância quanto aos fundamentos da sentença não significa sua nulidade. Nada obsta que a obrigação de fazer, resultante da inexecução contratual seja convertida em indenização por perdas e danos. Multa moratória estabelecida no contrato, elaborado pela própria requerida, que é de ser mantida, pois traduz pré-fixação dos prejuízos pelo atraso na entrega da obra e não se mostra exagerada. [...]" (Apelação Cível nº 599328036, Vigésima Câmara Cível, Tribunal de Justiça do RS, Relator: Des. José Aquino Flores de Camargo, julgado em 29/06/99).

[605] Veja-se, neste particular, Item 3.3.3.

[606] Item 5.2.6.

[607] BERMUDES, Sérgio. *A reforma do Código de Processo Civil*. Rio de Janeiro: Freitas Bastos, 1995, p. 95.

Dinamarco, para quem "intencionalmente omitiu a lei qualquer disposição sobre o *aumento* da multa diária estabelecida contratualmente (v. art. 645, par.), em atenção à vontâde das partes e ao equilíbrio econômico do contrato segundo o que negocialmente ajustaram. Se o valor se mostrar insuficiente, paciência: *chi è causa Del suo mal pianga sè stesso".*[608]

Não podemos, no entanto, concordar com o entendimento acima exposto. Como salienta Marcelo Lima Guerra, aqueles que pregam tal posicionamento têm, a seu favor, "a expressão *literal* do parágrafo único do art. 645 [...]".[609] Entretanto, não se pode perder de vista que "a chamada interpretação literal é, apenas, uma das fases (a primeira, cronologicamente) de toda a interpretação jurídico-sistemática [...]".[610] Esta última, por sua vez, é que terá o condão de "atribuir a melhor significação, dentre as várias possíveis, aos princípios, às normas e aos valores jurídicos, hierarquizando-os num todo aberto, fixando-lhes o alcance e superando antinomias, a partir da confrontação teleológica, tendo em vista solucionar os casos concretos".[611]

Lendo-se o parágrafo único do artigo 645, mas não olvidando do *caput* do mesmo artigo, bem como dos artigos 644 e 461, é evidente que a limitação imposta pelo parágrafo único do artigo 645 não se coaduna com a sistemática das *astreintes*.

Primeiramente, é de se salientar que, de acordo com a redação do artigo 461, § 4º (ao qual faz referência o artigo 644), o juiz poderá fixar a multa *independentemente de pedido do autor*. A *multa*, ademais, está também contida no § 5º do artigo 461, como uma das medidas que pode o juiz, de ofício, tomar, para a efetivação da tutela específica ou obtenção do resultado prático equivalente. O § 6º do mesmo artigo não deixa dúvidas quanto à possibilidade de o juiz, "de ofício, modificar o valor ou a periodicidade da multa, caso verifique que se tornou insuficiente ou excessiva".

Como bem se vê, independentemente de as partes terem sequer previsto a multa, poderá o juiz fixá-la. Esta é também a lição do *caput* do artigo 645. As *astreintes*, como técnica de tutela a ser utilizada pelo poder jurisdicional estatal, não podem encontrar limitação na vontade das partes, visto que se revestem de um caráter público, sendo inerentes ao poder de *imperium* do juiz. Segundo Calmon de Passos, "deslocou-se do interesse do autor para a responsabilidade do juiz assegurar a execução específica ou o equivalente prático, e é isso que se quer preservar".[612] A afirmação não afasta o interesse imediato do autor, mas, sim,

---

[608] DINAMARCO, Cândido Rangel. *A reforma do Código de Processo Civil*. 2ª ed. São Paulo: Malheiros, 1995, p. 243.

[609] GUERRA, Marcelo Lima. *Execução indireta*. São Paulo: Revista dos Tribunais, 1998, p. 199.

[610] FREITAS, Juarez. *A interpretação sistemática do direito*. São Paulo: Malheiros, 1995, p. 53.

[611] Idem, p. 54.

[612] *Apud* GUERRA, Marcelo Lima. *Execução indireta*. São Paulo: Revista dos Tribunais, 1998, p. 200.

agrega-lhe o dever estatal de atendê-lo, obedecidos os valores da efetividade e da segurança.

É Marcelo Lima Guerra quem melhor sustenta o ponto de vista ora adotado, contrário, como visto, à doutrina dominante, ao afirmar que:

> Não se coaduna com a sistemática da atual disciplina das medidas coercitivas, principalmente da multa diária, qualquer entendimento que pretenda vincular os poderes do juiz, nessa matéria, à vontade das partes, principalmente quando essa vinculação conduza a uma virtual diminuição da eficácia coercitiva dessas medidas. Se assim fosse, ter-se-ia de admitir a possibilidade de as partes vedarem, no negócio jurídico que viesse a constituir em título executivo extrajudicial, a aplicação de multa diária, o que parece flagrantemente incompatível com o caráter público do instituto.
>
> Dessa forma, se ao juiz é lícito fixar multa diária *independentemente de pedido da parte*, não parece razoável entender-se que ele estaria vinculado ao acordo de vontade das partes, seja quanto à aplicação ou não da multa, seja quanto ao seu valor, especificamente para não aumentá-lo, verificando que ele tenha se tornado insuficiente.[613]

O argumento de Guerra encontra forte resistência nos ensinamentos de Teori Albino Zavascki, que, não se limitando à interpretação literal do parágrafo único do artigo 645, antes criticada, expõe raciocínio que relaciona diferentes dispositivos da Lei Processual, os quais, em seu entender, justificariam a limitação contida no referido dispositivo:

> A melhor interpretação do parágrafo único do art. 645 é a que decorre do argumento *a contrario sensu:* permitindo apenas a redução, o legislador está vedando o aumento. É, ademais, conclusão que acomoda o dispositivo a outros princípios do sistema da execução. Permitindo ao juiz a redução da multa estabelecida em valor excessivo no contrato, atendeu o legislador o princípio da menor onerosidade, consagrado no art. 620 do Código. E vedando o aumento, atendeu o princípio da disponibilidade dos atos executivos (CPC, art. 569), já que a fixação contratual da multa não deixa de representar, para o credor, uma forma de renúncia a valor mais elevado.[614]

Os argumentos expendidos por Zavascki padecem, entretanto, em decorrência de duas relevantes contradições, centradas justamente nos dispositivos do CPC mencionados pelo jurista (arts. 620 e 569). Conforme a lição de Cândido Rangel Dinamarco, citada inclusive por Zavascki na mesma obra cujo trecho foi antes transcrito, "não é legítimo sacrificar o patrimônio do devedor *mais do que o indispensável para satisfazer o direito do credor*".[615] Pergunta-se, então: nos casos em que a execução de título extrajudicial versar sobre obrigação de fazer naturalmente infungível, não seria *indispensável*, ante a recalcitrância do devedor, transpor eventuais limites impostos pelas partes à multa em referência? Parece-nos que a única saída seria a aplicação de multa *sem limites*, sob pena

---

[613] GUERRA. Op. cit., p. 200/201.

[614] ZAVASCKI, Teori Albino. *Comentários ao Código de Processo Civil*. São Paulo: Revista dos Tribunais, 2000. V. 8, p. 511.

[615] Idem, p. 422.

da perda de quaisquer meios de coerção capazes de ensejar a obtenção da tutela específica pelo credor.

Se a resposta a tal indagação consistir no argumento de que o credor *desistiu* do meio executório das *astreintes*, invocando-se o princípio da disponibilidade dos atos executivos (CPC, art. 569), ela encontrará óbice nos ensinamentos do próprio Zavascki, quando este afirma que a desistência, "logicamente, só é viável quando houver pluralidade de meios executivos à disposição do exequente".[616] Ora, qual a pluralidade de meios executivos no exemplo referido no parágrafo anterior?

Ademais, a confusão que se estabelece entre *renúncia* e *desistência* é evidente. Ao estabelecerem relação contratual, antes da instauração do feito executivo, estão as partes a *renunciar* a direitos, e não a *desistir* de meios executivos futuros e incertos. Conforme aduz Zavascki, "não se confunde a desistência da ação com a renúncia do direito de ação ou do crédito".[617] Nesse particular, pode-se inclusive utilizar, por analogia, a diferenciação entre desistência e renúncia aos recursos previstos na lei processual: "A desistência pressupõe recurso *já interposto*. Se ainda não o foi, poderá haver renúncia ou aquiescência à decisão, nunca desistência do recurso".[618]

Além disso, o artigo 569 claramente dispõe acerca da desistência da execução ou de meios executivos *no decorrer do processo de execução,* tanto que se preocupou o legislador em referir as consequências da extinção da execução nas ações de embargos do devedor (art. 569, parágrafo único, alíneas *a* e *b*). A desistência, inclusive, está sujeita à *homologação* pelo juiz,[619] o que pressupõe a preexistência de um processo executivo.

Assim, parece-nos inapropriada a relação que estabelece Teori Zavascki entre os artigos 569, 620 e 645, parágrafo único. Ademais, admitir a renúncia a uma das formas de intervenção do poder jurisdicional estatal parece implicar violação ao princípio da inafastabilidade do Poder Judiciário, insculpido no artigo 5º, inciso XXXV, da Constituição Federal. Afinal, "o princípio da inafastabilidade garante a tutela adequada à realidade de direito material, ou seja, garante o procedimento, a espécie de cognição, a natureza do provimento e os meios executórios adequados às peculiaridades da situação de direito substancial".[620]

Por fim, mesmo admitindo-se a interferência do artigo 569, ou seja, reconhecendo-se que pode o detentor de título executivo extrajudicial *abrir mão*

---

[616] ZAVASCKI. Op. cit., p. 80.

[617] Idem.

[618] NERY JUNIOR, Nelson. *Princípios fundamentais: teoria geral dos recursos.* 4ª ed. rev. e ampl. São Paulo: Revista dos Tribunais, 1997, p. 354.

[619] ZAVASCKI, Teori Albino. *Comentários ao Código de Processo Civil.* São Paulo: Revista dos Tribunais, 2000. V. 8, p. 80.

[620] MARINONI, Luiz Guilherme. *Novas linhas do processo civil.* 4ª ed. revista e ampliada, São Paulo: Malheiros, 2000, p. 204.

As *Astreintes* e o Processo Civil Brasileiro

das *astreintes* antes mesmo da instauração do processo executivo, muito mais fácil reconhecer que pode aquele, em vez de ajuizar ação de execução, promover ação de conhecimento, com base no artigo 461, escapando, assim, da limitação contida no parágrafo único do artigo 645. Essa *opção* que assiste ao detentor de título executivo extrajudicial em que se contenha obrigação de fazer ou não fazer é reconhecida pela doutrina, como se lê em excelente artigo de Geisa de Assis Rodrigues:

> Caso prevaleça o entendimento de que não se pode aplicar subsidiariamente a regra do art. 461, poder-se-ia permitir ao portador do título executivo escolher entre um dos tipos de ação executiva? Entendo que sim, pois o interesse jurídico do autor seria representado pela possibilidade de se ter um rito mais eficiente para a tutela de seu direito, não havendo, de resto, qualquer prejuízo ao réu; ao contrário, no processo de conhecimento plenário poderia se valer de maior amplitude de defesa e de arguição de incidentes.[621]

Como, então, admitir que uma mera opção do credor de título extrajudicial por outro tipo de ação possa sepultar a cláusula limitadora da incidência da multa? A resposta está no fato de que a multa contratualmente estabelecida não corresponde às *astreintes*, mas a verdadeira cláusula penal

Como ensina Jorge Cesa Ferreira da Silva, podem-se classificar as cláusulas penais em *compensatórias* e *moratórias:* "As primeiras são *satisfativas,* no sentido de que substituem a prestação, ao passo que as segundas são *cumulativas,* pois podem ser exigidas juntamente com a pretensão à prestação".[622]

A multa periódica estabelecida pelas partes no título extrajudicial nada mais é do que a multa moratória prevista nos artigos 408 e seguintes do Código Civil,[623] sob o título de "cláusula penal". Trata-se de uma pena convencional, acessória da *obrigação* principal, e que incide independentemente de decisão judicial, desde que constituído o devedor em mora.[624]

Já a multa que prevê o *caput* do artigo 645, bem como o próprio artigo 461, §§ 4º e 5º – *astreinte* – possui caráter público, constituindo manifestação do poder de império do magistrado, autêntica técnica de tutela, conforme demonstrado anteriormente.[625]

Nesse sentido, afirma Talamini:

> A multa contratual é mecanismo de direito material, instituído pelas partes e destinado a incentivar o cumprimento tempestivo da obrigação. É, então, instrumento de tutela no âmbito do direito material. Insere-se entre os 'meios de coerção privada'. [...] Já a multa que

---

[621] RODRIGUES, Geisa de Assis. Notícia sobre a proposta de nova disciplina da execução das obrigações de entrega de coisa, de fazer e de não fazer. In MARINONI, Luiz Guilherme (coord.). *A segunda etapa da reforma processual civil*. São Paulo: Malheiros, 2001, p. 184.

[622] FERREIRA DA SILVA, Jorge Cesa. *Inadimplemento das obrigações*. São Paulo: Revista dos Tribunais, 2007, p. 246.

[623] Artigos 916 e seguintes do Código Civil de 1916.

[624] FERREIRA DA SILVA, Jorge Cesa. Op. cit., p. 248.

[625] Item 3.3.1.

o próprio juiz impõe é mecanismo *processual* destinado a garantir a efetividade da ordem emitida pelo órgão jurisdicional. É – já foi dito – meio processual coercitivo.[626]

Note-se que, enquanto a cláusula penal encontra limitação no Código Civil (art. 412, aplicável à cláusula penal compensatória) e em legislação esparsa (aplicável à cláusula penal moratória),[627] as *astreintes*, como salientado anteriormente, não possuem teto específico, sendo da sua natureza incidirem indefinidamente até o cumprimento da determinação judicial ou a ocorrência de outro fato que constitua seu termo *ad quem*.

Conclui-se, portanto, que as *astreintes* não podem ser limitadas por disposição das partes, sendo que a multa prevista no parágrafo único do artigo 645 não corresponde à multa processual em análise, ventilando-se, inclusive, a possibilidade de ser com esta cumulada.[628]

3.9.1.3. Juizados Especiais

Por fim, cumpre tratar da limitação de valor contida tanto no artigo 3º, inciso I, da Lei 9.099/95 (Juizados Especiais Cíveis e Criminais),[629] quanto no artigo 3º, *caput*, da Lei 10.259/01 (Juizados Especiais Cíveis e Criminais no âmbito da Justiça Federal).[630]

Contrapõe-se o caráter coercitivo da multa, que não admite limitação, à expressa disposição contida nas leis que instituíram os Juizados Especiais, e que determinam o limite de valor nas causas ali julgadas, bem como a renúncia do credor do saldo excedente (art. 3º, § 3º, da Lei 9.099/95, aplicável aos Juizados Especiais Federais por força do artigo 1º da Lei 10.259/01).

A matéria por um bom tempo não foi pacífica no âmbito jurisprudencial.

Nelson Nery Júnior colaciona enunciado cível das Turmas Recursais dos Juizados Especiais do Rio de Janeiro (Enunciado nº 15), no qual se propugna pela ausência de limitação para as *astreintes*:

> Embora a multa cominatória fixada na fase de cognição não esteja sujeita ao limite de 40 (quarenta) salários-mínimos, pode o juiz na fase de execução, e, a partir daí, reduzi-la, de

---

[626] TALAMINI, Eduardo. *Tutela relativa aos deveres de fazer e de não fazer: CPC, art. 461; CDC, art. 84*. São Paulo: Revista dos Tribunais, 2001, p. 246.

[627] Como explica Jorge Cesa Ferreira da Silva, há diversos diplomas legais estabelecendo limites à clausula penal moratória. Exemplos disso são o artigo 9º do Decreto 22.626/33 (Lei de Usura), artigo 52, § 1º do Código de Defesa do Consumidor, artigo 11, *f* do Decreto-Lei 58/37 e artigo 26, V, Lei 6.766/79 (contratos de compromisso de compra e venda) e art. 34, I ,do Decreto-Lei 70/66 (FERREIRA DA SILVA, Jorge Cesa. Op. cit., p. 262-263).

[628] Vide Item 3.10.2.

[629] "Art. 3º O Juizado Especial Cível tem competência para conciliação, processo e julgamento das causas cíveis de menor complexidade, assim consideradas:

I – as causas cujo valor não exceda a quarenta vezes o salário mínimo; [...]"

[630] "Art. 3º Compete ao Juizado Especial Federal Cível processar, conciliar e julgar causas de competência da Justiça Federal até o valor de sessenta salários-mínimos, bem como executar as suas sentenças."

As *Astreintes* e o Processo Civil Brasileiro

tal sorte que a soma de seu valor não ultrapasse o quantitativo da obrigação principal mais perdas e danos (JE-RJ 8/98).[631]

No mesmo sentido, vai o enunciado do 1º Juizado Especial Cível de São Paulo: "A multa decorrente de cominação (*astreintes*) não integra, para efeito de alçada, o valor da causa. Inocorre renúncia do valor superior ao limite de alçada quando o excesso decorrer de multa cominatória ou ônus da sucumbência",[632] bem como o enunciado (nº 25) do 2º Encontro Nacional dos Juizados Especiais: "A multa cominatória não fica limitada ao valor de 40 salários-mínimos, embora razoavelmente fixada pelo juiz, obedecendo ao valor da obrigação principal, mais perdas e danos, atendidas as condições econômicas do devedor".[633]

Entretanto, a 6ª Turma Recursal do Rio de Janeiro já expôs posicionamento diametralmente oposto:

> Agravo de instrumento. Seu cabimento no sistema dos Juizados Especiais Cíveis, na fase de Execução. Preliminares rejeitadas. *Astreintes*. Sua fixação pelo Juiz, a contar do trânsito em julgado da sentença na fase de conhecimento, como meio de compelir o devedor a satisfazer o julgado, *atendo-se, porém, aos limites de alçada da Lei nº 9.099/95*.[634]

Hoje, no entanto, parece consolidado o entendimento de que a multa periódica aplicada no âmbito dos Juizados Especiais pode superar o valor de alçada previsto para as causas lá decididas.[635]

---

[631] NERY JUNIOR, Nelson e NERY, Rosa Maria Andrade. *Código de Processo Civil comentado e legislação processual civil extravagante em vigor.* 6ª ed. revista. São Paulo: Revista dos Tribunais, 2002, p. 1.568.

[632] Idem, p. 1.570.

[633] Idem, p. 1.593. Enunciado do FONAJE – Fórum Nacional dos Juizados Especiais. (Vide: http://www.fonaje.org.br)

[634] Ementa nº 39 – 6ª Turma Recursal – Recurso nº 606/97 – Rel. Juiz Nelson Antonio Celani Carvalhal. Disponível em http://www.tj.rj.gov.br/instituc/1instancia/juizad_especiais/ementas/ementario02-97.htm. Acesso em 1º de junho de 2002.

[635] Nesse sentido, vejam-se as seguintes ementas: EMENTA: EMBARGOS DO DEVEDOR. EXECUÇÃO DE MULTA COMINADA EM SENTENÇA (ASTREINTE). COMPETÊNCIA DO JUIZADO PARA EXECUTAR SEUS TÍTULOS, MESMO QUE SUPERAM O LIMITE DE 40 SALÁRIOS-MÍNIMOS. TRANSFERÊNCIA DE VEÍCULO OBJETO DE ARRENDAMENTO MERCANTIL. IMPOSSIBILIDADE ATÉ QUE A PROPRIEDADE SEJA TRANSFERIDA AO ARRENDATÁRIO. DESCONSTITUIÇÃO DA MULTA. FIXAÇÃO DE NOVO TERMO INICIAL DA MULTA. Recurso parcialmente provido. (Recurso Cível nº 71001255629, Terceira Turma Recursal Cível, Turmas Recursais, Relator: Maria José Schmitt Sant Anna, Julgado em 21/08/2007). ESTADO DO RIO DE JANEIRO PODER JUDICIÁRIO 2ª TURMA RECURSAL RECURSO nº 2008.700.031208-1 RECORRENTE: TELEMAR S/A RECORRIDO: VICTOR OLIVEIRA DE ARAÚJO EMENTA - Embargos do devedor. Título executivo, consubstanciado em sentença confirmada pela Turma Recursal, que define obrigação relativa a pulsos excedentes e ainda de abstenção de bloqueio da linha, tendo esta última sido definida em decisão antecipatória de tutela ratificada na sentença. Argumentos jurídicos contidos nos embargos não são relevantes, já que na esteira do entendimento pacificado na Turma Recursal não há limitação da astreinte ao valor da causa ou da alçada do Juizado, não guardando adstrição com a cláusula penal e não encontrando, outrossim, limite no art. 39 da Lei 9.099/95, já que nenhuma vinculação tem com o pedido originário da parte autora. Ademais, o dever jurídico foi imposto no provimento judicial. No entanto, com o objetivo de impedir o enriquecimento sem justa causa, viabilizou o legislador nos arts. 461, § 6.º, 644 e 645, p. único do CPC a possibilidade de redução do valor da multa cominatória sempre que se verificar que se tornou excessiva, não importando a alteração violação da coisa julgada, já que a astreinte não integra a condenação, configurando mero instrumento de coerção, não constituindo questão meritória para fins de imutabilidade

Na doutrina, colhe-se a manifestação de Paulo Henrique dos Santos Lucon, para quem, "na hipótese de condenação ao pagamento de multa diária pelo descumprimento de ordem judicial, o valor total *poderá ultrapassar o limite dos quarenta salários-mínimos*, mas nem por isso poderá ser modificada a competência dos juizados especiais para a execução do julgado".[636]

Araken de Assis, ao tratar especificamente das *astreintes* nos Juizados Especiais, em sua obra *Execução civil nos Juizados Especiais*, repetiu a lição, já contida em seu *Manual do processo de execução*,[637] de Amílcar de Castro, sustentando que o valor da *astreinte* deve caracterizar-se pelo "exagero no algarismo".[638] Não tendo feito quaisquer ressalvas, pressupõe-se que o jurista gaúcho siga o mesmo entendimento de Lucon.

A questão é de difícil deslinde. O limite de valor imposto pelos arts. 3º, I, da Lei 9.099/95, e 3º, *caput,* da Lei 10.259/01, e a expressa menção à renúncia do demandante ao crédito excedente, no momento do ajuizamento da ação nos Juizados Especiais (art. 3º, § 3º, da Lei 9.099/95), induzem à conclusão – precipitada – de que as *astreintes* ganhariam um *teto* quando aplicadas nos chamados *Juizados de Pequenas Causas.*

Entretanto, não se pode negar que o juiz togado, responsável pela homologação dos atos praticados pelo juiz leigo nos Juizados Especiais, detém os mesmos poderes, a mesma autoridade estatal que exerce quando preside processo na justiça comum. Não é o juiz que sofre uma *capitis diminutio* ao julgar causas afeitas aos Juizados Especiais, mas são estas causas, sim, que ganham uma limitação valorativa.[639] Assim, ao se admitir a limitação do valor das *astreintes*

---

inerente à coisa julgada. Entendimento diverso, no sentido da inalterabilidade da multa fixada no título, importaria em sua absurda subsunção ao pedido principal e limitaria, por conseguinte, a sua incidência ao valor da alçada do Juizado, com exegese inconcebível. Multa cominatória que é usada como instrumento eficaz para dar utilidade à decisão e efetividade ao processo, devendo velar-se contudo para que não constitua enriquecimento sem justa causa, impondo-se principalmente respeito ao princípio da razoabilidade como ideal de justiça. Multa cominatória que foi arbitrada em R$ 100,00, não encontrando paradigma com as que são ordinariamente fixadas, acarretando com isso valor alto de execução, merecendo redução para a metade, como forma de contenção de excessos e afastamento da iniquidade, sendo relevante destacar ainda que não ficou privado o recorrido do serviço, uma vez que confessou que há na residência outra linha telefônica instalada. Provimento parcial do recurso. Ante o exposto, na forma prevista no art. 46 da Lei 9.099/95, voto pelo provimento parcial do recurso para fixar o valor da execução em R$ 10.000,00 (dez mil reais). Sem ônus de sucumbência. Rio de Janeiro, 28 de julho de 2008. ANDRÉ LUIZ CIDRA Juiz Relator (Conselho Recursal – 1ª Ementa. 2008.700.031208-1. Juiz ANDRÉ LUIZ CIDRA - Julgamento: 28/07/2008.

[636] LUCON, Paulo Henrique dos Santos. Juizados especiais cíveis: aspectos polêmicos. *Revista de Processo,* nº 90, p. 188.

[637] ASSIS, Araken de. *Manual do processo de execução.* 7ª ed. São Paulo: Revista dos Tribunais, 2001, p. 497/498.

[638] ASSIS, Araken de. *Execução civil nos juizados especiais.* 2ª ed. São Paulo: Revista dos Tribunais, 1998, p. 84.

[639] E nem todas. Conforme recente entendimento do Superior Tribunal de Justiça, as causas de competência dos Juizados Especiais Cíveis que se submetem ao limite de alçada são apenas as dos incisos I e IV do artigo 3º da Lei 9.099/95. Segundo decidiu a Terceira Turma, por maioria, as causas previstas nos incisos II e III do mesmo dispositivo legal são definidas por critério qualitativo, e não quantitativo, de forma que podem superar o limite de 40 salários-mínimos. Vale transcrever passagem do voto da relatora, Ministra Nancy Andrighi: "Ao regula-

nos Juizados Especiais, estar-se-ia, na verdade, limitando os poderes do juiz de direito que neles atua. Tal entendimento não se coaduna com a proposta dos Jui-

mentar a competência conferida aos Juizados Especiais pelo art. 98, I, da CF, o legislador ordinário fez uso de dois critérios distintos – quantitativo e qualitativo – para definir o que são "*causas cíveis de menor complexidade*". Nos termos do art. 3º da Lei 9.099/95, consideram-se ações de menor complexidade: (I) aquelas cujo valor não ultrapasse 40 salários mínimos; (II) as enumeradas no art. 275, II, do CPC; (III) a ação de despejo para uso próprio; e (IV) as ações possessórias sobre bens imóveis de valor não excedente a 40 salários-mínimos.

Como se vê, a menor complexidade que confere competência aos Juizados Especiais é, de regra, definida pelo valor econômico da pretensão **ou** pela matéria envolvida.

Exige-se, pois, a presença de apenas um desses requisitos e não a sua cumulação. A exceção fica para as ações possessórias sobre bens imóveis, em relação às quais houve expressa conjugação dos critérios de valor e matéria.

Por essa razão, salvo na hipótese do art. 3º, IV, estabelecida a competência do Juizado Especial com base na matéria, é perfeitamente admissível que o pedido exceda o limite de 40 salários-mínimos.

Com efeito, a hermenêutica da Lei 9.099/95 evidencia que, quando o legislador quis agregar o pressuposto valorativo ao material, assim o fez expressamente, no art. 3º, IV.

Evidentemente, se a intenção fosse estender o limite de valor para todas as hipóteses materiais previstas no art. 3º, tal limitação teria sido incluída no próprio *caput* do artigo, como, aliás, ocorria sob a égide da Lei 7.244/84, que dispunha sobre o Juizado Especial de Pequenas Causas.

De acordo com o art. 3º da Lei 7.244/84, "*consideram-se causas de reduzido valor econômico as que versem sobre direitos patrimoniais e decorram de pedido que, à data do ajuizamento, não exceda a 20 (vinte) vezes o salário mínimo vigente no País e tenha por objeto: I – a condenação em dinheiro; II - a condenação à entrega de coisa certa móvel ou ao cumprimento de obrigação de fazer, a cargo de fabricante ou fornecedor de bens e serviços para consumo; III - a desconstituição e a declaração de nulidade de contrato relativo a coisas móveis e semoventes*" (grifei). A redação deste artigo não dá margem a dúvidas sobre a cumulação então existente dos critérios valorativo e material para fixação da competência dos Juizados Especiais.

A Lei 9.099/95, contudo, revogou a Lei 7.244/84 e trouxe novos contornos à definição da competência dos Juizados Especiais, deslocando o critério valorativo do *caput* para os incisos I e IV do artigo 3º, de modo a torná-lo independente do critério material.

Corroborando tal entendimento, o inciso II do art. 275 do CPC consigna expressamente o cabimento do procedimento "*qualquer que seja o valor*". Nem se diga que tal dispositivo estaria a impor uma divisão na competência para processar e julgar as ações enumeradas no referido inciso II, isto é, até 40 salários-mínimos adotar-se-ia o procedimento do Juizado Especial e, acima deste valor, a competência passaria a ser da Justiça Comum, pelo procedimento sumário. Essa interpretação não se coaduna com o mandamento constitucional de tratamento isonômico do cidadão no acesso ao Judiciário, pelo qual se resguarda ao jurisdicionado o direito de optar livremente entre o Juizado Especial e a Justiça Comum.

Por fim, quanto à previsão contida no § 3º do art. 3º, de "*renúncia ao crédito excedente*", é evidente que tal dispositivo se aplica apenas ao critério valorativo de fixação da competência, tanto que a norma faz referência ao "*limite estabelecido*" no artigo (grifei).

Em suma, ainda que a técnica redacional dificulte a compreensão do alcance exato do dispositivo legal, a sua interpretação teleológica e sistemática, à luz não apenas do art. 98, I, da CF, mas também das demais garantias constitucionais em matéria jurisdicional, notadamente a facilitação do acesso ao Judiciário e a razoável duração do processo, aponta para a inexistência de limite valorativo nas ações previstas nos incisos II e III do art. 3º da Lei 9.099/95, inclusive como forma de ampliar a gama de litígios passíveis de processamento frente aos Juizados Especiais.

Na espécie, tendo em vista que a ação principal discute acidente de veículo de via terrestre, hipótese prevista no art. 275, II, "d", do CPC e, por conseguinte, abrangida pelo art. 3º, II, da Lei 9.099/95, não vejo impedimento a que o Juizado Especial Cível da Comarca de Bom Retiro condenasse o requerente ao pagamento de indenização em montante superior a 40 salários-mínimos.

Dessa forma, ainda que o TJ/SC devesse ter conhecido do mandado de segurança, com vistas a analisar a competência do Juizado Especial, tenho que, no mérito, o *writ* deve ser denegado, o que impede a concessão da liminar pleiteada" (MC 15.465, 3ª Turma, Rel. Min. Nancy Andrighi, j. em 28.04.2009, por maioria, vencido Min. Sidinei Beneti)

zados Especiais Cíveis, que é justamente resgatar "ao Judiciário a *credibilidade popular* de que é ele merecedor e fazendo renascer no povo, principalmente nas camadas média e pobre, vale dizer, no cidadão comum, a *confiança na Justiça* e o sentimento de que o direito, qualquer que seja ele, de pequena ou grande expressão, sempre deve ser defendido".[640] Aliás, na composição dos Juizados Especiais, ao Estado "caberá selecionar, dentro de seu corpo de magistrados vitalícios, os mais experientes, seguros, preparados e sensíveis".[641]

Como bem se vê, as decisões e sentenças proferidas no Juizado Especial têm o mesmo valor que aquelas oriundas de processos que tramitam na Justiça Comum, constituindo títulos executivos judiciais (art. 584), não podendo aquelas receber técnicas de coerção menos hábeis ou eficazes do que as de que estas dispõem. Assim, as *astreintes* não estão sujeitas à limitação de valor da causa contida na legislação referente aos Juizados Especiais, e seu *quantum* não se submete à renúncia do autor ao crédito excedente, prevista no artigo 3°, § 3°, da Lei 9.099/95.

3.9.2. A progressividade

Ao disporem acerca da possibilidade de modificação do valor da multa, autores como Guerra sustentam que, "em qualquer hipótese, a modificação do valor da multa, tanto para aumentá-lo como para reduzi-lo, só é lícita diante de alterações da situação concreta, tomada como base pelo juiz no momento de fixar a multa".[642]

Entretanto, nem sempre a situação apreciada pelo magistrado, no momento de fixação da multa, reveste-se de concretude. Não raro, fixa-se multa com o completo desconhecimento da capacidade de resistência, bem como do *interesse* de resistência do réu. Muitas vezes, mesmo submetendo-se à incidência diária de multa, poderá o réu, calculando o *custo-benefício*[643] do ilícito praticado em relação às *astreintes*, insistir na prática da infração. Verificando-se a resistência do demandado, em nada terá sido alterada a situação concreta inicial, mas, sim, ampliado-se a cognição do juiz acerca dos fatos. Nesses casos, indaga-se se o juiz pode antecipar-se a tal resistência, cominando multa adaptável à resistência do réu, ou se deverá o magistrado modificar apenas verificando *concretamente*, ou *de fato*, a resistência do demandado.

Diversos autores têm salientado a possibilidade de fixação de multa *progressiva*, de acordo com a resistência oferecida pelo réu ao cumprimento do preceito. É o caso de Arenhart:

---

[640] WATANABE, Kazuo. Características básicas do juizado especial de pequenas causas. *Revista da AJURIS*, nº 33, Ano XII – 1985 – Março, p. 27/28.

[641] GRINOVER, Ada Pellegrini. Do juizado de pequenas causas. Aspectos Constitucionais. *Revista da AJURIS*, nº 28, Julho 1983. Ano X, p. 47.

[642] GUERRA, Marcelo Lima. *Execução indireta*. São Paulo: Revista dos Tribunais, 1998, p. 196.

[643] Vide Item 3.9.

Embora não haja expressa menção no art. 461 do Código de Processo Civil, é evidente a possibilidade de que a multa seja fixada em caráter progressivo. Aliás, seria mesmo do âmago da medida esta possibilidade, considerando sua função intimidativa; se a intenção é impor o receio ao devedor, é certo que a ameaça de que a imposição da multa aumente com o decurso do tempo de inadimplemento é muito mais eficaz que a estipulação fixa do montante da *astreinte*.[644]

Marinoni, da mesma forma, aduz que nada impede ao juiz fixar multa de caráter progressivo:

> À semelhança do que ocorre no direito argentino, onde, segundo o que dispõe o próprio art. 37 do *Código Procesal Civil y Comercial de la Nación,* o juiz pode "imponer sanciones pecuniarias, compulsivas y progresivas". Como esclarece Luiz Ramon Madozzo em comentário a este artigo, "dado el fin perseguido", tais *sanciones* "pueden ser progresivas, es decir, fijada en una pequeña suma diaria, pueden ser aumentadas a medida que el conminado resiste la conminación".[645]

Talamini noticia que, em Portugal, é preconizado, *de lege lata*, o escalonamento progressivo da multa. O autor propõe a mesma solução ao sistema brasileiro, ao salientar que "pode-se cogitar, até, de a própria decisão originária veicular, desde logo, previsão de aumento progressivo no valor real diário da multa, conforme persista o descumprimento".[646]

A proposta dos referidos autores, ao que tudo indica, conferiria maior efetividade às *astreintes*, ante a possibilidade concreta (e mais palpável para o réu) de aumento da multa, em oposição à abstração da faculdade que então era conferida ao juiz por força do parágrafo único do artigo 644 e, hoje, pelo § 6º do artigo 461, de aumentar o valor da multa verificando que se tornou insuficiente ou excessivo.

Entretanto, não se pode negar que a atual redação do artigo 461 prevê, em seu § 6º, que "o juiz poderá, de ofício, modificar o valor ou a periodicidade da multa, caso verifique que se tornou insuficiente ou excessiva". Manteve o legislador, portanto, a aparente necessidade de o juiz *verificar* que se tornou insuficiente ou excessiva a multa, para, só então, alterar seu valor (ou sua periodicidade).

Essa verificação, no entanto, nem sempre é possível. Principalmente quando da fixação das *astreintes* em sede liminar, haverá hipótese em que o juiz não conhecerá, ao certo, a capacidade e o interesse de resistência do demandado à ordem judicial.

---

[644] ARENHART, Sérgio Cruz. *A tutela inibitória da vida privada.* São Paulo: Revista dos Tribunais, 2000, p. 196/197.

[645] MARINONI, Luiz Guilherme. *Tutela inibitória: individual e coletiva.* São Paulo: Revista dos Tribunais, 1998, p. 176.

[646] TALAMINI, Eduardo. *Tutela relativa aos deveres de fazer e de não fazer: CPC, art. 461; CDC, art. 84.* São Paulo: Revista dos Tribunais, 2001, p. 244.

Entendemos que o juiz, até mesmo por força do artigo 130,[647] poderia investigar, de ofício, a capacidade financeira daquele que se sujeitará às *astreintes*, de forma a aplicá-las em valor adequado e eficaz.[648] Tal postura é necessária para que os juízes, "rompiendo los moldes clásicos del juzgador civil inerte o estático, participen e investigan en el desarollo del proceso al objeto de ofrecer al justiciable una efectiva y justa tutela de los intereses en litigio".[649] Trata-se do ideal a ser buscado pelo magistrado, tendo em vista que "nenhum sistema processual, por mais bem inspirado que seja em seus textos, revelar-se-á socialmente efetivo se não contar com juízes empenhados em fazê-lo funcionar nessa direção".[650]

Entretanto, não podemos nos deixar levar pelo idealismo, e ignorar dois fatores importantes: o primeiro, consubstanciado na frequente urgência na concessão da tutela antecipada ou acautelatória, fator que não permite a investigação acima proposta; o segundo, o notório acúmulo de processos no foro, fator que impede o magistrado de tomar iniciativas mais elaboradas no sentido de instrução do feito, e retira-lhe a agilidade necessária para alterar, no curso do processo, e em tempo hábil, o valor (ou a periodicidade) das *astreintes*.

Por essas razões, a fixação, já de início, de multa *progressiva* denota a adoção de postura *pró-ativa* por parte do magistrado, já antevendo a possibilidade de equívoco (justificável ou não) na fixação do valor ou periodicidade inicial da multa, em face do desconhecimento momentâneo da capacidade e do interesse de resistência do réu. Funciona a progressividade como uma verdadeira *salvaguarda* na fixação das *astreintes*, assumindo estas uma maior flexibilidade e independência em relação ao magistrado que as fixou, para alcançarem o seu objetivo primordial, que é exercer coerção insuportável sobre o réu, forçando-o ao cumprimento da ordem judicial. Assim, por exemplo, poderá o juiz determinar que o réu cumpra a obrigação de fazer no prazo de 10 dias sob pena de multa diária de R$ 1.000,00, constando no mandado de intimação que esta passará automaticamente a R$ 5.000,00 diários a partir do 10º dia de atraso no cumprimento da decisão, independentemente de nova intimação do réu.

Diminui-se, dessa forma, a probabilidade de frustração do meio coercitivo.

Cumpre salientar, por fim, que a progressividade da multa pode dar-se tanto no seu valor, como na sua periodicidade, por força do § 6º do artigo 461.

---

[647] "Art. 130. Caberá ao juiz, de ofício ou a requerimento da parte, determinar as provas necessárias à instrução do processo, indeferindo as diligências inúteis ou meramente protelatórias".

[648] A exemplo do que ocorre nos processos administrativos instaurados pelos PROCONS, com base no Decreto nº 2.181/97, nos quais as empresas processadas são notificadas para prestar informação acerca de seu faturamento.

[649] Joan Picó i Junoy. *Apud.* MATTOS, Sérgio Luis Wetzel de. *Da iniciativa probatória do juiz no processo civil.* Rio de Janeiro: Forense, 2001, p. 96.

[650] MOREIRA, José Carlos Barbosa. Por um processo socialmente efetivo. *Revista de Processo*, nº 105, janeiro-março 2002, p. 190.

3.10. A CUMULAÇÃO COM AS PERDAS E DANOS E COM AS DEMAIS SANÇÕES ADMINISTRATIVAS, CÍVEIS, PENAIS E PROCESSUAIS

3.10.1. Perdas e danos

Tendo sido demonstrado à saciedade, em item anterior,[651] a diferença entre as *astreintes*, medida coercitiva, e a indenização por perdas e danos, de caráter ressarcitório, é evidente serem elas cumuláveis, tal qual ocorre no Direito francês.[652] Ademais, tal decorre de expressa previsão legal, contida no § 2º do artigo 461.

3.10.2. Multa moratória

Conforme referido anteriormente,[653] as *astreintes* não se equiparam à multa pactuada pelas partes contratantes. As primeiras, fixadas pelo juiz, e mecanismo de direito processual (art. 461, §§ 4º e 5º), visam à coerção do réu para o cumprimento de *ordem judicial*; a segunda, mecanismo de direito material (art. 411 do Código Civil),[654] é instituída pelas partes e destina-se a incentivar o cumprimento tempestivo da obrigação.

O regime da multa moratória é, notadamente, diferente daquele conferido às *astreintes*. Muito embora a medida prevista no artigo 411 do Código Civil possa ser executada independentemente das perdas e danos (arts. 411, *in fine*, e 404 do Código Civil),[655] nestas o seu valor encontra limite não apenas no disposto no artigo 412 do referido diploma legal,[656] mas inclusive em diplomas esparsos.[657] Evidentemente, esta limitação de valor, incompatível com as *astreintes* (medida processual), faz da multa moratória um mecanismo de coerção de potencial muito menor.

---

[651] Item 3.3.3.

[652] TALAMINI, Eduardo. *Tutela relativa aos deveres de fazer e de não fazer: CPC, art. 461; CDC, art. 84*. São Paulo: Revista dos Tribunais, 2001, p. 51.

[653] Item 3.9.1.2.

[654] "Art. 411. Quando se estipular a cláusula penal para o caso de mora, ou em segurança especial de outra cláusula determinada, terá o credor o arbítrio de exigir a satisfação da pena cominada, juntamente com o desempenho da obrigação principal."

[655] "Art. 404. As perdas e danos, nas obrigações de pagamento em dinheiro, serão pagas com atualização monetária segundo índices oficiais regularmente estabelecidos, abrangendo juros, custas e honorários de advogado, sem prejuízo da pena convencional". No Código Civil de 1916, o artigo 1.061 previa o mesmo em relação à "pena convencional": "Art. 1.061. As perdas e danos, nas obrigações de pagamento em dinheiro, consistem nos juros de mora e custas, sem prejuízo da pena convencional."

[656] "Art. 412. O valor da cominação imposta na cláusula penal não pode exceder o da obrigação principal."

[657] Ex.: artigo 9º do Decreto 22.626/33 (Lei de Usura), artigo 52, § 1º do Código de Defesa do Consumidor, artigo 11, *f* do Decreto-Lei 58/37 e artigo 26, V, Lei 6.766/79 (contratos de compromisso de compra e venda) e art. 34, I, do Decreto-Lei 70/66 (Vide FERREIRA DA SILVA, Jorge Cesa. Op. cit., p. 262-263).

Por outro lado, a incidência da multa moratória dar-se-á tão logo constituído o devedor em mora, o que pode ocorrer antes mesmo da instauração do processo judicial. Já as *astreintes* dependem de decisão judicial e da intimação pessoal do réu para o seu cumprimento.[658]

Embora as *astreintes* e a multa moratória sejam, reconhecidamente, medidas distintas, a jurisprudência tem se posicionado pela impossibilidade de sua cumulação, conforme se verifica no acórdão do Tribunal de Justiça do Estado do Rio Grande do Sul:

> Compromisso de compra e venda. Atraso da obra. Multa cominatória devida. Sua inacumulabilidade com a multa moratória.
>
> I – Atraso de cinco meses na entrega de apartamento, na forma do contrato, faz incidir *astreinte* pactuada, pois não veio prova apta a justificar a demora frente à relação de consumo.
>
> II – São inacumuláveis a multa moratória, destinada ao descumprimento do pacto, e a cominatória, de natureza coativa para o cumprimento de obrigação de fazer, na medida em que optaram os autores pela higidez do contrato, recebendo o imóvel ainda que a destempo.
>
> III – Negaram provimento a ambos os recursos.[659]

Em seu voto, o relator do recurso acima ementado sustentou que a eventual cumulação das multas em referência acarretaria *"bis in idem* injustificável pelo sistema que veda o enriquecimento sem causa".

Parece-nos não ser este o entendimento mais correto.

Em primeiro lugar, mesmo que o autor tivesse *optado* pela "higidez do contrato" e, portanto, pela aplicação da multa moratória, tal opção não teria o condão de afastar o poder que é conferido ao juiz, por força do artigo 461, § 4º, de fixar, *de ofício*, ou seja, *independentemente de pedido do autor,* as *astreintes*. Quanto à suposta ocorrência de *bis in idem*, ela se daria tão somente se o juiz fixasse as *astreintes* ignorando o valor e a existência da multa moratória, ou seja, fixando *astreintes* excessivas se combinadas com a multa contratual já fixada (e, possivelmente, incidindo mesmo antes do ajuizamento da demanda).

Impende salientar que, em havendo a previsão contratual de multa moratória, sempre limitada a determinados tetos (do Código Civil ou de legislação esparsa), *a obrigação em si já se reveste de um caráter coercitivo*. Esse (caráter), no entanto, pode ser complementado pelo magistrado, através da aplicação das *astreintes*,[660] medida diversa e, como visto, não sujeita a qualquer teto valorativo preestabelecido. Do contrário, estar-se-ia permitindo às partes limitarem os *poderes* inerentes à jurisdição, notadamente o poder de império do juiz.

---

[658] Idem 3.8.1.1.

[659] Apelação Cível nº 70002646750, Décima Sétima Câmara Cível, Tribunal de Justiça do RS, Relator: Des. Fernando Braf Henning Júnior, julgado em 14/08/01.

[660] Neste particular, vejam-se considerações feitas no Item 3.9.1.2.

A cumulação, admitida por juristas como Marcelo Lima Guerra,[661] deve se dar da seguinte forma: verificando o magistrado que a obrigação já provém de instrumento contratual no qual se prevê multa moratória, fixará ele *astreintes* no valor que, somado àquele previsto no contrato, corresponderia ao valor das *astreintes* caso não houvesse previsão contratual de multa. Tal solução, não encontrada na doutrina nem na jurisprudência analisada, obedece ao princípio da proporcionalidade e da razoabilidade, além de preservar o funcionamento, seja da medida de direito material, seja daquela de direito processual.

3.10.3. Litigância de má-fé, multa punitiva do artigo 14, parágrafo único, e demais multas processuais

No Direito brasileiro, a parte condenada por litigância de má-fé depara-se com o dever de pagar à parte adversa, além de multa, indenização pelas perdas e danos que esta tenha sofrido. A indenização[662] visa ao ressarcimento dos prejuízos causados pelo litigante de má-fé ao seu adversário.[663] Por óbvio, não há qualquer conflito da indenização, de caráter ressarcitório, com a *astreinte*, medida coercitiva.[664] São ambas, portanto, cumuláveis.

Já a multa prevista no *caput* do artigo 18[665] (litigância de má-fé) visa a punir as condutas arroladas no artigo 17,[666] e não reparar o dano por elas causado. Dentre tais condutas, aquela que eventualmente poderia ensejar também a incidência das *astreintes* está contida no inciso IV, e ocorre quando a parte "opõe resistência

---

[661] GUERRA, Marcelo Lima. *Execução indireta*. São Paulo: Revista dos Tribunais, 1998, p. 202. No mesmo sentido: TALAMINI, Eduardo. *Tutela relativa aos deveres de fazer e de não fazer: CPC, art. 461; CDC, art. 84*. São Paulo: Revista dos Tribunais, 2001, p. 246/247. Em sentido contrário, Alcides Mendonça Lima, ao afirmar: "Se, porém, no contrato já houver cláusula prevendo a sanção (fora da relativa às perdas e danos; ou cláusula penal diversa), aí, então, deverá prevalecer o prazo, assim como o próprio valor previamente estipulado pelas partes, inclusive se irredutivelmente fixado até o término" (LIMA, Alcides de Mendonça. *Comentários ao Código de Processo Civil*. Rio de Janeiro: Forense, 1974, V. VI, T. II, p. 779).

[662] Que, se for fixada de plano pelo juiz, pode chegar a 20% sobre o valor da causa (art. 18, § 2º, do CPC). Caso venha a ser liquidada por arbitramento, não sofre tal limitação. Nesse sentido: "A penalidade por litigância de má-fé pode ser imposta pelo juiz, de ofício, respeitado o limite do valor atualizado da causa, mas a indenização dos prejuízos, excedente desse limite, depende de pedido expresso da parte, submete-se ao princípio do contraditório e é liquidável por arbitramento" (CED do 2º TASP, enunciado 32, v.u.)" (NEGRÃO, Theotonio e GOUVÊA, José Roberto F. *Código de Processo Civil e legislação processual em vigor*. 39ª ed. São Paulo: Saraiva, 2007, p. 145. Art. 18:13).

[663] NERY JUNIOR, Nelson e NERY, Rosa Maria Andrade. *Código de Processo Civil comentado e legislação processual civil extravagante em vigor*. 6ª ed., revista. São Paulo: Revista dos Tribunais, 2002, p. 306, nota 5.

[664] Vide Itens 3.3 e 3.10.1.

[665] "Art. 18. O juiz ou tribunal, de ofício ou a requerimento, condenará o litigante de má-fé a pagar multa não excedente a um por cento (1%) sobre o valor da causa e a indenizar a parte contrária dos prejuízos que esta sofreu, mais os honorários advocatícios e todas as despesas que efetuou.

[...]."

[666] "Art. 17. Reputa-se litigante de má-fé aquele que:

[...]

IV – opuser resistência injustificada ao andamento do processo;"

injustificada ao andamento do processo". Como salienta Nery, essa resistência "pode ocorrer por fatores internos ou externos ao processo, mas que neste influem".[667] Como exemplo de condutas enquadráveis no inciso IV do artigo 17, aponta o processualista aquelas constantes do artigo 600,[668] nas quais se inclui a do devedor que "resiste injustificadamente às ordens judiciais" (inciso III).

Há, entretanto, que se salientar que a multa por litigância de má-fé é punitiva, enquanto as *astreintes* são medida de coerção, técnica para a obtenção da tutela. Além disso, o próprio artigo 601,[669] que trata da aplicação de multa pela resistência injustificada à ordem judicial, prevê expressamente a cumulabilidade da imposição com outras sanções de natureza processual ou material, estando as *astreintes* no primeiro grupo.[670] São, assim, cumuláveis as multas dos artigos 601 e 18, com aquela do artigo 461, § 4º.

Há, também, previsão legal, no artigo 14, parágrafo único, para a cumulação da multa punitiva, aplicável àquele que não "cumprir com exatidão os provimentos mandamentais" ou "criar embaraços à efetivação de provimentos judiciais, de natureza antecipatória ou final", com "sanções criminais, civis e processuais cabíveis", dentre elas, obviamente, as *astreintes*. Ressalte-se que a multa do artigo 14 reverte para a União ou o Estado, diferentemente das *astreintes*, revertidas para o autor. Evidente, assim, a cumulabilidade das medidas.

3.10.4. O crime de desobediência

A questão que envolve a cumulação das *astreintes* com as demais sanções penais, especialmente aquela prevista no artigo 330 do Código Penal[671] (crime de desobediência) foi pacificada pelo Superior Tribunal de Justiça. O entendimento é o de que, cominada multa para a hipótese de descumprimento da decisão judicial, este configurará conduta atípica do ponto de vista criminal.[672]

---

[667] NERY JUNIOR, Nelson e NERY, Rosa Maria Andrade. Op. cit., p. 303.

[668] "Art. 600. Considera-se atentatório à dignidade da justiça o ato do devedor que:

[...]

III – resiste injustificadamente às ordens judiciais;

[...]."

[669] "Art. 601. Nos casos previstos no artigo anterior, o devedor incidirá em multa fixada pelo juiz, em montante não superior a 20% (vinte por cento) do valor atualizado do débito em execução, sem prejuízo de outras sanções de natureza processual ou material, multa essa que reverterá em proveito do credor, exigível na própria execução.

[...]."

[670] Ademais, "A multa diária, como se sabe, é medida *coercitiva* acessória de tutela executiva, enquanto a multa prevista no art. 601 é medida *punitiva* de ato atentatório à dignidade da justiça" (GUERRA, Marcelo Lima. *Execução indireta*. São Paulo: Revista dos Tribunais, 1998, p. 209).

[671] "Art. 330. Desobedecer a ordem legal de funcionário público:

Pena – detenção, de 15 (quinze) dias a 6 (seis) meses, e multa."

[672] Nesse sentido, vejam-se os seguintes julgados: PENAL. CRIME DE DESOBEDIÊNCIA. DETERMINAÇÃO JUDICIAL ASSEGURADA POR MULTA DIÁRIA DE NATUREZA CIVIL (ASTREINTES). ATIPICI-

Como noticia Marcos Bittencourt Fowler, "nas hipóteses em que a decisão judicial já prevê a imposição de multa para as hipóteses de seu descumprimento e não ressalva seu cúmulo com as sanções penais é pacífico o entendimento de que não se caracteriza a infração penal".[673] Segundo o autor, admitindo estar o Direito brasileiro na *contramão* do direito alienígena, "a cominação de multa pelo juiz apresenta duplo-efeito: de um lado, reforça o cumprimento da obrigação pela ameaça da imposição de sanção pecuniária de valor expressivo; de outro, retira a possibilidade de atuação das sanções penais relativas ao cumprimento dos mandados judiciais".[674] Esse entendimento, entretanto, está completamente apartado da natureza das *astreintes*. Difícil admitir que o juiz, pelo simples fato de fixar multa cominatória, tenha o condão de *descriminalizar* uma conduta tipificada na legislação penal. Ademais, muitas vezes a multa é fixada *após* o descumprimento da ordem judicial pelo réu.[675] Ora, nesses casos, estará sendo o demandado sumariamente *absolvido* pela conduta criminosa antes praticada?

Lê-se, inclusive, em acórdão referido por Fowler, a seguinte justificativa para o afastamento da sanção penal: "Não se justifica o processo penal por desobediência, uma vez que a lei prevê remédio específico para a *punição* da mesma".[676]

DADE DA CONDUTA. Para a configuração do delito de desobediência, salvo se a lei ressalvar expressamente a possibilidade de cumulação da sanção de natureza civil ou administrativa com a de natureza penal, não basta apenas o não cumprimento de ordem legal, sendo indispensável que, além de legal a ordem, não haja sanção determinada em lei específica no caso de descumprimento. (Precedentes). Habeas corpus concedido, ratificando os termos da liminar anteriormente concedida. (HC 22.721/SP, Rel. Ministro FELIX FISCHER, QUINTA TURMA, julgado em 27/05/2003, DJ 30/06/2003, p. 271).

HABEAS CORPUS. PREFEITO MUNICIPAL. CRIME DE DESOBEDIÊNCIA DE ORDEM JUDICIAL PROFERIDA EM MANDADO DE SEGURANÇA COM PREVISÃO DE MULTA DIÁRIA PELO SEU EVENTUAL DESCUMPRIMENTO. TRANCAMENTO DA AÇÃO PENAL. ATIPICIDADE DA CONDUTA. PRECEDENTES DO STJ. ORDEM CONCEDIDA. 1. Consoante firme jurisprudência desta Corte, para a configuração do delito de desobediência de ordem judicial é indispensável que inexista a previsão de sanção de natureza civil, processual civil ou administrativa, salvo quando a norma admitir expressamente a referida cumulação. 2. Se a decisão proferida nos autos do Mandado de Segurança, cujo descumprimento justificou o oferecimento da denúncia, previu multa diária pelo seu descumprimento, não há que se falar em crime, merecendo ser trancada a Ação Penal, por atipicidade da conduta. Precedentes do STJ. 3. Parecer do MPF pela denegação da ordem. 4. Ordem concedida, para determinar o trancamento da Ação Penal 1000.6004. 2056, ajuizada contra o paciente. (HC 92.655/ES, Rel. Ministro NAPOLEÃO NUNES MAIA FILHO, QUINTA TURMA, julgado em 18/12/2007, DJ 25/02/2008, p. 352)

[673] FOWLER, Marcos Bittencourt. A (re) reforma do art. 461 do Código de Processo Civil; a multa e seus problemas In MARINONI, Luiz Guilherme (coord.). *A segunda etapa da reforma processual civil.* São Paulo: Malheiros, 2001, p. 207. Nesse sentido, jurisprudência citada pelo autor, constante das seguintes publicações: RT 495/379, 512/355, 516/345, 524/332, 534/301, 534/327, 613/413, JTACrimSP 72/287.

[674] FOWLER. Op. cit., p. 207.

[675] Vide Item 3.7, bem como SPADONI, Joaquim Felipe. *A multa na atuação das ordens judiciais.* In SHIMURA, Sérgio e WAMBIER, Teresa Arruda Alvim (Coord.). *Processo de execução.* São Paulo: Revista dos Tribunais, 2001, p. 492.

[676] RT 368/265. No mesmo sentido, acórdão do Tribunal de Justiça do Estado do Rio Grande do Sul: "HabeasCorpus preventivo. Crime de desobediência. Existindo cominação alternativa de pena de multa, para o caso de descumprimento da ordem judicial, sem ressalva expressa da sanção criminal, não se configura a conduta omissiva como criminosa (Habeas Corpus nº 70001301241, Quarta Câmara Criminal, Tribunal de Justiça do RS, Relator: Des. Vladimir Giacomuzzi, julgado em 09/11/00).

Ocorre que as *astreintes*, conforme já referido, não constituem *remédio específico para a punição*, mas, sim, técnica para a obtenção da tutela. A multa não é punitiva[677] e, portanto, não exerce a mesma função da medida prevista no Código Penal. Já a pena criminal é "retribuição, é privação de bens jurídicos, imposta ao criminoso em face do ato praticado. É expiação. Antes de escrito nos Códigos, está profundamente radicado na consciência de cada um que *aquele que praticou um mal deve também um mal sofrer*".[678]

Salienta Zavascki que "a sanção penal não é meio de coação, nem mecanismo destinado a obter o cumprimento da prestação executada. Sua aplicação está sujeita a ação própria, de iniciativa do Ministério Público, que se desenvolve no âmbito da jurisdição criminal, sem comunicação alguma com o da execução civil".[679]

Como bem se vê, as *astreintes* e a sanção penal constituem institutos diversos, que não competem entre si por exercerem funções completamente distintas. Note-se que, na França, o uso das *astreintes* "atinge mesmo deveres cujo descumprimento é criminalmente sancionável".[680]

O entendimento dominante, de que as *astreintes* e a pena criminal não seriam cumuláveis, torna-se ainda mais inapropriado pela redação do artigo 14, parágrafo único. Como visto anteriormente,[681] o dispositivo traz uma tímida versão brasileira do chamado *contempt of court*, em sua faceta punitiva. Ainda assim, é expressamente prevista sua aplicação "sem prejuízo das sanções *criminais*, cíveis e processuais cabíveis". Ora, se a multa punitiva é cumulável com as sanções criminais, muito mais admissível é a cumulação destas com as *astreintes*.

Além disso, cumpre referir que o sujeito passivo da sanção criminal nem sempre será o mesmo das *astreintes*. Basta imaginar o gerente de um banco que descumpre ordem do juiz para, por exemplo, restabelecer limite de cheque especial para determinado correntista. Por óbvio, é a instituição financeira quem figura no polo passivo e é, portanto, quem irá arcar com o pagamento da multa. Não restam dúvidas, entretanto, de que o gerente, pessoa física, é quem responderá pelo crime de desobediência praticado.

Por todas essas razões, parece-nos que a cumulação das *astreintes* com a sanção criminal, notadamente aquela prevista para o crime de desobediência, é impositiva, sob pena de enfraquecimento – ou melhor, desaparecimento – da técnica de tutela (no caso de aplicação somente da sanção penal – do que, diga-

---

[677] Item 3.3.

[678] MAGALHÃES NORONHA, E. *Direito penal (introdução e parte geral)*. 19ª ed., revista e atualizada. São Paulo: Saraiva, 1981, V. 1, p. 228.

[679] ZAVASCKI, Teori Albino. *Comentários ao Código de Processo Civil*. São Paulo: Revista dos Tribunais, 2000. V. 8, p. 312.

[680] TALAMINI, Eduardo. *Tutela relativa aos deveres de fazer e de não fazer: CPC, art. 461; CDC, art. 84*. São Paulo: Revista dos Tribunais, 2001, p. 55.

[681] Item 3.3.2.

se, não se cogita) ou da punição preventivo-retributiva (no caso de aplicação somente das *astreintes)*.

Todavia, como já destacado, a questão parece estar definitivamente consolidada na jurisprudência em sentido contrário.

4. Efeitos das decisões finais de mérito, dos recursos e das ações autônomas na incidência e exigibilidade das *astreintes*

As *astreintes*, muito embora constituam técnica de tutela à disposição de todo e qualquer órgão jurisdicional estatal são, sem dúvida, um instrumento mais afeito aos juízes de primeiro grau. Suas decisões, por serem tomadas com maior proximidade das partes, tendem a ser mais sensíveis para com as peculiaridades do caso concreto.

Partindo-se, entretanto, da lógica da própria organização do Poder Judiciário e do sistema recursal como um todo, as decisões desses juízes de primeiro grau são aquelas que mais estarão sujeitas à revisão por órgãos jurisdicionais hierarquicamente superiores.

Neste tópico, procuraremos enfrentar, de forma objetiva, os problemas que surgem quando as decisões de primeira instância que fixam as *astreintes* são impugnadas pelos recursos colocados à disposição das partes, afetadas por juízos de reconsideração de seus prolatores, ou por decisões finais que acabam por não reconhecer o direito substancial objetivado pelo autor.

Ressaltamos que, ao tratarmos do tema recursal, partimos da premissa de que o recurso utilizado pela parte continha impugnação ao comando judicial no qual se encontra fixada a multa em estudo. Evidentemente, se determinado recurso impugna tão somente parte da decisão não afeita às *astreintes*, como ocorre, por exemplo, quando a apelação versa somente sobre a condenação em verba honorária, não há falar em qualquer efeito sobre a exigibilidade da obrigação contida no preceito judicial e, logo, sobre a multa a ele acoplada.

Tal conclusão decorre da análise do efeito devolutivo do recurso, sob o prisma de sua *extensão*: "A extensão do chamado efeito devolutivo diz respeito à extensão da impugnação (*tantum devolutum quantum appellatum*), ou seja, é

As *Astreintes* e o Processo Civil Brasileiro

delimitada por *o que é* submetido ao órgão *ad quem* a partir da amplitude das razões apresentadas no recurso".[682]

Assim, aqueles recursos interpostos contra decisão que continha previsão de *astreintes* em preceito mandamental, não impugnando este,[683] não terão o condão de afetar a medida coercitiva em evidência.

Fixada essa importante premissa, segue-se à análise dos efeitos dos recursos e outras decisões que, efetivamente, atacam o comando judicial que é acompanhado das *astreintes*.

4.1. A DECISÃO FINAL DE MÉRITO E SUA IMPLICAÇÃO NA EXIGIBILIDADE DO CRÉDITO RESULTANTE DA INCIDÊNCIA DAS *ASTREINTES*

4.1.1. Decisão final de improcedência da ação[684]

Questão de grande complexidade e controvérsia doutrinária diz respeito à admissão da cobrança do crédito resultante da incidência das *astreintes*, quando a decisão final de mérito (sentença ou acórdão) resulta na improcedência (ou não conhecimento) do pedido do autor.

Sérgio Cruz Arenhart traça diversas considerações acerca do tema, concluindo pela exigibilidade das *astreintes* fixadas antecipadamente em favor do autor, mesmo quando a sentença for de improcedência. Afirma o jurista, comparando a multa brasileira ao instituto do *contempt of court*, e utilizando-se de precedentes da Suprema Corte Americana para embasar sua opinião:

> A função, portanto, da multa é garantir a obediência à ordem judicial. Pouco importa se a ordem se justificava ou não; após a sua preclusão temporal ou, eventualmente, a análise do recurso contra ela interposto junto ao tribunal, só resta o seu cumprimento, sem qualquer ulterior questionamento. [...] Se, no futuro, aquela decisão será ou não confirmada pela decisão final da causa, isto pouco importa para a efetividade daquela decisão. Está em jogo, afinal, a própria autoridade do Estado. Não se pode, portanto, dizer que ocorreu *apenas* o inadimplemento de uma ordem do Estado-juiz. Ocorreu, em verdade, a transgressão a uma

---

[682] LUCON, Paulo Henrique dos Santos. *Eficácia das decisões e execução provisória*. São Paulo: Revista dos Tribunais, 2000, p. 161. No mesmo sentido: BUENO, Cássio Scarpinella. *Execução provisória e antecipação da tutela: dinâmica do efeito suspensivo da apelação e da execução provisória: conserto para a efetividade do processo*. São Paulo: Saraiva, 1999, p. 32.

[683] Não é necessário, é claro, que se impugne a multa fixada. O fundamental é que o réu impugne a obrigação para cujo cumprimento a multa foi fixada. Por outro lado, poderá o réu impugnar tão somente a multa, caso tenha ela sido fixada de forma inadequada (ex.: valor excessivo, obrigação impossível, obrigação não sujeita à coerção via multa periódica etc.).

[684] Mantivemos o título original, muito embora reconheçamos que, tecnicamente, o correto seria falarmos em improcedência do *pedido*, como, aliás, já constava do primeiro parágrafo deste tópico.

ordem, que se presume legal. Se o conteúdo desta ordem será, posteriormente, infirmado pelo exame final da causa, isto pouco importa para o cumprimento da ordem em si.[685]

Entretanto, o processualista comete erro justamente ao comparar as *astreintes* a instituto distinto, qual seja o *contempt of court* americano.

Ao comentar decisão da Suprema Corte dos Estados Unidos proferida em 1947, no caso *U.S. v. United Mine Workers of America*, Arenhart traduz elucidativo trecho:

> [...] compete à Corte de primeira instância determinar a questão da validade da lei, e *até que sua decisão seja revertida por erro em revisão ordinária, seja por si mesmo ou por uma Corte superior, suas ordens baseadas em suas decisões devem ser respeitadas*, e a desobediência a elas é desacato da sua legal autoridade, que deve ser punida.[686] (os grifos são nossos)

Ocorre que, em primeiro lugar, o termo "punida" (*punished*) indica a inaplicabilidade daquele precedente para a definição da sistemática das *astreintes*, visto que, diferentemente do instituto do *contempt of court* criminal – mantido mesmo que venha a ser revertida a decisão cujo descumprimento lhe deu origem –, as *astreintes* em nenhuma acepção poderão assumir caráter punitivo. Como bem refere Marcelo Lima Guerra, "a multa diária, como se sabe, é medida *coercitiva* acessória da tutela executiva, enquanto a multa prevista no art. 601 é medida *punitiva* de ato atentatório à dignidade da justiça".[687]

Em segundo lugar, na própria decisão mencionada por Arenhart se definiu claramente que o *contempt* de caráter civil e coercitivo *não* se mantém caso venha a ser cassada ou reformada a decisão que, descumprida, gerou aquela sanção. É amplamente citada na jurisprudência norte-americana esta passagem do caso U.S. *v.* United Mine Workers of America:

> Não se conclui, é claro, que simplesmente por conta de o demandado poder ser punido por *contempt* criminal por desobediência de uma ordem posteriormente afastada em grau de recurso, que o autor poderá se beneficiar de uma multa imposta em procedimento simultâneo de *contempt* civil baseado na violação da mesma ordem. O direito ao remédio [civil] cai com a ordem caso se prove que esta tenha sido expedida indevidamente.[688]

---

[685] ARENHART, Sérgio Cruz. *A tutela inibitória da vida privada*. São Paulo: Revista dos Tribunais, 2000, p. 201. No mesmo sentido: FERREIRA, William Santos. *Tutela antecipada no âmbito recursal*. São Paulo: Revista dos Tribunais, 2000, p. 186/187.

[686] Idem, p. 202. Conforme noticia o autor, no original, o texto da decisão tem o seguinte conteúdo: "It is for the court of first instance to determine the question of the validity of the law, and *until its decision is reversed by orderly review, either by itself or by a higher court, its orders based on its decision are to be respected,* and disobedience of them is contempt of its lawful authority, to be punished."

[687] GUERRA, Marcelo Lima. *Execução indireta*. São Paulo: Revista dos Tribunais, 1998, p. 209. Complemente-se reiterando que, hoje, a multa que era prevista no artigo 601 do CPC, e aplicável somente ao processo de execução, encontra semelhante previsão no parágrafo único do artigo 14 do CPC brasileiro, com a diferença de que o crédito oriundo desta reverte em benefício do Estado ou da União, e não do credor.

[688] Tradução livre. No original: "It does not follow, of course that simply because a defendant may be punished for criminal contempt for disobedience of an order later set aside on appeal, that the plaintiff in the action may

Como referido anteriormente,[689] está no parágrafo único do artigo 14, e não nos §§ 4º e 5º do artigo 461, o correspondente brasileiro, ainda que infinitamente menos eficaz e mais limitado, do *contempt of court* de caráter punitivo. Assim, utilizar-se de exemplos de medidas punitivas para explicar o funcionamento das *astreintes* mostra-se inadequado, trazendo conclusões incompatíveis com a natureza desta última medida.

Feita essa necessária diferenciação, parece-nos assistir razão a Marinoni, quando afirma ser incabível a execução do crédito resultante da incidência das *astreintes*, quando a decisão final no processo em que se cominou a multa for favorável ao réu.[690] Aduz Marinoni:

> Tendo em vista que o problema ora em estudo ainda não se apresentou aos tribunais, é importante ressaltar que Paolo Cendon, referindo-se à experiência francesa das *astreintes*, afirma ser desconcertante a orientação, minoritária, mas segundo ele significativa para demonstrar até que ponto uma mitologia pode conduzir – no sentido de que, uma vez impugnada com sucesso a condenação à prestação principal, deveria permanecer em pé a sentença em relação à *astreinte*, no caso em que houvesse ocorrido a execução provisória.[691]

Note-se que a matéria já foi apresentada aos tribunais, não havendo consenso jurisprudencial. Luiz Manoel Gomes Júnior colaciona acórdão do Superior Tribunal de Justiça, a amparar a tese de que a multa é devida independentemente do resultado final da demanda:[692]

> Há precedente do Superior Tribunal de Justiça no mesmo sentido ora defendido: "[...] É claro que houve uma decisão liminar do juiz que tinha que ser cumprida, a não ser que fosse suspensa, mas não se discutiu isso aqui. O juiz concedeu uma liminar, determinando que essa decisão fosse cumprida e a parte não cumpriu. Se, posteriormente, chegou-se à conclusão que não era o caso de cumprimento, que a ação foi julgada improcedente, não importa no momento. O importante é que o juiz deu uma liminar e a parte descumpriu, quando tinha que cumprir, sob pena de prisão, porque estava desobedecendo uma ordem judicial".[693]

---

profit by way of a fine imposed in a simultaneous proceeding for civil contempt based upon a violation of the same order. The right to remedial relief falls with an injunction which events prove was erroneously issued, [...]". O mesmo restou decidido, mais recentemente, no caso Garrison v. Cassens Transp. Co., 334 F.3d 528. Vide, neste particular, Item 2.2.4, supra.

[689] Item 3.3.2.

[690] MARINONI, Luiz Guilherme. *Tutela específica: arts. 461, CPC e 84, CDC*. São Paulo: Revista dos Tribunais, 2001, p. 109-111. A posição do autor foi mantida em MARINONI, Luiz Guilherme e ARENHART, Sérgio Cruz. *Curso de processo civil, volume 3: execução*. São Paulo: Revista dos Tribunais, 2007, p. 81.

[691] Idem, p. 111.

[692] GOMES JUNIOR, Luiz Manoel. Execução de Multa – Art. 461, § 4º, do CPC – e a sentença de improcedência do pedido. In SHIMURA, Sérgio e WAMBIER, Teresa Arruda Alvim (Coord.). *Processo de execução*. São Paulo: Revista dos Tribunais, 2001, p. 563.

[693] STJ, REsp 220.982-RS, Rel. Min. José Delgado, j. 22.02.2000, *RSTJ* 134/118. O caso julgado pelo STJ tratava da responsabilidade civil do Estado por prisão indevida, tendo sido reconhecida a responsabilidade civil por maioria, vencidos os Ministros Garcia Vieira e Milton Luiz Pereira.

Ressalte-se, no entanto, que o trecho citado por Gomes corresponde ao voto vencido do Ministro Garcia Vieira, que em nenhum momento sustentou ser devida a multa. Estava, em verdade, sustentando ter havido *crime de desobediência* pelo descumprimento da medida liminar. A inexigibilidade da multa foi, inclusive, salientada pelo Ministro Humberto Gomes de Barros em aparte, tratando-se o caso de ação civil pública, sendo aplicável o artigo 12 da Lei 7.375/85.

Todavia, mais recentemente, o Superior Tribunal de Justiça realmente entendeu ser devida a multa cominada em decisão interlocutória independentemente do resultado final da sentença. Lê-se, na fundamentação do acórdão:

Independentemente da solução que for dada à causa pela sentença definitiva, as decisões interlocutórias têm vida própria e, operada preclusão em relação a elas, podem servir de título para execução definitiva. Assim, a multa cominatória se tornou exigível com a preclusão da decisão que a estabeleceu.

"Contrariamente às medidas antecipatórias (que têm por objeto de trato a mesma relação jurídica material a ser examinada pela sentença definitiva e cujo fato gerador, portanto, é anterior ao processo)" – leciona Teori Zavascki – "as decisões que impõem sanção por ato atentatório à dignidade da justiça, ou fixam multa coercitiva por atraso no cumprimento de obrigação de fazer e de não fazer, ou fazem incidir ônus de sucumbência em favor de litisconsorte excluído, são decisões que definem outra norma jurídica individualizada, diferente da que é objeto do processo, surgida de fato gerador novo, ocorrido no curso do processo e por causa dele. Assim, independentemente da solução que for dada à causa pela sentença definitiva, as decisões interlocutórias, naqueles casos, têm vida própria e, operada preclusão em relação a elas, podem servir de título para execução definitiva" (*Comentários ao Código de Processo Civil*, Editora Revista dos Tribunais, São Paulo, 2000, v. 8, p. 214/215).

A decisão interlocutória que fixou a multa diária por descumprimento de obrigação de fazer é título executivo hábil para execução definitiva, ficando afastada, portanto, a violação do artigo 584 do Código de Processo Civil.[694]

O acórdão, em nosso sentir, claramente ignora a relação de acessoriedade que as *astreintes* possuem com a decisão que visa à tutela específica do direito da parte. A medida antecipatória da tutela tem, na multa, técnica acessória para o seu atingimento. Diferentemente do que se aduziu no acórdão, a multa não tem "vida própria", tanto que é fixada sempre no bojo de decisão que, por sua vez, determina o cumprimento de determinada obrigação pelo réu. A fixação da multa é indelevelmente ligada à decisão que se busca cumprir, decisão esta que reconhece a relação jurídica entre autor e réu. Examinada a relação jurídica na sentença e concluindo-se por sua inexistência, falece a decisão antecipatória e, assim também, a multa que lhe é acessória.

De mais a mais, a questão não é pacífica no âmbito do STJ. No Recurso Especial nº 159.643-SP, embora não fosse esta a matéria objeto do julgamento,

---

[694] AgRg no REsp 724160/RJ, Rel. Ministro Ari Pargendler, Terceira Turma, julgado em 04/12/2007, DJ 01/02/2008, p. 1.

As *Astreintes* e o Processo Civil Brasileiro

afirmou-se que a multa somente passaria a ser devida caso "confirmada pela sentença do processo principal (e transita em julgado)".[695] Já no Recurso Especial nº 445.905-DF, foi-se além: afastou-se o crédito resultante de multa que incidira com base em sentença transitada em julgado, por conta de fato superveniente à sentença, e que veio a afastar a obrigação de fazer que havia sido imposta ao réu e sido por este descumprida. No caso concreto, a sentença transitada em julgado impusera ao réu a obrigação de demolir obra, sob pena de multa diária. Descumprida a obrigação, o autor moveu execução do crédito resultante da incidência da multa. O réu, todavia, demonstrou que, após o trânsito em julgado da sentença, obteve alvará dando conta da regularização da obra. O Superior Tribunal de Justiça reconheceu não ser devida a multa no caso concreto.[696]

A jurispruência dos Estados parece inclinar-se para esse entendimento, que pode ser colhido em decisões monocráticas e acórdãos dos Tribunais de Justiça do Rio Grande do Sul,[697] Rio de Janeiro,[698] Minas Gerais[699] e São

---

[695] "Assim, pode o juiz fixar multa diária para eventual descumprimento de medida cautelar. Se esta é confirmada pela sentença do processo principal (e transita em julgado), passa a ser devida e o cômputo do seu valor terá como termo inicial o dia do descumprimento da medida cautelar; conforme, inclusive, decidido no acórdão recorrido (fls. 67). Entender de modo diverso acabaria por tornar ineficaz a decisão judicial, permitindo o seu descumprimento" (REsp 159643/SP, Rel. Ministro HUMBERTO GOMES DE BARROS, Rel. p/ Acórdão Ministro CASTRO FILHO, TERCEIRA TURMA, julgado em 23/11/2005, DJ 27/11/2006, p. 272).

[696] "Assim, não se pode desprezar que a ocorrência do fato superveniente – consubstanciado no reconhecimento de que a edificação está adequada ao Plano Diretor –, se existente ao tempo do ajuizamento da ação, não haveria imposição de qualquer meio coercitivo para que o devedor cumprisse a obrigação. Dessa forma, não subsiste a incidência das *astreintes*" (REsp 445905/DF, Rel. Ministro FRANCIULLI NETTO, SEGUNDA TURMA, julgado em 13/05/2003, DJ 08/09/2003, p. 286).

[697] "Agravo de instrumento. Ação cautelar inominada. Obrigação de fazer. Cominação de multa diária pelo descumprimento. *Astreintes*. Execução antecipada. Impossibilidade. Ainda que imposta liminarmente multa, como meio coercitivo, pelo descumprimento desta decisão interlocutória que estabelece obrigação de fazer, *mister se faz a sua mantença, através de sentença trânsita em julgado*, que é *título hábil a viabilizar sua exigibilidade através de execução*. Agravo improvido. Decisão mantida" (Agravo de instrumento nº 197183999, Primeira Câmara Cível. Tribunal de Alçada do RS, Relator: Des. Teresinha de Oliveira Silva, julgado em 11/11/97 – os grifos são nossos). No mesmo sentido, Apelação Cível nº 70012173563, Segunda Câmara Cível, Tribunal de Justiça do RS, Relator: Arno Werlang, Julgado em 12/04/2006.

[698] "Por conseguinte, uma vez extinto sem resolução do mérito o feito em que foram fixadas as astreintes, não há falar em trânsito em julgado material da decisão que impôs obrigação de fazer à recorrente, caindo, via de consequência, a multa imposta como instrumento de coerção para adimpli-la.

Releve-se que nem mesmo o fato de a decisão que impôs a multa ter sido confirmada por esta Câmara, no agravo de instrumento número 11512/04, de minha relatoria, tem o condão de conferir definitividade às astreintes.

É que o julgamento do referido recurso apenas confirmou a respectiva decisão interlocutória, cujos efeitos, como já afirmado, subordinavam-se ao mérito da questão *sub judice*.

Entender de modo contrário significaria admitir que, no caso de improcedência do pedido formulado na cautelar, por decisão transitada em julgado, ainda assim subsistiria ao autor o direito de executar a multa, hipótese que obviamente ofende a mais comezinha noção de bom senso.

Em assim sendo, não havendo decisão de mérito a respeito da obrigação acerca da qual a multa fora imposta, desaparece o suporte material para a manutenção dessa medida coercitiva; em outras palavras, não há mais título a ser executado" (Agravo de instrumento nº 2009.002.14839, decisão monocrática, Rel. Des. Nametala Machado Jorge. J. em 16/04/2009 - Décima Terceira Câmara Civel do TJRJ).

[699] "APELAÇÃO CÍVEL - EMBARGOS À EXECUÇÃO - EXECUÇÃO PROVISÓRIA DE MULTA - FIXAÇÃO EM SEDE DE ANTECIPAÇÃO DE TUTELA - IMPOSSIBILIDADE - SENTENÇA DE MÉRITO -

Paulo.[700] Nesse particular, vale transcrever trechos de brilhante voto proferido pelo Desembargador Rizzato Nunes, do Tribunal de Justiça paulista, que após discorrer longamente sobre a natureza das *astreintes*, enfrentou argutamente a questão por ele assim resumida: "O que acontece se a ação é julgada improcedente ou extinta sem julgamento do mérito". Disse o ilustre julgador:

Parece-nos evidente que não há que se falar em liquidação da multa cominatória, eis que a mesma é apenas uma peça acessória do feito principal. [...]

E, realmente, aqueles que defendem a execução das *astreintes*, independentemente do resultado da demanda, ingressam na seara psicológica que acima demonstramos ser injustificável. Com efeito, não há qualquer fundamento para tanto. A função da multa cominatória, como exposto, é a de forçar o devedor a cumprir obrigação de fazer ou não fazer. Todavia, até certo momento (o do trânsito em julgado da sentença na ação principal) não se poderá afirmar que havia mesmo essa obrigação. Digamos que se trate, por exemplo, de determinação para que um Banco faça a retirada do nome do autor da ação, um consumidor, de um cadastro de inadimplentes, sob pena de pagamento de multa diária, fundada no argumento de que esse autor quitara a dívida. Suponha-se que o Banco não cumpra a determinação e, depois de alguns meses, a ação principal seja julgada improcedente porque o Juiz verificou que ele continuava devendo. Como é que o autor poderia executar a multa? Qual o sentido? Se ele não tinha nenhum direito desde o início, não há que se falar em qualquer execução de *astreintes* pelo descumprimento de obrigação inexistente. Aliás, poderia se dar de se reconhecer que, inclusive, o autor da demanda estivesse da má-fé. Ele, então, sairia vencido na demanda, seria condenado como litigante de má-fé, mas receberia polpuda importância advinda da multa cominatória gerada pela obrigação não cumprida? É um *non sense*: é tão absurdo como o Juiz condenar e, simultaneamente, absolver um réu. [...] Os exemplos podem se multiplicar, mas o relevante mesmo é o fato de que não se pode falar em condenar judicialmente alguém pelo descumprimento de uma obrigação que ele jamais teve. [...]

Resta, por fim, analisar o que acontece na hipótese da ação principal ser extinta sem julgamento do mérito. E, naturalmente, nesse caso, o destino será o mesmo daquela ação julgada improcedente. Não há que se falar em pagamento de multa pelo descumprimento da obrigação porque esta não existe mais. Desapareceu junto com a ação principal.[701]

TRÂNSITO EM JULGADO - INOCORRÊNCIA. Não se pode executar a multa decorrente de descumprimento de ordem judicial, fixada em sede de antecipação de tutela, antes do trânsito em julgado da sentença de mérito, sendo certo que, no momento oportuno, na hipótese de sucesso do pleito, poder-se-á exigir a sua incidência a partir da data do descumprimento da ordem, mesmo que liminar" (Apelação Cível nº 1.0024.05.875892-1/001(1), Rel. Des. Luciano Pinto. J. em 19.03.2009). No mesmo sentido, e citando a primeira edição desta obra, veja-se: EXECUÇÃO DE ASTREINTE. NECESSIDADE DO TRÂNSITO EM JULGADO DO DECISUM. EXTINÇÃO EX OFFICIO DA AÇÃO DE EXECUÇÃO. - Constitui a astreinte em uma sanção cuja exigibilidade fica condicionada ao trânsito em julgado da decisão proferida nos autos da ação principal e, ainda, à procedência do direito buscado pelo autor" (Apelação Cível nº 1.0693.08.071753-3/001(1), Rel. Des. Cláudia Maia. J. em 15.01.2009).

[700] Agravo de Instrumento nº 7.106.054-1. 23. Rel. Des. Rizzato Nunes. J. em 07 de março de 2007. Vigésima Terceira Câmara de Direito Privado do TJSP. No mesmo sentido, Agravo de Instrumento nº 1246162003. Rel. Des. Orlando Pistoresi. J. em 8 de abril de 2009.

[701] Agravo de Instrumento nº 7.106.054-1. 23. Rel. Des. Rizzato Nunes. J. em 7 de março de 2007. Vigésima Terceira Câmara de Direito Privado do TJSP.

Cumpre indagar, entretanto, se a necessidade de confirmação das *astreintes* pela decisão final de mérito implicaria a ineficácia da medida coercitiva em análise.

Como referido em item anterior,[702] a ameaça exercida pela multa está na *possibilidade* de alcançar o patrimônio do demandado. Afirma Marinoni que "o réu é coagido a fazer ou não fazer porque *receia* ter que pagar a multa".[703]

Nesse particular, é injustificada a preocupação daqueles que propugnam pela exigência da multa independentemente da sua confirmação em decisão final. Tal preocupação é assim expressa por Arenhart:

> A parte, a quem incumbe o cumprimento da ordem, sabendo ser ela passível de mudança com a sentença, não tem estímulo para o cumprimento voluntário da ordem, já que: em cumprindo, não terá nenhum benefício; em não cumprindo, sujeita-se à sorte de suas alegações no processo e à eventualidade de sucesso em sua defesa. Põe-se por terra todo o esforço do jurista no intuito da efetividade do processo.[704]

Note-se que a preocupação do jurista, pelo menos, foi orientada de acordo com o objetivo real das *astreintes*, ou seja, pressionar o réu na busca da efetividade do processo. Não se está mais a falar em punição, mas na busca de *resultados* práticos.

Entretanto, é injustificada, do ponto de vista empírico, a preocupação. E é o próprio processualista acima referido que comprova esta assertiva. Em trecho seguinte de sua obra, Arenhart, criticando duramente a sistemática da execução provisória (art. 588, I), ao afirmar que na eventualidade de decisão final contrária aos interesses do exequente surgirá o dever deste em indenizar o executado, indaga: "Com esta ameaça, qual credor estará disposto a correr o risco de exigir a multa e ver, posteriormente, seu patrimônio escorrendo pelo ralo, com a indenização pela procedência da demanda?".[705]

Temos, assim, segundo a visão do ilustre professor paranaense, duas pessoas de naturezas completamente distintas. O réu, marcado pela coragem de desafiar a sorte a apostar na eventualidade de sucesso em sua defesa e, portanto, desdenhando a multa que incide progressivamente. O autor, marcado pela insegurança,

---

[702] Item 3.3.3.

[703] MARINONI, Luiz Guilherme. *Tutela específica: arts. 461, CPC e 84, CDC*. São Paulo: Revista dos Tribunais, 2001, p. 109. O autor afirma, na mesma obra: "O fato de o valor da multa não poder ser cobrado desde logo não retira o seu caráter de coerção. O réu somente não será coagido a fazer ou não fazer quando estiver seguro de que o último julgamento lhe será favorável [...].

Perceba-se, ademais, que dentro do sistema brasileiro o valor da multa reverte em benefício do autor, razão pela qual, a prevalecer a tese de que o réu deve pagar a multa ainda quando tem razão, chegar-se-ia à solução de que o processo pode prejudicar o réu que tem razão para beneficiar o autor que não a tem. O autor estaria sendo beneficiado apenas por ter obtido uma decisão que afirmou um direito que ao final não prevaleceu" (p. 109-110).

[704] ARENHART, Sérgio Cruz. *A tutela inibitória da vida privada*. São Paulo: Revista dos Tribunais, 2000, p. 203.

[705] Idem.

indisposto a apostar no sucesso da demanda por ele proposta e, portanto, inapto a promover a execução provisória.

Ora, não é crível que se utilize uma visão de comportamento da parte para a comprovação de uma tese, e impressão completamente distinta para o embasamento de outra.

Saliente-se que as afirmativas, num e noutro sentido, quanto à conduta do réu frente à ameaça da multa, são muito mais intuitivas do que decorrentes de um estudo estatístico aprofundado da aplicação das *astreintes* no dia a dia forense. Inclinamo-nos, assim, por concordar com Marinoni e, da mesma forma, com apenas uma das impressões de Arenhart que, quando critica a sistemática da execução provisória, retrata a parte (sujeito do processo) como alguém preocupado e inseguro quanto ao desfecho do processo, e principalmente com os eventuais efeitos que este venha a produzir sobre seu patrimônio.

Por essa razão, condicionar a exigibilidade definitiva da multa cominada liminarmente à decisão trânsita em julgado favorável ao autor, como inclusive o faz expressamente a Lei 7.347/85 (Ação Civil Pública),[706] não nos parece afetar o caráter coercitivo das *astreintes*.[707]

Por fim, cumpre salientar que a busca pela efetividade do processo não pode ser confundida com o cumprimento irrestrito de ordens judiciais, quando estas se revestem de ilegalidade e injustiça. Importante lembrar a célebre lição de Cândido Rangel Dinamarco: "A eliminação de litígios sem o critério de justiça equivaleria a uma sucessão de brutalidades arbitrárias que, em vez de apagar os estados anímicos de insatisfação, acabaria por acumular decepções definitivas no seio da sociedade".[708]

Entendemos que *punir* o réu por ter descumprido decisão cuja legalidade não é admitida sequer pelo Poder Judiciário equivale a um desvirtuamento completo da finalidade do processo, que é "restaurar o direito violado e entregar o bem da vida reclamado, satisfazendo, assim, a parte que sofreu a agressão".[709] Oferecendo "instrumentos processuais adequados à proteção efetiva do direito",[710] e fazendo atuar esses instrumentos com o efetivo alcance de *resultados práticos,* o processo cumpre a sua função.

Não se perca de vista que a finalidade do processo não é somente "dar a quem tem um direito, na medida do que for praticamente possível, tudo aquilo a

---

[706] "Art. 12, § 2º – A multa cominada liminarmente só será exigível do réu após o trânsito em julgado da decisão favorável ao autor, mas será devida desde o dia em que houver configurado o descumprimento."

[707] Muito embora venhamos a sustentar, a seguir, a desnecessidade do trânsito em julgado para que se execute, ainda que provisoriamente, o crédito resultante da incidência das *astreintes* (vide Item 5.2.4.3.1).

[708] DINAMARCO, Cândido Rangel. *A instrumentalidade do processo.* 10ª ed. São Paulo: Malheiros, 2002, p. 359/360.

[709] NUNES, Luiz Antonio. *Cognição judicial nas tutelas de urgência.* São Paulo: Saraiva, 2000, p. 5.

[710] WATANABE, Kazuo. *Da cognição no processo civil.* 2ª ed. atualizada. Campinas: Bookseller, 2000, p. 29.

que tem direito", mas, também, *precisamente* aquilo a que tem direito".[711] Nem mais, nem menos.

Para isso, afirma Dinamarco, "em primeiro lugar é indispensável que o sistema esteja preparado para produzir *decisões* capazes de propiciar a tutela mais ampla possível aos direitos *reconhecidos* [...]".[712]

Note-se que, ao se admitir a exigência do crédito resultante das *astreintes* arbitradas como técnica de tutela de direito que não foi *reconhecido* por decisão final, se estará desvirtuando a função do processo, que, como referido por Dinamarco, consiste em tutelar direitos *reconhecidos*. Que direito reconhecido estará sendo tutelado nessa hipótese?

Como afirma Guerra (que defende posição contrária à adotada neste trabalho):

> É forçoso reconhecer que o credor não tem, em princípio, direito a receber nenhuma quantia em dinheiro, em razão direta do inadimplemento do devedor, que não seja aquela correspondente às perdas e danos. [...] Tendo o credor o direito à tutela específica de seu direito, arma-se o juiz de meios para pressionar psicologicamente o devedor com medidas coercitivas diversas, principalmente a multa diária. A multa diária é, portanto, medida de caráter processual, *não tendo qualquer ligação direta com o direito substancial para o qual se pede a tutela executiva.*[713] (os grifos são nossos)

Não sendo do autor, segundo sustenta Guerra, o direito tutelado pela cobrança das *astreintes*, em razão da decisão final de improcedência (visto que o direito substancial não foi *reconhecido* por tal decisão), seria do Estado tal direito? Certamente não, pois não se tutela o direito de alguém (Estado) simplesmente conferindo a outrem (autor) vantagem pecuniária a este indevida.

Vale ressaltar a advertência de Dinamarco: "A maior aproximação do processo ao direito, que é uma vigorosa tendência metodológica hoje, exige que o processo seja posto a serviço do homem, com o instrumental e as potencialidades de que dispõe, e não o homem a serviço de sua técnica".[714]

A deformação das *astreintes* proposta pelos juristas que pregam sua exigibilidade, mesmo diante de decisão final de mérito que não reconheça o direito do autor, revela a completa escravização do homem à técnica processual, que, por sua vez, deixa de atuar na pacificação dos conflitos, passando a ser a sua fonte, ao permitir resultados socialmente injustos.

Na linguagem clara de Marinoni, "o processo não pode prejudicar a parte que tem razão (seja ela autora ou ré)".[715] "Assim, o encaminhamento natural do

---

[711] DINAMARCO, Cândido Rangel. *A instrumentalidade do processo.* 10ª ed. São Paulo: Malheiros, 2002, p. 365.

[712] Idem.

[713] GUERRA, Marcelo Lima. *Execução indireta.* São Paulo: Revista dos Tribunais, 1998, p. 207.

[714] DINAMARCO, Cândido Rangel. Op. cit., p. 365.

[715] MARINONI, Luiz Guilherme. *Tutela específica: arts. 461, CPC e 84, CDC.* São Paulo: Revista dos Tribunais, 2001, p. 110.

processo é na direção de um pronunciamento que outorgue, na medida do possível, o bem da vida a quem tenha razão".[716]

Saliente-se que, nos casos da multa de que trata o parágrafo único do artigo 14, a aplicação da medida punitiva, mesmo contra aquele que foi declarado vencedor na demanda, não viola o princípio acima referido. Isso porque na aplicação da *medida punitiva* estabelece-se uma relação entre o Estado e a parte, na qual esta *não tem razão* em infringir norma de caráter imperativo. O mesmo, como visto, não ocorre com as *astreintes*, que, embora vinculadas à decisão judicial, têm como único objetivo auxiliar na tutela dos direitos do autor, decorrentes de sua relação jurídica com o réu. Não sendo reconhecidos tais direitos, não há razões para a subsistência das *astreintes*.

Por essas razões, conclui-se que o crédito resultante da incidência das *astreintes* é inexigível, devendo ser suprimido nos casos em que a decisão final de mérito for de improcedência. Isso vale tanto para as sentenças de improcedência, quanto para decisões dos tribunais que porventura venham a cassar ou reformar sentenças de procedência. Nesse sentido, veja-se a lição de Flávio Cheim Jorge e Marcelo Abelha Rodrigues: "Caso ao final o pedido do autor seja improcedente, a multa fixada para cumprimento da antecipação da tutela ou sentença não será devida, já que o provimento de improcedência é declaratório negativo, com efeito *ex tunc*, e reflete a inexistência do direito afirmado pelo autor".[717]

Esposando o mesmo entendimento dos juristas acima referidos, acrescenta Talamini:

Não é viável opor contra essa conclusão o argumento de que a multa resguarda a autoridade do juiz – e não diretamente o direito pretendido pelo autor –, de modo que, ainda que posteriormente se verificasse a falta de razão do autor, isso não apagaria, no passado, o descumprimento, pelo réu, da ordem judicial que recebera. A legitimidade da autoridade jurisdicional ampara-se precisamente na sua finalidade de tutelar quem tem razão. A tese ora criticada, se aplicada, longe de resguardar a autoridade jurisdicional, apenas contribuiria para enfraquecê-la: consagraria o culto a uma suposta 'autoridade' em si mesma, desvinculada de sua razão de ser. Tanto mais grave, quando se considera que o crédito da multa não redunda em benefício do Estado, mas do autor – o qual, na hipótese em exame, *não tem o direito que afirmara como seu.*[718] (os grifos são nossos)

Note-se que as conclusões ora expendidas não implicam, por si só, a vedação da execução provisória das *astreintes*[719] – muito embora sejam muitas vezes

---

[716] ASSIS, Araken de. Da natureza jurídica da sentença sujeita a recurso. *Revista Jurídica*, nº 101, set/out 1983, p. 9.

[717] JORGE, Flávio Cheim e Outro. Tutela específica do art. 461 do cpc e o processo de execução. In SHIMURA, Sérgio e WAMBIER, Teresa Arruda Alvim (Coord.). *Processo de execução*. São Paulo: Revista dos Tribunais, 2001, p. 372.

[718] TALAMINI, Eduardo. *Tutela relativa aos deveres de fazer e de não fazer: CPC, art. 461; CDC, art. 84*. São Paulo: Revista dos Tribunais, 2001, p. 255.

[719] Sobre a possibilidade de execução provisória, vide Item 5.2.4.3.

associadas a tal vedação[720] –, mas, sim, a impossibilidade de se reconhecer ao autor o direito ao crédito resultante da incidência da multa quando a sentença final lhe for desfavorável.

4.1.2. Decisão final de procedência da ação

Uma situação que pode vir a causar certa perplexidade se dá quando a ação na qual foram cominadas *astreintes* apresente, ao final, sentença *favorável* ao autor, não obstante a multa fixada em decisão interlocutória tenha sido, após a sua incidência, suprimida definitivamente por força de provimento de agravo de instrumento interposto pelo réu.

Nesse caso apurou-se, ao final do processo, que o autor *tinha razão*, ou seja, que fazia jus à tutela específica de seu direito, para a qual havia sido utilizada a técnica das *astreintes*. Entretanto, após a interposição de agravo de instrumento contra a decisão interlocutória que fixou as *astreintes*, esta restou substituída, definitivamente, por decisão recursal que indeferiu o pedido de antecipação da tutela. É evidente, nesse caso, que se operou a preclusão consumativa, "decorrente de já haver sido praticado o ato"[721] necessário para a obtenção da tutela antecipada, que não alcançou seu objetivo, sendo impossível tornar a praticá-lo.

Como bem refere Sérgio Gilberto Porto:

A não-apresentação de recurso no prazo estipulado, ou o exercício de todos os recursos disponíveis, com o esgotamento da via recursal, acarretam a preclusão. Assim, tendo as partes se conformado com a decisão, e não a tendo impugnado, ou se apenas alguma delas recorreu, exaurindo a possibilidade recursal, a decisão, independentemente da análise do mérito, no processo em que foi proferida, adquire o selo da imutabilidade. A esta imodificabilidade dá-se o nome de 'coisa julgada formal'.[722]

---

[720] Na doutrina, veja-se MARINONI, Luiz Guilherme e MITIDIERO, Daniel. *Código de Processo Civil comentado artigo por artigo*. São Paulo: Revista dos Tribunais, 2008. p. 431: "Tendo em conta que a multa coercitiva arbitrada na tutela antecipatória ou na sentença não é devida se sobrevier julgamento final de improcedência do pedido do demandante, o valor da multa só pode ser executado depois do trânsito em julgado da última decisão do processo em que fixada". Na jurisprudência: "AGRAVO DE INSTRUMENTO. EXECUÇÃO PROVISÓRIA. ASTREINTES PELO INADIMPLEMENTO DE ORDEM LIMINAR. INEXIGIBILIDADE. SENTENÇA NÃO TRANSITADA EM JULGADO. Astreintes, de natureza coercitiva, podem ser executadas tão-somente depois do trânsito em julgado da sentença do processo de conhecimento em que elas foram fixadas. Inadmissível, portanto, a exigência da penalidade arbitrada em decisão interlocutória, por meio de execução provisória, sob pena de se estar possibilitando o enriquecimento sem causa à parte que obteve a ordem liminar. Na espécie, o recorrido ajuizou execução provisória em busca da satisfação do crédito decorrente da multa diária fixada, sob a alegação de descumprimento, por parte do recorrente, da liminar de abstenção ou exclusão do cadastro de seu nome nos órgãos de proteção ao crédito. Inviabilidade da exigência das astreintes, porque não há, por ora, sentença transitada em julgado na ação de conhecimento, tornando definitiva a liminar obtida. Decisão reformada para acolher a impugnação do agravante e determinar a extinção da execução provisória. RECURSO PROVIDO, por decisão monocrática" (Agravo de Instrumento nº 70029717584, Décima Oitava Câmara Cível, Tribunal de Justiça do RS, Relator: Nelson José Gonzaga, Julgado em 30/04/2009).

[721] TESHEINER, José Maria. *Eficácia da sentença e coisa julgada no processo civil*. São Paulo: Revista dos Tribunais, 2001, p. 68.

[722] PORTO, Sérgio Gilberto. *Coisa julgada civil*. Rio de Janeiro: AIDE, 1998, p. 51.

Deve-se substituir o termo *coisa julgada formal*, utilizado por Porto, pelo termo *preclusão*, visto que coisa julgada (formal ou material) pressupõe a existência de sentença transitada em julgado.[723]

Note-se, portanto, que, independentemente da análise de mérito final, na ação na qual tenham sido fixadas as *astreintes* em decisão interlocutória impugnada com sucesso por recurso de agravo de instrumento, a referida multa não poderá ser cobrada do réu, visto que foi definitivamente extinta em decisão coberta pelo manto da preclusão.

Não se está aqui contradizendo o que será referido em item posterior,[724] quando se afirma que as *astreintes* não adquirem o selo da imutabilidade decorrente da coisa julgada. O que se submete à imutabilidade, no caso ora em análise, não é a multa, mas a decisão que negou a exigibilidade de determinada conduta do réu, em sede interlocutória.

Nada impede, assim, que se utilizem as *astreintes* para pressionar o réu ao cumprimento da decisão final. Tal utilização, entretanto, deverá se dar de forma expressa na sentença final de mérito, não se podendo *repristinar* a multa, fixada em decisão interlocutória, que foi definitivamente extinta.

Em suma: não se pode admitir a manutenção das *astreintes* para decisão interlocutória que já sequer existe no plano jurídico, visto que substituída definitivamente por decisão em sede recursal.

4.2. OS EFEITOS DOS RECURSOS SOBRE AS *ASTREINTES*

4.2.1. Os efeitos imediatos (recebimento) e mediatos (julgamento) do recurso de agravo de instrumento contra a decisão que fixa *astreintes* em antecipação da tutela

Conforme referido em itens anteriores, as *astreintes* podem acompanhar tanto sentenças quanto decisões liminares ou que antecipam os efeitos da tutela pretendida pelo autor. Cada vez mais, verifica-se a aplicação da medida em estudo nestas últimas decisões, de forma a dar-lhes maior efetividade.

---

[723] Veja-se, neste sentido, a lição de Tesheiner: "A propósito de decisões interlocutórias, imodificáveis e indiscutíveis no processo em que foram proferidas, diz-se ocorrer preclusão, reservando-se a expressão coisa julgada formal para as sentenças" (TESHEINER, José Maria. *Eficácia da sentença e coisa julgada no processo civil.* São Paulo: Revista dos Tribunais, 2001, p. 73). Nesse sentido, veja-se também o que refere Nery: "Aliás, costuma-se dizer em doutrina que o recurso tem como consequência *impedir, evitar* a formação da coisa julgada. Preferível, por ser mais exato, dizer-se que a sua interposição *adia, retarda* a verificação da preclusão e/ou da coisa julgada. Desde que proferida a decisão judicial, a preclusão vai inevitavelmente ocorrer; prolatada a sentença de mérito, a coisa julgada é dela decorrência inexorável" (NERY JUNIOR, Nelson. *Princípios fundamentais: teoria geral dos recursos.* 5ª ed. rev. e ampl. São Paulo: Revista dos Tribunais, 2000, p. 180).

[724] Item 5.1.1.

As *Astreintes* e o Processo Civil Brasileiro

Deferida a antecipação da tutela ao autor, abre-se a via do agravo de instrumento para a impugnação da decisão pelo réu. Note-se que, por força do artigo 497, não possui o agravo de instrumento, via de regra, efeito suspensivo, não suspendendo, assim, a exigibilidade da obrigação declarada na decisão antecipatória da tutela. Sendo, portanto, exigível a obrigação, continuam a incidir as *astreintes*, independentemente da interposição do recurso de agravo de instrumento.

Todavia, tanto o artigo 527, III, quanto o artigo 558 autorizam o recebimento do agravo de instrumento, pelo relator, em seu efeito suspensivo,[725] caso requerido pelo agravante. Conforme salienta Teresa Arruda Alvim Wambier, "O art. 558 estabelece como pressupostos para a concessão da medida: 1) pedido da parte, 2) perigo de que resulte, para a parte recorrente, lesão grave e de difícil reparação e 3) e haver fundamentação relevante".[726]

Mostra-se, assim, viável a suspensão dos efeitos da decisão recorrida, ou do seu "cumprimento", conforme dispõe o CPC (art. 558), através de decisão do relator do recurso.

Por outro lado, a nova redação dada ao inciso II do artigo 527 pela Lei 11.187/05 permite ao relator converter o agravo de instrumento em agravo retido sempre que a decisão recorrida não for "suscetível de causar à parte lesão grave e de difícil reparação".[727] O agravo retido, por sua vez, é incompatível com a tutela de urgência, razão pela qual, "se eventualmente interposto o *agravo retido* contra a liminar, este não deverá ser conhecido por faltar ao recorrente o interesse em recorrer".[728]

Assim, recebendo-se o agravo de instrumento interposto contra decisão antecipátoria da tutela somente no efeito devolutivo (regra geral do artigo 497), ou convertendo-o em agravo retido (o que, na hipótese de decisão liminar ou antecipatória da tutela, somente nos casos em que há indevida confusão entre juízo

---

[725] Mais recentemente, a nova redação dada ao artigo 527, inciso III, do CPC (Lei 10.352/2001) também prevê a possibilidade de concessão de efeito suspensivo ao agravo de instrumento, fazendo referência ao artigo 558 do CPC.

[726] WAMBIER, Teresa Arruda Alvim. *Os agravos no CPC brasileiro*. 3ª ed., revista, atualizada e ampliada do livro *O novo regime do agravo*. São Paulo: Revista dos Tribunais, 2000, p. 264.

[727] "Art. 527. Recebido o agravo de instrumento no tribunal, e distribuído incontinenti, o relator: (Redação dada pela Lei nº 10.352, de 26.12.2001) [...] II - converterá o agravo de instrumento em agravo retido, salvo quando se tratar de decisão suscetível de causar à parte lesão grave e de difícil reparação, bem como nos casos de inadmissão da apelação e nos relativos aos efeitos em que a apelação é recebida, mandando remeter os autos ao juiz da causa; (redação dada pela Lei nº 11.187, de 2005)". Sobre os riscos de se confundir juízo de admissibilidade e juízo de mérito na análise da *suscetibilidade* de causar lesão, veja-se o que escrevemos em *O agravo de instrumento na Lei n.º 11.187/05 e as recentes decisões do Tribunal de Justiça do Estado do Rio Grande do Sul: um alerta necessário*. Disponível no *site* http://www.tex.pro.br/wwwroot/01de2006/oagravo_ guilherme_rizzo_amarall.html. Acesso em 24.05.2009. Veja-se também WAMBIER, Teresa Arruda Alvim. *Os agravos no CPC brasileiro*. 4ª ed., rev., atual. e ampl. de acordo com a nova Lei do Agravo (Lei 11.187/2005). São Paulo: Revista dos Tribunais, 2006.

[728] NERY JUNIOR, Nelson. *Princípios fundamentais: teoria geral dos recursos*. 4ª ed. rev. e ampl. São Paulo: Revista dos Tribunais, 1997, p. 278.

de mérito e juízo de admissibilidade poderá vir a ocorrer[729]), é evidente a manutenção dos efeitos da tutela antecipada e, portanto, o prosseguimento natural da incidência das *astreintes*.

O mesmo não se pode dizer do recebimento do agravo no duplo-efeito. A suspensividade do agravo de instrumento consiste, na verdade, na suspensão da eficácia da decisão impugnada.[730] Em outras palavras, "as eficácias do *efeito suspensivo* dos recursos são todas direcionadas para a não executoriedade da decisão impugnada".[731]

Portanto, uma vez deferido o efeito suspensivo ao agravo, se está, na verdade, suspendendo os efeitos da decisão recorrida, e, dentre esses efeitos, está o da *exigibilidade* de seu cumprimento.

Por essa razão, a suspensão das decisões que impõem ao réu o cumprimento de determinada obrigação tem o condão de suspender a incidência da multa àquelas acoplada, visto que não há falar em exercício de coerção para o cumprimento de obrigação momentaneamente inexigível. O caráter acessório das *astreintes*, já demonstrado em momento anterior,[732] impõe que estas sigam o destino da decisão judicial à qual se vinculam; logo, suspensa a decisão em seus efeitos, suspende-se também a atividade coercitiva da multa.

Assim, se a decisão interlocutória que fixou a multa é suspensa antes de esta passar a incidir, enquanto durar a suspensão tal incidência não ocorrerá. Neste caso, segundo alguns autores, estar-se-ia diante do chamado *efeito obstativo* do recurso, visto que "há suspensão apenas quando algo já estava fluindo".[733]

Tendo, entretanto, incidido as *astreintes* por determinado período, sua incidência é efetivamente *suspensa* por força de atribuição do efeito suspensivo ao agravo de instrumento interposto.

Situação complexa ocorre quando, descumprida a obrigação declarada na antecipação da tutela, e tendo incidido a multa por determinado período, seja

---

[729] A jurisprudência, por vezes, tem proporcionado tal confusão. Sobre o tema, já sustentamos: "[...] afirmar que não há, *de fato*, perigo, ou que este não foi provado ou demonstrado, nada mais é [...] do que afirmar que não estão presentes os requisitos para a antecipação da tutela *desde a origem*. Se não estão presentes tais requisitos, então é de se *negar provimento* ao agravo de instrumento, pois o objeto do recurso era justamente demonstrar a presença dos requisitos para a antecipação da tutela e, portanto, o equívoco da decisão agravada! Converter o agravo de instrumento em agravo retido é admitir que possa haver agravo retido contra decisão que nega a antecipação da tutela na origem, hipótese esta descartada desde o dia em que estes dois tão propalados e debatidos institutos – antecipação da tutela e agravo de instrumento – coexistiram nas leis processuais brasileiras" (AMARAL, Guilherme Rizzo. *O agravo de instrumento na Lei n.° 11.187/05 e as recentes decisões do Tribunal de Justiça do Estado do Rio Grande do Sul: um alerta necessário*. Disponível no *site* http://www.tex.pro.br/wwwroot/01de2006/oagravo_guilherme_rizzo_amarall.html. Acesso em 24.05.2009).

[730] WAMBIER, Teresa Arruda Alvim. *Os agravos no CPC brasileiro*. 3ª ed., revista, atualizada e ampliada do livro *O novo regime do agravo*. São Paulo: Revista dos Tribunais, 2000, p. 316.

[731] NERY JUNIOR, Nelson. *Princípios fundamentais: teoria geral dos recursos*. 4ª ed. rev. e ampl. São Paulo: Revista dos Tribunais, 1997, p. 378.

[732] Item 3.3.4.

[733] LUCON, Paulo Henrique dos Santos. *Eficácia das decisões e execução provisória*. São Paulo: Revista dos Tribunais, 2000, p. 219.

recebido recurso de agravo de instrumento no seu efeito suspensivo e, posteriormente, seja ele desprovido. Neste caso, duas importantes questões surgem: em primeiro lugar, o fim da suspensividade implica afirmar que a multa deve ser contada desde o descumprimento da decisão interlocutória, inclusive durante o período em que esta teve sua executoriedade suspensa? Em segundo lugar, e caso a resposta à primeira indagação seja negativa, o período no qual houve a incidência da multa, anterior ao recebimento do agravo de instrumento, deve ser contado para fins de verificação da quantia devida ao autor (pressupondo que venha ele a ser vencedor na ação)?

A resposta à primeira questão pode ser facilmente encontrada na própria natureza das *astreintes*, e há de ser *negativa*. Permitir a incidência da multa no período em que a ordem judicial estava suspensa é negar por completo o caráter *coercitivo* da multa,[734] atribuindo-lhe nítido caráter penalizante. A agravar essa distorção está o fato de que, durante a suspensão da ordem judicial, a atitude do réu, comissiva ou omissiva, era chancelada por decisão judicial. Não se pode admitir, assim, que aquele que estava autorizado judicialmente a adotar determinada conduta seja por ela punido.

A confirmar a assertiva acima feita, o ensinamento de Marinoni: "No caso em que é interposto recurso de agravo, e este é recebido no efeito suspensivo (arts. 527, II e 558 do CPC), suspendendo-se os efeitos da decisão agravada, *suspende-se a eficácia da multa*".[735]

A segunda questão, no entanto, é de mais difícil deslinde. Uma vez suspensa a eficácia da multa pela atribuição de efeito suspensivo ao agravo de instrumento, e retornando ela por força do improvimento do referido recurso, é preciso definir-se o destino que se dará ao crédito resultante da incidência da multa no período que antecedeu a atribuição do efeito suspensivo ao agravo de instrumento. A resposta a tal questionamento está situada no caráter *acessório* das *astreintes*; entretanto, a solução conferida pelo Direito brasileiro para a destinação do crédito resultante da multa enfrentará, justamente em face desse caráter, aparente antinomia.

Conforme referido anteriormente,[736] as *astreintes* seguem o destino da decisão judicial à qual estão atreladas. Trata-se da antiga regra *acessorium sequitur principale* (o acessório segue o principal). Portanto, suspensa a decisão mandamental, suspende-se também a eficácia da multa. Revigorada a decisão, retorna a multa em sua plenitude. Da mesma forma, sendo inegável que a decisão judicial produziu efeitos enquanto não foi suspensa, o mesmo se pode dizer das *astreintes*, cuja incidência anterior à suspensão não pode ser desconsiderada.

---

[734] Vide Item 3.3.3.

[735] MARINONI, Luiz Guilherme. *Tutela específica: arts. 461, CPC e 84, CDC*. São Paulo: Revista dos Tribunais, 2001, p. 109.

[736] Item 3.3.4.

Ocorre que, com base no chamado *efeito substitutivo*, insculpido no artigo 512,[737] e aplicável a todos os recursos,[738] "o julgamento proferido pelo tribunal substituirá a sentença ou a decisão recorrida no que tiver sido objeto de recurso [...] Sendo conhecido o recurso, operar-se-á uma eficácia substitutiva da decisão proferida em grau de recurso, em razão da impossibilidade concreta de coexistência no mesmo processo de duas decisões diversas e, em algumas situações, até mesmo contraditórias em seu conteúdo".[739]

Note-se: "ainda que a decisão recursal negue provimento ao recurso, ou, na linguagem inexata mas corrente, 'confirme' a decisão recorrida, existe o efeito substitutivo, de sorte que o que passa a valer e ter eficácia é a decisão substitutiva e não a decisão 'confirmada'".[740]

Assim, poder-se-ia cogitar, apressadamente, que a substituição da decisão recorrida, mesmo sendo improvido o agravo de instrumento, provocaria a supressão da quantia apurada em decorrência da incidência das *astreintes* sob a égide da decisão substituída.

A antinomia, entretanto, é aparente. Isto porque dizer que a decisão recorrida foi substituída, não implica negar que, no período em que vigeu, tenha produzido efeitos.

A questão pode ser mais facilmente abordada com um exemplo prático: ao admitir-se, por hipótese, que o *efeito substitutivo* do recurso implicaria a negação da incidência da multa fixada na decisão recorrida, ter-se-ia que admitir a indiferença quanto ao recebimento do recurso de agravo no duplo-efeito ou somente no efeito devolutivo. Ora, considerando-se que o mero conhecimento do recurso (mesmo que improvido) já implica substituição da decisão recorrida, a vingar a tese antes referida, bastaria ao réu agravar da decisão que fixou a multa diária para se ver livre da sua incidência na pendência do recurso. Desnecessário, inclusive, seria o pedido de atribuição de efeito suspensivo ao agravo de instrumento.

Importante também é referir que o acórdão ou a decisão[741] que *mantém*[742] a decisão interlocutória recorrida contém inegável eficácia declaratória, ao afir-

---

[737] "Art. 512. O julgamento proferido pelo tribunal substituirá a sentença ou a decisão recorrida no que tiver sido objeto de recurso."

[738] NERY JUNIOR, Nelson. *Princípios fundamentais: teoria geral dos recursos*. 4ª ed. rev. e ampl. São Paulo: Revista dos Tribunais, 1997, p. 415/416.

[739] LUCON, Paulo Henrique dos Santos. *Eficácia das decisões e execução provisória*. São Paulo: Revista dos Tribunais, 2000, p. 216.

[740] NERY JUNIOR, Nelson. *Princípios fundamentais: teoria geral dos recursos*. 4ª ed. rev. e ampl. São Paulo: Revista dos Tribunais, 1997, p. 416. No mesmo sentido, Araken de Assis, ao afirmar que "o acórdão *sempre substitui* a sentença apelada, haja ou não alteração de conteúdo". ASSIS, Araken de. Da natureza jurídica da sentença sujeita a recurso. *Revista Jurídica*, nº 101, set/out 1983, p. 17.

[741] Conforme permite o artigo 557, § 1º-A do CPC: "Se a decisão recorrida estiver em manifesto confronto com a súmula ou com jurisprudência dominante do Supremo Tribunal Federal, ou de Tribunal Superior, o relator poderá dar provimento ao recurso".

[742] Note-se que os julgamentos que "mantêm", ou "confirmam" a decisão recorrida, estão, em verdade, substituindo-a por outra de idêntico teor, em face do que foi anteriormente referido acerca do *efeito substitutivo* do recurso.

As *Astreintes* e o Processo Civil Brasileiro

mar que a decisão substituída se mostrava legal, não sendo contrária ao direito. Entendemos que essa declaração implica o reconhecimento da juridicidade dos efeitos produzidos pela decisão *confirmada*, porém substituída, no julgamento do agravo.

Portanto, declarada a legalidade da decisão recorrida, impende ser mantido o crédito resultante da incidência das *astreintes* fixadas em tal decisão, enquanto não estava ela suspensa.

Resta, por fim, analisar os efeitos do *provimento* de mérito do agravo de instrumento interposto contra a decisão que fixa as *astreintes*, nos casos em que estas já incidiram. As duas nítidas correntes doutrinárias e jurisprudenciais exemplificadas quando da análise dos efeitos da decisão final de mérito sobre as *astreintes*[743] podem ser transpostas para o presente caso, oferecendo, coerentemente, diferentes soluções.

Fowler, mesmo admitindo trazer perplexidade de difícil compreensão o fato de o "autor vencido na demanda ser contemplado com o pagamento de sanção pecuniária, às vezes estipulada em montante superior ao valor da própria obrigação de que era titular",[744] afirma:

> Não se pode esquecer que o vínculo existente entre a multa e a sua cobrança decorre do descumprimento de ordem emanada da autoridade judicial, e não do inadimplemento da obrigação originária. Portanto, o fato de posteriormente ser reformada a decisão liminar pode desconstituir a obrigação pecuniária, mas não tem o condão de fazer desaparecer o desrespeito à determinação do juiz.[745]

Note-se que Fowler não está apenas afirmando que a decisão liminar revogada por força de sentença de improcedência pode produzir efeitos, mas, sim, que mesmo sendo a própria decisão cassada ou reformada por recurso contra ela interposto, ela produzirá efeitos frente à atitude do réu, de descumprimento da ordem judicial enquanto não desconstituída.

Ocorre que, mais uma vez, o processo estaria beneficiando aquele que não tem razão, o que resultaria em desvirtuamento de sua real função.[746]

Ademais, sendo o recurso veiculado contra a própria decisão que fixou as *astreintes*, o seu provimento implica, necessariamente, a ineficácia de todos os

---

[743] Item 4.1.1.

[744] FOWLER, Marcos Bittencourt. A (re) reforma do art. 461 do Código de Processo Civil; a multa e seus problemas. In MARINONI, Luiz Guilherme (coord.). *A segunda etapa da reforma processual civil*. São Paulo: Malheiros, 2001, p. 205.

[745] Idem, p. 204. No mesmo sentido: SPADONI, Joaquim Felipe. A multa na atuação das ordens judiciais. In SHIMURA, Sérgio e WAMBIER, Teresa Arruda Alvim (Coord.). *Processo de execução*. São Paulo: Revista dos Tribunais, 2001, p. 500/501. SPADONI afirma que a vinculação das *astreintes* à decisão judicial, e não à obrigação nela declarada, bem como o efeito *ex nunc* das decisões que revogam a multa, determinariam a exigência desta pelo período em que incidiu, independentemente de sua manutenção por decisão futura.

[746] MARINONI, Luiz Guilherme. *Tutela específica: arts. 461, CPC e 84, CDC*. São Paulo: Revista dos Tribunais, 2001, p. 110.

atos praticados sob a égide da decisão recorrida. Este é o entendimento de autorizada doutrina:

> Como o agravo é recebido, em regra, apenas no efeito devolutivo (art. 497, CPC), a decisão agravada é desde logo eficaz e o procedimento não se interrompe com a interposição do recurso. Os atos processuais que são praticados depois da interposição do agravo ficam sujeitos a condição resolutiva, isto é, dependem do desprovimento do recurso. Caso seja provido, todos esses atos tornam-se ineficazes.[747]

Não há, portanto, como se outorgar eficácia à incidência da multa em decorrência de decisão cassada ou reformada por ocasião da interposição de agravo de instrumento.

Assim, concluímos que, provido o agravo de instrumento para reformar ou cassar a decisão que fixou *astreinte*, não assiste ao autor direito de executar o crédito resultante da sua eventual incidência.

4.2.2. Os efeitos imediatos (recebimento) e mediatos (julgamento) do recurso de apelação sobre as astreintes

Tendo sido analisados os efeitos das decisões finais de mérito, bem como dos recursos de agravo de instrumento sobre a incidência e exigibilidade das *astreintes*, as conclusões alcançadas podem ser aplicadas ao presente tópico, guardadas as peculiaridades do recurso de apelação.

A apelação possui, em regra, efeitos devolutivo e suspensivo. Será, no entanto, recebida somente no efeito devolutivo nos casos previstos no artigo 520, dentre os quais se inclui a hipótese em que a sentença *confirme* ou mesmo *conceda*[748] a antecipação dos efeitos da tutela (art. 520, inciso VII).[749] Não obstante, poderá, mesmo nesses casos, ser concedido efeito suspensivo à apelação, excepcionalmente, nos casos previstos no artigo 558,[750] por força de seu parágrafo único.[751]

---

[747] NERY JUNIOR, Nelson. *Princípios fundamentais: teoria geral dos recursos*. 5ª ed. rev. e ampl. São Paulo: Revista dos Tribunais, 2000, p. 373.

[748] "Processual civil. Recurso especial. Antecipação de tutela. Deferimento na sentença. Possibilidade. Apelação. Efeitos. - A antecipação da tutela pode ser deferida quando da prolação da sentença. Precedentes. - Ainda que a antecipação da tutela seja *deferida* na própria sentença, a apelação contra esta interposta deverá ser recebida apenas no efeito devolutivo quanto à parte em que foi concedida a tutela. Recurso especial parcialmente conhecido e, nessa parte, provido" (REsp 648.886/SP, Rel. Ministra NANCY ANDRIGHI, SEGUNDA SEÇÃO, julgado em 25/08/2004, DJ 06/09/2004, p. 162 – os grifos são nossos).

[749] Note-se que se admitia, na doutrina, que a tutela antecipada deferida já era, mesmo antes da inserção do inciso VII ao artigo 520 (Lei 10.232/01), indene aos efeitos da apelação da sentença confirmatória da mesma. Nesse sentido: BARCELLOS FILHO, Mauro. A tutela antecipada e o efeito suspensivo da apelação. *Revista de Processo*, nº 93, p. 237.

[750] "Art. 558. O relator poderá, a requerimento do agravante, nos casos de prisão civil, adjudicação, remição de bens, levantamento de dinheiro sem caução idônea e em outros casos dos quais possa resultar lesão grave e de difícil reparação, sendo relevante a fundamentação, suspender o cumprimento da decisão até o pronunciamento definitivo da turma ou câmara".

[751] "Parágrafo único. Aplicar-se-á o disposto neste artigo às hipóteses do art. 520".

Por fim, em virtude da introdução do parágrafo 1º ao artigo 518 (Lei 11.276/06), poderá a apelação deixar de ser recebida pelo juiz de primeiro grau caso a sentença esteja em conformidade com súmula do Superior Tribunal de Justiça ou do Supremo Tribunal Federal (ou, mais precisamente, caso o recurso de apelação ataque capítulo da sentença que tenha sido julgado em conformidade com as referidas súmulas).[752] Dessa decisão, caberá agravo de instrumento.[753]

Feita esta brevíssima introdução da sistemática do recurso de apelação, passamos a separar, em tópicos distintos, os efeitos, com relação à incidência e exigibilidade das *astreintes*, dos recursos de apelação do réu e do autor.

4.2.2.1. Apelação do autor contra sentença de improcedência, em ação na qual foi deferida a antecipação dos efeitos da tutela acrescida das astreintes.

Uma ressalva merece ser feita antes de prosseguir-se na análise proposta, e refere-se aos efeitos da sentença de mérito sobre as decisões que antecipam os efeitos da tutela. Afirma Athos Gusmão Carneiro:

> No caso de *sentença de procedência*, a "satisfação" já efetivada pela AT incorpora-se à eficácia de declaração (com capacidade de gerar coisa julgada material) contida na sentença; [...] No caso de *sentença de improcedência*, terá desaparecido o "juízo de verossimilhança", e destarte a AT considerar-se-á automaticamente revogada, devendo as coisas retornarem ao estado anterior [...].[754] (os grifos são nossos)

Assim, temos que a sentença de improcedência implica revogação da decisão que fixou as *astreintes* em antecipação dos efeitos da tutela, independentemente de menção expressa à revogação. Por consistir em *revogação*, como bem referiu Athos Gusmão Carneiro, as coisas retornam ao *status quo ante*. Logo, mesmo que venha a apelação a ser recebida em seu efeito suspensivo, ela não

---

[752] Art. 518. [...] § 1º O juiz não receberá o recurso de apelação quando a sentença estiver em conformidade com súmula do Superior Tribunal de Justiça ou do Supremo Tribunal Federal.

[753] MARINONI, Luiz Guilherme e MITIDIERO, Daniel. *Código de Processo Civil comentado artigo por artigo*. São Paulo: Revista dos Tribunais, 2008. p. 530.

[754] O entendimento do processualista gaúcho sofre oposição de MARINONI, para quem "a não revogação da tutela, através de decisão interlocutória, fará surgir a conclusão de que o juiz, apesar da sentença de improcedência, manteve a tutela" (*Apud* CARNEIRO, Athos Gusmão. *Da antecipação da tutela no processo civil*. Rio de Janeiro: Forense, 1999, p. 85). Athos Gusmão Carneiro aduz ser possível (op. cit, p. 86), em casos excepcionais, o juiz expressamente manter a antecipação dos efeitos da tutela mesmo proferindo sentença de improcedência. Entretanto, é manifestamente contraditório que o juiz, após cognição exauriente, conclua pela improcedência da ação, e mesmo assim continue a antecipar efeitos de tutela que seria conferida apenas no caso de procedência. Correto, nesse particular, está Teori Albino Zavascki, ao afirmar que "a sentença de procedência da demanda acarreta por si só, independentemente de menção expressa a respeito, a revogação da medida antecipatória, revogação que tem eficácia imediata e *ex tunc*, como ocorre em situação análoga, de sentença denegatória do mandado de segurança (Súmula 405, STF)" (ZAVASCKI, Teori Albino. *Antecipação da tutela*. São Paulo: Saraiva, 2000, 3ª ed., revista e ampliada, p. 115. No mesmo sentido: FUX, Luiz. *Tutela de segurança e tutela da evidência*. São Paulo: Saraiva, 1996, p. 354, e FERREIRA, William Santos. *Tutela antecipada no âmbito recursal*. São Paulo: Revista dos Tribunais, 2000, p. 185).

terá o condão de revigorar os efeitos da tutela revogada[755] e, portanto, terá sido definitivamente suprimido o crédito resultante da incidência das *astreintes* fixadas em juízo antecipatório.

Nada obsta, entretanto, que o autor busque, novamente, a tutela antecipada em âmbito recursal, requerendo a antecipação da tutela recursal, que hoje contém previsão expressa, para o agravo de instrumento, no artigo 527, III,[756] mas já era admitida, por força da interpretação conferida ao artigo 558, parágrafo único, também ao recurso de apelação.[757] O eventual deferimento da antecipação dos efeitos da tutela recursal, se vier acompanhado de previsão de multa, determinará a incidência desta *ex nunc*, não retroagindo à data da concessão de semelhante medida em primeiro grau de jurisdição.

Provido o apelo do autor, sem que se tenha obtido a antecipação da tutela recursal acima descrita, não houve, por óbvio, incidência da multa a ser considerada. Obtida a antecipação da tutela recursal e provido o apelo, permanece a incidir a multa desde o seu termo *a quo*, fixado pelo relator do recurso de apelação.

Nos casos em que não é provido o recurso do autor, já foi referido, em momento anterior, ser inadmissível a cobrança de crédito resultante de eventual incidência das *astreintes*, caso a decisão final dê razão ao réu.[758] Portanto, neste caso, extingue-se o crédito resultante da incidência das *astreintes*, por conta da revogação, no julgamento definitivo do recurso, da antecipação da tutela antes concedida com base em cognição sumária.

---

[755] Como afirma Luiz Fux, "a sentença final que dispõe sobre o litígio cassa a tutela antecipada, prevalecendo sobre esta, não ocorrendo, aqui, a controvérsia sobre a prevalência da liminar sobre a decisão final suspensa por recurso recebido no duplo efeito" (FUX, Luiz. *Tutela de segurança e tutela da evidência*. São Paulo: Saraiva, 1996, p. 354). Nesse sentido, veja-se também acórdão do STJ: "RECURSO ESPECIAL. SENTENÇA DE IMPROCEDÊNCIA QUE REVOGA A ANTECIPAÇÃO DA TUTELA. EFEITOS DA APELAÇÃO. MERAMENTE DEVOLUTIVO NO QUE TOCA À ANTECIPAÇÃO. 1. A interpretação meramente gramatical do art. 520, VII, do CPC quebra igualdade entre partes. 2. Eventual efeito suspensivo da apelação não atinge o dispositivo da sentença que tratou de antecipação da tutela, anteriormente concedida" (REsp 768.363/SP, Rel. Ministro HUMBERTO GOMES DE BARROS, TERCEIRA TURMA, julgado em 14/02/2008, DJe 05/03/2008).

[756] "Art. 527. Recebido o agravo de instrumento no tribunal, e distribuído incontinenti, o relator:

[...]

III – poderá atribuir efeito suspensivo ao recurso (art. 558), ou deferir, em antecipação de tutela, total ou parcialmente, a pretensão recursal, comunicando ao juiz sua decisão." Redação dada pela Lei 10.352, de 26 de dezembro de 2001.

[757] LUIZ RODRIGUES e TERESA WAMBIER salientam que, muito embora não tenha havido previsão expressa de concessão do chamado efeito *ativo* à apelação, "se de apelação se tratar, pode o relator conceder tanto o efeito suspensivo propriamente dito, quanto o efeito antecipatório da tutela recursal. É importante, todavia, frisar, mais uma vez, que entendemos ser a competência para a concessão de tal efeito, em princípio, do relator, e não do juiz *a quo*" (WAMBIER, Luiz Rodrigues e WAMBIER, Teresa Arruda Alvim. *Breves comentários à 2ª fase da reforma do Código de Processo Civil*. São Paulo: Revista dos Tribunais, 2002, p. 126). Para a obtenção do efeito *ativo* no Tribunal, vale a lição de Athos Gusmão Carneiro: "... pode, outrossim, o apelante peticionar ao tribunal, com arrimo, *por analogia*, ao art. 800, parágrafo único, do CPC, solicitando o *restabelecimento* da medida antecipada. O relator da AT, no tribunal, ficará prevento para o julgamento da apelação" (CARNEIRO, Athos Gusmão. *Da antecipação da tutela no processo civil*. Rio de Janeiro: Forense, 1999, p. 86). Entendemos não se tratar de *restabelecimento* propriamente dito, mas de concessão de nova medida antecipada.

[758] Vide Item 4.1.1.

As *Astreintes* e o Processo Civil Brasileiro

Pode ocorrer de serem opostos embargos de declaração com efeitos infringentes contra o acórdão que negar provimento ao recurso revogando a antecipação da tutela recursal. Caso do julgamento dos embargos resulte a alteração do resultado, vale dizer, se for provido o recurso do autor, revigora-se a antecipação da tutela, bem como o crédito resultante da eventual incidência da multa até o momento do primeiro julgamento (quando se negara provimento ao recurso e cessara a incidência da multa).

Já a eventual reversão do resultado por força de julgamento de embargos infringentes ou de recursos interpostos nos Tribunais Superiores não terá o condão de restabelecer o crédito resultante da incidência pretérita da multa, pelos mesmos motivos expostos anteriormente, pelos quais não se revigora, em apelação, a antecipação da tutela revogada pela sentença apelada.

4.2.2.2. Apelação do réu contra sentença de procedência. Apelação com efeito meramente devolutivo (sentença na qual foi confirmada a antecipação dos efeitos da tutela acrescida das astreintes, ou fixadas estas últimas), e com ambos os efeitos.

Diferem os efeitos que o recurso de apelação produzirá sobre a incidência das *astreintes*, caso seja ele dotado ou não de efeito suspensivo. Nos casos em que o recurso possuir tal efeito de regra, já foi salientado que a sentença não terá eficácia até que transite em julgado, ou que se julgue o recurso de apelação e não haja mais previsão de recurso com efeito suspensivo para a impugnação da decisão.[759] Portanto, até este momento não será tembém exigível o preceito contido no corpo sentencial, não incidindo, portanto, as *astreintes*.

Diferente situação ocorre quando for desprovido o recurso de apelação, de regra, de efeito suspensivo.

Conforme prevê expressamente o artigo 520, VII, não terá efeito suspensivo a apelação interposta contra sentença que confirmar a antecipação dos efeitos da tutela. Saliente-se que esse dispositivo deve ser interpretado de forma a abranger não apenas as sentenças que *confirmem* a antecipação da tutela, como também aquelas que a *concedam*.[760]

---

[759] Vide Item 3.8. Veja-se também, sobre a eficácia da sentença sujeita a recurso: MOREIRA, José Carlos Barbosa. Eficácia da sentença e autoridade da coisa julgada. *Revista da AJURIS*, nº 28, p. 23; e ASSIS, Araken de. Da natureza jurídica da sentença sujeita a recurso. *Revista Jurídica*, nº 101, set/out 1983, p. 16.

[760] "Desde logo, afastamos a objeção, por a considerarmos integralmente descabida, no sentido de que a antecipação da tutela não poderia ser concedida na sentença. Evidentissimamente, se pode ser concedida liminarmente, razão de espécie alguma existe para que não possa ser concedida na sentença, decisão proferida em momento em que o juiz já tem cognição plena e exauriente dos fatos da causa [...] Já expusemos nossa opinião no sentido de que o mencionado dispositivo se aplica tanto à hipótese de, na sentença de mérito de procedência, o juiz *confirmar* a antecipação de tutela, quanto à de o juiz *conceder* a antecipação de tutela na sentença." (WAMBIER, Luiz Rodrigues e WAMBIER, Teresa Arruda Alvim. *Breves comentários à 2ª fase da reforma do Código de Processo Civil*. São Paulo: Revista dos Tribunais, 2002, p. 100 e 104). No mesmo sentido, Ovídio Baptista da Silva afirma: "Cabe observar que os provimentos antecipatórios do art. 273 não sendo, como realmente não

Assim, interposta apelação pelo réu, esta não terá, de regra, o condão de suspender a incidência da multa fixada em antecipação da tutela e *confirmada* em sentença, ou fixada antecipadamente na própria sentença, salvo, evidentemente, a obtenção de efeito suspensivo de forma excepcional, nos termos do já mencionado artigo 558, *caput* e parágrafo único. Obtido tal efeito, o eventual improvimento do recurso de apelação implicará o reconhecimento da incidência das *astreintes* até o momento do deferimento do efeito suspensivo, e a continuação dessa incidência desde a intimação do réu[761] do julgamento negativo de sua apelação.[762]

Provido o recurso de apelação do réu, extingue-se o crédito resultante da incidência das *astreintes* (salvo, evidentemente, reversão do julgamento por força de julgamento de embargos infringentes ou de recursos interpostos nos Tribunais Superiores).

---

o são, sempre medidas liminares, nada impede que eles sejam concedidos pelo juiz nas fases subsequentes ao procedimento, inclusive na sentença final de procedência, pois, sendo em regra recebida a apelação no duplo efeito, pode muito bem ser antecipada a execução provisória, por ordem do juiz *(ope judicis)*" (SILVA, Ovídio Araújo Baptista da. *Curso de processo civil.* 4ª ed. São Paulo: Revista dos Tribunais, 1998, vol. I, p. 145).

[761] Dispensada, no caso, a intimação pessoal, bastando que se intime o advogado, através da publicação das conclusões do acórdão no diário oficial (art. 236 c/c art. 564, ambos do CPC). A intimação pessoal far-se-á necessária apenas se o réu tiver sido intimado também pessoalmente da decisão suspensiva da exigibilidade de sua conduta. Vide Item 4.4.3.1.

[762] Importante referir que, anteriormente à alteração havida no artigo 520, com a inclusão do inciso VII, havia entendimento no sentido de ser cabível a interposição de agravo de instrumento, e não de apelação, contra o deferimento da tutela antecipada em sentença. Conforme se lê em acórdão oriundo do Tribunal de Justiça do Distrito Federal, "O fato de os provimentos constarem de uma mesma peça não iguala suas respectivas naturezas nem os sujeita aos mesmos efeitos. Cada qual desafia instrumento específico de impugnação, com efeitos próprios. Assim, da interlocutória de antecipação de tutela, cabe agravo de instrumento, sem efeito suspensivo, que, se o caso, pode ser concedido pelo relator; da sentença cabe apelação, com duplo efeito, se o caso. Interposto recurso de apelação, corretamente recebido nos efeitos devolutivo e suspensivo, mas não interposto recurso de agravo da decisão interlocutória, o efeito suspensivo daquele não empolga esta" (TJDF – AgIn 8.741/97 – 3ª T., Rel. Des. Mário Machado. Revista Jurídica 264/75 e Revista de Processo 94/79). Na doutrina, tal entendimento também repercutiu, como se verifica em ALMEIDA, Luis Eulálio Figueiredo. *Concessão do pedido da tutela antecipatória na própria sentença.* Revista dos Tribunais/Abril 2000, v. 774, p. 107; ZAVASCKI, Teori Albino. *Antecipação da tutela.* São Paulo: Saraiva, 2000, 3ª ed. revista e ampliada, p. 113; e BENASSE, Marcos Antônio. *Tutela antecipada em caso de irreversibilidade.* Campinas: Bookseller, 2001, p. 166/167. Entendimento diverso, no entanto, apresentam diversos autores de escol: NELSON NERY JÚNIOR *(Princípios fundamentais: teoria geral dos recursos.* 4ª ed. rev. e ampl. São Paulo: Revista dos Tribunais, 1997, p. 94), JOSÉ ROBERTO SANTOS BEDAQUE *(Considerações sobre a antecipação da tutela jurisdicional. Aspectos polêmicos da antecipação de tutela.* São Paulo: Revista dos Tribunais, 1997, p. 346-351); J.J. CALMON DE PASSOS *(Inovações no Código de Processo Civil.* 2ª ed. Rio de Janeiro: Forense, 1995, p. 29); JOSÉ RUBENS COSTA *(Alterações no processo de conhecimento. Reforma do Código de Processo Civil.* São Paulo: Saraiva, 1996, p. 333); MARCO MOREIRA BORTOWSKI *(Apelação cível.* Porto Alegre: Livraria do Advogado, 1997, p. 136-138); e WILLIAM SANTOS FERREIRA *(Tutela antecipada no âmbito recursal.* São Paulo: Revista dos Tribunais, 2000, p. 299). Todos entendem ser cabível o recurso de apelação, e não o agravo de instrumento, contra a sentença que antecipa os efeitos da tutela. Tal entendimento também encontra guarida em precedentes jurisprudenciais: "Se a sentença, além de resolver a lide, estabelece provimento antecipatório a ser cumprido, pendente eventual reexame, dessa decisão como daquela cabe o recurso único de apelação. Agravo de instrumento indeferido pelo relator." (TRF 4ª Região, 1ª Turma, AgRg no AI 96.04.07005/PR, *DJU* 29.05.1996, p. 35.680, acórdão transcrito em FERREIRA, William Santos. *Tutela antecipada no âmbito recursal.* São Paulo: Revista dos Tribunais, 2000, p. 299). Ao vislumbrar a necessidade de excepcionar, expressamente, as sentenças que confirmam a antecipação da tutela daquelas cujo recurso de apelação é recebido no duplo-efeito, parece ter aderido o legislador processual a este último entendimento.

Diferente é o caso em que as *astreintes* são fixadas em sentença que não antecipa os efeitos da tutela ao autor. Nesta situação, a sentença já nasce com a eficácia suspensa,[763] o que impede também a incidência das *astreintes*, que passarão a incidir somente se (I) não for interposto recurso de apelação ou (II) for interposto porém improvido o recurso em referência. Do contrário, provido o recurso, extinguem-se as *astreintes* sem que tenham incidido.

4.3. A REVOGAÇÃO, PELO PRÓPRIO JUIZ, DAS DECISÕES INTERLOCUTÓRIAS QUE CONTÊM A PREVISÃO DE *ASTREINTES*

Há casos em que o próprio juiz que proferiu decisão na qual se previa a aplicação de multa revoga tal decisão, seja por força de juízo de retratação em agravo de instrumento, seja por pedido de reconsideração de uma das partes, seja, até mesmo, *de ofício*, em face da alteração dos fatos (aplicação da regra *rebus sic stantibus*) ou de fato novo noticiado nos autos.

Não nos interessa analisar, detalhadamente, os casos em que está o juiz autorizado a revogar uma decisão por ele proferida,[764] mas, sim, os efeitos que tal revogação pode vir a causar na incidência e exigibilidade da multa em estudo.

Sobre o assunto, a lei é omissa, e a doutrina não se ocupou com a devida atenção.[765]

É preciso que se faça uma necessária diferenciação. A revogação tão somente das *astreintes*, e não da decisão que declara uma obrigação do réu, decisão esta à qual a multa está vinculada, decorre da análise da aptidão da multa para pressionar o réu ao cumprimento da obrigação e da possibilidade concreta de este vir a ocorrer. Não se está deixando de reconhecer o direito do autor à tutela específica, mas, sim, reconhecendo-se a inadequação das *astreintes* como técnica de tutela para o caso concreto. Assim, por exemplo, tendo-se tornado impossível o cumprimento da obrigação pelo réu, viu-se anteriormente[766] que não há mais sentido na manutenção da multa, devendo esta ser revogada pelo juiz que a fixou. O mesmo ocorre se a incidência da multa chegar a valores que, uma vez executados, levariam o réu à insolvência. Nesses casos, perece o caráter coercitivo da

---

[763] ASSIS, Araken de. *Da natureza jurídica da sentença sujeita a recurso*. Revista Jurídica 101, set/out 1983, p. 16.

[764] Sobre o assunto, vide ZAVASCKI, Teori Albino. *Antecipação da tutela*. São Paulo: Saraiva, 2000, 3ª ed., revista e ampliada, p. 114.

[765] Neste sentido, GUERRA, Marcelo Lima. *Execução indireta*. São Paulo: Revista dos Tribunais, 1998, p. 202.

[766] Item 3.8.

multa,[767] pelo que se impõe sua revogação ou modificação. No entanto, podendo ser definido precisamente o momento a partir do qual a obrigação se tornou impossível, ou a partir do qual a multa perdeu o seu caráter coercitivo, deverá ser reconhecido e mantido, até ali, o crédito resultante da incidência das *astreintes*.

Diferentemente, neste tópico, interessa-nos analisar os casos em que a própria decisão que declara uma obrigação do réu, e lhe impõe uma ordem de cumprimento, é revogada pelo magistrado. Em outras palavras: o juiz se convence de que o réu tem razão e libera-o do cumprimento da obrigação que antes lhe havia sido imposta.

Parece-nos que outra não pode ser a solução, senão aquela apresentada quando do exame do julgamento de mérito do agravo de instrumento,[768] nos quais é tal recurso provido. A retratação ou reconsideração do juiz, quanto à sua própria decisão interlocutória, equipara-se à cassação da decisão pela Corte que aprecia o agravo de instrumento.

Conforme salienta Teresa Wambier: "Havendo retratação, o juízo *a quo* profere como que um juízo de mérito sobre o recurso interposto".[769]

Assim, tem-se, à guisa de exemplo, que a revogação da antecipação da tutela pelo magistrado que a concedeu acompanhada das *astreintes* implica a supressão de eventual crédito superveniente da incidência da multa, pelas mesmas razões expostas no Item 4.2.1, supra.

4.4. OS EFEITOS DE OUTROS RECURSOS E DE AÇÕES AUTÔNOMAS SOBRE A INCIDÊNCIA E EXIGIBILIDADE DAS *ASTREINTES*

4.4.1. Embargos de declaração

Questão ainda não enfrentada pela doutrina e pela jurisprudência diz com os efeitos que os embargos de declaração possam surtir nas decisões que impõem

---

[767] Como já afirmou o Ministro Luiz Fux, do Superior Tribunal de Justiça, "O valor da multa cominatória pode ultrapassar o valor da obrigação a ser prestada, porque a sua natureza não é compensatória, não objetiva ressarcir, mas persuadir o devedor a realizar a prestação devida. Todavia, deve o magistrado ter a cautela de não inviabilizar a execução propriamente dita, isto é, de não levar o devedor a um estado que o impossibilite de honrar com a obrigação imposta [...]" REsp 770753/RS, Rel. Ministro LUIZ FUX, PRIMEIRA TURMA, julgado em 27/02/2007, DJ 15/03/2007, p. 267). Na ementa desse acórdão, lê-se, ainda: "Advirta-se, que a coerção exercida pela multa é tanto maior se não houver compromisso quantitativo com a obrigação principal, obtemperando-se os rigores com a percepção lógica de que o meio executivo deve conduzir ao cumprimento da obrigação e não inviabilizar pela bancarrota patrimonial do devedor".

[768] Item 4.2.1.

[769] WAMBIER, Teresa Arruda Alvim. *Os agravos no CPC brasileiro.* 3ª ed., revista, atualizada e ampliada do livro *O novo regime do agravo.* São Paulo: Revista dos Tribunais, 2000, p. 201.

ao réu determinada obrigação, sob pena de multa, e, por consequência, na incidência destas últimas.

Cabível contra decisões interlocutórias,[770] sentenças e acórdãos, o referido recurso, por força do disposto no artigo 538, interrompe[771] o prazo para a interposição de outros recursos, por qualquer das partes. Tal dispositivo leva a doutrina a admitir que os embargos de declaração são sempre recebidos no *duplo efeito*,[772] o que, comumente, se entende como a atribuição dos efeitos devolutivo e suspensivo.

O efeito suspensivo, no entanto, consiste em *"fazer subsistir* o óbice à manifestação da eficácia da decisão".[773] Para Barbosa Moreira, "a interposição não faz *cessar* efeitos que já estivessem produzindo, apenas *prolonga* o estado de ineficácia em que se encontrava a decisão, pelo simples fato de estar sujeita à impugnação através do recurso".[774] Daí a conclusão de que a denominação "efeito suspensivo" seria inexata,[775] pois as decisões que estão sujeitas, de regra, a recurso com efeito suspensivo, têm em verdade a sua eficácia contida até o seu trânsito em julgado ou o julgamento do recurso contra elas interposto, desde que deste julgamento não caiba novo recurso com efeito suspensivo como regra.[776]

Por tal razão, é por demais evidente que a *interrupção* de determinado prazo recursal não implica, necessariamente, a suspensão ou a contenção da eficácia da decisão embargada, ou ainda a suspensão da exigibilidade de determinada obrigação declarada naquela. Se assim o fosse, bastaria que o réu opusesse embargos de declaração de decisões antecipatórias da tutela para obter sua imediata suspensão.[777]

---

[770] Embora o artigo 535 do CPC se refira apenas a sentença e acórdão, os embargos de declaração também são cabíveis contra as decisões interlocutórias. Nesse sentido: NERY JUNIOR, Nelson e NERY, Rosa Maria Andrade. *Código de Processo Civil comentado e legislação processual civil extravagante em vigor*. 3ª ed., revista e ampliada. São Paulo: Revista dos Tribunais, 1997, p. 781); MOREIRA, José Carlos Barbosa. *Comentários ao Código de Processo Civil*. 6ª ed. Rio de Janeiro: Forense, 1993. V. V, p. 221 e 498; e BERMUDES, Sérgio. *A reforma do Código de Processo Civil: observações às Leis 8.950, 8.951, 8.952, 8.953, de 13.12.1994*. São Paulo: Saraiva, 1996, p. 66.

[771] Salvo nos juizados especiais, onde os embargos de declaração tão somente *suspendem* o prazo para interposição de recurso (art. 50, Lei 9.099/95).

[772] NERY JUNIOR, Nelson. *Princípios fundamentais: teoria geral dos recursos*. 5ª ed. rev. e ampl. São Paulo: Revista dos Tribunais, 2000, p. 385.

[773] BARBOSA MOREIRA, José Carlos. *O novo processo civil brasileiro*: exposição sistemática do procedimento. 22ª ed. rev. e atual. Rio de Janeiro: Forense, 2002. p. 122.

[774] Idem, p. 123.

[775] Idem.

[776] Veja-se, neste particular, PONTES DE MIRANDA, Francisco Cavalcanti. *Comentários ao Código de Processo Civil*. Rio de Janeiro: Forense, 1975. Tomo VII, p. 45).

[777] Isto porque, segundo entendimento doutrinário, "O efeito interruptivo e, quando for o caso, a suspensão do prazo para outros recursos decorrem da simples interposição dos embargos de declaração. Talvez se mostrasse preferível explicitá-lo no texto do art. 538, *caput*, mas é o único entendimento consentâneo com a disciplina geral dos recursos" (ASSIS, Araken de. *Manual dos recursos*. São Paulo: Revista dos Tribunais, 2007, p. 609). Este também tem sido o entendimento jurisprudencial: "Os embargos de declaração considerados 'incabíveis' interrompem o prazo para outros recursos" (STJ-4ª Turma, REsp 153.324-RS, Rel. Min. César Rocha,

Os embargos de declaração somente suspenderão a eficácia da decisão embargada se estiverem a interromper o prazo de interposição de recurso que tenha, de regra, efeito suspensivo contra aquela decisão.[778]

Tal entendimento pode ser ampliado para os casos em que se trata de decisão interlocutória. Sendo o recurso previsto contra estas o agravo de instrumento, desprovido, de regra, de efeito suspensivo, os embargos de declaração, embora interrompam o prazo para a interposição daquele recurso, não têm o condão de suspender a eficácia da decisão interlocutória embargada.

O mesmo vale para os embargos de declaração opostos contra sentença que confirma ou concede a antecipação da tutela, visto que, por força do artigo 520, VII, o recurso contra tais decisões é a apelação, desprovida, entretanto, de efeito suspensivo. Produzem-se, desde logo, os efeitos da sentença.

Assim, a oposição de embargos de declaração só teria o condão de suspender a incidência das *astreintes* (em decorrência da suspensão da exigibilidade da obrigação declarada na decisão embargada) se fosse cabível, de regra, recurso com efeito suspensivo contra a decisão embargada.

Entretanto, uma questão de relevo se impõe, e é saber qual o efeito que os embargos de declaração exercem sobre a exigibilidade das obrigações declaradas na decisão embargada e na incidência das *astreintes*, quando versarem sobre omissão, obscuridade ou contradição que impeçam o réu de discernir, precisamente, o objeto da obrigação a ser cumprida.

Imagine-se, por exemplo, que determinada decisão, proferida em ação na qual figure, no polo ativo, instituição financeira e concessionária de veículos e, no polo passivo, adquirente de automóvel, seja assim redigida: "Entregue o réu o automóvel ao autor no prazo de 48 (quarenta e oito) horas, sob pena de multa diária de R$ 1.000,00 (mil reais)". O réu, por óbvio, não terá condições precisas de saber a qual dos autores da demanda se refere a decisão. Não saberá, em suma, a quem entregar o automóvel objeto da demanda.

Nesse caso, é evidente a necessidade de veiculação de embargos de declaração, "instrumento de que se vale para pedir ao magistrado prolator de uma dada sentença que a esclareça, em seus pontos obscuros, ou a complete quando

---

j. 29.4.98, deram provimento, v.u., DJU 22.6.98, p. 94. NEGRÃO, Theotonio. *Código de Processo Civil e legislação processual em vigor*. 30ª ed. São Paulo: Saraiva, 1999, p. 569). Ressalva seja feita à interposição de embargos de declaração intempestivos, que não suspendem (*rectius*, não interrompem), prazo para interposição de outro recurso (STJ, 4ª Turma, REsp 8051-3-RJ, Rel. Min. Fontes de Alencar, v.u., j. 30.11.1993, DJU 21.2.1994, p. 2194. NERY JUNIOR, Nelson e NERY, Rosa Maria Andrade. *Código de Processo Civil comentado e legislação processual civil extravagante em vigor*. 3ª ed., revista e ampliada. São Paulo: Revista dos Tribunais, 1997, p. 786).

[778] Conforme referido em item anterior (Item 3.8), ensina Araken de Assis que quando o recurso de apelação possui tão somente efeito devolutivo, "a sentença passa a emanar desde logo sua eficácia completa". Entretanto, "prevista apelação com efeito suspensivo e devolutivo, está a sentença *sub conditione* suspensiva desde a publicação" (ASSIS, Araken de. Da natureza jurídica da sentença sujeita a recurso. *Revista Jurídica*, nº 101, set/out 1983, p. 16).

omissa, ou elimine eventuais contradições que ela porventura contenha".[779] Do contrário, impossível seria o cumprimento da obrigação pelo réu, sem que este corresse o risco de ver-lhe aplicada sanção pecuniária por equivocar-se no atendimento do preceito judicial.

Parece claro, também, que, *acolhidos os embargos de declaração*, para corrigirem-se obscuridades, omissões ou contradições da decisão, que digam respeito *diretamente* com a forma e o prazo de cumprimento da obrigação pelo réu, não há como se admitir a incidência das *astreintes* no período compreendido entre a prolação da decisão embargada e a referente ao julgamento do próprio recurso de embargos. Seria punir-se o réu por uma falha *confessa* do prolator da decisão recorrida.

Por essa razão, o eventual acolhimento dos embargos de declaração se dará "com as repercussões acaso *necessárias* na matéria restante",[780] dentre elas, a devolução do "prazo razoável"[781] ao réu para que cumpra a determinação judicial, agora clarificada.

Não acolhidos os embargos, terá o magistrado se pronunciado no sentido de que a ordem que antes proferira poderia ser cumprida perfeitamente pelo réu, sem que qualquer dúvida pudesse ser oposta justificadamente quanto à forma e ao prazo de cumprimento da obrigação declarada. Evidentemente, "após o julgamento dos declaratórios, portanto, recomeça-se a contagem por inteiro do prazo para interposição do outro recurso cabível na espécie contra a decisão embargada".[782] Nessa oportunidade, poderá o réu repisar a alegação de impossibilidade do cumprimento do comando judicial, pelo defeito da decisão recorrida. A multa, no entanto, terá incidido caso a decisão embargada não for impugnável por recurso com efeito suspensivo.

4.4.2. Impugnação ao cumprimento da sentença e embargos à execução

Conforme restou demonstrado,[783] a Lei 10.444/02 eliminou o processo de execução autônomo para títulos *judiciais* que prevejam obrigações de fazer, não

---

[779] SILVA, Ovídio Araújo Baptista da. *Curso de processo civil (processo de conhecimento.* 2ª ed. Porto Alegre: Fabris, 1991, v.1, p. 380/381. Semelhante solução encontra-se no Direito sueco, onde há previsão legal para multa em razão do descumprimento de decisões judiciais, lá denominada *vite*. Quando o julgamento for tão ambíguo ou incompleto que não forneça bases concretas para a sua execução, as partes poderão ser instruídas a buscar clarificação através de um remédio extraordinário chamado *besvar över domvilla*. Nesse sentido, veja-se GINSBURG & BRUZELIUS. *Civil procedure in Sweden.* The Hague, Netherlands: Martins Nijhoff, 1965, p. 379/380.

[780] MOREIRA, José Carlos Barbosa. *O novo processo civil brasileiro: exposição sistemática do procedimento.* 22ª ed. rev. e atual. Rio de Janeiro: Forense, 2002, p. 157.

[781] Art. 461, § 4º, CPC.

[782] THEODORO JÚNIOR, Humberto. *Curso de direito processual civil.* 18ª ed. Rio de Janeiro: Forense, 1996, v. I, p. 586.

[783] Vide Item 3.1.1.

fazer ou entregar coisa. Diante disso, o réu não mais poderá defender-se do cumprimento da sentença opondo embargos à execução. Sua alternativa será *impugnar* o cumprimento da sentença, como expusemos em outra oportunidade.[784]

Já no tocante à execução de títulos extrajudiciais, a Lei 11.382/06, embora tenha mantido a possibilidade de oposição de embargos do executado, retirou destes o efeito suspensivo como regra. Com efeito, dispunha o § 1º do artigo 739 que os embargos seriam sempre recebidos com efeito suspensivo. No entanto, o novel artigo 739-A estabelece, como regra, que "os embargos do executado não terão efeito suspensivo", podendo vir a recebê-lo tão somente quando o requerer o embargante, e estiverem presentes três requisitos: (I) a garantia do juízo (dispensada, é claro, para os embargos à execução de obrigação de fazer), (II) relevância da fundamentação e (III) risco de grave dano de difícil ou incerta reparação caso prossiga a execução (vide art. 739-A, § 1º). O mesmo vale para a impugnação ao cumprimento da sentença, como dispõe o artigo 475-M.

Cumpre, portanto, analisar os efeitos da impugnação ao cumprimento da sentença e dos embargos à execução na incidência das *astreintes* (a sua *exigibilidade* em face do ajuizamento de impugnação ou embargos à execução será apreciada em item posterior).[785]

O mero ajuizamento de tais medidas (impugnação ou embargos) nenhum efeito produz no tocante à incidência da multa. Sendo aquelas desprovidas, de regra, de efeito suspensivo, o prazo para cumprimento da obrigação objeto da sentença a ser cumprida segue seu curso normal e, quando de seu esgotamento, mantido o descumprimento, passará a incidir a multa periódica fixada pelo juiz.

Entretanto, ajuizados os embargos à execução ou a impugnação ao cumprimento da sentença, o juiz poderá, nas hipóteses previstas em lei, recebê-los com efeito suspensivo. Neste caso, poder-se-ia argumentar que a suspensão de *atos executivos* não suspende a eficácia das ordens expedidas pelo juiz, sendo que é a estas, e não aos provimentos executivos, que se vinculam as *astreintes*.[786] Mostrar-se-ia, assim, clara a incidência da multa, mesmo durante a pendência de embargos ou impugnação que ataquem o título *exequendo* e aos quais tenha sido atribuído efeito suspensivo. Assim, enquanto não cumprida a obrigação de fazer, *desfazer*[787] (visto que não se instaura processo de execução para obrigação de *não fazer*), ou de entrega de coisa, incidiriam as *astreintes* contra o devedor.

---

[784] AMARAL, Guilherme Rizzo. *Cumprimento e execução da sentença sob a ótica do formalismo-valorativo*. Porto Alegre: Livraria do Advogado, 2008. p. 158-162.

[785] Item 5.2.4.3.

[786] Neste sentido, ver Item 3.3.6.

[787] Que nada mais é do que um fazer decorrente da conversão de uma obrigação de não fazer em virtude do descumprimento desta última. Nesse sentido vai lição de BARBOSA MOREIRA, já transcrita (Item 3.5.3): "Embora o Código de Processo Civil adote a rubrica 'Da obrigação de não fazer' para a seção composta dos arts. 642 e 643, ambos concernentes, na verdade, à obrigação de *desfazer* o que é um *facere*" (MOREIRA, José Carlos Barbosa. A sentença mandamental – Da Alemanha ao Brasil. *RDR*, nº 14 – maio/agosto 1999, p. 40).

No entanto, uma reflexão mais profunda acerca dos artigos 739-A, § 1º, e 791, I, bem como a leitura do artigo 793, não permitem tal conclusão.

Em verdade, e como decorre da clara lição da primeira parte do artigo 793, "suspensa a execução, é defeso praticar quaisquer atos processuais". Nisto, verifica-se que há uma vedação ao exercício *imediato* dos mecanismos de execução, até o julgamento dos embargos do devedor, o mesmo valendo, por aplicação subsidiária (art. 475-R), à fase de cumprimento da sentença quando o título for judicial. Em não podendo atuar a vontade da lei através de atos de sub-rogação, não poderá o juiz, da mesma forma, coagir o réu para que cumpra determinada obrigação, em virtude da suspensão imposta pelos artigos 739-A, § 1º, e 791, I, bem como da vedação contida no artigo 793. Incoerente com essa sistemática seria impedir atos sub-rogatórios e, ao mesmo tempo, permitir a coerção através de técnica de tutela mandamental.

Note-se também que, caso sejam os embargos ou a impugnação *parciais*, é evidente a possibilidade da imediata tutela executiva ou mandamental, esta através das *astreintes*, em relação à parte não embargada ou não impugnada do título, por força da aplicação do artigo 739-A, § 3º, também aplicável, subsidiariamente, ao cumprimento de sentença (conforme prevê o artigo 475-R).

A rejeição liminar ou o julgamento de improcedência dos embargos à execução ou da impugnação ao cumprimento da sentença determinam que eventual recurso interposto pelo réu terá efeito meramente devolutivo, ao menos como regra. Com efeito, tanto a apelação cabível contra a sentença que julga os embargos à execução quanto o agravo de instrumento eventualmente interposto contra a decisão que julga a impugnação serão desprovidos de efeito suspensivo, por força, respectivamente, dos artigos 520, V, e 497). Nessa hipótese, a execução prosseguirá, incidindo as *astreintes*, portanto, em razão da cessação da causa suspensiva da execução. Obtido o efeito suspensivo no agravo ou na apelação por decisão do relator (art. 558, *caput* e parágrafo único), suspender-se-á a incidência da multa.[788]

O julgamento de *procedência* dos embargos à execução ou da impugnação ao cumprimento da sentença, seja em primeiro instância, seja em grau recursal, caso venha a desconstituir o título executivo, determina a inexigibilidade da obrigação nele contida, perecendo, assim, as *astreintes* e o crédito eventualmente delas resultante, conforme já se expôs quando da análise dos efeitos da sentença de improcedência ou da cassação das decisões que fixam a referida multa.

4.4.3. Outros recursos e ações: uma regra geral

Conclui-se, de tudo o quanto acima foi exposto, que os efeitos dos recursos e ações autônomas (incluindo, além daquelas ações previstas no item precedente,

---

[788] Vide Itens 4.1 e 4.2.

a ação rescisória) sobre as *astreintes*, de forma geral, estão intrinsecamente ligados aos efeitos que eles geram sobre a *exigibilidade* da conduta imposta ao réu pelo comando judicial ao qual se vincula a multa.

Suspendendo-se a exigibilidade da obrigação contida no título, suspende-se a incidência das *astreintes*. Tornando-se definitivamente inexigível a obrigação (não por impossibilidade fática de seu cumprimento, mas pelo não reconhecimento do direito do autor/credor em decisão definitiva), extingue-se o crédito resultante de eventual incidência da multa.

A regra geral, acima exposta, decorre, em nosso sentir, *a*) do caráter acessório das *astreintes* e *b*) do princípio de que o processo não pode prejudicar a parte que tem razão (seja ela autora ou ré).[789]

4.4.3.1. Da comunicação do réu acerca das decisões que suspendem ou restabelecem a exigibilidade de sua conduta

Por fim, um ponto merece destaque, e diz respeito à comunicação do réu acerca das decisões que suspendem ou reinstituem a exigibilidade da obrigação declarada na decisão judicial.

Como vimos anteriormente,[790] faz-se necessária a intimação pessoal do réu para que cumpra a determinação judicial para o cumprimento de obrigação de fazer, não fazer ou entrega de coisa. Não havendo tal intimação, não se reconhece a incidência da multa.

A partir dessa premissa, duas questões se colocam.

A primeira é saber se, realizada a intimação pessoal do réu para cumprimento da decisão judicial sob pena de multa, e sobrevindo a suspensão dessa decisão por outra, faz-se necessária nova intimação pessoal do demandado para que se efetive a interrupção da incidência da multa.

Já a segunda questão é estabelecer se é necessária nova intimação pessoal do réu quando, suspensa a decisão da qual fora intimado pessoalmente para cumprir, sobrevier nova decisão restabelecendo os efeitos da primeira.

A resposta à primeira indagação há de ser negativa. Não nos parece crível exigir-se que, para a suspensão da incidência das *astreintes*, aguarde-se a intimação pessoal do réu acerca da decisão que suspendeu a exigibilidade da ordem contra ele expedida. Seria irracional exigir-se do demandado o cumprimento de decisão cuja suspensão não só já se determinou, como possivelmente seja até de seu conhecimento, por conta da intimação de seu advogado. É verdade que o Supremo Tribunal Federal já reconheceu a eficácia imediata do julgamento antes da publicação do acórdão apenas como exceção à regra, e ainda assim dependente

---

[789] MARINONI, Luiz Guilherme. *Tutela específica: arts. 461, CPC e 84, CDC*. São Paulo: Revista dos Tribunais, 2001, p. 110.

[790] Item 3.8.1.1.

As *Astreintes* e o Processo Civil Brasileiro

de comunicação do tribunal *a quo*.[791] Não nos parece, no entanto, que tal conclusão possa ser transposta para a hipótese aqui tratada sem grave violação dos princípios lógico, econômico, instrumental e efetivo do processo,[792] ou, ainda, sem desequilíbrio entre *efetividade* e *segurança*.[793]

Assim, tão logo for proferida a decisão que determinar a suspensão da exigibilidade de conduta pelo réu, suspensa terá sido também a incidência da multa que tiver sido aplicada, independentemente de intimação pessoal do réu ou até mesmo de publicação em órgão oficial. É claro que, não tendo sido pessoalmente intimado da decisão, esta postura se dará por conta e risco do réu, e geralmente basear-se-á na orientação de seu procurador, este sim, na grande maioria dos casos, devidamente intimado da decisão.

Para responder à segunda questão, todavia, é preciso saber se, não obstante a conclusão acima, o réu ainda assim tiver sido intimado *pessoalmente* da decisão suspensiva da incidência da multa. Isto porque, se isso tiver ocorrido, ou seja, se o réu tiver sido pessoalmente intimado da decisão que suspendeu a exigibilidade de sua conduta, a segurança jurídica (e, mais especificamente, a confiança legítima no Judiciário) exige que se lhe intime novamente da decisão que fizer cessar a suspensão. Não se pode comunicar pessoalmente o réu de que está desobrigado a uma determinada conduta e, sem aviso idêntico, reinstituir-se para ele a referida obrigação.

No entanto, se não tiver o réu sido intimado pessoalmente da decisão que suspendeu a exigibilidade de sua conduta, então, por um critério isonômico, nova intimação pessoal também será dispensável. Isto porque, da mesma forma que por sua conta e risco agira em acordo com a decisão suspensiva sem que dela fosse pessoalmente intimado, deverá agora comportar-se independentemente de semelhante intimação; vale dizer, como se não tivesse sido – como de fato não foi – intimado pessoalmente, no primeiro momento, da decisão suspensiva. Apenas registre-se que, neste caso, razoável é se exigir, pelo menos, a intimação de seu procurador acerca do inteiro teor da decisão, pois é a partir deste que se terá certeza da extensão da obrigação reinstituída pela nova decisão.

---

[791] "EMENTA: - Petição. 2. Medida cautelar, pleiteando-se efeito suspensivo ao RE 202.520-8/210 - PR. 3. A Turma, por maioria de votos, conheceu do recurso extraordinário e lhe deu provimento, cassando-se aresto do STJ que anulara decisões de Tribunal de Justiça concessivas de mandado de segurança. 4. Ainda não publicado o acórdão no recurso extraordinário, torna-se relevante aos peticionários, então recorrentes, pelas circunstâncias do caso concreto, se suspendam, desde logo, os efeitos do aresto do STJ, extraordinariamente recorrido. 5. Provimento parcial ao agravo regimental, para que, de imediato, se comunique a decisão da Turma ao Tribunal de Justiça do Estado do Paraná, ficando, em decorrência, suspensos os efeitos do acórdão do Superior Tribunal de Justiça, no Conflito de Competência nº 8.406-7, de 14.6.1994" (Pet 1146 AgR, Relator(a): Min. NÉRI DA SILVEIRA, Segunda Turma, julgado em 10/09/1996, DJ 11-04-1997 PP-12201 EMENT VOL-01864-01 PP-00165).

[792] Como os define RUI PORTANOVA, em sua obra *Princípios do processo civil*. Porto Alegre: Livraria do Advogado, 2003. 5ª ed. p. 21-58.

[793] AMARAL, Guilherme Rizzo. *Cumprimento e execução da sentença sob a ótica do formalismo-valorativo*. Porto Alegre: Livraria do Advogado, 2008, p. 47-99.

5. *Astreintes* e processo de execução ou cumprimento de sentença

5.1. BREVES CONSIDERAÇÕES ACERCA DA EXECUÇÃO DAS OBRIGAÇÕES DE FAZER, NÃO FAZER E ENTREGAR COISA

Após as reformas por que passou o CPC, as obrigações de fazer, não fazer e entregar coisa somente ensejarão processo de execução autônomo quando previstas em título executivo extrajudicial (veja-se, neste particular, a ressalva feita no Item 3.1.1, acerca da sentença arbitral, sentença estrangeira e outros títulos executivos judiciais ainda submetidos à execução autônoma).

O réu, condenado (*rectius:* a hipótese, aqui, é de sentença *mandamental*) em sentença transitada em julgado, ou sujeita a recurso desprovido de efeito suspensivo, será intimado pessoalmente[794] para *cumpri-la*, podendo o juiz fixar multa (*astreinte*) para o caso de descumprimento (art. 461, § 4°) ou tomar as medidas necessárias para a efetivação da tutela específica ou para a obtenção do resultado prático equivalente (art. 461, § 5°). Não há mais que se falar, nesses casos, em instauração de processo de execução mediante citação do devedor, ajuizamento de embargos à execução etc.

Assim, cumpre fazer uma análise do processo executivo para os títulos *extrajudiciais*, não sem antes serem tecidas considerações acerca de determinadas

---

[794] Vide Item 3.8.1.1. A intimação pessoal é, por outro lado, desnecessária para o cumprimento das sentenças que condenam ao pagamento de quantia (vide AMARAL, Guilherme Rizzo. *Cumprimento e execução da sentença sob a ótica do formalismo-valorativo*. Porto Alegre: Livraria do Advogado, 2008, p. 184-188). Nesse sentido, veja-se também: "LEI 11.232/2005. ARTIGO 475-J, CPC. CUMPRIMENTO DA SENTENÇA. MULTA. TERMO INICIAL. INTIMAÇÃO DA PARTE VENCIDA. DESNECESSIDADE. 1. A intimação da sentença que condena ao pagamento de quantia certa consuma-se mediante publicação, pelos meios ordinários, a fim de que tenha início o prazo recursal. Desnecessária a intimação pessoal do devedor. 2. Transitada em julgado a sentença condenatória, não é necessário que a parte vencida, pessoalmente ou por seu advogado, seja intimada para cumpri-la. 3. Cabe ao vencido cumprir espontaneamente a obrigação, em quinze dias, sob pena de ver sua dívida automaticamente acrescida de 10%" (REsp 954859/RS, Rel. Ministro HUMBERTO GOMES DE BARROS, TERCEIRA TURMA, julgado em 16/08/2007, DJ 27/08/2007, p. 252).

controvérsias doutrinárias geradas pela sistemática anterior das execuções de obrigações de fazer e não fazer contidas em títulos judiciais.

5.1.1. A sistemática do processo de execução de obrigações de fazer e não fazer anterior à Lei 10.444/02, e a aplicabilidade da *astreintes*. Valor unitário da multa e coisa julgada

Com a eliminação do processo de execução autônomo para títulos executivos judiciais relativos a obrigações de fazer, não fazer e entregar coisa,[795] a intensa discussão que se travava acerca da possibilidade de alteração do valor das *astreintes* fixadas em sentença, no decorrer do processo executivo, ou mesmo da imposição da multa ante a omissão sentencial, tende a esvaziar-se, visto que somente título executivo *extrajudicial* será submetido à execução prevista no Livro II do CPC. As regras do procedimento executório serão aplicadas somente subsidiariamente ao *cumprimento* da sentença relativa à obrigação de fazer ou não fazer (conforme preveem os artigos 475-R e 644).

Entretanto, em face da existência de situações pretéritas e ainda submetidas ao crivo do Poder Judiciário sob a égide da sistemática anterior, mister se faz tecer algumas considerações acerca de pontos polêmicos oriundos da antiga redação do artigo 644.

A discussão ora proposta diz com a possibilidade de fixação de *astreintes* em processo de execução quando omissa a sentença no processo de conhecimento, bem como com a possibilidade de alteração do valor da multa no decorrer do processo de execução em que se busca a tutela específica de obrigação de fazer, à qual estão as *astreintes* atreladas. Não se trata, aqui, do processo de execução por quantia certa, no qual *o próprio crédito resultante da incidência da multa* será cobrado do devedor. Neste último caso, as regras referentes à alteração do valor das *astreintes* serão abordadas em item próprio.[796]

Note-se, ademais, que o *valor* ora referido diz com o *valor unitário* da multa, e não com o montante total decorrente de sua incidência. Tal é a conclusão lógica da leitura da redação antiga do artigo 644, segundo a qual era possível inclusive o *aumento* do valor da multa.[797] Por óbvio, não seria crível aumentar-se o montante já incidente, sob o pretexto de ser insuficiente, visto que constituiria aplicação retroativa da multa e puniria, em vez de coagir o réu.

---

[795] Neste particular, veja-se Item 3.1.1.

[796] Item 5.2.6.

[797] TALAMINI salienta que a possibilidade de redução ou aumento do valor das *astreintes* decorre da própria natureza da multa, como mecanismo coercitivo (TALAMINI, Eduardo. *Tutela relativa aos deveres de fazer e de não fazer: CPC, art. 461; CDC, art. 84.* São Paulo: Revista dos Tribunais, 2001, p. 244). Tal possibilidade encontra-se hoje prevista no § 6º do artigo 461 do CPC, que dispõe: "O juiz poderá, de ofício, modificar o valor ou a periodicidade da multa, caso verifique que se tornou insuficiente ou excessiva".

Em primeiro lugar, frise-se que o artigo 644, em sua redação anterior à Lei 10.444/02, permitia expressamente ao juiz, caso omissa a sentença condenatória relativa à obrigação de fazer ou não fazer, fixar multa por dia de atraso e a data a partir da qual seria ela devida.

Para Marcelo Lima Guerra, a omissão sentencial que autorizaria a fixação da multa em execução seria aquela decorrente da não formulação de pedido de aplicação da multa, pelo demandante, no processo de conhecimento, deixando o juiz, neste caso, de se utilizar do poder que lhe confere o artigo 461, § 4º: "Trata-se, aí, da hipótese em que o autor, no processo de conhecimento, não formulou pedido no sentido de ser aplicada aquela medida, e o juiz, nesse mesmo processo, deixou de utilizar o poder que lhe confere o § 4º do artigo 461 do CPC, não tendo fixado, de ofício, a multa diária".[798]

Segundo o autor, caso o autor, no processo de conhecimento, tivesse requerido a fixação da multa, e a sentença, rejeitando expressamente a aplicação da medida, deixasse de acolher tal *pedido*, não poderia o juiz fixar *astreintes* no processo de execução, sob pena de desrespeito ao artigo 471.[799] Eis o entendimento de Guerra:

> Isso significa, portanto, que o art. 644, *caput,* do CPC *não* autoriza o juiz a fixar multa diária, no processo de execução, quando a sentença que constitui o título executivo houver rejeitado expressamente pedido da parte para a aplicação dessa medida. Nesse caso, a ausência de fixação da multa pela sentença não é uma "omissão", mas sim, obviamente, autêntica *decisão.* Dessa forma, o juiz que, no processo de execução, fixasse multa expressamente negada na sentença que constitui título executivo estaria "decidindo novamente questão já decidida, relativa à mesma lide", em flagrante desrespeito ao que determina o art. 471, *caput,* do CPC.[800] (os grifos são nossos)

Afirma ainda Guerra que, mesmo a alteração, pelo juiz da execução, do *quantum* fixado em sentença transitada em julgado, dar-se-ia em violação à coisa julgada,[801] salvo se decorrente de alterações da situação concreta, tomada como base pelo juiz no momento de fixar a multa (em face da sujeição de qualquer sentença à cláusula *rebus sic stantibus*, como prevê o artigo 471, inciso I). No mesmo sentido, Ada Pellegrini Grinover afirma que "essa modificação do conteúdo do título judicial só será possível diante da mudança das circunstâncias fáticas, em face da cláusula *rebus sic stantibus*, em cuja presença a lei autoriza o juiz a agir por equidade, adaptando o comando emergente da sentença aos novos

---

[798] GUERRA, Marcelo Lima. *Execução indireta*. São Paulo: Revista dos Tribunais, 1998, p. 195.

[799] "Art. 471. Nenhum juiz decidirá novamente as questões já decididas, relativas à mesma lide, salvo:

I – se, tratando-se de relação jurídica continuativa, sobreveio modificação no estado de fato ou de direito; caso em que poderá a parte pedir a revisão do que foi estatuído na sentença;

II – nos demais casos prescritos em lei."

[800] GUERRA, Marcelo Lima. *Execução indireta*. Op. Cit., p. 195.

[801] Idem, p. 196.

As *Astreintes* e o Processo Civil Brasileiro

elementos de fato [...] outro entendimento, aliás, vulneraria, mais uma vez, o princípio constitucional da coisa julgada".[802]

Tal entendimento, entretanto, não parece acertado. Mesmo em se admitindo, para fins de argumentação, as *astreintes* como uma das "questões já decididas, relativas à mesma lide", parece-nos que a combinação do inciso II do artigo 471, que permite nova decisão sobre tais questões "nos demais casos prescritos em lei", com a antiga redação do artigo 644 e seu parágrafo único, que expressamente permite a fixação da multa (omissa a sentença nesse sentido) ou revisão de seu valor, permitiria as alterações vetadas por Guerra, mesmo na ausência de novas circunstâncias fáticas.[803]

Não obstante, as *astreintes*, que podem, inclusive, ser fixadas de ofício durante o processo de conhecimento, não estão abrangidas pela coisa julgada,[804] e não fazem parte das "questões já decididas, relativas à mesma lide". Como bem refere Talamini, "a imutabilidade da coisa julgada recai sobre a pretensão que foi acolhida [...] Não abrange o valor da multa, nem mesmo sua imposição".[805] Arenhart, da mesma forma, afirma:

> Não fica abrangida a decisão que fixa a *astreinte* (seja em sentença, seja em liminar), ao menos na parte em comento, pela autoridade de coisa julgada. Nem mesmo fica ela sujeita à cláusula *rebus sic stantibus*, no sentido de que somente poderia ser modificado o valor da multa em caso de alteração do estado de fato.[806]

Com efeito, as *astreintes* não compõem o conteúdo do *pedido* do autor, mesmo que constem da petição inicial como técnica de tutela sugerida ao magistrado. São, na verdade, *acessórias* ao pedido de obtenção da tutela específica pelo demandante.[807] Não fazendo parte, portanto, do pedido, é importante a lição de Chiovenda, reproduzida por José Maria Rosa Tesheiner: "Assim, nada vemos

---

[802] GRINOVER, Ada Pellegrini. *Tutela jurisdicional nas obrigações de fazer e não fazer*. In TEIXEIRA, Sálvio de Figueiredo (coord.). *Reforma do Código de Processo Civil*. São Paulo: Saraiva, 1996, p. 266.

[803] Admitindo a fixação da multa em sede de execução, mesmo que não prevista no título, e citando a primeira edição desta obra, veja-se o acórdão proferido pela Segunda Câmara de Direito Privado do Tribunal de Justiça do Estado de São Paulo (Agravo de Instrumento nº 5242884900. Rel. Des. A Santini Teodoro. Data do julgamento: 23/10/2007. Data de registro: 06/11/2007).

[804] Veja-se, nesse sentido, a precisa lição de Humberto Theodoro Júnior: "A multa uma vez fixada não se torna imutável, pois ao juiz da execução atribui-se o poder de ampliá-la ou reduzi-la, para mantê-la dentro dos parâmetros variáveis, mas sempre necessários, da 'suficiência' e da 'compatibilidade'; mesmo quando a multa seja estabelecida na sentença final, o trânsito em julgado não impede que ocorra sua revisão durante o processo de execução; ela não integra o mérito da sentença e como simples medida executiva indireta não se recobre do manto da *res judicata;*" (THEODORO JÚNIOR, Humberto. Tutela específica das obrigações de fazer e não fazer. *Revista de Processo*, nº 105, janeiro-março 2002, p. 25).

[805] TALAMINI, Eduardo. *Tutela relativa aos deveres de fazer e de não fazer: CPC, art. 461; CDC, art. 84*. São Paulo: Revista dos Tribunais, 2001, p. 245.

[806] ARENHART, Sérgio Cruz. *A tutela inibitória da vida privada*. São Paulo: Revista dos Tribunais, 2000, p. 198. No mesmo sentido: MARINONI, Luiz Guilherme. *Tutela inibitória: individual e coletiva*. São Paulo: Revista dos Tribunais, 1998, p. 184.

[807] Neste sentido: TALAMINI. Op. cit., p. 245.

de errado na criticada lição de Chiovenda, no sentido de que *o pedido do autor é que determina os limites objetivos da coisa julgada*".[808]

E, caso argumente-se que as *astreintes* compõem o *pedido* do autor, como explicar o fato de o juiz poder fixá-las independentemente de pedido, ou mesmo em valor acima daquele pleiteado pelo demandante? Estar-se-ia diante de sentença *extra petita*, o que, por óbvio, não corresponde à melhor exegese do artigo 461, § 4º.

A jurisprudência, não amparando o entendimento de Guerra e Grinover, tem admitido a revisão da multa fixada no processo de conhecimento, após a instauração do feito executivo, conforme se denota da ementa abaixo transcrita:

> Possibilidade de revisão da multa originária de execução de obrigação de fazer com base no § único, do art. 644, CPC. Enseja o parágrafo único, do art. 644, CPC, a modificação pelo juízo da execução do valor da *astreinte* se verificada insuficiência ou excesso, como no presente diante da desproporção entre a lide e a multa exigida, o que não fere a coisa julgada na medida em que a multa é mantida, embora operada adequação de seu valor, mormente diante de sua origem, cujo desatendimento pode ter ocorrido por diversas causas, que não necessitam ser identificadas.[809]

Marinoni, destacando precisamente a função coercitiva da multa, dando a esta a conotação de técnica de tutela, e não de tutela propriamente dita, afirma:

> O valor da multa, contudo, não fica petrificado pela coisa julgada material, tanto é que pode ser aumentado pelo juiz, sem que nova circunstância apareça. É que a multa, em virtude da sua função, tem uma conformação essencialmente provisória, podendo ter o seu valor alterado apenas para que seja garantida a efetividade da decisão do juiz e o menor sacrifício possível do réu.[810]

---

[808] TESHEINER, José Maria. *Eficácia da sentença e coisa julgada no processo civil*. São Paulo: Revista dos Tribunais, 2001, p. 199. Para Chiovenda, "O que, portanto, determina os limites objetivos da coisa julgada é a demanda de mérito da parte autora" (CHIOVENDA, Giuseppe. *Instituições de direito processual civil*. Campinas: Bookseller, 2000. 2ª ed., v. I, p. 494. No mesmo sentido: PORTO, Sérgio Gilberto. *Coisa julgada civil (análise, crítica e atualização)*. 2ª ed., revista e ampliada. Rio de Janeiro: AIDE, p. 152.

[809] Apelação Cível nº 70003207750, Décima Sexta Câmara Cível, Tribunal de Justiça do RS, Relator: Des. Paulo Augusto Monte Lopes, julgado em 12/12/01. No mesmo sentido: 3ª Turma Cível do Tribunal de Justiça do Distrito Federal. Agravo de Instrumento nº 19990020024843, Data de julgamento: 13.12.1999. Rel. Jeronymo de Souza. DJU 22.03.2000, p. 19. Seção 3: "Processual civil. Execução. Multa cominatória. Fixação de ofício pelo juiz. Ofensa à coisa julgada. Modificação da condenação. Decisão *extra petita*. Incorrentes. Inteligência do art. 644 do CPC. Agravo improvido. I – Não há que se falar em ofensa à coisa julgada (art. 5º, XXXVI, da CF/88), modificação da condenação (art. 610 do CPC) ou decisão *extra petita* (arts. 128 e 460 do CPC), quando, por ocasião da execução da sentença condenatória que impôs ao agravante o pagamento de indenização e a obrigação de constituição de capital para garantia das pensões vincendas, o magistrado impõe multa diária pelo descumprimento da obrigação de fazer (*astreintes*), embora não tenha havido pedido expresso *ou determinação no comando sentencial executado*, porquanto a decisão encontra apoio no que determina o art. 644 do código de ritos, que faculta ao julgador tal imposição, com vistas a coagir o executado a adimplir a prestação devida. II – recurso improvido."

[810] MARINONI, Luiz Guilherme. *Tutela específica: arts. 461, CPC e 84, CDC*. São Paulo: Revista dos Tribunais, 2001, p. 112.

Tem-se, assim, como possível, a alteração do valor da multa naqueles processos de execução fundados na redação antiga do artigo 644, não havendo, nesse procedimento, qualquer ofensa à coisa julgada. Ademais, o juiz da execução é quem, de fato, melhor saberá apreciar as circunstâncias determinantes para a fixação de multa capaz de dobrar a vontade do devedor, ante o enfrentamento direto que terá em face da resistência deste último.

Saliente-se, por fim, não haver qualquer polêmica, nem mesmo entre autores como Marcelo Lima Guerra e Ada Pellegrini Grinover, quanto à possibilidade de modificação ou aplicação das *astreintes* no processo de execução, mesmo que tenham elas sido expressamente rejeitadas em sentença, *naqueles casos em que se verifica alteração na realidade fática*. Nesses casos, não há que se indagar acerca de qualquer ofensa à *res judicata*, visto que "os efeitos da sentença passada em julgado podem ser afastados por fato jurídico superveniente, sem ofensa à coisa julgada".[811]

5.1.2. Os títulos executivos extrajudiciais e a aplicação das *astreintes*

A sistemática do processo executivo de obrigações de fazer e não fazer (na verdade, *desfazer*, visto que o artigo 642 – que trata da obrigação de não fazer – já pressupõe o descumprimento da obrigação e o dever do obrigado em *desfazer* o ato a cuja abstenção estava obrigado), prevista pelos artigos 632 e seguintes, determina que o devedor seja citado para o cumprimento da obrigação em prazo fixado pelo juiz, "se outro não estiver determinado no título executivo".

Forte no artigo 645, o juiz, ao despachar a inicial, fixará multa para o caso de descumprimento do preceito. A problemática acerca dos limites impostos ao juiz na fixação da referida multa foi devidamente enfrentada no Item 3.9.1.

A multa fixada *no processo de execução* só passará a incidir no término do prazo concedido ao devedor para o cumprimento do preceito, e caso este seja, efetivamente, descumprido. Esta é a lição de Araken de Assis: "Citado o executado, ele poderá cumprir no prazo hábil [...]. Não o fazendo, passa a correr a pena, cuja interrupção se dará por iniciativa do credor ou pelo cumprimento tardio".[812]

Nesse sentido vai o julgamento, pelo STJ, do Recurso Especial nº 6.644-MG, cujo relator foi o Ministro Eduardo Ribeiro:

---

[811] TESHEINER, José Maria. *Eficácia da sentença e coisa julgada no processo civil*. São Paulo: Revista dos Tribunais, 2001, p. 199. No mesmo sentido: PORTO, Sérgio Gilberto. *Coisa julgada civil (análise, crítica e atualização)*. 2ª ed., revista e ampliada. Rio de Janeiro: AIDE, p. 98.

[812] ASSIS, Araken de. *Manual do processo de execução*. 7ª ed. São Paulo: Revista dos Tribunais, 2001, p. 500. Acrescente-se o caso de verificação de impossibilidade do cumprimento ou suspensão da exigibilidade da obrigação como causa para interrupção da contagem da pena.

Obrigação de fazer. Execução. Multa. A execução de obrigação de fazer começará pela citação do devedor para que cumpra o julgado, no prazo fixado. Decorrido este, incide a multa que houver sido cominada.[813]

Como demonstrado em item anterior,[814] a multa de que trata o parágrafo único do artigo 645 não é a mesma prevista no seu *caput*. A primeira incidirá desde o momento determinado pelas partes (seja ele anterior ou posterior à instauração do processo executivo). A segunda, que consiste nas *astreintes*, incidirá tão somente após o descumprimento, pelo devedor, de preceito judicial para o qual aquele tenha sido devidamente citado no feito executivo.

Com relação aos títulos executivos *extrajudiciais* relativos à obrigação de *entregar coisa*, note-se que sua execução seguirá as regras contidas nos artigos 621 e seguintes. Não cumprindo a obrigação no prazo estabelecido pelo juiz, submeter-se-á o devedor à incidência da multa que eventualmente tiver sido fixada no feito executivo.

5.1.3. O termo de ajustamento de conduta e a atribuição de obrigações a terceiros

Segundo o artigo 5°, §6°, da Lei 7.347/85, os órgãos públicos legitimados para a propositura de ações civis públicas podem também firmar os chamados termos ou compromissos de ajustamento de conduta (TAC) com pessoas físicas ou jurídicas, evitando, assim, a propositura de ação judicial para obter destas a conduta tida por devida.

Tal instrumento é, sem dúvida, de grande relevância, pois permite em muitos casos tutelar direitos difusos ou coletivos sem a necessidade de provocação do Poder Judiciário, com todos os custos que lhe são inerentes. Trata-se, ademais, de título executivo extrajudicial,[815] como prevê o já citado dispositivo legal.

Por vezes, no entanto, tais instrumentos, muito embora tenham como "Partes" apenas o órgão legitimado para a propositura da ação civil pública e a pessoa jurídica obrigada, contêm cominações contra terceiros, geralmente diretores ou dirigentes de empresas públicas ou privadas. Fixa-se, por exemplo, multa diária contra Diretor-Presidente da empresa caso esta não cumpra determinação contida no TAC.

---

[813] *Revista do STJ* 19/550.

[814] Item 3.10.2.

[815] Como explica Geisa de Assis Rodrigues, poderá também haver termo de ajustamento de conduta *judicial*, que pode ser cumprido na forma do artigo 461 do CPC. Sobre a distinção entre o termo de ajustamento de conduta extrajudicial e judicial, veja-se RODRIGUES, Geisa de Assis. *Ação civil pública e termo de ajustamento de conduta: teoria e prática*. Rio de Janeiro: Forense, 2006. p. 23-242. Sobre o tema, veja-se também MAZZILLI, Hugo Nigro. *O inquérito civil: investigações do Ministério Público, compromissos de ajustamento e audiências públicas*. São Paulo: Saraiva, 2000. p. 391.

Ora, a circunstância de haver previsão expressa no TAC de imposição de multa a pessoa física ocupante de determinado cargo é de todo ineficaz, pois é de uma obviedade atroz o fato de que nenhum terceiro pode ter constituído débito contra si, em título executivo extrajudicial, sem que tenha nele anuído expressamente *e em nome próprio*.[816] Diz-se em nome próprio, pois, mesmo que a pessoa física tenha assinado como representante legal da empresa qualificada como parte do TAC, tal anuência de forma alguma a comprometerá pessoalmente com a obrigação assumida pela pessoa jurídica.

Note-se ainda que, não raro, os cargos de dirigentes de pessoas jurídicas são ocupados por diversas pessoas ao longo do tempo, o que torna ainda menos crível a possibilidade de se impor a cominação de multa àqueles que já assumiram a sua função com um *status quo* de descumprimento do TAC pela pessoa jurídica obrigada.

Sendo assim, em compromissos ou termos de ajustamento de conduta somente se pode fixar *astreintes* contra aqueles que são efetivamente qualificados como *parte* no título e nele aquiescerem expressamente.

Quanto à incidência da multa fixada no TAC, nada impede que se dê antes mesmo da propositura de sua execução judicial, desde que se preveja no título o termo *a quo* da incidência da multa e constitua-se em mora o obrigado para que se dê início à contagem do prazo. Poderá o juiz, no entanto, reduzir o valor previsto no instrumento, caso julgue-o excessivo (art. 645, parágrafo único).

5.2. A EXECUÇÃO CIVIL DO CRÉDITO RESULTANTE DAS *ASTREINTES* NA SISTEMÁTICA DA LEI 11.232/05

5.2.1. Titularidade do crédito resultante da aplicação da multa e legitimidade para sua execução: uma insuperável antinomia?

Questão de importante deslinde diz com a titularidade do crédito resultante da aplicação das *astreintes*.

---

[816] Como ensina Araken de Assis, ao tratar da qualidade de título executivo extrajudicial que se dá ao compromisso de ajustamento, "vale recordar que não basta o referendo, pois o artigo 568, I, impõe a assinatura do obrigado" (ASSIS, Araken de. *Manual da execução*. São Paulo: Revista dos Tribunais, 2007. 11ª ed., p. 177). Ao tratar da eficácia do Termo de Ajustamento de Conduta, afirma Geisa de Assis Rodrigues que "a eficácia do ajuste só repercute na esfera jurídica daquele que expressamente se obrigou, e de seus sucessores" e que, portanto, "não há alteração da regra geral do direito material que preconiza que só se vincula aos termos do negócio jurídico aquele capaz, ou incapaz devidamente representado, que o faça expressamente e desde que esta negociação recaia sobre um direito seu. Assim, se várias pessoas cometeram, mesmo que conjuntamente, condutas lesivas ao meio ambiente e apenas algumas delas celebrarm o ajuste de conduta, apenas as signatárias estão vinculadas ao cumprimento desse ajuste, e somente quanto a elas os efeitos do compromisso irão surtir. São as outras pessoas consideradas como terceiros, na concepção tradicional do direito, e para responsabilizá-las deverão ser propostas as ações civis competentes (RODRIGUES, Geisa de Assis. *Ação civil pública e termo de ajustamento de conduta: teoria e prática*. Rio de Janeiro: Forense, 2006. p. 206-207).

Marinoni salienta que "o art. 461 afirma em seu § 2º que a indenização por perdas e danos dar-se-á sem prejuízo da multa, o que leva à conclusão de que a multa é devida ao autor e não ao Estado".[817] Não se pode afirmar, entretanto, que a conclusão da simples leitura de tal dispositivo seja esta. Ora, o fato de a indenização se dar sem prejuízo da multa não estabelece que ambas terão o mesmo destinatário. Exemplo disso é a multa do parágrafo único do artigo 14, cuja aplicação se dá "sem prejuízo das sanções criminais, civis e processuais cabíveis", muito embora se destine o crédito resultante da referida multa ao Estado ou à União, enquanto muitas das sanções civis e processuais destinar-se-ão à outra parte (litigância de má-fé, *astreintes*, multa por recurso protelatório etc).

Marcelo Lima Guerra, por sua vez, vislumbra a possibilidade de aplicação análoga do artigo 601 às *astreintes*, visto que naquele dispositivo é prevista, de forma expressa, a reversão de valores ao credor. O fundamento esposado pelo jurista está calcado no fato de que, embora sejam de natureza distinta (as *astreintes*, coercitivas; a multa do art. 601, punitiva), em ambas se "dá origem a um crédito sem nenhuma relação com o direito material tutelado no processo, em razão do que inexiste qualquer fundamento lógico-jurídico a justificar que o credor da execução tenha direito a essa importância".[818]

Na interpretação proposta, no entanto, não se completa o necessário silogismo. Do fato de *não* existir fundamento lógico-jurídico a justificar que o credor da execução tenha direito à importância arbitrada nas duas circunstâncias não decorre que se reconheça tal direito ao credor. Muito pelo contrário. É justamente pela ausência de fundamento lógico-jurídico que se faz necessária a previsão legal que *existe* no artigo 601, e *não existe* no artigo 461 e em outros que preveem as *astreintes*.

Ademais, também a desautorizar a tese está o fato de que, com a introdução do parágrafo único ao artigo 14, há, hoje, uma medida semelhante à do artigo 601, que prevê a reversão de valores ao Estado ou à União. É preciso, para confirmar a tese de Guerra, que se aponte uma justificativa para aplicar-se analogicamente o artigo 601, e não o parágrafo único do artigo 14. Tal justificativa não se encontrará no texto legal.

Spadoni, embora admitindo a existência do entendimento doutrinário acima referido, afirma:

> Tanto o Código de Processo Civil quanto as demais leis especiais que preveem a aplicação de multa pecuniária para o caso de descumprimento da ordem judicial são silentes a esse respeito. Mesmo assim, doutrina e jurisprudência são praticamente uníssonas em afirmar

---

[817] MARINONI, Luiz Guilherme. *Tutela inibitória: individual e coletiva.* São Paulo: Revista dos Tribunais, 1998, p. 178.

[818] GUERRA, Marcelo Lima. *Execução indireta.* São Paulo: Revista dos Tribunais, 1998, p. 210.

que cabem ao autor da demanda – ou, mais propriamente, à parte contrária – os valores resultantes da multa.[819]

Realmente, embora não haja qualquer previsão expressa, na legislação brasileira,[820] que destine o crédito em referência para o autor da demanda, é praticamente pacífico na doutrina e na jurisprudência ser do autor a legitimidade para propor o processo de execução por quantia certa para a cobrança dos valores resultantes da incidência da multa, bem como para recebê-los (embora se questionem, incessantemente, as consequências, positivas e negativas, que essa titularidade traz para o processo).[821]

A razão da ausência da previsão expressa de reversão dos valores resultantes da aplicação da multa ao autor decorre, muito provavelmente, da inevitável relação que se estabelece entre as atuais ações mandamentais e as ações cominatórias, transplantadas do Direito lusitano para o Direito brasileiro. Conforme salienta Moacyr Amaral Santos, mesmo após a independência, vigeram no Brasil as "leis e praxes portuguesas respeitantes ao processo civil e com estas a prática da ação de preceito cominatório".[822]

Os primeiros códigos de processo civil estaduais, por influência justamente do preceito cominatório lusitano, passaram a prever a possibilidade de ajuizamento de ações cujo objeto seria o cumprimento de uma obrigação de fazer ou não fazer pelo réu, sob pena de imposição de multa ou outras cominações, *a pedido do autor.*

O Código Judiciário do Estado do Rio de Janeiro, datado de 1912, conferiu a ação cominatória "àquele que se julgar com direito de exigir de outrem, dentro do prazo marcado, pratique algum ato ou preste algum fato ou serviço, ou se abstenha de praticá-lo, impondo as cominações que julgar convenientes".[823] Note-se

---

[819] SPADONI, Joaquim Felipe. *A multa na atuação das ordens judiciais.* In SHIMURA, Sérgio e WAMBIER, Teresa Arruda Alvim (Coord.). *Processo de execução.* São Paulo: Revista dos Tribunais, 2001, p. 504.

[820] Neste sentido: TALAMINI, Eduardo. *Tutela relativa aos deveres de fazer e de não fazer: CPC, art. 461; CDC, art. 84.* São Paulo: Revista dos Tribunais, 2001, p. 257. Para o autor, "supõe-se que tal orientação tenha prevalecido por direta influência do direito francês e do `Projeto Carnelutti' (arts. 667 e 668) de reforma do processo civil italiano [...] Por certo, também contribuíram para tanto os antecedentes luso-brasileiros da multa – a `pena' do título 70 do livro IV das Ordenações Filipinas e a `cominação pecuniária' do art. 1.005 do Código de 1939, cuja natureza indenizatória ou coercitiva era controvertida [...]".

[821] Autores como Joaquim Felipe Spadoni e Marcelo Abelha Rodrigues, muito embora reconheçam a titularidade do autor na sistemática vigente, entendem que seria mais adequado se o crédito resultante da incidência da multa revertesse aos cofres públicos. Nesse sentido, veja-se SPADONI, Joaquim Felipe. *Ação inibitória: a ação preventiva prevista no art. 461 do CPC.* 2ª ed. rev. e atual. São Paulo: Revista dos Tribunais, 2007. p. 195-197 e RODRIGUES, Marcelo Abelha. *Manual de direito processual civil.* 4ª ed. reform., atual. e ampl. São Paulo: Revista dos Tribunais, 2008. p. 618. Nota-se claramente, na doutrina de ambos os autores, a compreensão de que as *astreintes* constituiriam instrumento de proteção à dignidade do Poder Judiciário. Tal premissa é decisiva para adotarem posicionamento destoante da doutrina e jurisprudência dominantes, que veem nas *astreintes*, predominantemente, um meio de coerção.

[822] AMARAL SANTOS, Moacyr. *Ações cominatórias no Direito brasileiro.* 3ª ed. São Paulo: Max Lemonad, 1962, tomo I, p. 89.

[823] Idem, p. 92.

que era o autor quem determinava a conveniência da cominação, obviamente submetida à apreciação do Poder Judiciário. Em outras palavras: "Aquela [a parte] comunica a vontade de obter a cominação; este [*o juiz*] declara-a e incorpora-a ao preceito que emite; não é a manifestação da parte, mas o deferimento do juiz que lhe confere eficácia".[824]

O Código de Processo Civil e Comercial para o Distrito Federal, inspirado no código fluminense de 1912, instituiu ações de preceito cominatório, nas quais o descumprimento de alguma obrigação de fazer ou não fazer submetia o réu ao pagamento de pena estipulada no contrato ou pedida pelo autor, na ausência de estipulação contratual.[825] A *pena* estipulada no contrato, evidentemente, reverter-se-ia à parte contratante, o mesmo ocorrendo, por via de consequência, com a *pena* aplicada em juízo.

Décadas se passaram, e muito se discutiu acerca da necessidade de o autor requerer a cominação em seu pedido inicial (ou, ao contrário, a possibilidade de aplicação *ex officio* da pena), da limitação do valor da multa (se adstrito, ou não, ao valor da obrigação, por aplicação do artigo 920 do Código Civil de 1916 – hoje representado pelo artigo 412 do atual Código Civil), da possibilidade de alteração da pena contratualmente estabelecida, dentre outras questões afeitas à aplicação do preceito cominatório. Não se chegou a travar debate vigoroso sobre a ausência de previsão legal para a *destinação* do crédito resultante da multa imposta, de tão arraigada a concepção de que os resultados da aplicação da multa serão de titularidade exclusiva do autor.

Não obstante, percebe-se a antinomia que resulta do conflito entre dois princípios sempre presentes quando da aplicação da multa. Se, por um lado, o juiz deve observar o princípio da *efetividade dos provimentos jurisdicionais*, conferindo caráter *coercitivo* à multa (com todos os seus consectários, dentre eles a *total desvinculação com o valor da obrigação principal declarada*), por outro, tem o juiz a limitação do princípio que veda o *enriquecimento injusto*, de quem quer que seja (inclusive do autor).

Um exemplo prático pode ser utilizado para a demonstração da contradição acima referida. Imagine-se que seja imposto, por decisão judicial, o fornecimento de serviços, por empresa de televisão a cabo, para determinado assinante. Evidentemente, para compelir a empresa ao cumprimento da ordem judicial através de multa, é necessário que esta última possua valor capaz de *quebrar* a vontade daquela. Nesse particular, a lição de Araken de Assis, já citada em momento anterior, é essencial para a compreensão do raciocínio ao qual se submete o magistrado quando aplica a multa com base no caráter coercitivo da mesma:

> O valor da *astreinte*, caracterizado pelo exagero no algarismo, há de ser fixado de molde a induzir o executado ao cumprimento, em quantia capaz de constrangê-lo. [...] Nenhum

---

[824] AMARAL SANTOS, Moacyr. Op. cit., p. 150.
[825] Idem, p. 93.

outro critério substitui o do puro casuísmo. O juiz considerará as condições econômicas do devedor (art. 52, V, da Lei 9.099/95) – *quanto mais rico, maior o valor* – e a grandeza da sua provável resistência.[826]

A expressão *quanto mais rico, maior o valor* deve ser ressaltada, visto que constituirá o cerne do problema a ser resolvido.

Voltando ao exemplo antes referido, a multa que deverá ser aplicada em montante suficiente para que o poderio econômico da empresa prestadora de serviço não seja um entrave à sua coerção. Sendo *rica* a demandada, *alto* deve ser o valor da multa.

Por outro lado, ao arbitrar o valor da multa, deve o magistrado atentar para o limite imposto pela proibição de enriquecimento injusto (e não ilícito) do credor. Conforme têm decidido os tribunais, "as multas não devem se prestar ao meio de enriquecimento do credor, daí a prudente previsão de investir o juiz da execução da faculdade de aumentar o valor da multa, se insuficiente, ou reduzi-lo, se excessivo, em se tratando de execução de sentença".[827]

Assim, se para garantir a efetividade da multa é preciso ter em mente que *quanto mais rico* (o réu), *maior o valor* (da multa), não se pode perder de vista que *as multas não devem se prestar ao meio de enriquecimento do credor*. Como, então, harmonizar ambos os preceitos, se o valor da multa é revertido ao credor?

Não vislumbramos, na sistemática atual, possibilidade de superação completa dessa antinomia. No exemplo antes apresentado, se a multa for arbitrada em valor alto o suficiente para, em tese, impor à empresa o cumprimento da obrigação, sua eventual incidência implicará, ante a discrepância do patrimônio da ré e do autor, inevitável (e injusto) enriquecimento deste. Do contrário, se arbitrado valor com vistas a não enriquecer o demandante, dificilmente terá a multa o condão de pressionar, verdadeiramente, a demandada.

Em face de tal problemática, são diversas as críticas à atual sistemática da multa periódica no Brasil, mormente à titularidade do crédito resultante da sua incidência.

Spadoni afirma:

> Ao se reconhecer na imposição da multa cominatória uma medida de direito público, de caráter processual, destinada a assegurar a efetividade das ordens judiciais e a autoridade dos órgãos judicantes, não se consegue vislumbrar qualquer fundamento lógico jurídico que justifique ter a parte contrária direito a receber a importância decorrente da aplicação da multa. Mais coerente seria que o produto da multa fosse revertido ao Estado, em razão da natureza da obrigação violada.[828]

---

[826] ASSIS, Araken de. *Execução civil nos juizados especiais.* 2ª ed. São Paulo: Revista dos Tribunais, 1998, p. 84.

[827] APC 4487097 – TJDFT, 5ª Turma Cível, publicado em 11.03.1998.

[828] SPADONI, Joaquim Felipe. *A multa na atuação das ordens judiciais.* In SHIMURA, Sérgio e WAMBIER, Teresa Arruda Alvim (Coord.). *Processo de execução.* São Paulo: Revista dos Tribunais, 2001, p. 504.

A crítica à reversão do crédito das *astreintes* para o autor não é monopólio dos autores brasileiros. Muito antes da introdução da medida em nosso sistema jurídico, autores franceses já repudiavam aquela sistemática, como se denota da crítica veemente de Perrot:

> Sem negligenciar os interesses perfeitamente respeitáveis dos credores, não é um sacrilégio acrescentar que esse sistema é satisfatório apenas na aparência. [...] Além de que a equidade nem sempre encontra sua expressão correta se se considera que o atraso da execução já tem sua reparação nos juros moratórios [...], é mesmo surpreendente que uma ofensa feita ao juiz se traduza em um prêmio oferecido ao credor. Para justificar a *astreinte* se proclama abertamente (e tem-se mil razões) que a autoridade do juiz não pode ser rebaixada. Mas o pobre juiz não pode se fazer respeitar a não ser engordando a bolsa de uma das partes![829]

Na França, noticia Guerra, houve diversas tentativas para se alterar a sistemática tradicional, possibilitando a reversão total ou parcial do crédito resultante das *astreintes* ao Estado.[830] Todas, segundo o autor, em vão.[831]

Em razão desse problema praticamente intransponível pelo sistema atual, aumentam as vozes na doutrina para que se adote, no Brasil, característica peculiar do sistema alemão da *Zwangsgeld*, pena pecuniária prevista no § 888 do ZPO. Na Alemanha, o crédito resultante da incidência da referida multa reverte para o Estado.[832]

Tal sistemática é assim defendida por Barbosa Moreira:

> Por outro lado, já que ela [a multa diária] não tem caráter ressarcitório, mas visa assegurar a eficácia prática da condenação, constante de ato judicial, não parece razoável que o produto de sua aplicação seja entregue ao credor, em vez de ser recolhido aos cofres públicos.[833]

Fowler, trazendo não apenas o exemplo do Direito alemão, mas também do Direito português e casos específicos previstos no Direito francês, adere à crítica de Barbosa Moreira:

---

[829] PERROT, Roger. *Apud.* GUERRA, Marcelo Lima. *Execução indireta*. São Paulo: Revista dos Tribunais, 1998, p. 123.

[830] "Releva notar que, por iniciativa de Foyer e Mazeaud, foi incluída, no projeto de lei que veio a se tornar a Lei 72-626 de 1972, uma disposição determinando que do valor da *astreinte* liquidada fosse 'atribuído metade ao Tesouro Público e metade à parte que obteve a condenação não cumprida'. Tal dispositivo foi, todavia, rejeitado pelo Senado. [...] Nova tentativa foi feita para remediar tal situação, por ocasião dos trabalhos preparatórios da Lei de 1991. De fato, o art. 36, alínea 2, do Projeto 888, que veio a se tornar a Lei 91-650 de 1991, dispunha: 'O juiz pode decidir que uma parte da *astreinte* não seja destinada ao credor. Essa parte reverterá ao fundo nacional de ação social'. Essa disposição foi, porém, mais uma vez rejeitada pelo Senado, ficando estabelecido, definitivamente, que o valor arrecadado com a execução da *astreinte* deve ser entregue ao próprio credor da condenação principal" (GUERRA, Marcelo Lima. *Execução indireta*. São Paulo: Revista dos Tribunais, 1998, p. 123-124).

[831] Saliente-se que há previsão legal de reversão de parte das *astreintes* fixadas pelo *Conseil d'État* ao fundo público denominado *fonds d'équipement*. Nesse sentido, MARINONI, Luiz Guilherme. *Tutela inibitória: individual e coletiva*. São Paulo: Revista dos Tribunais, 1998, p. 170.

[832] Ver Item 2.2.6.

[833] *Apud* GUERRA, Marcelo Lima. *Execução indireta*. São Paulo: Revista dos Tribunais, 1998, p. 207.

O beneficiário da multa no Direito Brasileiro é o credor, dentro da concepção de que é o maior prejudicado com a atitude do devedor. Todavia, como visto acima, assim não deveria ser, já que se destina a tornar efetivos os pronunciamentos judiciais e pode provocar o enriquecimento sem causa do beneficiário.

[...]

Na França, a partir dessa preocupação, determinou-se o recolhimento de parte das *astreintes* a fundos públicos. De igual sorte, no Direito Português os resultados econômicos das sanções pecuniárias são divididos entre o credor e o Estado, conforme dispõe o art. 829-A do CC português. Já o Direito Argentino traz solução semelhante à brasileira, destinando exclusivamente ao litigante prejudicado pelo inadimplemento (art. 37 do Código de Processo Civil e Comercial da Nação). O Direito Alemão, por fim, traz a melhor solução, já que o montante oriundo do pagamento da multa reverte integralmente ao Estado.[834]

Alguns autores, como Clayton Maranhão, chegam a atribuir a esse aspecto da multa brasileira (reversão de seu produto para o autor/credor) um obstáculo para sua utilização:

Aliás, penso, este é um dos motivos pelos quais a multa não tem sido levada muito a sério pela jurisprudência. Mas, se o produto reverte para o Estado, através de um fundo, por exemplo, o argumento do enriquecimento indevido do credor, que já era utilizado nas origens da *astreinte*, será um obstáculo a menos para a efetividade da tutela das prestações de fazer e de não fazer materialmente infungíveis.[835]

A crítica à atual sistemática brasileira é, em parte, procedente. Conforme já salientado, muitas vezes mostra-se insuperável, em razão da reversão dos valores correspondentes à multa ao autor, a antinomia entre o princípio da proibição de enriquecimento injusto e o da efetividade do processo. Entretanto, o simples abandono dessa sistemática e adoção daquela prevista pelo direito tedesco não é isenta de críticas. Nesse particular, interessantes considerações traça Marcelo Lima Guerra:

Contudo, a adoção dessa sistemática no direito brasileiro, sem uma expressa disciplina legal, revela-se problemática e com a possibilidade de comprometer seriamente a eficácia da multa diária, em razão das implicações dessa solução com a questão da legitimidade *ad causam* para a execução da multa.

É que, não sendo o credor o beneficiário da multa, não seria dele, e sim do Estado, a legitimidade *ad causam* para a cobrança *in executivis* da quantia devida com a aplicação daquela medida. [...] Dessa forma, a eficácia coercitiva da multa diária poderia ficar seriamente comprometida, em virtude de sua atuação concreta ficar a depender da iniciativa de órgãos públicos, com os conhecidos problemas de excesso de trabalho e entrave burocrático.[836]

---

[834] FOWLER, Marcos Bittencourt. A (re) reforma do art. 461 do Código de Processo Civil; a multa e seus problemas. In MARINONI, Luiz Guilherme (coord.). *A segunda etapa da reforma processual civil*. São Paulo: Malheiros, 2001, p. 203.

[835] MARANHÃO, Clayton. *Tutela específica das obrigações de fazer e não fazer.* In MARINONI, Luiz Guilherme (coord.). *A segunda etapa da reforma processual civil*. São Paulo: Malheiros, 2001, p. 132.

[836] GUERRA, Marcelo Lima. *Execução indireta.* São Paulo: Revista dos Tribunais, 1998, p. 208-209.

A ressalva feita por Guerra é apontada por Talamini em defesa da sistemática do Direito brasileiro:

A circunstância de a parte – e não o Estado ou um fundo público – ser a beneficiária da multa contribui, sob certo aspecto, para a eficácia da função coercitiva do mecanismo. Isso se deve a dois motivos: [...] Primeiro, a aptidão da multa pressionar psicologicamente o réu será tanto maior quanto for a perspectiva de que o crédito dela derivado venha a ser rápida e rigorosamente executado. E não há melhor modo de assegurar a severidade da execução do que atribuindo o concreto *interesse* na sua instauração e desenvolvimento ao próprio autor – mediante a destinação do resultado nela obtido. [...] Em segundo lugar, sendo o crédito da multa titularizado pelo autor, este pode utilizá-lo em eventual composição com o adversário. [...] Já se o beneficiário da multa fosse o Estado ou um fundo público, a disponibilidade de tal crédito pelo autor, para fins de transação, seria, no mínimo, objeto de intensa discussão.[837]

A perceptiva opinião de Talamini, embora correta no que tange à busca da efetividade da multa, não afasta a questão referente ao enriquecimento injusto do autor.

Uma solução para tal antinomia é oferecida por Marcelo Lima Guerra, ao sustentar a hipótese (a ser adotada pelo legislador, em caráter de urgência) de conferir-se ao credor legitimação extraordinária para a execução da multa, mas destinando-se o crédito dela oriundo ao Estado, ou parte a este, parte ao credor.[838] Esta última hipótese (divisão do crédito entre o credor e o Estado) é adotada pelo Direito português, no qual metade do valor resultante da aplicação da multa é destinado ao Estado, e somente a outra parte ao credor.[839]

Talamini critica a solução oferecida por Guerra, afirmando que não haveria real interesse do credor na execução de multa que fosse revertida ao Estado.[840]

Retira-se, da leitura dos dois juristas citados no parágrafo anterior, uma indelével conclusão: a sistemática atual das *astreintes* – cuja real eficácia demandaria uma análise empírica, e não teórica – é incapaz de superar a contradição antes referida, entre os princípios da efetividade dos provimentos jurisdicionais e da proibição de enriquecimento ilícito.

Verifica-se, em diversos casos julgados pelos Tribunais, um desvirtuamento das *astreintes*, consubstanciado no deslocamento do foco de interesse do autor, saindo da tutela específica, para centrar-se na cobrança da multa. Não raro, esquece-se da obrigação declarada no comando judicial, instituindo-se verdadeiras batalhas processuais em torno da cobrança da multa eventualmente incidente.

No acórdão oriundo da Apelação Cível nº 70001705912, proveniente da Décima Terceira Câmara Cível do Tribunal de Justiça do Estado do Rio Grande

---

[837] TALAMINI, Eduardo. *Tutela relativa aos deveres de fazer e de não fazer: CPC, art. 461; CDC, art. 84*. São Paulo: Revista dos Tribunais, 2001, p. 258.

[838] GUERRA, Marcelo Lima. Op. cit., p. 210.

[839] Código Civil Português de 1983 (Decreto-Lei 262). Artigo 829-A.

[840] TALAMINI, Eduardo. *Tutela relativa aos deveres de fazer e de não fazer: CPC, art. 461; CDC, art. 84*. São Paulo: Revista dos Tribunais, 2001, p. 258.

do Sul, em voto do relator, Dr. Ney Wiedemann Neto, noticia-se caso em que o autor, tendo obtido decisão interlocutória proibindo sua inscrição em cadastro de devedores ou a efetivação de protesto em seu nome, sob pena de multa, silenciou durante um ano, deixando-se protestar, para só então cobrar uma multa que chegava a centenas de milhares de reais. O crédito resultante da incidência da multa foi suprimido pelo tribunal.[841]

Não raro, o litigante beneficiado pela aplicação da multa aproveita-se da desorganização interna de determinadas empresas (a que de forma alguma se visa aqui justificar), para aguardar, *silenciosamente*, a incidência das *astreintes* por longo período, e só então promover a execução por quantia certa. Estaria nascendo, à sombra da indústria dos danos morais, a indústria das *astreintes*?

Não há como se negar que, em muitos casos, as decisões judiciais são desatendidas não por resistência intencional, mas por incongruências internas. Nota-se tal circunstância, principalmente, quando decisões judiciais impondo obrigações de pequeno conteúdo econômico e de fácil cumprimento são desatendidas e dão origem a multas de montantes exorbitantes. Nesses casos, é quase certo que não houve intenção em descumprir o comando judicial. Nesse sentido vai acórdão do Tribunal de Justiça do Estado do Rio Grande do Sul:

> A *astreinte* busca quebrar a vontade do obrigado, mas, no caso, nenhum dado indica que embora seu montante inicialmente previsto serviu para atender a determinação judicial, não podendo ser olvidado que estabelecimentos com estruturas muito grandes, com muitos departamentos, nem sempre desatendem as determinações por temor, mas por incongruências internas.[842]

---

[841] Transcreve-se parte do acórdão, por ser pertinente ao tema aqui tratado: "Não obstante, o que se tem aqui é uma decisão interlocutória, a qual, examinando a petição inicial, apreciou pedido de antecipação de tutela, razão pela qual o magistrado proibiu o credor de protestar títulos de crédito ou cadastrar o nome do devedor no SPC.
Não obstante, ambas as coisas terminaram por acontecer.
Chama a atenção nesse caso, que a ação revisional foi aforada no dia 9 de fevereiro de 1999 (fl. 20) e que nesse mesmo dia tinha o credor protocolado para protesto a nota promissória representativa do débito do apelante (fl. 46).
Curioso, é que sendo intimado o apelante em 24 de fevereiro de 1999, sabidamente protegido por decisão judicial, não fez nada, senão deixar-se protestar.
Por que razão o apelante não peticionou nos autos, pedindo a sustação de tal protesto?
Decorrência lógica da lavratura do protesto, é que no mês seguinte foi cadastrado no SPC (fl. 48), que recolhe semanalmente os dados dos bancos de dados dos Tabelionatos de Protestos, para tal fim.
Comunicado em abril de 1999 que estava cadastrado no SPC (fl. 48), que providência tomou o apelante?
Pois bem, o apelante não fez nada, senão deixar o tempo passar, imaginando que cada dia que passava lhe garantiria 10 salários-mínimos, até resolver cobrá-los.
Quando ajuizou a execução, em fevereiro de 2000, a conta já passava dos R$ 273.000 !!!
Pergunta-se:
Se a obrigação era de não fazer, isto é, não protestar e não cadastrar, alguma vez nos autos o apelante denunciou o cadastramento no SPC e o protesto da nota promissória, pedindo ao Juiz a citação do apelado para o cumprimento da obrigação negativa, sob pena de incidência da multa fixada como *astreinte*?
Não!
Então a multa não é exigível."

[842] Tribunal de Justiça do Estado do Rio Grande do Sul. Apelação Cível nº 70001705912. Décima Terceira Câmara Cível. J. em 15.06.2001.

Verifica-se, pois, a franca possibilidade de, atribuindo-se o crédito das *astreintes* exclusiva e ilimitadamente ao demandante, promover-se uma verdadeira *corrida do ouro* em busca da multa, e um esquecimento, muitas vezes, da questão que deveria ser central no processo: a busca da tutela específica.

Sem embargo da utilização do raciocínio ora apresentado para a posterior análise da possibilidade de supressão da multa justamente nestes casos de desvirtuamento,[843] não nos parece, no entanto, ser o caso de abandonar-se a atual sistemática das *astreintes* no Brasil.

De fato, a proposta de Marcelo Lima Guerra (atribuindo-se ao Estado o crédito da multa, mas oferecendo ao credor legitimidade extraordinária para promover a execução) evita a colisão entre o princípio da proibição de enriquecimento injusto e o princípio da efetividade do processo. No entanto, não apenas este último princípio restaria enfraquecido, visto que o credor (autor) teria de promover um processo autônomo tão somente para obter a eficácia de uma técnica de tutela (faltando-lhe inclusive, segundo Talamini, interesse na execução),[844] como outra questão escapa à apreciação de Guerra: as *astreintes* passariam a ser ineficazes quando aplicadas contra o próprio Estado.

Ora, atribuindo-se ao ente estatal o crédito resultante da aplicação da multa, de nada adiantaria impô-la contra seu próprio beneficiário. Nesse sentido, a lição de Carreira Alvim, para quem "em favor dessa exegese pesa [...] a inusitada situação de vir o Estado a ser, ao mesmo tempo, obrigado e beneficiário da sanção, quando seja ele o descumpridor do preceito".[845]

Marinoni, para rebater essa crítica, sustenta:

> Não parece que o fato de o Estado poder ser o próprio devedor da multa possa se constituir em argumento favorável à tese de que a soma resultante da sua aplicação deva ser dirigida ao autor. Nesse caso, que é exceção, basta que se preveja o encaminhamento da multa para um fundo. Lembre-se que no direito francês o *Conseil d'État* pode impor a *astreinte* contra as pessoas jurídicas de direito público e, ao mesmo tempo, determinar que parte de seu montante seja atribuída "au fonds d'équipement des collectivités locales" [...].[846]

Não parece crível, no entanto, que se aposte na criação, aparelhamento e regular funcionamento e administração de fundos públicos ou privados, para o conserto de falha da legislação processual, que não dá destinação expressa ao crédito resultante da incidência da multa. A realidade prática, verificada, por exemplo, com os fundos previstos na Lei 7.347/85 (Ações Civis Públicas), demonstra que não constituem eles a melhor solução. Noticia-se que "o Ministério Público, estadual e federal, não tem empreendido a cobrança das multas impostas, apesar

---

[843] O que será feito no Item 5.2.6.

[844] TALAMINI, Eduardo. *Tutela relativa aos deveres de fazer e de não fazer: CPC, art. 461; CDC, art. 84*. São Paulo: Revista dos Tribunais, 2001, p. 258.

[845] ALVIM, J. E. Carreira. *O Direito na doutrina*. Curitiba: Juruá, 1998, p. 42.

[846] MARINONI, Luiz Guilherme. *Tutela inibitória: individual e coletiva*. São Paulo: Revista dos Tribunais, 1998, p. 180.

As *Astreintes* e o Processo Civil Brasileiro

do descumprimento de ordem judicial, seja pelo longo tempo decorrido entre a imposição e a exigibilidade, seja pela dificuldade de se comprovar, anos depois, fatos já ultrapassados".[847]

Além disso, o fundo proposto por Marinoni utilizaria a verba retirada dos cofres públicos para manter-se, ou seja, o Estado pagaria ao fundo para que este forçasse aquele (o próprio Estado) ao cumprimento de ordens judiciais. Soluções como esta mostram a que ponto – de irracionalidade – chegamos quando o assunto é descumprimento, pelo Poder Executivo, de ordens emanadas pelo Poder Judiciário.

Ademais, aqui vale lembrar a lição de Talamini: o interesse do autor em promover a execução, quando titular do crédito resultante da multa, é o que dá a esta maior efetividade. O *Fundo* nunca atuaria com a mesma tenacidade do demandante na cobrança daquele valor.

Poder-se-ia argumentar, todavia, que as *astreintes* fixadas contra o Estado e para este revertidas seriam, na verdade, suportadas pelo agente administrativo que descumpre a ordem judicial, o que superaria o problema da identidade entre credor e devedor da multa.

Nesse particular, saliente-se que, ao comentarem o parágrafo único e o inciso V do artigo 14, Teresa Arruda Alvim Wambier e Luiz Rodrigues Wambier sustentam que a multa lá prevista[848](de caráter punitivo), expressamente destinada à Fazenda Pública, deve ser paga pelo agente administrativo, e não pelo ente estatal.[849]

Independentemente da análise do acerto da conclusão acima referida, note-se que, enquanto a multa prevista no parágrafo único do artigo 14 é de valor fixo (não superior a 20% sobre o valor da causa), aquela prevista no artigo 461, § 4º deve tomar como base a capacidade de resistência do réu, na maior das vezes tomando como base seu patrimônio.[850] Ora, admitindo-se que as *astreintes* fossem cobradas do agente administrativo, e não da pessoa jurídica de direito público à qual aquele se vincula, com base em que patrimônio deveria ser fixada a multa? Se no patrimônio do ente estatal, certamente as *astreintes*, em curto espaço de tempo, levariam o agente administrativo à insolvência, perdendo, assim, seu caráter coercitivo. Se fixadas com base no patrimônio do agente, teriam o condão de mudar a política do ente estatal no atendimento de suas obrigações? E mais:

---

[847] FOWLER, Marcos Bittencourt. A (re) reforma do art. 461 do Código de Processo Civil; a multa e seus problemas. In MARINONI, Luiz Guilherme (coord.). *A segunda etapa da reforma processual civil*. São Paulo: Malheiros, 2001, p. 203. Note-se que essa constatação, feita por FOWLER, é justamente no sentido de criticar a posição de MARINONI, adotada também neste trabalho, para quem a multa só se torna exigível com o trânsito em julgado da decisão que a fixa. Em suma, seria incompatível com o entendimento de MARINONI, acerca da exigibilidade da multa, a destinação da mesma para fundos, e não para o autor.

[848] Vide Item 3.3.2.

[849] WAMBIER, Luiz Rodrigues e WAMBIER, Teresa Arruda Alvim. *Breves comentários à 2ª fase da reforma do Código de Processo Civil*. São Paulo: Revista dos Tribunais, 2002, p. 209.

[850] Item 3.9.

teria o agente, ameaçado pela multa, como se voltar contra as ordens de seus superiores? Por fim: seriam verdadeiramente promovidas as execuções fiscais contra agentes administrativos, em face da aplicação de multas pelo descumprimento de ordens judiciais impostas contra a própria Fazenda Pública?

Todos esses questionamentos indicam que, cobrando-se do ente estatal, ou de seu agente administrativo, as *astreintes* acabariam por não cumprir sua função quando, aplicadas em face da Fazenda Pública, tivessem como beneficiário o próprio Estado. Não bastassem tais circunstâncias, veja-se ainda o que afirmamos no Item 3.5.5, supra.

Assim, reconhecendo não haver fórmula perfeita para a sistemática das *astreintes*, visto que, retirando seu crédito do autor, se lhe retira a eficácia, e deixando-o com o autor, permite-se em determinados casos o enriquecimento injusto, é de ser mantida a sistemática atual. Conforta-nos, nesse particular, a lição de Pontes de Miranda:

> O jurista do direito material é um homem que ingenuamente crê em que as sentenças serão, todas, justas, em que a aplicação corresponde sempre, em toda a sua extensão, à incidência. Mas essa ingenuidade ele a herda do legislador do direito material – essa ingenuidade não a tem o legislador do direito processual, que legisla já ciente da *discórdia* e da *imperfeição humanas*. A velha antinomia do abstrato e do concreto, da irracionalidade irredutível, do contínuo e do descontínuo, da *lei* e da *vida*.[851]

Note-se, entretanto, que, por consistir em *técnica de tutela* a serviço do juiz,[852] na busca da obtenção da tutela específica ao autor, àquele assiste o poder de coibir abusos, de *dosar* as *astreintes* de forma a *minimizar* seus efeitos colaterais, dentre eles o enriquecimento injusto do demandante. Essa dosagem manifesta-se na possibilidade de redução do valor da multa e até mesmo na supressão do crédito dela resultante, atividades que serão devidamente abordadas no Item 5.2.6.

5.2.1.1. Ações civis públicas

Nas ações civis públicas, o beneficiário da multa não é o autor, embora possua este a legitimidade para a instauração do processo e execução por quantia certa para a cobrança do crédito resultante da incidência das *astreintes*.[853]

A Lei 7.347, de 24 de julho de 1985, que disciplina a ação civil pública, dispõe, expressamente, em seu artigo 13, que, "havendo condenação em dinheiro, a indenização pelo dano causado reverterá a um fundo gerido por um Conselho

---

[851] PONTES DE MIRANDA, Francisco Cavalcanti. *Tratado das ações*. 2ª ed. T. I. São Paulo: Revista dos Tribunais, 1972, p. 208.

[852] Vide Item 3.3.1.

[853] Sobre a utilização das *astreintes* na ação civil pública e sobre a constituição de fundo para o qual é revertido o crédito resultante da sua incidência, veja-se MAZZILLI, Hugo Nigro. *A defesa dos interesses difusos em juízo*. São Paulo: Saraiva, 2009. 22ª ed. revista, ampliada e atualizada, p. 519-532.

Federal ou por Conselhos Estaduais de que participarão necessariamente o Ministério Público e representantes da comunidade, sendo seus recursos destinados à reconstituição dos bens lesados".

O fundo referido no dispositivo acima citado corresponde ao FDDD – Fundo Federal de Defesa dos Direitos Difusos.[854] Saliente-se, ainda, que, mediante autorização legislativa (exigida pelo artigo 167, IX, da Constituição Federal), os Estados podem criar e regulamentar fundos semelhantes, para a reversão de valores oriundos de ações que tramitem na respectiva Justiça Estadual.[855]

O crédito oriundo de *astreintes* aplicadas em ações civis públicas é dirigido a tais fundos. Todos os valores que compõem os fundos, sejam estes estaduais ou federais, deverão ser aplicados na composição efetiva dos danos causados aos direitos previstos no artigo 1º da Lei 7.347/85, de forma a possibilitar à parte lesada o retorno ao *status quo ante*.[856]

Interessante notar que, nesse caso, as *astreintes*, de natureza coercitiva, terão seu crédito misturado a outros destinados a uma função ressarcitória.[857]

5.2.2. A espécie de execução por quantia certa

Não há qualquer dúvida, na doutrina ou na jurisprudência, quanto à espécie de execução a ser adotada em se tratando do crédito relativo à incidência da multa em estudo.

Ao referir-se à execução das *astreintes* fixada em medida cautelar, Humberto Theodoro Júnior ensina:

A *astreinte* consiste numa "condenação pecuniária proferida em razão de tanto por dia de atraso (ou por qualquer unidade de tempo, conforme as circunstâncias), destinada a obter do devedor o cumprimento da obrigação de fazer" [...]

---

[854] "Foi regulamentado pelo D. 92302/86, que foi alterado pelos Ds. 96617/88 e 407/91. O D. 1306/94, que revogou os três anteriores, bem como a L. 9008/95, que criou o Conselho Federal Gestor do FDDD (CFDDD), são as normas federais que, atualmente, regulam a fundo federal para reconstituir os direitos difusos lesados. Este fundo se destina a gerir os valores oriundos de condenação judicial por danos causados aos direitos mencionados na LACP 1º, inclusive o meio ambiente [...] e a livre concorrência (LAT), *bem como de recursos advindos de multas por descumprimento de decisões judiciais*" (NERY JUNIOR, Nelson e NERY, Rosa Maria Andrade. *Código de Processo Civil comentado e legislação processual civil extravagante em vigor*. 6ª ed., revista. São Paulo: Revista dos Tribunais, 2002, p. 1.360).

[855] Neste sentido: NERY JUNIOR, Nelson e NERY, Rosa Maria Andrade. *Código de Processo Civil comentado e legislação processual civil extravagante em vigor*. 6ª ed. São Paulo: Revista dos Tribunais, 2002, p. 1.361.

[856] Idem, p. 1.362.

[857] Semelhante fundo é previsto tanto no anteprojeto de Código Brasileiro de Processos Coletivos do Instituto Brasileiro de Direito Processual Civil – IBDP" (art. 27), seja no anteprojeto de Processo Civil Coletivo, de autoria de Antonio Gidi (arts. 24 e 27). Sobre o tema, veja-se GIDI, Antônio. *Rumo a um Código de Processo Civil coletivo: a codificação das ações coletivas do Brasil*. Rio de Janeiro: Forense, 2008. p. 323-336. É também previsto no Projeto de Lei 5.139/2009, apresentado à Câmara dos Deputados pelo Poder Executivo em 29 de abril de 2009, e que "Disciplina a ação civil pública para a tutela de interesses difusos, coletivos ou individuais homogêneos, e dá outras providências", revogando a Lei 7.347/85 (Lei da Ação Civil Pública). Para a íntegra do projeto, veja-se: http://www.camara.gov.br/sileg/integras/651669.pdf.

Uma vez, porém, que se cuida de condenação de natureza pecuniária, a forma obrigatória de sua execução é a da execução por quantia certa ou, como dizem os italianos, a execução por "expropriação forçada".[858]

Evidentemente, mesmo sendo cominada em uma decisão relativa à obrigação de fazer, não fazer ou entregar coisa (arts. 461 e 461-A), a multa, uma vez incidindo em face do desatendimento do réu ao preceito judicial, resulta em obrigação pecuniária do demandado.

Como refere Talamini:

> A eficácia executiva *lato sensu* e mandamental dos provimentos *ex* art. 461 não abrange o crédito advindo da multa. O § 5º do art. 461 previu que só para a "tutela específica" ou para a "obtenção do resultado prático equivalente" o juiz poderia lançar mão de medidas atípicas no próprio processo de conhecimento – não estendendo essa possibilidade à cobrança da multa.[859]

Note-se que, independentemente de as *astreintes* terem sido fixadas em decisão interlocutória, sentença ou acórdão, "sua execução fundar-se-á em título *judicial* – limitando-se os embargos de executado às matérias do art. 741".[860] Não há mais falar, é claro, em *embargos,* visto que a Lei 11.232/05 estabeleceu a *impugnação* (art. 475-J, § 1º, 475-L e 475-M) como meio de defesa do réu no cumprimento e execução das sentenças condenatórias ao pagamento de quantia.

Como veremos a seguir, poderá a impugnação versar, dentre outras matérias previstas no artigo 475-L, sobre o cumprimento, tardio ou não, parcial ou total, da decisão judicial, bem como sobre a impossibilidade do cumprimento, matérias estas que determinarão se a execução se dá em excesso (art. 475-L, V) ou se é inexigível o título (art. 475-L, II).

Assim, tem-se que a execução do crédito resultante das *astreintes* deve seguir o rito previsto nos artigos 475-J e seguintes, qual seja o da execução por quantia certa. Guardará, no entanto, peculiaridades, as quais trataremos a seguir.

5.2.3. A execução das *astreintes* e o princípio da *nulla executio sine titulo*

Dispunha o artigo 583 que "toda a execução tem por base título executivo judicial ou extrajudicial". Sua revogação, pela Lei 11.382/06, de forma alguma

---

[858] THEODORO JÚNIOR, Humberto. Medida Cautelar. Multa diária. Exequibilidade (Parecer). *Revista de Processo* nº 96, p. 211. No mesmo sentido: Barbosa. *O novo processo civil brasileiro: exposição sistemática do procedimento.* 22ª ed. rev. e atual. Rio de Janeiro: Forense, 2002, p. 220; e GRINOVER, Ada Pellegrini. Aspectos da reforma do Código de Processo Civil. *Revista de Processo,* nº 79, p. 74.

[859] TALAMINI, Eduardo. *Tutela relativa aos deveres de fazer e de não fazer: CPC, art. 461; CDC, art. 84.* São Paulo: Revista dos Tribunais, 2001, p. 256. Note-se que a inserção da "multa" no § 5º do artigo 461 não implica a assunção de que medidas atípicas podem ser tomadas para a cobrança do crédito resultante das *astreintes.* Significa tão somente que a multa foi inserida no rol das medidas daquele dispositivo para a obtenção da tutela específica ou do resultado prático equivalente, nas ações relativas à obrigação de fazer, não fazer e entregar coisa, excluindo-se, portanto, obrigações pecuniárias.

[860] TALAMINI, Eduardo. *Tutela relativa aos deveres de fazer e de não fazer: CPC, art. 461; CDC, art. 84.* São Paulo: Revista dos Tribunais, 2001, p. 256.

aboliu o princípio da *nulla executio sine titulo*, tendo ocorrido apenas adaptação sistemática do CPC, já que o Livro II passou a tratar da execução de títulos extrajudiciais, enquanto a execução de títulos judiciais passou a seguir a sistemática dos artigos 461, 461-A e 475-J.[861]

Conforme demonstrado anteriormente,[862] as *astreintes* serão *sempre* fixadas em título *judicial*, não se confundindo com a multa moratória fixada pelas partes em títulos extrajudiciais, prevista no parágrafo único do artigo 645.

Podem as *astreintes* vir fixadas em decisão interlocutória (mormente em casos de antecipação da tutela – art. 461, § 3º), no *despacho* de que trata o artigo 645, *caput* (execução de título extrajudicial), em sentença ou acórdão. Somente a sentença, das decisões ora referidas, pode ser diretamente extraída da literalidade do rol dos títulos judiciais previsto no artigo 475-N. No entanto, é por demais evidente que acórdãos também estão incluídos naquele rol.[863]

Com relação às decisões de antecipação da tutela, há quem afirme não constituírem elas *título executivo*. Vai nesse sentido a afirmativa de José Miguel Garcia Medina:

> Parece-nos, diante disso, que não ocorre, em relação à decisão que concede a tutela antecipatória, aquela abstração inerente aos títulos executivos [...] Conclui-se que os *provimentos sumários, embora autorizem a execução imediata, não são títulos executivos*. Não se aplica à execução baseada em tais provimentos o princípio da *nulla executio sine titulo*, mas o princípio da execução sem título permitida.[864]

Entretanto, o próprio autor admite: "[...] a orientação que adotamos no presente trabalho é absolutamente discrepante daquela que predomina na doutrina brasileira, [...]".[865]

Com efeito, a doutrina predominante afirma que "há um título executivo judicial que não se insere no rol do CPC 584, mas que pode dar ensejo à execução provisória. É a denominada sentença liminar extraída dos processos em que se permite a antecipação da tutela jurisdicional, dos processos cautelares, ou das ações constitucionais".[866]

---

[861] Sobre a revogação do artigo 583, veja-se o que escreveu Sérgio Mattos em ALVARO DE OLIVEIRA, Carlos Alberto (Coord.). *A nova execução de títulos extrajudiciais: comentários à Lei nº 11.382, de 6 de dezembro de 2006*. Rio de Janeiro: Forense, 2007, p. 263-264.

[862] Item 3.10.2.

[863] ASSIS, Araken de. *Manual do processo de execução*. 7ª ed., São Paulo: Revista dos Tribunais, 2001, p. 146.

[864] MEDINA, José Miguel Garcia. *A execução da liminar que antecipa efeitos da tutela sob o prisma da teoria geral da tutela jurisdicional executiva – o princípio da execução sem título permitida*. In SHIMURA, Sérgio e WAMBIER, Teresa Arruda Alvim (Coord.). *Processo de execução*. São Paulo: Revista dos Tribunais, 2001, p. 532.

[865] Idem.

[866] NERY JUNIOR, Nelson e NERY, Rosa Maria Andrade. *Código de Processo Civil comentado e legislação processual civil extravagante em vigor*. 6ª ed., revista. São Paulo: Revista dos Tribunais, 2002, p. 950. No mesmo sentido, Leonardo Ferres da Silva Ribeiro afirma: "Como já dissemos, parece-nos que o legislador criou outro título executivo judicial, vale dizer, a decisão interlocutória que antecipa tutela" (RIBEIRO, Leonardo

Assiste razão à corrente majoritária. Como explica Araken de Assis:

O termo "sentença", empregado no artigo 584, I, se mostra passível de exegese compreensiva. [...] se evidencia que decisões interlocutórias, principalmente sob a forma de liminares, franqueiam acesso à execução forçada. [...] Logo, a nota fundamental do art. 584, I, reside, concretamente, na eficácia condenatória do ato decisório, e não na sua tipificação legal [...].[867]

Também não vemos dificuldade em incluir no rol do artigo 475-N a decisão de que trata o artigo 645, *caput*. Em verdade, ao fixar a multa no despacho da inicial do processo de execução, profere o juiz verdadeira decisão interlocutória, visto que apta a "causar dano à parte".[868]

De qualquer sorte, classificando as decisões interlocutórias acima referidas como título executivo ou não, o certo é que elas autorizam a execução forçada, sem que haja violação ao princípio da *nulla executio sine titulo*.

5.2.4. Requisitos da obrigação para a execução por quantia certa: liquidez, certeza e exigibilidade

Dispõe o artigo 586 que a execução para a cobrança de crédito fundar-se-á sempre em título de obrigação[869] *líquida*, *certa* e *exigível*. A execução do crédito resultante da incidência das *astreintes* não foge à regra.

Conforme salienta Zavascki, a liquidez "é predicativo intimamente relacionado com o de certeza, seu pré-requisito necessário. É o que se depreende da definição constante do art. 1.533 do Código Civil: 'considera-se líquida a obrigação certa, quanto à sua existência, e determinada, quanto ao seu objeto'.

Ferres da Silva. *Execução e antecipação de tutela: princípios comuns e sua aplicação visando a efetividade do processo*. In SHIMURA, Sérgio e WAMBIER, Teresa Arruda Alvim (Coord.). *Processo de execução*. São Paulo: Revista dos Tribunais, 2001, p. 547/548). MARINONI, por sua vez, prega uma "reconceituação de título executivo, afirmando que "[...] não há motivo que possa impedir um provimento sumário de constituir título executivo" (MARINONI, Luiz Guilherme. *Novas linhas do processo civil*. 4ª ed., revista e ampliada. São Paulo: Malheiros, 2000, p. 46).

[867] ASSIS, Araken de. *Manual do processo de execução*. 7ª ed. São Paulo: Revista dos Tribunais, 2001, p. 147. O artigo 584 foi substituído, com a reforma empreendida pela Lei 11.232/05, pelo artigo 475-N, do CPC. Reconhecendo a decisão interlocutória que fixa as *astreintes* como título executivo, veja-se acórdão do STJ, assim ementado: PROCESSO CIVIL. MULTA COMINADA EM DECISÃO INTERLOCUTÓRIA. EXECUÇÃO. A decisão interlocutória que fixa multa diária por descumprimento de obrigação de fazer é título executivo hábil para a execução definitiva. Agravo regimental não provido (AgRg no REsp 724.160/RJ, Rel. Ministro ARI PARGENDLER, TERCEIRA TURMA, julgado em 04/12/2007, DJ 01/02/2008, p. 1).

[868] NERY JUNIOR, Nelson e NERY, Rosa Maria Andrade. *Código de Processo Civil comentado e legislação processual civil extravagante em vigor*. 6ª ed., revista. São Paulo: Revista dos Tribunais, 2002, p. 516.

[869] No texto original do artigo 586, constava *título* líquido, certo e exigível. Com a Lei 11.382/06, corrigiu-se a redação, já que "certeza, liquidez e exigibilidade consituem atributos concernentes à obrigação consubstanciada no título executivo, e não constituem do título executivo em si mesmo, só podendo se referir ao direito material" (ALVARO DE OLIVEIRA, Carlos Alberto. Comentário ao artigo 586 do CPC. In ALVARO DE OLIVEIRA, Carlos Alberto (Coord.). *A nova execução de títulos extrajudiciais: comentários à Lei nº 11.382, de 6 de dezembro de 2006*. Rio de Janeiro: Forense, 2007. p. 10-11).

As *Astreintes* e o Processo Civil Brasileiro

Em outras palavras: para ser líquida, a obrigação deve (a) existir e (b) ter objeto determinado".[870]

Já a certeza, segundo o processualista, "não é sinônimo de incontestabilidade. O título executivo atende ao requisito da certeza quando for apto, por si mesmo, a representar, documentalmente, uma norma jurídica individualizada da qual decorra a obrigação de alguém de prestar a outrem uma coisa, uma quantia, um fato ou uma omissão".[871] Para Araken de Assis, "tal atributo se relaciona, mesmo, com a *existência do crédito*".[872] Por óbvio, tal não significa dizer que o juiz, no controle inicial da demanda executória, tenha condições e o dever de aferir a *existência* do crédito. Fora dos casos em que disposições legais outorgam certeza ao crédito em determinados títulos (situação em que poderá o juiz verificar a presença de requisitos previstos em tais disposições), "o juiz se restringe a aquilatar se o título se inclui, ou não, no rol dos arts. 584[873] e 585 do CPC, jungindo-se à iniciativa oportuna do executado para prover em torno da existência do crédito".[874] Mais precisa, entretanto, é a lição de Alcides Mendonça Lima, adotada neste trabalho: "Se o título oferece elementos quanto aos sujeitos da relação jurídica (credor e devedor) e igualmente quanto ao objeto devido (seja uma *res*, uma *pecúnia*, um *facere* ou um *non facere*), o requisito da *certeza* está obedecido".[875] Parece ser esta a única conduta exigível do magistrado na análise inicial da certeza do título, como instrumento franqueador da lide executiva.

Por fim, a exigibilidade "tem, também ela, como pré-requisito, a certeza do direito. Para ser exigível a prestação supõe-se (a) que exista direito subjetivo a havê-la e (b) que o dever de prestá-la seja atual, e não futuro".[876] Dispõe o artigo 572 que, na sentença em que se decidiu relação jurídica sujeita a termo ou condição, a sua execução só poderá ser feita mediante prova de que se realizou a condição ou que ocorreu o termo. Na definição precisa de Araken de Assis, "termo é fato natural, verificável no próprio título e, por essa razão, carece de qualquer prova, em princípio, tirante a do chamado termo incerto [...]. Ao contrário, a

---

[870] ZAVASCKI, Teori Albino. *Comentários ao Código de Processo Civil*. São Paulo: Revista dos Tribunais, 2000. V. 8, p. 242. O artigo 1.533 do Código Civil de 1916, mencionado por Zavascki, foi revogado pela Lei 10.406/02 (Novo Código Civil Brasileiro).

[871] Idem, p. 244.

[872] ASSIS, Araken de. *Manual do processo de execução*. 7ª ed. São Paulo: Revista dos Tribunais, 2001, p. 138/139.

[873] Revogado, este dispositivo deu lugar ao artigo 475-N do CPC, como referido anteriormente.

[874] ASSIS, Araken de. *Manual do processo de execução*. 7ª ed. São Paulo: Revista dos Tribunais, 2001, p. 139.

[875] LIMA, Alcides de Mendonça. *Comentários ao Código de Processo Civil*. 1ª ed. Rio de Janeiro – São Paulo: Forense, 1974, V. VI, T. II, p. 409.

[876] ZAVASCKI, Teori Albino. *Comentários ao Código de Processo Civil*. São Paulo: Revista dos Tribunais, 2000. V. 8, p. 243.

condição, porque evento futuro e incerto, carecerá de prova na petição inicial da ação executória (art. 614, III, do CPC)".[877]

A partir das definições acima feitas, cumpre analisarmos quando *certeza, liquidez* e *exigibilidade* encontrar-se-ão presentes, possibilitando a execução por quantia certa do crédito resultante das *astreintes*. Como a *certeza* é pré-requisito da *liquidez* e *exigibilidade*, não se podendo "conceber obrigação incerta, líquida ou exigível",[878] é dela que se tratará primeiramente.

5.2.4.1 Certeza

Ao executar o crédito resultante da multa, o título executivo judicial será a decisão que a fixou, seja ela interlocutória (incluindo-se o "despacho" que prevê o artigo 645, *caput*), sentença ou acórdão.[879]

Constando na decisão o nome do autor (credor das *astreintes*) e do réu (devedor das *astreintes*), e estabelecendo-se o termo inicial da multa (descumprimento do preceito judicial) e seu termo final (momento da execução), bem como que a multa é representada por *pecúnia*, correspondente ao seu período de incidência, deve ser tido como "certo" o título *exequendo*.

Marcelo Lima Guerra atenta para importante questão, referente à suposta necessidade de prova do descumprimento da decisão judicial pelo réu.[880]

Assiste razão ao jurista, quando este afirma que "o inadimplemento é requisito externo e indiferente ao processo de execução. Situa-se no plano do direito material, em razão do que não pode ser considerado requisito do processo de execução".[881]

Ademais, exigir-se do autor a comprovação de que o réu *não* cumpriu a determinação judicial, no mais das vezes, implicará a exigência da chamada *prova diabólica*,[882] o que não se afigura admissível diante de uma interpretação extensiva do artigo 333, parágrafo único, II.

Por essas razões, não é necessário que o autor comprove o descumprimento do preceito judicial pelo réu, sendo dever deste, em impugnação ao cumprimento ou à execução da sentença,[883] comprovar o eventual excesso de execução (art.

---

[877] ASSIS, Araken de. *Manual do processo de execução*. 7ª ed. São Paulo: Revista dos Tribunais, 2001, p. 141.

[878] ZAVASCKI, Teori Albino. Op. cit., p. 243.

[879] Como salienta ZAVASCKI, o título executivo da multa "será a decisão que fixou o valor e a data de incidência" (ZAVASCKI, Teori. Op. cit., p. 507).

[880] GUERRA, Marcelo Lima. *Execução indireta*. São Paulo: Revista dos Tribunais, 1998, p. 210/211.

[881] Idem, p. 211.

[882] "A prova de fato negativo é considerada pela doutrina como prova diabólica por ser de difícil produção. Inteligência do art. 333, parágrafo único, inc. II, do CPC. RECURSO INTERNO IMPROVIDO. UNÂNIME" (Agravo nº 70011668472, Décima Quinta Câmara Cível, Tribunal de Justiça do RS, Relator: Otávio Augusto de Freitas Barcellos, julgado em 08/06/2005).

[883] Vide Item 5.2.4.2.1.

As *Astreintes* e o Processo Civil Brasileiro

475-L, V) em razão de ter cumprido o preceito, embora com atraso ou apenas parcialmente, ou mesmo a inexigibilidade do título (art. 475-L, II), por ter cumprido a decisão judicial dentro do prazo nela fixado, por ser impossível o cumprimento da determinação judicial etc.[884]

5.2.4.2. Liquidez

Dos três requisitos do título executivo, este é o que, em tese, menor complexidade apresenta em se tratando da execução do crédito resultante da incidência das *astreintes*. O valor a ser cobrado pela multa é facilmente determinado pelo número de dias (ou outra unidade, tal qual semana, mês etc.) que medeiam o termo inicial e o termo final da multa,[885] multiplicado pelo seu valor unitário.

Como salienta Guerra, a decisão que aplica a multa "contém todos os elementos para se determinar, por simples cálculo aritmético, e a qualquer tempo, o referido valor. E uma tal decisão é, tecnicamente, no Direito brasileiro, uma decisão *líquida*".[886] No mesmo sentido vai Talamini, ao afirmar que "a determinação do valor exato do crédito decorrente da incidência da multa depende de mero cálculo aritmético".[887]

Marcelo Lima Guerra sustenta, entretanto, que a determinação do valor da multa poderá depender de atividade instrutória:

> É o que ocorre na hipótese em que a multa deixa de incidir por não ser mais possível a execução. Nesse caso, a determinação de se e em que momento tal impossibilidade se verificou influencia, diretamente, no cálculo da multa. Aqui, portanto, a execução do crédito decorrente da multa requer a prévia liquidação de sentença para que tais fatos sejam apurados e, consequentemente, determinado o valor a ser cobrado.[888]

Não nos parece, entretanto, ser o caso de instauração de procedimento específico de liquidação de sentença, tal qual previsto nos artigos 475-A a 475-H. Como demonstraremos a seguir, a liquidação da multa se dará por cálculo aritmético do autor, e é na eventual impugnação ao cumprimento da obrigação de pagar quantia – crédito resultante da incidência da multa – que se praticará a atividade instrutória necessária para confirmar ou infirmar os termos *a quo* e *ad quem* da multa.

---

[884] Em sentido contrário vai Ernane Fidélis dos Santos: "A pena pecuniária que incidir deverá ser cobrada pela forma de execução por quantia certa. Mister se faz, porém, que o credor prove a condição (art. 572), isto é, que a prestação do fato não foi cumprida nem houve abstenção." SANTOS, Ernane Fidélis dos. *Manual de direito processual civil*. 10ª ed., rev. e atual. São Paulo: Saraiva, 2006, v. 2, p. 106.

[885] Definidos nos itens 3.8.1 e 3.8.2.

[886] GUERRA, Marcelo Lima. Op. cit., p. 211.

[887] TALAMINI, Eduardo. *Tutela relativa aos deveres de fazer e de não fazer: CPC, art. 461; CDC, art. 84*. São Paulo: Revista dos Tribunais, 2001, p. 256.

[888] GUERRA, Marcelo Lima. *Execução indireta*. São Paulo: Revista dos Tribunais, 1998, p. 212.

5.2.4.2.1. Procedimento para a liquidação e cobrança do crédito resultante da incidência das astreintes

Sendo as *astreintes* medida exclusiva do órgão jurisdicional estatal, não havendo falar na sua fixação em título extrajudicial[889] (como vimos,[890] a multa periódica fixada pelas partes não se equipara às *astreintes*), sua execução seguirá sempre a sistemática do cumprimento e execução de sentença, prevista no artigo 475-I e seguintes. Isso significa que não se instaurará processo de execução autônomo para a cobrança da multa, e muito menos se oportunizará a oposição de embargos à execução contra a sua execução, diferentemente do que ocorria antes da entrada em vigor da Lei 11.232/05.[891] A execução dar-se-á nos autos do próprio processo no qual a multa foi fixada, e a defesa do réu far-se-á por meio de impugnação (arts. 475-L e 475-M).

A sistemática de execução do crédito resultante da multa guarda, no entanto, peculiaridades em relação ao cumprimento das sentenças relativas a obrigações de pagar quantia, peculiaridades essas que resultam em diferenças importantes nas respectivas sistemáticas.

Enquanto para o cumprimento da sentença que condena o réu ao pagamento de quantia certa basta o trânsito em julgado daquela para que se instaure o prazo de 15 dias para o pagamento da condenação[892] (após o que incidirá multa de 10% sobre o valor impago), para a execução do crédito resultante das *astreintes* será necessária a intimação do devedor, na forma dos artigos 236 e 237, para pagamento. Isso porque, enquanto na primeira hipótese pode o réu facilmente calcular o valor devido – já quantificado na sentença – e efetuar o pagamento ou depósito, na segunda hipótese (I) o réu não sabe se o autor terá interesse na execução da multa, pois não é esse o foco principal do processo, e sim o cumprimento de obrigação de fazer, não fazer ou entrega de coisa, (II) geralmente será controvertida a incidência da multa, havendo ainda divergência sobre o cumprimento ou não da determinação judicial, (III) o réu terá legítima pretensão de impugnar o montante global da multa, seja por alegar ter cumprido a obrigação, seja por sustentar a impossibilidade de cumprimento, seja mesmo por manifestar o excesso e, principalmente, (IV) não terá havido ainda decisão judicial reconhecendo como devido o montante global resultado da incidência da multa.

Assim, o procedimento a ser adotado na cobrança do crédito resultante da multa será o seguinte:

(I) o autor apresentará petição nos autos do processo no qual foram fixadas as *astreintes*, informando ao juiz os termos *a quo* e *ad quem* da incidência da

---

[889] Evidentemente, poderá ser fixada *pelo juiz* em sede de execução de título extrajudicial (art. 645, *caput*).

[890] Item 3.9.1.2.

[891] A sistemática anterior era destacada na primeira edição desta obra, p. 206-229.

[892] AMARAL, Guilherme Rizzo. *Cumprimento e execução da sentença sob a ótica do formalismo-valorativo.* Porto Alegre: Livraria do Advogado, 2008. p. 184-188.

multa. Desnecessária será a prova do descumprimento da decisão pelo réu, visto que se trata de prova negativa.[893] Calculará o montante global, correspondente à multiplicação do valor unitário da multa pelo número de dias[894] de sua incidência. Apresentará tal montante em planilha de cálculo (art. 475-J, *caput*, c/c art. 614, II), que contemplará eventual correção monetária do crédito (não incidem juros antes da intimação do réu e decurso do prazo para pagamento)[895] e requererá a intimação do réu para pagar, em 15 dias, sob pena de multa de 10% e prosseguimento do feito como execução;

(II) o réu deverá ser intimado para pagar, em 15 dias, sob pena de multa de 10%. Bastará a intimação na pessoa de seu advogado (arts. 236 e 237); apenas na falta deste é que deverá ser intimado o réu pessoalmente;

(III) recebida a intimação, poderá o réu desde já apresentar impugnação (arts. 475-L e 475-M), independentemente de garantia do juízo.[896] Quaisquer das matérias contidas no artigo 475-L poderá ser arguida. Exemplificativamente, poderá o réu, na impugnação, afirmar que cumpriu a obrigação, total ou parcialmente; que o atraso no cumprimento foi menor do que o alegado pelo autor; que o atraso se deu por fator alheio à sua vontade, não podendo vir a ser punido por isso; que a obrigação se tornou de impossível cumprimento; que não foi intimado pessoalmente para o cumprimento da decisão que fixou a multa, sendo esta inexigível; que o montante global é excessivo e deve ser reduzido ou mesmo suprimido.[897] Não poderá o réu impugnar, nesta oportunidade, o valor unitário da multa,

---

[893] Vide Item 5.2.4.1.

[894] Ou outra unidade de tempo: vide Item 3.8.3.

[895] Vide Item 5.2.7.

[896] AMARAL, Guilherme Rizzo. *Cumprimento e execução da sentença sob a ótica do formalismo-valorativo.* Porto Alegre: Livraria do Advogado, 2008. p. 225-229. Em sentido contrário, exigindo a segurança do juízo para a apresentação de impugnação, veja-se ASSIS, Araken de. *Cumprimento da sentença.* Rio de Janeiro: Forense, 2006. p. 307-308. A jurisprudência ainda não se definiu por um posicionamento. No Tribunal de Justiça do Estado do Rio Grande do Sul, o entendimento predominante é pela necessidade da garantia do juízo: "AGRAVO DE INSTRUMENTO. EXECUÇÃO DE ALIMENTOS. IMPUGNAÇÃO. INDISPENSÁVEL PRÉVIA PENHORA (SEGURANÇA DO JUÍZO). A segurança do juízo, anteriormente exigida para oposição de embargos do devedor, mesmo com o advento da lei 11.232/05, permaneceu como requisito para oferecimento de impugnação, tendo presente a exigência de prévia penhora, na ausência do pagamento. Recurso desprovido" (Agravo de Instrumento nº 70022239958, Sétima Câmara Cível, Tribunal de Justiça do RS, Relator: Ricardo Raupp Ruschel, Julgado em 26/12/2007). No mesmo sentido, Agravos de Instrumento nº 70021151774, 70022121842, 70022574263 e 70021927264. Já no Tribunal de Justiça do Estado do Rio de Janeiro, veja-se Agravo de Instrumento nº 2007.002.22249. Em sentido contrário, entendendo pela desnecessidade da segurança do juízo para o oferecimento de impugnação, veja-se a seguinte ementa da 14ª Câmara Cível do Tribunal de Justiça do Estado do Rio de Janeiro: "AGRAVO DE INSTRUMENTO. IMPUGNAÇÃO À EXECUÇÃO. CONDENAÇÃO EM HONORÁRIOS ADVOCATÍCIOS. IMPOSSIBILIDADE. INCIDENTE PROCESSUAL. RECURSO A QUE SE DÁ PROVIMENTO. Conforme dispõe o art. 475-M e parágrafos, a impugnação, diferentemente dos embargos, em regra não tem efeito suspensivo, não tem natureza de ação autônoma (mas sim de incidente processual), não exige a segurança do juízo, e seu julgamento pode ocorrer através de decisão interlocutória ou sentença, conforme o caso; se o julgamento não importar em extinção da execução, o recurso cabível é o agravo de instrumento. Por ter, a impugnação trazida pela Lei 11.232/05, natureza de incidente processual, não são devidos honorários advocatícios" (2007.002.08057 - AGRAVO DE INSTRUMENTO – 1ª Ementa Des. Jose Carlos Paes - Julgamento: 30/03/2007 - Décima Quarta Câmara Cível).

[897] Vide Item 5.2.6.

o prazo originariamente fixado para o cumprimento da obrigação principal, ou ainda a exigibilidade desta. Tais matérias restarão preclusas a esta altura, pois deveriam ter sido impugnadas, através de recurso próprio, quando da intimação do réu acerca da decisão que determinou o cumprimento da obrigação sob pena de multa. Na impugnação, poderá também o réu requerer a suspensão da execução, obedecidos os requisitos específicos do artigo 475-M e desde que, aí sim, esteja seguro o juízo por penhora, depósito ou caução idônea. Poderá, ainda, acostar documentos e até mesmo requerer a produção de prova oral e pericial, o que poderá se vislumbrar razoável para a aferição, por exemplo, do integral cumprimento da obrigação pelo réu;

(IV) recebida a impugnação, o juiz deverá intimar o autor para que a responda, no prazo de 15 dias. Tal prazo não consta expressamente nos dispositivos que tratam da impugnação, mas se trata de uma imposição do contraditório[898] e da igualdade entre as partes. Respondida a impugnação – não havendo falar em revelia na hipótese de ausência de resposta, por absoluta falta de previsão legal – estará definida a controvérsia que será objeto da decisão judicial;

(V) realizada a instrução, sendo que "são admissíveis todas as provas relevantes e pertinentes ao objeto do incidente",[899] decidirá o juiz, mantendo, total ou parcialmente, a execução do crédito resultante da incidência da multa, ou extinguindo-o. Da decisão caberá agravo de instrumento, salvo na hipótese de extinção da execução, hipótese em que, então, caberá apelação (art. 475-M, § 3º). Mantido, total ou parcialmente, o crédito resultante da incidência das *astreintes*, e não tendo sido pago tal valor pelo réu no prazo de que trata o artigo 475-J (a esta altura já transcorrido), incidirá multa de 10% sobre o valor mantido pelo juiz. Caberá, também, a distribuição da sucumbência, proporcional ao decaimento, total ou parcial, de cada uma das partes. Nesse particular, ressalte-se que não serão devidos honorários pelo autor aos patronos do réu nas hipóteses em que a redução ou supressão do valor da multa se der por conta de aplicação do postulado da proporcionalidade ou da vedação de enriquecimento injusto. Não seria crível prejudicar o autor por ter levado à execução montante excessivo fixado pelo próprio Judiciário e por este, agora, revisado; muito menos seria o caso de se exigir do demandante um juízo subjetivo prévio à execução, para levar à cobrança apenas o valor que entendesse razoável, mesmo que inferior àquele determinado pela decisão original. Nesses casos, foi o próprio órgão judicial quem deu causa à revisão do montante correspondente à incidência da multa. As custas eventualmente recolhidas a maior deverão ser devolvidas ao autor, à semelhança do que se passa no acolhimento da impugnação ao valor da causa que resulta na

---

[898] Como bem sintetiza Daisson Flach, "A valorização do contraditório em um contexto de participação, com destaque para a construção da decisão que colha as contribuições dos partícipes é, sem dúvida, elemento essencial de um processo que aspire a legitimar-se democraticamente" (FLACH, Daisson. *A verossimilhança no processo civil e sua aplicação prátca*. São Paulo: Revista dos Tribunais, 2009. p. 36-37).

[899] KNIJNIK, Danilo. In ALVARO DE OLIVEIRA, Carlos Alberto (coord.). *A nova execução*. Rio de Janeiro: Forense, 2006. p. 166.

redução deste.[900] Já quando o autor der causa à redução do referido valor, como, por exemplo, informando equivocadamente acerca do descumprimento da obrigação do devedor, ou imputando-lhe atraso maior do que o efetivamente ocorrido, serão devidos honorários proporcionais ao seu decaimento, bem como não se procederá à devolução de custas pagas;

(VI) caso não tenha sido deferido o efeito suspensivo à impugnação, ou, tendo sido deferido, não efetuando o réu o pagamento do valor reconhecido como devido após o julgamento da impugnação, prosseguirá a execução do crédito da multa através de mecanismos de expropriação, não havendo, a partir daí, qualquer distinção em relação à execução por quantia certa de um crédito comum.

Acrescente-se que a cobrança do crédito resultante da incidência da multa poderá se dar concomitantemente à execução da obrigação principal (fazer, não fazer e entrega de coisa) à qual a multa estiver atrelada. Nesse caso, deve-se proceder à execução da obrigação de pagar quantia em autos apartados, sendo inviável a cumulação de execuções com procedimentos distintos (art. 573). Do contrário, segue-se a regra geral, ou seja, o cumprimento e a execução dar-se-ão nos mesmos autos em que proferida a decisão fixando a multa.[901]

5.2.4.3. A exigibilidade das astreintes e sua execução provisória ou definitiva

A exigibilidade do crédito resultante da incidência da multa tem gerado controvérsia tanto na doutrina quanto na jurisprudência. Como adverte Marinoni, "é preciso distinguir o momento a partir do qual a multa torna-se eficaz e o momento a partir do qual a multa pode ser cobrada".[902] Este último momento corresponde à *exigibilidade* da multa, que será a partir de agora abordada.

---

[900] "Custas judiciais: Incidência de juros e correção monetária na devolução. Valor exagerado dado à causa. Reducão decretada pela autoridade judicial, em incidente de impugnação do valor da causa. Juízo 'a quo' determina devolução de custas cobradas a maior. Inevitável, para evitar-se locupletamento indevido pelo serventuário, que a devolução se faça acompanhar dos respectivos juros e correção monetária. Agravo provido por unanimidade" (Agravo de Instrumento Nº 584003636, Segunda Câmara Cível, Tribunal de Justiça do RS, Relator: Silvino Joaquim Lopes Neto, julgado em 27/02/1985). Não nos parece crível, contudo, a aplicação de juros de mora antes da efetiva intimação do serventuário para a devolução das custas pagas a maior.

[901] ZAVASCKI, Teori Albino. *Comentários ao Código de Processo Civil*. São Paulo: Revista dos Tribunais, 2000. V. 8, p. 507.

[902] MARINONI, Luiz Guilherme. *Tutela inibitória: individual e coletiva*. São Paulo: Revista dos Tribunais, 1998, p. 181. Com relação ao momento de eficácia da multa, salienta MARINONI: "A decisão que concede a tutela antecipatória, em razão de sua própria natureza, produz efeitos imediatamente, motivo pelo qual a multa que lhe é atrelada passa a operar de imediato; interposto recurso de agravo, o tribunal pode lhe `atribuir efeito suspensivo' (arts. 527, II, e 558 do CPC), quando evidentemente a multa também deixará de atuar. [...] Fixada a multa na sentença, três são as hipóteses que podem ocorrer: i) a sentença não é impugnada através de recurso, quando a sentença e a multa passam a produzir efeitos após escoado o prazo recursal; ii) a sentença é impugnada através de recurso de apelação recebido nos efeitos devolutivo e suspensivo, e a sentença e a multa permanecem sem produzir qualquer efeito; e iii) a sentença é impugnada através de recurso recebido apenas no efeito devolutivo [...], quando a sentença e a multa passam a produzir efeitos imediatamente."

Primeiramente, analisar-se-á a exigibilidade naqueles casos em que as *astreintes* são fixadas em processo de conhecimento (decisões interlocutórias, sentenças ou acórdãos), com base no artigo 461, § 4º.

Logo após, será tratada a exigibilidade das *astreintes* fixadas nos processos de execução calcados em títulos executivos extrajudiciais, com base no artigo 645, *caput*.

5.2.4.3.1. Astreintes *fixadas no processo de conhecimento (art. 461, § 4º)*

Questão que tem sido amplamente debatida na doutrina e na jurisprudência diz com o momento em que o crédito resultante da incidência da multa – seja ela fixada em decisão interlocutória, sentença ou acórdão – passa a ser exigível. Discute-se, principalmente, a possibilidade de se proceder à execução do crédito resultante da incidência das *astreintes* antes do trânsito em julgado de sentença de procedência[903] no processo no qual foram aquelas fixadas, ou, pelo menos, antes da preclusão da decisão que as fixa. Nessas hipóteses, há ainda profunda divergência, também, quanto ao caráter de que se revestiria a execução da multa: se definitiva ou provisória.

Para resolvermos a questão acerca da possibilidade de se executar provisoriamente o crédito resultante da incidência da multa, é preciso fixar determinadas premissas.

Como demonstramos noutra oportunidade, com as reformas empreendidas pelas Leis 11.232/05 e 11.382/06, a efetivação das sentenças passou a contar com duas fases distintas: *cumprimento* e *execução*. Na primeira, busca-se o cumprimento voluntário da sentença pelo réu – no caso da obrigação de pagar quantia, aguarda-se 15 dias para que o réu cumpra voluntariamente a sentença. Na segunda, empreendem-se meios executivos, prevalecendo a técnica expropriatória. E, em ambas, admite-se a provisoriedade, ou seja, pode-se falar em *cumprimento provisório* da sentença e *execução provisória* da sentença.[904]

---

[903] Incluindo-se, nesta categoria, os acórdãos que julguem definitivamente a lide.

[904] "Na nova sistemática destinada à efetivação das sentenças referentes ao pagamento de quantia, há, como expusemos anteriormente, duas fases distintas após a sentença: a fase de *cumprimento* e a fase de *execução*, esta dependente do insucesso, total ou parcial, daquela. Na primeira, o devedor, tão logo transite em julgado a sentença, e independentemente de requerimento do credor, terá contra si iniciado o prazo de 15 dias para cumprir a sentença, sob pena de incidir, *ex vi legis*, multa de 10% sobre o valor da condenação. Na segunda, uma vez descumprida a sentença, o credor deve requerer o prosseguimento do feito, com a tomada de atos expropriatórios em procedimento executivo.

A questão que se coloca é a seguinte: poderá o devedor ter de cumprir a sentença (ou acórdão) *antes* do trânsito em julgado desta última, ainda que possa ela sofrer reforma futuramente? Haveria uma fase de *cumprimento provisório* da sentença?

A resposta há de ser afirmativa. Mesmo antes de transitar em julgado a sentença ou o acórdão, e desde que, nos termos do artigo 475-I, § 1.º, a sentença ou acórdão sejam impugnados – ou impugnáveis – mediante recurso ao qual não foi – ou não poderá, de regra, ser – atribuído efeito suspensivo, poderá vir a ser intimado o devedor para cumprir voluntariamente a decisão" (AMARAL, Guilherme Rizzo. *Cumprimento e execução da sentença sob a ótica do formalismo-valorativo*. Porto Alegre: Livraria do Advogado, 2008. p. 210-212).

As *Astreintes* e o Processo Civil Brasileiro

O artigo 587, após a reforma, passou a tratar tão somente das definições de execução provisória e definitiva de título *extrajudicial*;[905] no tocante aos títulos *judiciais*, a definição veio no artigo 475-I, § 1º,[906] e aplica-se tanto à fase de *cumprimento* quanto de *execução* de sentença, de forma que será sempre *definitivo* o cumprimento ou a execução fundada em sentença ou acórdão transitados em julgado. Já toda e qualquer decisão judicial, seja ela interlocutória ou final, que tiver sido submetida a recurso recebido só no efeito devolutivo (isto porque, suspensa a decisão, sequer há que se falar no seu cumprimento ou execução), ensejará o cumprimento ou a execução provisórios, nos termos do artigo 475-I, § 1º.

Outra premissa fundamental que deve ser estabelecida, e já o foi em itens anteriores,[907] é o fato de que *o autor não faz jus ao crédito resultante da incidência da multa quando a sentença final não lhe der razão.* Note-se que grande parte dos autores que a seguir serão citados parte de premissa contrária, o que altera *drasticamente* as conclusões a serem alcançadas.

Estabelecidas tais premissas, impende demonstrar a grande divergência doutrinária e jurisprudencial acerca da possibilidade de execução[908] do crédito resultante da incidência das *astreintes* antes do trânsito em julgado de sentença de procedência, ou anteriormente à preclusão da decisão que fixa a multa.

Os Tribunais têm divergido sobre a matéria. Há, com efeito, tanto decisões determinando a execução provisória, por quantia certa, do crédito resultante da incidência da multa, seja esta fixada em sentença ou mesmo em antecipação da tutela.[909] Quanto decisões em sentido diametralmente oposto, vedando a execução provisória.[910]

---

[905] Art. 587. É definitiva a execução fundada em título extrajudicial; é provisória enquanto pendente de apelação da sentença de improcedência dos embargos do executado, quando recebidos com efeito suspensivo (art. 739).

[906] Art. 475-I. [...] § 1º. É definitiva a execução da sentença transitada em julgado e provisória quando se tratar de sentença impugnada mediante recurso ao qual não foi atribuído efeito suspensivo.

[907] Itens 3.3.3 e 4.1.1.

[908] Utilizaremos, doravante, o termo *execução* em sentido lato, englobando tanto a fase de cumprimento, que a antecede, quanto a execução propriamente dita, através de mecanismos de expropriação.

[909] "[...] Multa posta em antecipação de tutela. Via executiva. Há de se observar o procedimento da execução provisória, descabendo singela apropriação de patrimônio do devedor" (Agravo de instrumento nº 70000979070, Vigésima Câmara Cível, Tribunal de Justiça do RS, Relator Des. Armínio José Abreu Lima da Rosa, julgado em 21/06/00. "[...] Execução provisória. O descumprimento da decisão proferida em sede de antecipação de tutela em que se prevê o pagamento de multa, enseja a exigibilidade na forma da execução provisória, conforme disposto no art. 273, § 3º, CPC, sendo cabível o oferecimento de caução idônea" (Agravo de instrumento nº 70000864256, Décima Segunda Câmara Cível, Tribunal de Justiça do RS, Relator Des. Cézar Tasso Gomes, julgado em 08/06/00).

[910] "Direito Processual. Execução provisória de pena pecuniária cominada em antecipação de tutela de obrigação de fazer: impossibilidade sem a cognição definitiva da causa. Os poderes que a ordem jurídica concede ao Juiz para a antecipação de tutela nas obrigações de fazer ou não fazer não abrangem, nem fungem, os poderes admitidos para a execução provisória das obrigações de dar quantia certa. A multa na obrigação de fazer se destina a coagir o devedor da obrigação ao seu cumprimento, mas não se reveste de caráter perene para que não se transmude em fonte inesgotável de ganho sem causa justa, tanto mais quando não tem natureza reparatória. A decisão incidental provisória de condenação a pagar vultosa quantia implica, sem a cognição definitiva do mérito da causa, em submeter o devedor aos efeitos devastadores do seu crédito na praça bem como a imobi-

Nos Tribunais Superiores, a matéria não é pacífica. Já admitiu o Superior Tribunal de Justiça a execução provisória da multa;[911] porém, também já deu a entender a Corte ser inviável tal execução, por conta da necessidade de trânsito em julgado de sentença de procedência para que a multa passe a ser devida.[912] No Supremo Tribunal Federal colhe-se decisão monocrática no sentido da impossibilidade da execução provisória.[913]

Se em campo jurisprudencial a controvérsia está longe de ser dirimida, o mesmo pode ser dito da análise que ela recebe da doutrina.

Marinoni restringe por completo a possibilidade de se executar a multa – seja ela fixada em antecipação da tutela ou sentença – antes do trânsito em julgado de *sentença de procedência* do pedido do autor, centrando sua argumentação, basicamente, em dois fundamentos: em primeiro lugar, "a função coercitiva da multa não tem relação com o momento da cobrança de seu valor, mas sim com a possibilidade desta cobrança".[914] Em segundo lugar, o processo não pode beneficiar quem não tem razão e prejudicar quem a tem, razão pela qual a execução da multa, antes do trânsito em julgado de sentença de procedência, mostrar-se-ia potencialmente violadora de tal princípio. Cita ainda Marinoni o artigo 12, § 2°, da Lei da Ação Civil Pública, além do artigo 213, § 3°, do Estatuto da Criança e do Adolescente,[915] que estabelecem que a multa só será exigível após o trânsito em julgado da decisão favorável ao autor.[916]

---

lizar capital suficiente para garantir eventual penhora na antes mencionada execução provisória" (Tribunal de Justiça do Estado do Rio de Janeiro. Terceira Câmara Cível. Agravo de Instrumento n° 1998.002.08609; Data de Registro: 29.03.1999, fls. 7935/7944; J. em 01.12.1998, unânime. Rel. Des. Nagib Slaibi Filho).

[911] REsp 885.737/SE, Rel. Ministro FRANCISCO FALCÃO, PRIMEIRA TURMA, julgado em 27/02/2007, DJ 12/04/2007, p. 246.

[912] "Assim, pode o juiz fixar multa diária para eventual descumprimento de medida cautelar. Se esta é confirmada pela sentença do processo principal (e transita em julgado), passa a ser devida e o cômputo do seu valor terá como termo inicial o dia do descumprimento da medida cautelar; conforme, inclusive, decidido no acórdão recorrido (fls. 67). Entender de modo diverso acabaria por tornar ineficaz a decisão judicial, permitindo o seu descumprimento" (REsp 159643/SP, Rel. Ministro HUMBERTO GOMES DE BARROS, Rel. p/ Acórdão Ministro CASTRO FILHO, TERCEIRA TURMA, julgado em 23/11/2005, DJ 27/11/2006, p. 272).

[913] "A multa diária à qual fora condenado o Requerente não será executada enquanto não transitar em julgado a decisão final do processo judicial na origem, cujo objeto é a condenação do Requerente ao pagamento da correção monetária supostamente expurgada pelos Planos Bresser, Verão e Collor" (Pet 4302, Relator(a): Min. CÁRMEN LÚCIA, julgado em 30/04/2008, publicado em DJe-083 DIVULG 08/05/2008 PUBLIC 09/05/2008).

[914] MARINONI, Luiz Guilherme. *Tutela específica: arts. 461, CPC e 84, CDC*. São Paulo: Revista dos Tribunais, 2001, p. 109.

[915] De acordo com o artigo 12, § 2° da Lei da Ação Civil Pública (Lei 7.347/85), além do artigo 213, § 3° do Estatuto da Criança e do Adolescente (Lei 8.069/90), as multas fixadas nos procedimentos previstos nestas leis só serão exigíveis após o trânsito em julgado da sentença favorável ao autor. Tais dispositivos, portanto, aplicáveis pelo princípio da especialidade às ações previstas nas referidas leis, vedam a execução provisória da multa.

[916] MARINONI, Luiz Guilherme. *Tutela específica: arts. 461, CPC e 84, CDC*. São Paulo: Revista dos Tribunais, 2001, p. 110-111.

As *Astreintes* e o Processo Civil Brasileiro

Sustentam semelhante entendimento Arruda Alvim[917] e Carlyle Popp.[918] Vislumbra-se, assim, um posicionamento mais restritivo, considerando inviável a execução da multa em caráter provisório.

Para Dinamarco, as multas "só podem ser cobradas a partir da preclusão da sentença ou da decisão interlocutória que as concede: antes é sempre possível a supressão das *astreintes* ou do próprio preceito pelos órgãos superiores".[919]

Arenhart sustenta posicionamento semelhante, mas com uma peculiaridade. Ao mesmo tempo em que admite ser devida a multa independentemente do *resultado final do processo* (no que se opõe a Marinoni), aduz somente ser possível a cobrança das *astreintes* após a preclusão da decisão que as fixe (seja ela interlocutória ou sentença).[920] Embora não refira expressamente, parece-nos que a execução defendida por Arenhart, *após* a preclusão da decisão relativa às *astreintes*, assumiria o caráter *definitivo* (caso fixada em decisão antecipatória da tutela preclusa, não haveria reversão de seu resultado, mesmo que o autor tivesse contra si sentença de improcedência).

Barbosa Moreira, não adentrando a questão da legitimidade da cobrança ante a sentença de improcedência, ensina:

> A partir do dia em que comece a incidir a multa, faculta-se ao credor exigi-la, através do procedimento da execução por quantia certa. Se o devedor, citado, pagar nas 24 horas a que se refere o art. 652, mas permanecer inadimplente no que tange à obrigação de fazer ou não fazer, a multa continuará incidindo. Poderá o exequente, a qualquer tempo, requerer a atualização do cálculo e promover nova execução pelo valor acrescido.[921]

Marcelo Lima Guerra sustenta o mesmo entendimento.[922] Note-se que Guerra e Barbosa Moreira referem-se às *astreintes* fixadas no processo de execução ou na sentença, e não àquelas fixadas em antecipação da tutela. Para Guerra, a execução será definitiva, "a menos que a decisão que comine multa ou altere seu valor houver sido objeto de recurso recebido apenas no efeito devolutivo".[923] Neste último caso, a execução assumiria caráter provisório.

---

[917] ALVIM NETO, José Manoel de Arruda e outro. *Código do Consumidor comentado*. 2ª ed. São Paulo: Revista dos Tribunais, 1995, p. 402.

[918] POPP, Carlyle. *Execução de obrigação de fazer*. Curitiba: Juruá, 1995, p. 128.

[919] DINAMARCO, Cândido Rangel. *A reforma do CPC*. 2ª ed. São Paulo: Malheiros, 1995, p. 158. No mesmo sentido: GRINOVER, Ada Pelegrini. Tutela jurisdicional nas obrigações de fazer e não fazer. *Revista de Processo*, nº 79, 1995, p. 71.

[920] ARENHART, Sérgio Cruz. *A tutela inibitória da vida privada*. São Paulo: Revista dos Tribunais, 2000, p. 200.

[921] MOREIRA, José Carlos Barbosa. *O novo processo civil brasileiro: exposição sistemática do procedimento*. 22ª ed. rev. e atual. Rio de Janeiro: Forense, 2002, p. 220.

[922] "Realmente, não há razão para negar a possibilidade de se promoverem execuções parciais da multa diária, enquanto ela ainda está incidindo. É que nessas situações a determinação do valor a ser cobrado não precisa mais do que uma simples operação aritmética" (GUERRA, Marcelo Lima. *Execução indireta*. São Paulo: Revista dos Tribunais, 1998, p. 212).

[923] GUERRA. Op. cit., p. 213.

Clayton Maranhão, afirmando haver, no Direito brasileiro, multa *provisória* e multa *final*, sendo aquela fixada em sede liminar e esta em sentença de mérito, admite a execução imediata (antes do trânsito em julgado da sentença) das *astreintes* fixadas liminarmente (*astreintes provisórias*).[924]

Teori Zavascki, salientando que "o título executivo que autoriza a cobrança da multa é autônomo e independente em relação ao que sustenta a execução da obrigação de fazer ou de não fazer", admite sua execução antes mesmo da sentença de mérito, execução esta que será definitiva ou provisória, dependendo de estar ou não a decisão que fixa as *astreintes* submetida a recurso.[925]

Talamini, por entender, como Marinoni, que a multa não será devida em caso de sentença final de improcedência, salienta que, "diante da eficácia imediata do provimento concessivo da antecipação, o crédito da multa é desde logo exigível. Contudo, em virtude do caráter provisório de sua imposição, a execução será igualmente 'provisória' (CPC, art. 558)".[926] Acrescenta o jurista, em prol da execução provisória, que "a ameaça de pronta afetação do patrimônio do réu através de execução do crédito da multa é o mais forte fator de influência psicológica".[927] Entendimento semelhante ao de Talamini expõem Flávio Cheim Jorge e Marcelo Abelha Rodrigues, afirmando que, mesmo em não havendo urgência no recebimento do crédito da multa, admite-se sua execução *provisória*, "nos moldes dos arts. 588 e seguintes do CPC, enquanto não for definitiva a decisão de procedência em favor do autor da demanda".[928] Também para esses juristas, a multa fixada para cumprimento da antecipação da tutela ou sentença não será devida se a decisão final for de improcedência, dado o efeito declaratório negativo, *ex tunc*, desta última.[929]

Bedaque, por sua vez, admite a execução imediata da multa fixada em antecipação da tutela, afirmando que as *astreintes* decorrem *"objetivamente do não atendimento ao comando"* contido no provimento antecipatório. No entanto, admite a responsabilidade objetiva do que se beneficiou indevidamente com o recebimento da multa, caso sobrevenha sentença de improcedência.[930]

---

[924] MARANHÃO, Clayton. Tutela específica das obrigações de fazer e não fazer. In MARINONI, Luiz Guilherme (coord.). *A segunda etapa da reforma processual civil*. São Paulo: Malheiros, 2001, p. 130.

[925] ZAVASCKI, Teori Albino. *Comentários ao Código de Processo Civil*. São Paulo: Revista dos Tribunais, 2000. V. 8, p. 508/509.

[926] TALAMINI, Eduardo. *Tutela relativa aos deveres de fazer e de não fazer: CPC, art. 461; CDC, art. 84.* São Paulo: Revista dos Tribunais, 2001, p. 254.

[927] Idem, p. 254. Em sentido contrário: MARINONI, Luiz Guilherme. *Tutela específica: arts. 461, CPC e 84, CDC*. São Paulo: Revista dos Tribunais, 2001, p. 110-111. Sustentamos, no Item 3.3.2, com base em lição de MARINONI, opinião contrária à de TALAMINI.

[928] JORGE, Flávio Cheim e Outro. Tutela específica do art. 461 do CPC e o processo de execução. In SHIMURA, Sérgio e WAMBIER, Teresa Arruda Alvim (Coord.). *Processo de execução*. São Paulo: Revista dos Tribunais, 2001, p. 372.

[929] A opinião dos referidos juristas encontra-se transcrita no Item 4.1.1.

[930] BEDAQUE, José Roberto dos Santos. *Tutela cautelar e tutela antecipada: tutelas sumárias e de urgência*. São Paulo: Malheiros, 1998, p. 367.

Joaquim Felipe Spadoni é quem sustenta posição diametralmente oposta àquela de Marinoni. Para Spadoni, "os valores da multa passam a ser devidos desde o momento em que for constatado o não cumprimento do preceito judicial pelo réu, podendo, desde logo, serem cobrados judicialmente, em *execução definitiva*, sem que haja a necessidade de se aguardar o trânsito em julgado da eventual sentença de procedência".[931] Sob essa ótica, independe a execução definitiva da confirmação da própria decisão que fixa as *astreintes*, ou mesmo de sentença final de procedência.

Note-se que o caráter *definitivo* da execução, salientado por Spadoni, é coerente com sua concepção de que a multa é devida independentemente de sentença de procedência.[932] Em tese, a parte da decisão que fixa as *astreintes* não estaria sujeita aos efeitos do recurso interposto contra o restante da decisão, que declarou o direito do autor à tutela específica. Assim, na execução definitiva proposta por Spadoni, os valores eventualmente recebidos pelo autor, a título de *astreintes*, não seriam devolvidos ao réu no caso de sentença desfavorável àquele.[933]

É preciso distinguir duas situações. A primeira diz com a possibilidade de execução das *astreintes* antes da preclusão da própria decisão que as fixou. É o que ocorre, por exemplo, quando se pretende executar a multa prevista em decisão que antecipa a tutela ao autor, esta submetida a agravo de instrumento. A segunda refere-se à situação em que, preclusa a decisão que determinou a antecipação da tutela fixando multa, pretende-se executar o crédito resultante da incidência desta última, antes da confirmação da decisão por força de sentença de procedência do pedido.

Parece-nos evidente que, para aqueles que entendem ser a multa devida independentemente do resultado da sentença, não haveria dificuldades em se atribuir à primeira espécie de execução o caráter provisório e, à segunda, o caráter definitivo. Já para autores como Spadoni, que entendem ser a multa devida pelo descumprimento de ordem judicial independentemente de sua manutenção em recurso interposto, ambas as execuções seriam definitivas.

Já se expôs, em item anterior,[934] que a aplicação das *astreintes* está umbilicalmente ligada ao interesse do autor, e ao sucesso da demanda por este movida, independentemente de, no decorrer do processo, ter havido o descumprimento de

---

[931] SPADONI, Joaquim Felipe. *A multa na atuação das ordens judiciais.* In SHIMURA, Sérgio e WAMBIER, Teresa Arruda Alvim (Coord.). *Processo de execução.* São Paulo: Revista dos Tribunais, 2001, p. 499.

[932] Idem, p. 500. No mesmo sentido, aponta BEDAQUE: "[...] embora inexistente a tutela final a multa está vinculada ao procedimento antecipatório e pode ser exigida desde logo, pois decorre objetivamente do não atendimento ao comando nele contido." BEDAQUE, José Roberto dos Santos. *Tutela cautelar e tutela antecipada: tutelas sumárias e de urgência.* São Paulo: Malheiros, 1998, p. 367.

[933] No mesmo sentido, e admitindo a execução definitiva antes do trânsito em julgado da sentença: FOWLER, Marcos Bittencourt. *A (re) reforma do art. 461 do Código de Processo Civil; a multa e seus problemas* (MARINONI, Luiz Guilherme (coord.). *A segunda etapa da reforma processual civil.* São Paulo: Malheiros, 2001, p. 204-205).

[934] Item 3.3.2.

uma ou outra ordem judicial. Tal entendimento foi ainda ampliado, quando da análise dos efeitos dos recursos e ações autônomas sobre a incidência e exigibilidade das *astreintes*.[935] Essa premissa, já fixada inicialmente, é de extrema valia para a adoção de posicionamento acerca da exigibilidade das *astreintes*, a partir de agora exposto.

A sentença de procedência transitada em julgado é condição para que o autor faça jus ao recebimento definitivo do crédito resultante da incidência das *astreintes*. Isso não significa, *por si só*, que tal crédito não seja *exigível* antes de tal sentença (do contrário, a antecipação da tutela nunca poderia ser executada provisoriamente, visto que submetida à confirmação pela sentença final). Tal consideração apenas implica dizer que, se admitida a execução das *astreintes* antes do trânsito em julgado de sentença de mérito, ela há de ser *provisória*, no sentido que lhe é dado por Lucon: "A execução é chamada provisória em função da possibilidade de um resultado desfavorável ao *atual titular da situação jurídica de vantagem* em decorrência da pendência do próprio processo em primeiro grau de jurisdição ou de um recurso".[936]

Se admitida a execução provisória da multa, eventual sentença de improcedência determinaria a devolução dos valores recebidos pelo autor, ao réu. Resta saber se é ou não admissível a execução *provisória*, descartando-se por completo a execução definitiva antes do trânsito em julgado da sentença de procedência.

Mesmo admitindo que o caráter coercitivo da multa esteja na sua ameaça, e não na possibilidade de imediata invasão do patrimônio do réu através de execução, tal assertiva, por si só, não é suficiente para afastar a execução da multa antes da preclusão da decisão que a fixa ou da sentença de procedência. Discutir-se-ia, empiricamente, se a concretização imediata da ameaça reforçaria o caráter provisório da multa, e tal discussão foi inclusive abordada em item anterior,[937] sendo que já expusemos entendimento de que a execução imediata da multa não é *necessária* para o cumprimento de sua função coercitiva.

Para se descartar a execução provisória, como o faz Marinoni,[938] é preciso que se vá além dos argumentos expendidos pelo ilustre jurista paranaense. Reafirma-se: não é por não fazer jus ao crédito da multa, caso a sentença seja de improcedência, que o autor não possa executá-la provisoriamente. É preciso que se demonstre a real *inexigibilidade* do crédito resultante da multa *no momento em que o autor requer sua execução*.

A questão não é de fácil deslinde.

---

[935] Item 4.4.

[936] LUCON, Paulo Henrique dos Santos. *Eficácia das decisões e execução provisória*. São Paulo: Revista dos Tribunais, 2000, p. 431-432.

[937] Item 3.3.2.

[938] MARINONI, Luiz Guilherme. *Tutela específica: arts. 461, CPC e 84, CDC*. São Paulo: Revista dos Tribunais, 2001, p. 110-111.

Analisemos, primeiramente, a possibilidade de execução provisória das *astreintes* fixadas em antecipação da tutela, *antes* de ser ela confirmada por sentença de procedência.

Admitindo-se que a sentença de procedência é condição para a exigibilidade da multa, poder-se-ia argumentar que a antecipação da tutela constitui, em verdade, antecipação dos "efeitos que a (provável) sentença de procedência da demanda terá a aptidão para produzir".[939] Assim, transportando-se para o início do processo uma situação jurídica (ainda que provisória) semelhante à que seria proporcionada pela procedência da demanda, à primeira vista restaria preenchido o requisito de exigibilidade da multa, qual seja sentença de procedência reconhecendo o direito do autor à tutela específica à qual se vinculam as *astreintes*.

Entretanto, impende salientar que "o princípio da menor restrição possível impõe que o juiz limite a antecipação aos efeitos indispensáveis a afastar o risco ou o obstáculo que se coloca presente, justificando sempre as razões de seu convencimento".[940]

Nesse particular, vale ressaltar que nem todos os efeitos da (provável) sentença de procedência são antecipados nas decisões antecipatórias da tutela.[941] Na lição acima referida, vislumbra-se que somente os efeitos que *urgentemente* demandam ser antecipados o serão.

Athos Gusmão Carneiro salienta outra limitação aos efeitos ditos "antecipáveis". Afirma: "Vê-se desde logo que *há um bem da vida que não pode ser antecipado:* a certeza jurídica, decorrente da sentença declaratória com trânsito em julgado". Todavia, "são eminentemente passíveis de adiantamento os efeitos que decorrerão do 'preceito' contido na (provável) futura sentença de procedência".[942]

Assim, os efeitos que são, efetivamente, antecipados, revestem-se das seguintes características:

a) sua antecipação assume caráter de urgência, ou seja, não são antecipáveis efeitos que não sejam indispensáveis para a efetivação da tutela de urgência;

b) são efeitos *externos* ao processo, e operam nas relações de direito material, não nas de direito processual;

c) não se antecipam, de regra, efeitos declaratórios da sentença.[943]

Cumpre, portanto, indagar: qual o efeito específico, da sentença de procedência, que determina fazer jus o autor ao crédito resultante das *astreintes*? Não há qualquer dúvida que é o *efeito declaratório*, o reconhecimento de uma relação jurídica em que o autor é credor de uma obrigação de fazer, não fazer ou entregar coisa, para cujo cumprimento foi cominada a multa.

---

[939] CARNEIRO, Athos Gusmão. *Da antecipação da tutela no processo civil*. Rio de Janeiro: Forense, 1999, p. 37.

[940] ZAVASCKI, Teori Albino. *Antecipação da tutela*. São Paulo: Saraiva, 2000. 3ª ed. revista e ampliada, p. 100.

[941] Vide Item 3.3.6.

[942] CARNEIRO, Athos Gusmão. Op. cit., p. 45.

[943] Vide, neste particular, exemplos colacionados e comentados no Item 3.3.4.

Assim, para se admitir a execução provisória da multa, ou seja, para se admitir a exigibilidade do crédito resultante das *astreintes* a qualquer momento *antes* do trânsito em julgado de sentença de procedência, é preciso que se perquira se o *efeito declaratório* encontra-se atuante no momento da execução.

Cabe, aqui, nova indagação: ao antecipar, por exemplo, os efeitos da tutela relativa à obrigação de fazer, não fazer ou entregar coisa, está o juiz a antecipar o efeito declaratório?

Partindo da análise antes proposta, *não*, visto que não se antecipa, via de regra, efeito declarativo, conforme alínea (c), acima.

Mesmo em se admitindo a possibilidade de antecipação de declaração,[944] poderia ela produzir efeito *endoprocessual*, ou seja, complementar decisão judicial para dar-lhe eficácia executiva? *Não*, uma vez que os efeitos antecipáveis se operam fora do processo, e não internamente (neste sentido, a alínea *b*, acima).

Por fim, em se admitindo a antecipação de efeito declaratório, bem como a possibilidade de vir ela a gerar efeitos internos ao processo, seria *urgente* (alínea *a*, acima) a antecipação do efeito declaratório para o fim de dar *exigibilidade* às *astreintes*? A resposta é oferecida por Talamini: "Não há o requisito de urgência para justificar tratamento especial para o crédito derivado da multa".[945]

Como bem se vê, mesmo admitindo-se a antecipação dos efeitos declaratórios, ela somente teria utilidade para tornar exigível a multa. Ocorre que, neste caso, não se está diante de uma situação que *mereça* a tutela de urgência. Não é *urgente* a execução da multa, visto que seu poder coercitivo independe da execução imediata do seu montante.

Assim, tem-se que a decisão que antecipa a tutela ao demandante não tem o condão de tornar *exigível* a multa nela cominada; o que não prejudica, evidentemente, a eficácia das *astreintes*, de natureza coercitiva.

Aí reside, em nosso entender, o equívoco na lição de autores como Humberto Theodoro Júnior, que *somente* admitem a execução provisória quando fixada a multa em antecipação da tutela, não admitindo, por exemplo, a execução provisória de multa fixada em sentença (o autor refere-se à multa fixada *antes* da sentença, porém não em antecipação da tutela) que não transitou em julgado.[946] Ora, é justamente a multa fixada em antecipação da tutela que, pela *ausência* do

---

[944] Exemplo de exceção trazido no Item 3.3.4.

[945] TALAMINI, Eduardo. *Tutela relativa aos deveres de fazer e de não fazer: CPC, art. 461; CDC, art. 84.* São Paulo: Revista dos Tribunais, 2001, p. 256.

[946] Para Humberto Theodoro Júnior, "se o juiz usou a multa como expediente para forçar o cumprimento imediato da prestação de fazer, não se deve recusar sua exigibilidade também imediata. O mesmo, porém, não acontecerá se a fixação liminar da multa não se vinculou aos pressupostos dos arts. 273 e 461, § 1º, necessários a exigir do réu a submissão antecipada aos efeitos da tutela de mérito. Limitando-se o juiz a estipular a *astreinte* antes da sentença, sua exigibilidade, então, dependerá do ulterior trânsito em julgado, muito embora o *dies a quo* de seu cálculo possa retroagir ao momento fixado pela decisão primitiva" (THEODORO JÚNIOR, Humberto. Tutela específica das obrigações de fazer e não fazer. *Revista de Processo*, nº 105, janeiro-março 2002, p. 28).

efeito declaratório da (provável) sentença de procedência, não é ainda exigível e, portanto, não admite sua execução provisória.

No que toca às *astreintes* fixadas em antecipação da tutela *confirmada* por sentença de procedência, são aproveitáveis as conclusões acima expendidas, para se *admitir* sua *execução provisória*, visto que a apelação será recebida apenas no efeito devolutivo (art. 520, VII). Neste caso, os efeitos declaratórios da sentença, que são, como visto, requisito de exigibilidade da multa (na medida em que afirmam que o autor *tem razão*), operam de imediato.[947]

A execução, neste caso, seguirá o procedimento destacado no Item 5.2.4.2.1, supra, com as particularidades trazidas pelo artigo 475-O, que trata da execução provisória, lembrando que será permitido o levantamento de depósito em dinheiro, bem como atos que importem alienação do domínio, ambos com a prestação de *caução idônea* (art. 475-O, III), salvo hipóteses em que esta for dispensada (art. 475-O, § 2º, I e II). Eventual provimento do recurso de apelação do réu implicará a responsabilidade objetiva do autor em devolver ao demandado o que dele recebeu a título de *astreintes*.[948]

A mesma execução provisória será admitida para as *astreintes* fixadas em sentença, quando esta for submetida a recurso desprovido de efeito suspensivo (como ocorre no mandado de segurança – art. 12, parágrafo único, da Lei 1.533/51).

Já a multa fixada em sentença de procedência sujeita a apelação *com* efeito suspensivo, seja de regra, seja por concessão do relator (artigo 558, parágrafo único), não poderá ser executada provisoriamente.

Em regra, portanto, será admissível a execução provisória quando estiver operante o efeito declaratório da sentença de procedência.

Por fim, ressalte-se ser evidente a exigibilidade da multa, sendo possível sua execução em caráter definitivo, tão logo transite em julgado a sentença de procedência.

5.2.4.3.2. Astreintes *fixadas no despacho da inicial no processo de execução de título extrajudicial (art. 645,* caput*)*

A execução de título extrajudicial nasce definitiva, transmudando-se em provisória somente na hipótese prevista na segunda parte do artigo 587, ou seja,

---

[947] "Normalmente, o recurso cabível contra as sentenças definitivas ou terminativas, a apelação, tem ambos os efeitos (artigo 520 do Código de Processo Civil). Porém, quando possui *só o efeito devolutivo*, a sentença passa a emanar desde logo sua eficácia completa" (ASSIS, Araken de. Da natureza jurídica da sentença sujeita a recurso. *Revista Jurídica* nº 101, set/out 1983, p. 16). Quando afirmamos que o efeito declaratório opera de imediato, não nos referimos à *certeza jurídica*, que resulta somente do trânsito em julgado da sentença declaratória. Vide, neste particular, o que afirmamos no Item 3.3.6, citando a doutrina de Liebman.

[948] TALAMINI, Eduardo. Tutela relativa aos deveres de fazer e de não fazer: CPC, art. 461; CDC, art. 84. São Paulo: Revista dos Tribunais, 2001, p. 257. Em sentido contrário: GOMES JUNIOR, Luiz Manoel. *Execução de multa – Art. 461, § 4º, do CPC – e a sentença de improcedência do pedido*. In SHIMURA, Sérgio e WAMBIER, Teresa Arruda Alvim (Coord.). *Processo de execução*. São Paulo: Revista dos Tribunais, 2001, p. 562.

na pendência de recurso de apelação contra sentença que rejeitou ou julgou procedentes embargos do executado recebidos, originariamente, no efeito suspensivo. Reveste-se o título executivo de presunção de certeza.[949]

A decisão (e não despacho)[950] que determina a citação do réu na execução de título extrajudicial referente a obrigação de fazer, não fazer ou entregar coisa, cominando multa para o descumprimento, está calcada, portanto, em todos os requisitos para tornar exequível o crédito resultante da eventual incidência das *astreintes*. Vale lembrar que o título se equipara, aqui, à sentença de procedência transitada em julgado, para fins de legitimar a atividade executiva.

Note-se que a multa em referência é aquela fixada pelo juiz (art. 645, *caput*), e não a multa moratória cominada pelas partes (art. 645, parágrafo único), cuja incidência pode inclusive ter ocorrido antes do ajuizamento da ação executiva.[951]

Na hipótese de ajuizamento de embargos à execução, já tivemos a oportunidade de demonstrar que, se forem recebidos no efeito suspensivo, suspenderão também a incidência das *astreintes*. Subsiste, no entanto, a possibilidade de vir a ser rejeitado o efeito suspensivo aos embargos, ou ainda de o devedor não vir a ajuizá-los nem a cumprir a obrigação, restando saber, nesta hipótese, se a execução das *astreintes* assumirá o caráter definitivo ou provisório.

A decisão que impõe multa e determina a citação do executado, independentemente de estar sujeita a agravo de instrumento, assume caráter provisório. Trata-se de decisão interlocutória, não podendo equiparar-se à sentença transitada em julgado. Mesmo após sua preclusão, ao juiz se mostra lícito revê-la, de ofício ou a instâncias da parte, e inclusive indeferir a peça inicial,[952] acolher exceção de pré-executividade etc. Assim, a execução da multa fixada na referida decisão assumirá o caráter provisório, lembrando que se trata, aqui, das *astreintes* fixadas liminarmente no processo de execução, e não da multa moratória prevista no título, esta, sim, sujeita à execução definitiva.

5.2.5. Execução parcial

No que toca à execução parcial da multa, ou seja, à execução no curso de sua incidência, sem interromper esta última, parece não haver óbice para tanto, desde que ocorra em uma das hipóteses para as quais está autorizada a execução provisória ou definitiva.[953]

---

[949] ASSIS, Araken de. *Manual do processo de execução*. 7ª ed. São Paulo: Revista dos Tribunais, 2001, p. 1183.

[950] Neste sentido, ARAKEN DE ASSIS: "Tal ato é decisão interlocutória (art. 162, § 2º) e dela cabe agravo" (Araken de. *Manual do Processo de execução*. 7ª ed. São Paulo: Revista dos Tribunais, 2001, p. 359).

[951] Neste particular, vide Item 3.10.2.

[952] ASSIS, Araken de. *Manual do processo de execução*. 7ª ed. São Paulo: Revista dos Tribunais, 2001, p. 359.

[953] Vide Item 5.2.4.3.

Segundo Guerra, a possibilidade de execução parcial da multa já foi aventada pela doutrina francesa, e "reforça a eficácia da própria multa como medida coercitiva, por fazer com que o devedor se sujeite, concreta e rapidamente, às consequências da sua recusa em adimplir".[954] Tal entendimento é contraposto por Marinoni, para quem "a função coercitiva da multa não tem relação com o momento da cobrança do seu valor, mas sim com a possibilidade desta cobrança".[955]

Independentemente de tal controvérsia,[956] o certo é que, assim como no caso da execução provisória da multa, e desde que preenchidos os requisitos de exigibilidade, não há, aqui, nada que impeça o autor de promover a execução parcial do crédito resultante da incidência da multa.

Neste caso, a execução será procedida exatamente na forma exposta no Item 5.2.4.2.1, em autos apartados daqueles nos quais se busca o cumprimento da obrigação principal (de fazer, não fazer ou entrega de coisa).

O caráter que assumirá a execução parcial da multa dependerá exclusivamente do que foi referido em item anterior.[957] Se amparadas por sentença transitada em julgado, as *astreintes* serão executadas definitivamente. Ter-se-á uma execução parcial, mas definitiva. Por sua vez, se amparadas por sentença de procedência sujeita a recurso recebido no efeito devolutivo, ou fixadas na decisão a que se refere o art. 645, *caput* (execução de título extrajudicial), a execução será provisória.

5.2.6. A extinção (total ou parcial) do crédito resultante das *astreintes* e a coisa julgada

Verificou-se, em item anterior,[958] que a alteração do valor unitário da multa não viola a coisa julgada, mesmo quando as *astreintes* tiverem sido fixadas em sentença transitada em julgado. Entretanto, como ressalta Marinoni, "dúvida poderia existir, contudo, em relação à possibilidade de o juiz reduzir o valor da multa que já se acumulou".[959]

Resta, portanto, saber se o juiz, diante do pedido de execução, provisória ou definitiva, do crédito resultante da incidência das *astreintes*, pode reduzi-lo ou extingui-lo, verificando que a multa não cumpriu com sua função coercitiva,

---

[954] GUERRA, Marcelo Lima. *Execução indireta*. São Paulo: Revista dos Tribunais, 1998, p. 210.

[955] MARINONI, Luiz Guilherme. *Tutela específica: arts. 461, CPC e 84, CDC*. São Paulo: Revista dos Tribunais, 2001, p. 109.

[956] Sobre a controvérsia acerca das características do caráter coercitivo da multa, vejam-se, especialmente, os Itens 3.3.2 e 3.3.3.

[957] Item 5.2.4.3.

[958] Item 5.1.1.

[959] MARINONI, Luiz Guilherme. Op. cit., p. 112.

ou que o recebimento do crédito resultante de sua incidência poderá implicar o enriquecimento injustificado do demandante.

A questão é delicada, visto que, em se admitindo a diminuição ou até mesmo a supressão total do crédito resultante da multa, poder-se-á estar retirando por completo a credibilidade das *astreintes* como meio coercitivo.

Em acórdão do Tribunal de Justiça do Estado do Rio Grande do Sul, do qual foi relator o eminente desembargador Araken de Assis, decidiu-se pela possibilidade de supressão total do crédito resultante da incidência da *astreinte*, sob o fundamento de que se mostrou ela ineficaz, ante a recalcitrância do réu:

> Ora, não é função da *astreinte*, em nosso sistema jurídico, o de substituir-se às perdas e danos. Trata-se de simples meio para induzir o cumprimento. Na espécie, por razões bem conhecidas, revelou-se mecanismo inoperante. Logo, manter a condenação retroativa implicaria, sobretudo, transferir expressiva quantia de recursos públicos, afetados ao povo de Uruguaiana, para um fundo geral, sem proveito ou benefício para os diretamente atingidos pelo ilícito. É preferível, nesta contingência, manter a condenação no capítulo principal – perdas e danos –, mas absolver o réu do pagamento da *astreinte*.
>
> De resto, semelhante mecanismo se destina, precipuamente, a assegurar o cumprimento e o prestígio das decisões judiciárias. Sua frustração e inconveniência, no caso concreto, bem revelam quão difícil é o primeiro e quão escasso é o segundo... Descumprida a liminar, sem qualquer iniciativa do autor para vê-la realizada, no plano prático, frustrou-se sua finalidade. E cabe ao órgão judiciário, conforme resulta do art. 644, parágrafo único, do Cód. de Proc. Civil, à semelhança do que ocorreu no sistema jurídico francês (René Savatier, *Traité de la responsabilité civile en droit français*, v. 2, n.° 598, p. 173, 2ª ed., Paris, LGDJ, 1951), diminuir e suprimir a multa.[960]

Note-se que o artigo 644, referido no acórdão, não mais possui a mesma redação, tendo sido dela retirada a expressa permissão de redução do valor da multa, antes contida no parágrafo único do referido dispositivo legal. Tal possibilidade, no entanto, continua vigente, em decorrência: (I) da própria natureza coercitiva da multa[961] e (II) do § 6° ao artigo 461, que prevê: "O juiz poderá, de ofício, modificar o valor ou a periodicidade da multa, caso verifique que se tornou insuficiente ou excessiva".

Entretanto, parece incorreta a interpretação dada ao revogado parágrafo único do artigo 644 pela decisão antes transcrita, e o seria também caso dada ao § 6° do artigo 461, visto que, conforme referido anteriormente,[962] tais dispositivos referem-se ao valor unitário da multa, e não ao montante do crédito relativo à sua incidência.

---

[960] Tribunal de Justiça do Estado do Rio Grande do Sul. 4ª Câmara Cível. Reexame Necessário nº 70003274230. Rel. Des. Araken de Assis. J. em 14.11.2001.

[961] Neste sentido, conforme referido em Item 5.1.1: TALAMINI, Eduardo. *Tutela relativa aos deveres de fazer e de não fazer: CPC, art. 461; CDC, art. 84*. São Paulo: Revista dos Tribunais, 2001, p. 244.

[962] Item 5.1.1.

Não obstante, autores como Marinoni já salientavam a possibilidade de redução do valor resultante da incidência das *astreintes*, "justamente porque não há que se falar em coisa julgada material, ou em direito de crédito do autor".[963]

Entretanto, grande parte da doutrina não distinguia a possibilidade de alteração do valor unitário da multa e do crédito resultante da sua incidência, o que, efetivamente, são situações que diferem entre si.[964] Diversos autores limitam-se a afirmar a possibilidade de alteração, para mais ou para menos, do valor da multa, não expressando claramente de que valor estão a tratar.[965]

De qualquer sorte, entendemos ser possível a redução, e até mesmo a supressão do valor resultante da incidência das *astreintes*, visto que não a veda o direito e a recomenda a prática.[966]

---

[963] MARINONI, Luiz Guilherme. *Tutela específica: arts. 461, CPC e 84, CDC*. São Paulo: Revista dos Tribunais, 2001, p. 112. Completa o jurista paranaense: "Ora, se a multa já assumiu valor despropositado, e assim não se constitui mais em meio de pressão sobre a vontade do réu, não há razão para não admitir a redução do seu valor, tornando-o compatível com a situação concreta posta em juízo. Reduzindo-se o valor da multa que se tornou despropositado, e dando-se ao inadimplente nova oportunidade de adimplir a sua obrigação, reafirma-se a função da multa, que é a de compelir o demandado a adimplir, e não de retirar patrimônio do demandado para – o que é pior – permitir o enriquecimento sem qualquer justificativa do autor" (Op. cit., p. 112-113). Também admitindo a redução do crédito oriundo das *astreintes*: ZAVASCKI, Teori Albino. *Comentários ao Código de Processo Civil*. São Paulo: Revista dos Tribunais, 2000. V. 8, p. 507.

[964] Exceção seja feita a TEORI ALBINO ZAVASCKI, que salienta poder a redução do valor unitário ser imposta com efeitos retroativos, o que implicaria a redução do montante já incidente da multa (ZAVASCKI, Teori Albino. *Comentários ao Código de Processo Civil*. São Paulo: Revista dos Tribunais, 2000. V. 8, p. 507).

[965] TALAMINI, Eduardo. *Tutela relativa aos deveres de fazer e de não fazer: CPC, art. 461; CDC, art. 84*. São Paulo: Revista dos Tribunais, 2001, p. 245; ARENHART, Sérgio Cruz. *A tutela inibitória da vida privada*. São Paulo: Revista dos Tribunais, 2000, p. 198.

[966] Vejam-se as seguintes ementas de acórdãos do Tribunal de Justiça do Estado de Minas Gerais, que acolheram o entendimento aqui esposado: AGRAVO DE INSTRUMENTO - ASTREINTES - ALTERAÇÃO DO VALOR - POSSIBILIDADE - COISA JULGADA - NÃO OCORRÊNCIA - REDUÇÃO DE OFÍCIO – POSSIBILIDADE. Segundo a melhor doutrina e a jurisprudência as astreintes não sofrem os efeitos da coisa julgada. O valor fixado a título de astreinte pode ser modificado de ofício pelo juiz caso verifique que se tornou insuficiente ou excessivo (Agravo de Instrumento nº 1.0701.07.185931-1/001(1). Rel. Des. Luciano Pinto. Data do julgamento: 31/01/2008. Data da publicação: 22/02/2008). AGRAVO DE INSTRUMENTO - MULTA COMINATÓRIA - REDUÇÃO - POSSIBILIDADE - INOCORRÊNCIA DE OFENSA À COISA JULGADA. Apurando-se que multa cominatória fixada não cumpriu a sua função coercitiva, ou que o seu valor, além de guardar uma desproporção com o da lide principal, enseja um enriquecimento sem causa da parte contrária, possível o seu redimensionamento, nos termos dos artigos 644, 645 e 461, § 6º, do Código de Processo Civil. Não integrando o crédito resultante das astreintes à lide propriamente dita, a redução destas não implica em ofensa a coisa julgada, não podendo a discussão ser enquadrada como questões já decididas, inexistindo violação ao artigo 471, do Código de Processo Civil (Agravo de Instrumento nº 1.0525.04.048050-7/002(1). Rel. Des. Pedro Bernardes. Data do julgamento: 20/11/2007. Data da publicação: 08/12/2007). AGRAVO DE INSTRUMENTO - PRELIMINAR SUSCITADA - INOVAÇÃO RECURSAL - NÃO OCORRÊNCIA. MULTA COMINATÓRIA - PEDIDO DE REDUÇÃO - POSSIBILIDADE - INOCORRÊNCIA DE OFENSA À COISA JULGADA. Não há inovação recursal quando estiver implícita no pedido formulado na instância primeva a questão devolvida aos órgãos de 2º grau. Apurando-se que multa cominatória fixada não cumpriu a sua função coercitiva, ou que o seu valor, além de guardar uma desproporção com o da lide principal, enseja um enriquecimento sem causa da parte contrária, possível o seu redimensionamento, nos termos dos artigos 644, 645 e 461, § 6º, do Código de Processo Civil. Não integrando o crédito resultante das astreintes à lide propriamente dita, a redução destas não implica ofensa a coisa julgada, não podendo a discussão ser enquadrada como questões já decididas, inexistindo violação ao artigo 471 do Código de Processo Civil (Agravo de Instrumento nº 1.0024.05.769543-9/001(1). Rel. Des. Pedro Bernardes. Data do julgamento: 06/11/2007. Data da publicação: 27/11/2007). ASTREINTES - REDUÇÃO - OFENSA A COISA JULGADA - INOCORREN-

É possível transportar-se para o presente caso o raciocínio desenvolvido quando da análise da influência do instituto da coisa julgada.[967] O crédito resultante das *astreintes* não integra a lide propriamente dita, e não faz parte das "questões já decididas, relativas à mesma lide". A imutabilidade da coisa julgada recai sobre a pretensão que foi acolhida, e não sobre as técnicas de coerção utilizadas no decorrer da demanda ou sobre seus resultados. Por essa razão, admite-se a redução, e até a supressão, do valor da multa.

A prática, por sua vez, recomenda tal procedimento, visto que, não raro, a parte demandante, aproveitando-se, por exemplo, do descumprimento de ordem judicial, antes por incongruências internas das empresas demandadas do que por ausência de temor destas em relação à multa, aguarda a incidência das *astreintes* por longo período de tempo para, somente então, promover a execução de quantias totalmente discrepantes e desproporcionais, se comparadas com o proveito econômico auferido pelo réu ao descumprir a ordem judicial.

Tal situação foi descrita em interessante acórdão do Tribunal de Justiça do Estado do Rio Grande do Sul,[968] no qual a parte, mesmo amparada por liminar, deixou-se protestar e ser inscrita em cadastro de devedores, sem noticiar tal fato nos autos, para somente um ano após cobrar a multa diária, que atingia centenas de milhares de reais. O tribunal decidiu por suprimir o montante resultante da incidência das *astreintes*.

Em outra oportunidade, já se havia admitido a redução do montante total da multa (com base no parágrafo único do então artigo 644, o que, como demonstrado anteriormente, não corresponde à melhor exegese do referido dispositivo), salientando-se não poder ser olvidado "que estabelecimentos com estruturas muito grandes, com muitos departamentos, nem sempre desatendem as determinações por temor, mas por incongruências internas".[969] Não se está aqui a abonar o des-

---

CIA - VALOR DESPROPOSITADO - ADEQUAÇÃO - PROPORCIONALIDADE E RAZOABILIDADE - ELEMENTOS DO PROCESSO. A redução das astreintes não implica em ofensa à coisa julgada, porquanto o crédito resultante da multa diária arbitrada não integra a lide propriamente dita, não se confundindo com as questões relativas ao mérito da demanda formulada pelo autor e que já foram decididas. - As astreintes devem guardar relação direta de proporcionalidade e razoabilidade com o valor da condenação, a condição social da parte autora e a natureza da obrigação descumprida, de forma que não há razão para inadmitir a redução da multa que tiver assumido valor despropositado (Agravo de Instrumento nº 1.0702.06.295415-2/002(1). Rel. Desa. Selma Marques. Data do julgamento: 30/05/2007. Data da publicação: 21/07/2007).

[967] Item 5.1.1.

[968] Acórdão transcrito no Item 5.2.1. (Tribunal de Justiça do Estado do Rio Grande do Sul. Décima Terceira Câmara Cível. Apelação cível nº 70001705912, Rel. Dr. Ney Wiedemann Neto. J. em 15 de junho de 2001).

[969] "É certo que a execução aviada é por quantia certa, todavia, originado o montante principal de multa decorrente de inexecução de obrigação de fazer a ensejar a intervenção judicial pelo inegável excesso.

A *astreinte* busca quebrar a vontade do obrigado, mas, no caso, nenhum dado indica que embora seu montante inicialmente previsto serviu para atender a determinação judicial, não podendo ser olvidado que estabelecimentos com estruturas muito grandes, com muitos departamentos, nem sempre desatendem as determinações por temor, mas por incongruências internas.

Portanto ao contrário do sustentado pelos credores, possível a intervenção judicial para adequação da multa, sob pena do acessório ser desproporcional ao principal, ficando, pois, desprovidas as inconformidades" (Tribunal

cumprimento da ordem judicial por desorganização interna de grandes empresas, mas apenas a reconhecer que tal ocorre,[970] retirando das *astreintes* seu caráter coercitivo direto (indiretamente, as empresas ainda serão pressionadas a aperfeiçoarem suas estruturas para evitar tais "incongruências").

Note-se que a combinação da possibilidade de o autor executar a multa, em determinadas hipóteses, provisoriamente[971] e parcialmente,[972] com a possibilidade de o *quantum* da multa ser alterado pelo magistrado, tende a diminuir os casos em que as *astreintes* incidam por longos períodos sem qualquer reação do réu ou mesmo do autor, este no sentido de reclamar pela tutela específica. O demandante, sabedor de que a incidência da multa por longo período poderá resultar em alteração de seu valor final pelo magistrado, por certo buscará executar valores parciais da multa, fazendo com que a parte ré, ante a concretização da ameaça a seu patrimônio, seja mais uma vez instada ao cumprimento da ordem judicial, evitando situações como a descrita nos acórdãos antes transcritos. Além disso, deverá informar ao juiz periodicamente o descumprimento da decisão pelo demandado, e não apenas silenciar, apostando no esquecimento do réu e, assim, na incidência da multa por longo período, como se a decisão judicial fosse verdadeiro "bilhete premiado da loteria".

A preocupação de que as *astreintes* passem a ser vistas como uma oportunidade para o enriquecimento indevido do demandante fez com que o Superior Tribunal de Justiça passasse a intervir em situações nas quais se verificasse tal desvirtuamento. A postura incisiva da Corte foi inclusive objeto de cobertura da mídia. Em reportagem publicada no Valor Econômico em janeiro de 2008, intitulada "STJ limita multas por descumprimentos de decisões da Justiça", é descrito interessante caso, no qual a intervenção do Superior Tribunal de Justiça evitou que se distorcesse a função da multa periódica. Vale transcrever o caso narrado na reportagem:

> Em 2001, um motorista potiguar bateu seu Ford Escort modelo 1991, devidamente segurado, mas ficou insatisfeito com o serviço prestado: a empresa seguradora não pagou os R$ 574,06 referentes ao desembaraço do veículo no Departamento de Trânsito (Detran) e, acionada na Justiça, foi condenada a arcar com o custo, sob pena de pagar R$ 1.000,00 de multa por dia de descumprimento da decisão judicial. Após três anos sem tomar providências, a seguradora devia R$ 1,8 milhão – o Tribunal não só manteve o valor da multa como determinou o bloqueio do montante na conta corrente da seguradora. [...] o caso foi

---

de Justiça do Estado do Rio Grande do Sul. Décima Sexta Câmara Cível. Apelação Cível nº 70003207750. Rel. Des. Paulo Augusto Monte Lopes. J. em 12 de dezembro de 2001).

[970] Reportagem veiculada no jornal Valor Econômico de 22 de janeiro de 2008 dá conta de que "as multas por descumprimento de decisões judiciais tornam-se um encargo pesado principalmente em ações que pedem a exclusão de nomes nos cadastros do Serasa ou do Serviço de Proteção ao Crédito (SPC) e indenizações por danos morais. Como o volume de clientes e processos dos bancos é muito grande, são comuns erros de processamento, deixando decisões sem cumprimento. Com multas diárias de R$ 1.000,00 ou mais, condenação de por danos morais de R$ 10.000,00 viram facilmente causas de R$ 200.000,00".

[971] Item 5.2.4.3.

[972] Item 5.2.5.

reexaminado no STJ pelo ministro Cezar Asfor Rocha, hoje corregedor da Justiça Federal, que reduziu o valor da multa para R$ 5 mil – exatamente o preço do Ford Escort 1991.[973]

Esta parece ser a mais recente orientação do Superior Tribunal de Justiça, que tem reconhecido que "a finalidade das astreintes, de compelir o cumprimento da obrigação de fazer, não deve ser desfigurada, de modo a tornar o montante da multa mais desejável (para a parte) do que a satisfação da obrigação principal (menos de doze mil reais), sob o risco de causar o enriquecimento indevido da parte em detrimento do patrimônio público".[974] Noutra oportunidade, já se destacou ser "firme o entendimento no Superior Tribunal de Justiça no sentido de que a multa prevista no art. 461 do CPC, por não fazer coisa julgada material, pode ter seu valor e periodicidade modificados a qualquer tempo pelo juiz, quando for constatado que se tornou insuficiente ou excessiva".[975]

É, entretanto, crucial salientar que o fato de o juiz poder alterar o montante resultante da incidência da multa não implica que tal redução torne-se regra. Apenas em situações excepcionalíssimas, quando verificada, por exemplo, a desídia do autor em exigir o cumprimento da tutela específica tão somente para usufruir o crédito resultante da multa, é que o juiz deverá adequar o valor total resultante da incidência da multa. Do contrário, haverá um manifesto descrédito em relação à medida, cuja força restará sempre questionável ante a possibilidade de redução ou até mesmo de supressão do crédito dela oriundo.

5.2.7. Da correção monetária e incidência de juros sobre o crédito resultante da incidência das *astreintes*

Conforme salienta Talamini, "ao crédito derivado da multa aplicam-se as regras gerais acerca da correção monetária das dívidas judiciais. [...] Além disso, a partir da exigibilidade em caráter definitivo do crédito derivado da multa (*rectius*: quando já for possível sua execução definitiva), não parece despropositado sustentar, a exemplo do que se reconhece no Direito francês, a incidência, sobre tal quantia, dos juros moratórios legais".[976]

Com relação à correção monetária do crédito que resulta da incidência das *astreintes*, a questão reveste-se de certa complexidade, dada a dúvida sobre se a correção seria feita a partir da consolidação do crédito até o seu pagamento

---

[973] Rio de Janeiro: Jornal Valor Econômico. Caderno Legislação & Tributos. Terça-feira, 22 de janeiro de 2008. O acórdão mencionado na reportagem foi proferido no REsp 793491/RN, Rel. Ministro CESAR ASFOR RO-CHA, QUARTA TURMA, julgado em 26/09/2006, DJ 06/11/2006, p. 337), e sua íntegra pode ser encontrada no *site* do Superior Tribunal de Justiça, http://www.stj.jus.br.

[974] REsp 700245/PE, Rel. Ministro NILSON NAVES, SEXTA TURMA, julgado em 26/05/2008, DJe 04/08/2008.

[975] REsp 708290/RS, Rel. Ministro ARNALDO ESTEVES LIMA, QUINTA TURMA, julgado em 26/06/2007, DJ 06/08/2007, p. 618.

[976] TALAMINI, Eduardo. *Tutela relativa aos deveres de fazer e de não fazer: CPC, art. 461; CDC, art. 84*. São Paulo: Revista dos Tribunais, 2001, p. 255.

pelo réu, ou se o valor unitário da multa submeter-se-ia, também, à correção monetária. Em épocas de baixa inflação, a diferença entre ambos os cálculos pode ser mínima. Entretanto, transpondo o raciocínio para período inflacionário, o mesmo não pode ser dito. Ora, a regra adotada para a correção desses créditos não pode se submeter à sorte de um determinado período econômico, mas, sim, deve adaptar-se a situações distintas sem permitir que as *astreintes* percam o seu caráter coercitivo.

Portanto, fixada a multa em valor exato (ex.: R$ 100,00, R$ 1.000,00 etc.), e não em índices variáveis (10 salários mínimos, 100 URCs etc.), tal valor deve ser corrigido monetariamente até a data da sua execução, para depois multiplicar-se pelo número de dias de incidência da multa (intervalo entre termo *a quo* e *ad quem* das *astreintes*).[977] Fixado em índice, submete-se a multa (e seu crédito) às alterações da correspondente indexação.

Com relação aos juros moratórios legais, não concordamos com a opinião de Talamini. Pela própria possibilidade de o crédito da multa vir a ser alterado, mesmo quando já exigível, não vemos como punir a mora do réu antes que tais valores lhe sejam expressamente exigidos, mediante sua regular intimação para cumprimento da obrigação de pagar quantia no prazo de 15 dias.[978] É a partir do término deste prazo, e não da exigibilidade da multa, que devem incidir os juros moratórios.[979]

---

[977] Vide Item 3.8.

[978] Vide Item 5.2.4.2.1.

[979] Já decidiu o STJ não incidir juros de mora na cobrança do crédito resultante da incidência das astreintes, sob o argumento de não se tratar de dívida de dinheiro propriamente dita, mas, sim, de "pena cominatória", que por si só já constituiria sanção para o atraso no adimplemento de obrigação de fazer. Em acórdão proferido no REsp 23.137/RJ, aduziu o ministro relator, Aldir Passarinho Júnior, que "a cobrança é de pena cominatória com caráter de forcejar a obrigação de fazer consubstanciada na baixa e cancelamento do ônus real sobre o imóvel, pelo que, tenho eu, não recebe o acréscimo dos juros, não se tratando de dívida de dinheiro propriamente dita" (REsp 23.137/RJ, Rel. Ministro ALDIR PASSARINHO JUNIOR, QUARTA TURMA, julgado em 19/02/2002, DJ 08/04/2002, p. 218). Entendemos que o raciocínio vale para o período anterior ao momento do cumprimento/execução da obrigação de pagar quantia resultante da incidência da multa. Ou seja, não incidem juros de mora no curso da incidência das *astreintes*. Porém, uma vez consolidado o crédito resultante da incidência e transcorrido o prazo para pagamento, aí sim, ter-se-á obrigação de pagar propriamente dita, passando a incidir juros de mora.

6. *Astreintes* e processo administrativo

Bastante comum tem sido a utilização de multa periódica em procedimentos instaurados pela Administração Pública, especialmente em órgãos de proteção ao consumidor. No Estado de São Paulo, por exemplo, a Lei nº 11.424, de 30 de setembro de 1993, estabeleceu a obrigação aos "cinemas, teatros, casas de espetáculos e estabelecimentos bancários" de "garantir o acesso de pessoas portadoras de deficiência física às suas dependências destinadas ao público" (art. 1º). Concedeu-se prazo de 180 dias para que tais estabelecimentos se adaptassem aos termos da lei, e definiu-se que "o descumprimento do disposto nesta Lei implicará na aplicação de multa diária de 10 (dez) UFMs". Mais recentemente, no Estado do Rio de Janeiro promulgou-se a Lei Estadual nº 4.709, de 17 de janeiro de 2006, que "Obriga as empresas concessionárias de serviço público de telefonia fixa no Estado do Rio de Janeiro a individualizar nas contas as ligações locais efetuadas de telefone fixo e dá outras providências". Segundo o referido diploma (em seu art. 4º), o não cumprimento das obrigações nele estabelecidas "acarretará ao infrator multa diária de 2000 (dois mil) UFIRS-RJ, e, em caso de reincidência, a multa será dobrada, revertendo-se o valor ao Fundo Especial para Programas de Proteção e Defesa do Consumidor – FEPROCON". Acrescenta-se ainda (parágrafo único) que "Qualquer consumidor poderá comunicar ao Procon/RJ o descumprimento desta lei, que imediatamente aplicará a multa prevista no *caput* deste artigo".

Exemplos como esses podem ser colhidos em todo o país, e a prática tem sido a aplicação das referidas multas, inclusive com a inscrição em dívida ativa do crédito decorrente de sua incidência.

Não se pode confundir tais imposições, no entanto, com *astreintes*. Aquelas imposições pressupõem a prática de ilícitos administrativos devidamente previstos em leis formais, tal como o exige o artigo 5º, II, da Constituição Federal, e caracterizam exercício do poder sancionador pela Administração Pública. Estas somente podem ser fixadas pelo órgão jurisdicional estatal, cujos atributos da imparcialidade e do poder de *imperium*, somados, garantem que as *astreintes* serão fixadas com o objetivo único do alcance da tutela jurisdicional, e não com eventual finalidade arrecadatória.

Com isso não se nega, evidentemente, a possibilidade de imposição de multas periódicas pela própria Administração, o que decorre fundamentalmente da autoexecutividade dos atos administrativos;[980] porém, a fixação *in concreto* de tais multas deve se submeter a limites previamente estabelecidos na própria legislação que as institui (a exemplo do que prevê o artigo 57, parágrafo único, do Código de Defesa do Consumidor),[981] a limites gerais, como a proibição de confisco (art. 150, IV, Constituição Federal) e, acima de tudo, ao postulado normativo aplicativo da proporcionalidade, que exige, na relação entre meios e fins, o exame da necessidade, adequação e proporcionalidade em sentido estrito.[982]

Neste particular, vale atentar para o disposto na Lei nº 9.784, de 29 de janeiro de 1999, que regula o processo administrativo no âmbito da Administração Pública Federal. Ao fazê-lo, estabelece que a "Administração Pública obedecerá, dentre outros, aos princípios da legalidade, finalidade, motivação, razoabilidade, proporcionalidade, moralidade, ampla defesa, contraditório, segurança jurídica, interesse público e eficiência" (art. 2º), e que nos processos administrativos "serão observados, entre outros, os critérios de: [...] VI - adequação entre meios e fins, vedada a imposição de obrigações, restrições e sanções em medida superior àquelas estritamente necessárias ao atendimento do interesse público".

Assim, eventualmente aplicada multa periódica pela Administração Pública contra o particular, este poderá questionar, perante o Poder Judiciário, seja em embargos à execução fiscal, seja em mandado de segurança ou outra ação autônoma, não apenas a eventual violação ao devido processo legal administrativo, como também a própria legalidade da sanção *in concreto*. O juiz poderá reduzir ou até mesmo suprimir o crédito resultante da incidência da multa, caso verifique violação a algum dos princípios que regem a Administração Pública, como se dá, por exemplo, caso a multa seja aplicada em medida superior àquela estritamente necessária para o atendimento do fim, ou caso verifique pudesse a Administração ter adotado outras "medidas concretas materiais necessárias à satisfação das determinações impostas"[983] e que teriam resultado em menor gravame para o particular.

---

[980] A autoexecutividade indica "a desnecessidade de a Administração Pública recorrer ao Poder Judiciário para impor a produção dos efeitos jurídicos dos atos produzidos unilateralmente" (JUSTEN FILHO, Marçal. *Curso de direito administrativo*. 2ª ed. rev. e atual. São Paulo: Saraiva, 2006. p. 403).

[981] Lei 8.078/90 – Art. 57. A pena de multa, graduada de acordo com a gravidade da infração, a vantagem auferida e a condição econômica do fornecedor, será aplicada mediante procedimento administrativo, revertendo para o Fundo de que trata a Lei nº. 7.347, de 24 de julho de 1985, os valores cabíveis à União, ou para os Fundos estaduais ou municipais de proteção ao consumidor nos demais casos (redação dada pela Lei nº 8.656, de 21.5.1993). Parágrafo único. A multa será em montante não inferior a duzentas e não superior a três milhões de vezes o valor da Unidade Fiscal de Referência (Ufir), ou índice equivalente que venha a substituí-lo (parágrafo acrescentado pela Lei nº 8.703, de 6.9.1993).

[982] ÁVILA, Humberto. *Teoria dos princípios – da definição à aplicação dos princípios jurídicos*. São Paulo: Malheiros, 2003, p. 121.

[983] JUSTEN FILHO. Op. cit., p. 403.

Nessa senda, constata-se que gradativamente o Poder Judiciário vem abandonando a tendência de não realizar um controle do mérito dos atos administrativos discricionários, sobretudo quando se trata de examinar o uso dessa discricionariedade no exercício do poder administrativo punitivo, conforme se pode verificar em decisões mais recentes do Supremo Tribunal Federal[984] e do Superior Tribunal de Justiça.[985] Para tanto esses Tribunais fundamentam suas decisões nos postulados de razoabilidade e proporcionalidade. Como refere Araken de Assis, "é flagrante a expansão do controle judiciário no que tange ao processo administrativo, doravante inserido no âmbito do chamado controle da conformidade, ampliação do tradicional controle da legalidade".[986] Ressalva, no entanto, o autor, que muito embora tenha evoluído a questão, ela "não atingiu seu ponto de equilíbrio e feição clara e definitiva".[987]

---

[984] RECURSO EM MANDADO DE SEGURANÇA. SERVIDOR PÚBLICO. PROCESSO ADMINISTRATIVO. DEMISSÃO. PODER DISCIPLINAR. LIMITES DE ATUAÇÃO DO PODER JUDICIÁRIO. PRINCÍPIO DA AMPLA DEFESA. ATO DE IMPROBIDADE. [...]. 2. A autoridade administrativa está autorizada a praticar atos discricionários apenas quando norma jurídica válida expressamente a ela atribuir essa livre atuação. Os atos administrativos que envolvem a aplicação de "conceitos indeterminados" estão sujeitos ao exame e controle do Poder Judiciário. O controle jurisdicional pode e deve incidir sobre os elementos do ato, à luz dos princípios que regem a atuação da Administração. 3. Processo disciplinar, no qual se discutiu a ocorrência de desídia – art. 117, inciso XV da Lei nº 8.112/90. Aplicação da penalidade, com fundamento em preceito diverso do indicado pela comissão de inquérito. A capitulação do ilícito administrativo não pode ser aberta a ponto de impossibilitar o direito de defesa. De outra parte, o motivo apresentado afigurou-se inválido em face das provas coligidas aos autos. [...] (RMS 24699, Relator Min. Eros Grau, Primeira Turma, julgado em 30/11/2004, DJ 01/07/2005, p. 56, EMENT VOL-02198-02, p. 222, RDDP n. 31, 2005, p. 237-238 LEXSTF v. 27, nº 322, 2005, p. 167-183, RTJ VOL-00195-01, p. 64).

[985] ADMINISTRATIVO. MANDADO DE SEGURANÇA. POLICIAL RODOVIÁRIO FEDERAL. PROCESSO ADMINISTRATIVO DISCIPLINAR. CONTROLE JURISDICIONAL. PRINCÍPIOS DA PROPORCIONALIDADE E RAZOABILIDADE. DEMISSÃO. ILEGALIDADE. CONCESSÃO DA SEGURANÇA. 1. O controle jurisdicional em mandado de segurança é exercido para apreciar a legalidade do ato demissionário e a regularidade do procedimento, à luz dos princípios do devido processo legal, contraditório e ampla defesa, bem como a proporcionalidade da sanção aplicada com o fato apurado. Precedentes. 2. A conduta do Impetrante não se ajusta à descrição da proibição contida no art. 117, inciso XI, da Lei nº 8.112/90, tendo em vista que a Comissão Processante não logrou demonstrar que o servidor tenha usado das prerrogativas e facilidades resultantes do cargo que ocupava para patrocinar ou intermediar interesses alheios perante a Administração. 3. Ordem concedida, para determinar a reintegração do Impetrante ao cargo público, sem prejuízo de eventual imposição de pena menos severa, pelas infrações disciplinares porventura detectadas, a partir do procedimento administrativo disciplinar em questão (MS 9621/DF, Rel. Ministra LAURITA VAZ, TERCEIRA SEÇÃO, julgado em 13/04/2005, DJe 24/06/2008).

ADMINISTRATIVO. MANDADO DE SEGURANÇA. PROCESSO ADMINISTRATIVO DISCIPLINAR. VÍCIOS FORMAIS. INEXISTÊNCIA. APLICAÇÃO DA PENA DE DEMISSÃO. DESPROPORCIONALIDADE VERIFICADA NA ESPÉCIE. SEGURANÇA CONCEDIDA. [...] 3. O poder disciplinar da Administração é representado pela faculdade de punir internamente as infrações funcionais dos servidores, controlando suas condutas internas. [...] 6. A punição administrativa há de se nortear, porém, segundo o princípio da proporcionalidade, não se ajustando à espécie a pena de demissão, ante a insignificância da conduta do agente, no universo amplo das irregularidades apuradas, em seu todo, consideradas as peculiaridades da espécie. 7. Segurança preventiva concedida em parte, para que se abstenha o impetrado de aplicar a pena demissória, sem prejuízo da possibilidade da aplicação de reprimenda menos gravosa (MS 7983/DF, Rel. Ministro HÉLIO QUAGLIA BARBOSA, TERCEIRA SEÇÃO, julgado em 23/02/2005, DJ 30/03/2005, p. 131).

[986] ASSIS, Araken de. Relações do processo civil com os processos penal e administrativo. *Revista da AJURIS*, nº 100, Ano XXXII, Dezembro de 2005. p. 53.

[987] Idem.

7. *Astreintes* e arbitragem

Diferentemente do que ocorre com os atos administrativos, que, muito embora passíveis de revisão pelo Poder Judiciário, são autoexecutáveis, a sentença arbitral, para ser executada, necessita da colaboração do órgão jurisdicional estatal. Caso resista a parte a cumprir determinação contida na sentença arbitral, não poderá o árbitro ou o tribunal arbitral exercer qualquer espécie de coerção ou execução direta do comando sentencial, já que somente o Estado detém o uso privativo da força, no que se incluem as atividades de execução e coerção.[988] O interessado deverá se socorrer do Poder Judiciário, que através dos procedimentos de cumprimento e execução de sentença (arts. 475-I, 475-J e 475-N, IV e parágrafo único), adotará medidas tendentes à completa efetivação da sentença arbitral.

Note-se que a própria Lei de Arbitragem prevê a necessidade de recurso ao Poder Judiciário para a adoção de medidas coercitivas que se façam necessárias no curso da arbitragem (Lei nº 9.307/96 – art. 22, § 4º).

Assim, nada impede que o árbitro determine o cumprimento de determinadas obrigações e, inclusive, que fixe multa periódica para a hipótese de descumprimento. Porém, a coerção efetiva somente virá com a ordem *judicial*, proferida por órgão jurisdicional estatal, que poderá, na ocasião, reduzir ou majorar o valor unitário da multa, sem, no entanto, interferir no mérito da sentença ou decisão arbitral.[989]

---

[988] No mesmo sentido, PITOMBO, Eleonora Coelho. *Arbitragem e o Poder Judiciário: aspectos relevantes.* In GUILHERME, Luiz Fernando do Vale de Almeida (Coord.). *Aspectos práticos da arbitragem.* São Paulo: Quartier Latin, 2006. p. 111.

[989] O juiz togado não poderá modificar o conteúdo da decisão arbitral. Sua tarefa será tão somente praticar atos que são exclusivos da jurisdição estatal (nesse sentido, vide CARMONA, Carlos Alberto. *Arbitragem e processo – um comentário à Lei 9.307/96.* São Paulo: Malheiros, 1998. p. 218), mais especificamente, aplicar técnicas de tutela executiva ou mandamental para efetivar, no mundo dos fatos, a decisão arbitral. A revisão da sentença arbitral pelo juiz togado poderá se dar; porém, para tanto, deve a parte interessada valer-se da ação de que trata o artigo 33 da Lei 9.307/96.

Referências bibliográficas

ALEXY, Robert. *Teoria dos direitos fundamentais*. Trad. Virgílio Afonso da Silva. São Paulo: Malheiros, 2008.

ALMEIDA, Luis Eulálio Figueiredo. *Concessão do pedido da tutela antecipatória na própria sentença*. Revista dos Tribunais/Abril 2000. V. 774, p. 107.

ALVARO DE OLIVEIRA, Carlos Alberto. ALVARO DE OLIVEIRA, Carlos Alberto. *Do formalismo no processo civil*. 2. ed. São Paulo: Saraiva, 2003.

——. *Do formalismo no processo civil*. 3. ed. rev., atual. e aumentada. São Paulo: Saraiva, 2009.

——. *O problema da eficácia da sentença*. In MACHADO, Fábio Cardoso; AMARAL, Guilherme Rizzo (org.). *Polêmica sobre a ação: a tutela jurisdicional na perspectiva das relações entre direito e processo*. Porto Alegre: Livraria do Advogado, 2006.

——. *Teoria e Prática da Tutela Jurisdicional*. Rio de Janeiro: Forense, 2008.

——. (coord). *A nova execução*. Rio de Janeiro: Forense, 2006.

——. (coord). *A nova execução de títulos extrajudiciais: comentários à Lei nº 11.382, de 6 de dezembro de 2006*. Rio de Janeiro: Forense, 2007.

ALVIM, Arruda. *Manual de direito processual civil*. 6. ed. revista e atualizada. São Paulo: Revista dos Tribunais, 1991-1997, V. 2.

ALVIM, Eduardo Pellegrini de Arruda e outros (coord.). *Aspectos polêmicos e atuais dos recursos – 2ª série*. São Paulo: Revista dos Tribunais, 2000.

ALVIM, J. E. Carreira. *O Direito na doutrina*. Curitiba: Juruá, 1998.

ALVIM NETO, José Manoel de Arruda e outro. *Código do Consumidor comentado*. 2. ed. São Paulo: Revista dos Tribunais, 1995.

AMARAL, Guilherme Rizzo. O agravo de instrumento na Lei n.° 11.187/05 e as recentes decisões do Tribunal de Justiça do Estado do Rio Grande do Sul: um alerta necessário. Disponível no site http://www.tex.pro.br/wwwroot/01de2006/oagravo_guilherme_rizzo_amarall.html.

——. Comentários aos artigos 475-I e 475-J do CPC. In ALVARO DE OLIVEIRA, Carlos Alberto (coord.). *A nova execução: comentários à Lei n.° 11.232, de 22 de dezembro de 2005*. Rio de Janeiro: Forense, 2006.

——. *Cumprimento e execução da sentença sob a ótica do formalismo-valorativo*. Porto Alegre: Livraria do Advogado, 2008.

——. *Ensaio acerca do impacto do Novo Código Civil sobre os processos pendentes*. Revista da AJURIS, n° 90, Ano XXX, Junho de 2003.

——. *Estudos de direito intertemporal e processo*. Porto Alegre: Livraria do Advogado, 2007.

AMARAL SANTOS, Moacyr. *Ações cominatórias no Direito brasileiro*. 3. ed. São Paulo: Max Lemonad, 1962, Tomos I e II.

——. *Primeiras linhas de direito processual civil*. 16. ed. São Paulo: Saraiva 1997. V. 3.

ÁVILA, Humberto. *Teoria dos princípios – da definição à aplicação dos princípios jurídicos*. São Paulo: Malheiros, 2003.

ARENHART, Sérgio Cruz. *A tutela inibitória da vida privada*. São Paulo: Revista dos Tribunais, 2000.

——. *Tutela específica da obrigação de entrega de coisa.* MARINONI, Luiz Guilherme (coord.). *A segunda etapa da reforma processual civil.* São Paulo: Malheiros, 2001.

ARRUDA ALVIM, Eduardo Pellegrini de. e outros (coord). *Aspectos polêmicos e atuais dos recursos* – 2ª série, coords. São Paulo: Revista dos Tribunais, 2000.

——. *Obrigações de fazer e não fazer – Direito material e processo.* Revista de Processo nº 99, p. 31.

ASSIS, Araken de. Da natureza jurídica da sentença sujeita a recurso. *Revista Jurídica* 101, set/out 1983, p. 09.

——. *Execução civil nos juizados especiais.* 2. ed. São Paulo: Revista dos Tribunais, 1998.

——. *Manual da execução.* São Paulo: Revista dos Tribunais, 2007. 11. edição.

——. *Manual do processo de execução.* 7. ed. São Paulo: Rev. dos Tribunais, 2001.

——. *Manual do processo de execução.* 8. ed., rev., atual. e ampl. São Paulo: Rev. dos Tribunais, 2002.

——. Reforma do processo executivo. *Revista Direito e Justiça*, v. 17 – Anos XVII e XVIII (1995-1996), p. 149/150.

——. Relações do processo civil com os processos penal e administrativo. *Revista da AJURIS*, nº 100, Ano XXXII, dezembro de 2005. p. 31.

——. Sobre a execução civil (Réplica a Tesheiner). *Revista de Processo*, nº 102, p.10.

BARCELLOS FILHO, Mauro. A tutela antecipada e o efeito suspensivo da apelação. *Revista de Processo* nº 93, p. 237.

BARROSO, Luís Roberto. *Interpretação e aplicação da constituição: fundamentos de um dogmática constitucional transformadora.* 3. ed. São Paulo: Saraiva, 1999.

BEDAQUE, José Roberto dos Santos. *Tutela cautelar e tutela antecipada*: tutelas sumárias e de urgência. São Paulo: Malheiros, 1998.

BENASSE, Marcos Antônio. *Tutela Antecipada em caso de irreversibilidade.* Campinas: Bookseller, 2001.

BERMUDES, Sérgio. *A reforma do Código de Processo Civil.* Rio de Janeiro: Freitas Bastos, 1995.

——. *A reforma do Código de Processo Civil: observações às Leis 8950, 8951, 8952, 8953 de 13.12.1994.* São Paulo: Saraiva, 1996.

BODENHEIMER, Edgar; OAKLEY, John Bilyeu e LOVE, Jean C. *An introduction to the Anglo-American legal system – Readings and cases (American Casebook Series).* St. Paul, Minnesota: West Pulishing Company, 1988. Second Edition.

BORTOWSKI, Marco Moreira. *Apelação cível.* Porto Alegre: Livraria do Advogado, 1997.

BUENO, Cassio Scarpinella. *Execução provisória e antecipação da tutela: dinâmica do efeito suspensivo da apelação e da execução provisória: conserto para a efetividade do processo.* São Paulo: Saraiva, 1999.

BUENO, Celso Scarpinella. Tutela antecipada e ações contra o poder público (reflexão quanto a seu cabimento como consequência da necessidade de efetividade do processo. In WAMBIER, Teresa Arruda Alvim. (ccord.). *Aspectos polêmicos da antecipação de tutela.* São Paulo: Revista dos Tribunais, 1997.

CALMON DE PASSOS, José Joaquim. *Comentários ao Código de Processo Civil, Lei nº 5.869, de 11 de janeiro de 1973.* 7. ed. Rio de Janeiro: Forense, 1994. V. III.

——. *Direito, poder, justiça e processo.* Rio de Janeiro: Forense, 1999.

CAMBLER, Everaldo Augusto. *Incorporação imobiliária.* São Paulo: Revista dos Tribunais, 1993.

CANARIS, Claus-Wilhelm. *Pensamento sistemático e conceito de sistema na ciência do direito.* 2. ed. Lisboa: Calouste Gulbenkian, 1996.

CANOTILHO, J. J. G. *Direito Constitucional e teoria da Constituição.* 4. ed. Coimbra: Almedina.

CARMONA, Carlos Alberto. *Arbitragem e processo – um comentário à Lei 9.307/96.* São Paulo: Malheiros, 1998.

——. O processo de execução depois da reforma. *Revista Forense*, vol. 333.

CARNEIRO, Athos Gusmão. *Cumprimento da sentença civil.* Rio de Janeiro: Forense, 2007.

——. *Da antecipação da tutela no processo civil.* Rio de Janeiro: Forense, 1999.

——. *O Princípio Sententia Habet Paratam Executionem e a Multa do Artigo 475-J do CPC.* Publicado no *site* do Instituto Brasileiro de Direito Processual Civil. Disponível em www.direitoprocessual.org.br. Acesso em 2 de fevereiro de 2009.

——; TEIXEIRA, Sálvio de Figueiredo. Reforma do CPC. Anteprojeto n. 15. *Revista Síntese de Direito Civil e Processual Civil 2*. Novembro-dezembro de 1999.

CARPENA, Márcio Louzada. *Do processo cautelar moderno*. Rio de Janeiro: Forense, 2003.

CARREIRA ALVIM, J.E. *Tutela específica das obrigações de fazer e não fazer na reforma processual*. Belo Horizonte: Del Rey, 1997.

CARVALHO, Milton de Paulo. Ainda a prisão civil em caso de alienação fiduciária. Da desconsideração do depósito. *Revista dos Tribunais*, n° 787 (Maio/2001), p. 18.

CASTRO, Amílcar de. *Comentários ao Código de Processo Civil*. São Paulo: Revista dos Tribunais, 1974. V. VIII.

CHABAS, François. L'astreinte em Droit Français. *Revista de Direito Civil* n° 69, p. 56.

CHIOVENDA, Giuseppe. *Instituições de direito processual civil*. Campinas: Bookseller, 2000. 2. ed. V. I.

CINTRA, Antonio Carlos de Araújo e outros. *Teoria geral do processo*. 11. ed. São Paulo: Malheiros, 1995.

CORDRAY, Margaret Meriwether. Contempt sanctions and the excessive fines clause. *North Carolina Law Review* n° 76, January 1998. p. 407.

CORRÊA, Orlando de Assis. *Recursos no Código de Processo Civil*. Rio de Janeiro: AIDE, 1996.

COUTO E SILVA, Clóvis V. do. *A obrigação como processo*. São Paulo: José Bushatsky, 1976.

COUTURE, Eduardo J. *Interpretação das leis processuais*. Trad. Dra. Gilda Marciel Corrêa Meyer Russomano. 2. ed. Rio de Janeiro: Forense, 1993

CUCHE, Paul e outro. *Voix d'execution*. Paris: Dalloz, 1970.

DAVID, René. *O direito inglês*. Tradução: Eduardo Brandão. São Paulo: Martins Fontes, 1997.

DESCARTES, René. *Discurso do método*. Apresentação e comentários de Denis Huisman. Trad. de Elza Moreira Marcelina. Brasília: Editora Universidade de Brasília, 1985.

DIDIER JUNIOR, Fredie. *Pressupostos processuais e condições da ação: o juízo de admissibilidade do processo*. São Paulo: Saraiva, 2005.

DINAMARCO, Cândido Rangel. *A instrumentalidade do processo*. 10. ed. São Paulo: Malheiros, 2002.

——. *A reforma do Código de Processo Civil*. 2. ed. São Paulo: Malheiros, 1995.

——. *Instituições de direito processual civil*. São Paulo: Malheiros, 2004. V. 4.

——. *Instituições de direito processual civil*. 4. ed., revista, atualizada e com remissões ao Código Civil de 2002. São Paulo: Malheiros, 2004. V. 1.

——. *Execução civil*. 4. ed. revista, atualizada e ampliada. São Paulo: Malheiros, 1994.

DINIZ, Maria Helena. *Código Civil anotado*. 3. ed. aumentada e atualizada. São Paulo. Saraiva, 1997.

DONNIER, Marc e outro. *Voies d'execution et procedures de distribution*. 6. ed. Paris: Litec, 2001.

FERREIRA, William Santos. *Tutela antecipada no âmbito recursal*. São Paulo: Revista dos Tribunais, 2000.

FERREIRA DA SILVA, Jorge Cesa. *Inadimplemento das obrigações*. São Paulo: Editora Revista dos Tribunais, 2007.

SANTOS, Ernane Fidélis dos. *Manual de direito processual civil*. 10. ed., rev. e atual. São Paulo: Saraiva, 2006, V. 2.

FLACH, Daisson. *A verossimilhança no processo civil e sua aplicação prátca*. São Paulo: Revista dos Tribunais, 2009.

FLEISCHER, Jennifer. In defense of civil contempt sanctions. *Columbia Journal of Law and Social Problems* n° 36 . Fall, 2002. p. 35.

FORNACIARI JÚNIOR, Clito. Mais um recurso. *Revista Síntese*, Fevereiro/2002. p.17.

FOWLER, Marcos Bittencourt. A (re) reforma do art. 461 do Código de Processo Civil; a multa e seus problemas. MARINONI, Luiz Guilherme (coord.). *A segunda etapa da reforma processual civil*. São Paulo: Malheiros, 2001.

FREITAS, Juarez. *A interpretação sistemática do direito*. São Paulo: Malheiros, 1995.

FRIEDENTHAL, Jack H., KAYNE, Mary Kay & MILLER, Arthur R. *Civil procedure*. 3.ed. St. Paul, Minesotta: West Group/Hornbook Series, 1999.

FUX, Luiz. *Curso de direito processual civil.* Rio de Janeiro: Forense, 2001.

——. *Tutela de segurança e tutela da evidência.* São Paulo: Saraiva, 1996.

GIDI, Antônio. *Rumo a um Código de Processo Civil Coletivo: a codificação das ações coletivas do Brasil.* Rio de Janeiro: Forense, 2008.

GINSBURG, Ruth Bader & BRUZELIUS, Anders. *Civil procedure in Sweden.* The Hague, Netherlands: Martins Nijhoff, 1965.

GIORDANI. Mário Curtis. *O Código Civil à luz do Direito Romano:* parte geral. Rio de Janeiro: Forense, 1992.

GODOY, José Carlos de. Astreintes. *Revista dos Tribunais,* V. 742, 1997, p. 134.

GOLDSCHMIDT, James. *Derecho procesal civil.* Barcelona: Labor, 1936.

GOMES, Fábio. *Carência de ação:* doutrina, comentários ao CPC, análise da jurisprudência. São Paulo: Revista dos Tribunais, 1999.

GOMES, Orlando. *Introdução ao direito civil.* 5. ed. Rio de Janeiro: Forense, 1977. V. 1.

GOMES JUNIOR, Luiz Manoel. Execução de multa – Art. 461, § 4º, do CPC – e a sentença de improcedência do pedido. In SHIMURA, Sérgio e WAMBIER, Teresa Arruda Alvim (coord.). *Processo de execução.* São Paulo: Revista dos Tribunais, 2001.

GRECO FILHO, Vicente. *Direito processual civil brasileiro.* 3º vol. São Paulo: Saraiva, 1985.

GRINOVER, Ada Pellegrini. Tutela jurisdicional nas obrigações de fazer e não fazer. *Revista de Processo* nº 79, 1995, p.70.

—— e outros. *Código Brasileiro de Defesa do Consumidor comentado pelos autores do anteprojeto.* 7. ed. Rio de Janeiro: Forense Universitária, 2001.

——. Aspectos da Reforma do Código de Processo Civil. *Revista de Processo.* Vol. 79. p. 68/69.

——. Do Juizado de pequenas causas. Aspectos constitucionais. *Revista da AJURIS* nº 28, Julho 1983. Ano X, p. 47.

GUERRA, Marcelo Lima. *Execução Indireta.* São Paulo: Revista dos Tribunais, 1998.

JOHANN, Jorge Renato (Coor.). *Introdução ao método científico: conteúdo e forma do conhecimento.* Canoas: Ed. ULBRA, 1997.

JORGE, Flávio Cheim e Outro. Tutela específica do Art. 461 do CPC e o processo de execução. In SHIMURA, Sérgio e WAMBIER, Teresa Arruda Alvim (coord.). *Processo de execução.* São Paulo: Revista dos Tribunais, 2001.

JUSTEN FILHO, Marçal. *Curso de direito administrativo.* 2. ed. rev. e atual. São Paulo: Saraiva, 2006.

LACERDA, Galeno. *O novo direito processual civil e os feitos pendentes.* Rio de Janeiro: Forense, 1974.

——. Processo e cultura. *Revista de Direito Processual Civil,* São Paulo, v. 2, nº 3, p. 74-86, jan./jun. 1961.

LANES, Júlio Cesar Goulart. *Audiências: conciliação, saneamento, prova e julgamento.* Rio de Janeiro: Forense, 2009.

LIEBMAN, Enrico Tullio. *Processo de execução.* São Paulo: Saraiva Livraria Acadêmica, 1946.

LIMA, Alcides de Mendonça. *Comentários ao Código de Processo Civil.* 1. ed. Rio de Janeiro: Forense, 1974. V. VI, T. II.

——. *Comentários ao Código de Processo Civil.* 2. ed. Rio de Janeiro: Forense, 1977. V. VI, T. II.

LIVINGSTON, Margit. Disobedience and contempt. *Washington Law Review* nº 75, April, 2000. p. 345 .

LUCENA, João Paulo. *Natureza jurídica da jurisdição voluntária.* Porto Alegre: Livraria do Advogado, 1996.

LUCON, Paulo Henrique dos Santos. *Eficácia das decisões e execução provisória.* São Paulo: Revista dos Tribunais, 2000.

——. Juizados Especiais Cíveis: Aspectos Polêmicos. *Revista de Processo,* vol. 90, p. 186.

MACHADO, Fábio Cardoso; AMARAL, Guilherme Rizzo (org.). *Polêmica sobre a ação: a tutela jurisdicional na perspectiva das relações entre direito e processo.* Porto Alegre: Livraria do Advogado, 2006

MAGALHÃES NORONHA, E. *Direito penal* (introdução e parte geral). V. 1. 19. ed. revista e atualizada. São Paulo: Saraiva, 1981.

MARANHÃO, Clayton. Tutela específica das obrigações de fazer e não fazer. In MARINONI, Luiz Guilherme (coord.). *A segunda etapa da reforma processual civil*. São Paulo: Malheiros, 2001.

MARINONI, Luiz Guilherme. *A antecipação da tutela*. 3. ed. São Paulo: Malheiros, 1997.

———. *Novas linhas do processo civil*. 4. ed., revista e ampliada. São Paulo: Malheiros, 2000.

———.*Técnica processual e tutela dos direitos*. São Paulo: Revista dos Tribunas, 2004.

———. *Tutela específica: arts. 461, CPC e 84, CDC*. São Paulo: Revista dos Tribunais, 2001.

———. *Tutela Inibitória: individual e coletiva*. São Paulo: Revista dos Tribunais, 1998.

———. (coord.). *A segunda etapa da reforma processual civil*. São Paulo: Malheiros, 2001.

——— ; ARENHART, Sérgio Cruz. *Curso de processo civil, volume 3: execução*. São Paulo: Revista dos Tribunais, 2007.

———; MITIDIERO, Daniel. *Código de Processo Civil comentado artigo por artigo*. São Paulo: Revista dos Tribunais, 2008.

MARQUES, José Frederico. *Manual de direito processual civil*. São Paulo: Saraiva, 1976. V. IV.

MATTOS, Sérgio Luis Wetzel de. *Da iniciativa probatória do juiz no processo civil*. Rio de Janeiro: Forense, 2001.

MAXIMILIANO, Carlos. *Direito intertemporal ou teoria a retroatividade das leis*. São Paulo: Freitas Bastos, 1946.

———. *Hermenêutica e aplicação do direito*. 18. ed. Rio de Janeiro: Forense, 1998.

MAZEAUD, Henri et Leon Jean. *Leçons de droit civil*. Editions Montchrestion, 1973.

MAZZILLI, Hugo Nigro. *A defesa dos interesses difusos em juízo*. São Paulo; Saraiva, 2009. 22. ed., revista, ampliada e atualizada.

———. *O inquérito civil: investigações do Ministério Público, compromissos de ajustamento e audiências públicas*. São Paulo: Saraiva, 2000.

MEDINA, José Miguel Garcia. Juízo de admissibilidade e juízo de mérito dos recursos na nova sistemática recursal e sua compreensão jurisprudencial, de *acordo com as Leis 9.756/98 e 9.800/99*. In ALVIM, Eduardo Pellegrini de Arruda e outros (coord.). *Aspectos polêmicos e atuais dos recursos – 2ª série*. São Paulo: Revista dos Tribunais, 2000.

———. A execução da liminar que antecipa efeitos da tutela sob o prisma da teoria geral da tutela jurisdicional executiva – o princípio da execução sem título permitida. In SHIMURA, Sérgio e WAMBIER, Teresa Arruda Alvim (coord.). *Processo de execução*. São Paulo: Revista dos Tribunais, 2001.

MESTIERI, João. *Teoria elementar do direito criminal: parte geral*. Rio de Janeiro: J. Mestieri, 1990.

MILLER, Christopher J. *Contempt of court*. Oxford University Press, 1989.

MITIDIERO, Daniel Francisco. *Colaboração no processo civil: pressupostos sociais, lógicos e éticos*. São Paulo: Editora Revista dos Tribunais, 2009.

———. *Elementos para uma teoria contemporânea do processo civil brasileiro*. Porto Alegre: Livraria do Advogado, 2005.

———. *Processo civil e estado constitucional*. Porto Alegre: Livraria do Advogado, 2007.

MOREIRA, José Carlos Barbosa. A sentença mandamental – Da Alemanha ao Brasil. *RDR* nº 14 – maio/agosto 1999.

———. *Comentários ao Código de Processo Civil*. 6. ed. Rio de Janeiro: Forense, 1993. v. V.

———. Conteúdo e efeitos da sentença – variações sobre o tema. *Revista da AJURIS*, vol. 35. p. 204/212.

———. Eficácia da sentença e autoridade da coisa julgada. *Revista da AJURIS*, nº 28, p. 15/31.

———. Julgamento colegiado – Modificação de voto após a proclamação do resultado? In ALVIM, Eduardo Pellegrini de Arruda e outros (coord.). *Aspectos polêmicos e atuais dos recursos – 2ª série*. São Paulo: Revista dos Tribunais, 2000.

———. *O novo processo civil brasileiro*: exposição sistemática do procedimento. 22. ed., rev. e atual. Rio de Janeiro: Forense, 2002.

———. Por um processo socialmente efetivo. *Revista de Processo* nº 105, janeiro-março 2002, p. 190.

———. Tutela específica do credor nas obrigações negativas. In *Temas de Direito Processual*. Segunda série. São Paulo: Saraiva, 1980.

NEGRÃO, Theotonio. *Código de Processo Civil e legislação processual em vigor*. 30. ed. São Paulo: Saraiva, 1999.

———; GOUVÊA, José Roberto F. *Código de Processo Civil e legislação processual em vigor*. 39. ed. São Paulo: Saraiva, 2007

NERY JÚNIOR, Nelson. *Princípios fundamentais: teoria geral dos recursos*. 5. ed., rev. e ampl. São Paulo: Revista dos Tribunais, 2000.

———; NERY, Rosa Maria Andrade. *Código de Processo Civil comentado e legislação processual civil extravagante em vigor*. 3. ed., revista e ampliada. São Paulo: Revista dos Tribunais, 1997.

———. *Código de Processo Civil comentado e legislação processual civil extravagante em vigor*. 6. ed. São Paulo: Revista dos Tribunais, 2002.

NUNES, Luiz Antonio. *Cognição judicial nas tutelas de urgência*. São Paulo: Saraiva, 2000.

OLIVEIRA, Francisco Antônio de. As astreintes e sua eficácia moralizadora. *Revista dos Tribunais*, V. 508, 1978, p.36.

PACHECO, José da Silva. *Ações executivas e execução de sentença*. Rio de Janeiro: Borsoi, 1957

PAULA, Alexandre de. *Código de Processo Civil anotado*. São Paulo: Revista dos Tribunais, 1994. V. II.

PITOMBO, Eleonora Coelho. Arbitragem e o Poder Judiciário: Aspectos Relevantes. In GUILHERME, Luiz Fernando do Vale de Almeida (Coord.). *Aspectos práticos da arbitragem*. São Paulo: Quartier Latin, 2006. p. 105.

PLANIOL, Marcel. *Traité élementaire de droit civil*. 3. ed. Paris: Libraire Générale de Droit & de Jurisprudence, 1905. T. 2.

PONTES DE MIRANDA, Francisco Cavalcanti. *Comentários ao Código de Processo Civil*. Rio de Janeiro: Forense, 1975. Tomo VII.

———. *Tratado das ações*. 2. ed. São Paulo: Revista dos Tribunais, 1972. T. I.

POPP, Carlyle. *Execução de obrigação de fazer*. Curitiba: Juruá, 1995.

PORTANOVA, Rui. *Princípios do processo civil*. Porto Alegre: Livraria do Advogado, 2003. 5. ed.

PORTO, Mário Moacyr. Astreinte. *Revista dos Tribunais*, V. 394, 1968, p. 29.

PORTO, Sérgio Gilberto. *Coisa julgada civil*. Rio de Janeiro: AIDE, 1998.

———. *Comentários ao Código de Processo Civil*. São Paulo: Revista dos Tribunais, 2000. V. 6.

PRATA, Edson. As astreintes no direito brasileiro. *Revista Brasileira de Direito Processual*. Uberaba: Forense, 1980. V.2.

RIBEIRO, Leonardo Ferres da Silva. *Execução e antecipação de tutela: princípios comuns e sua aplicação visando à efetividade do processo*. In SHIMURA, Sérgio e WAMBIER, Teresa Arruda Alvim (coord.). *Processo de execução*. São Paulo: Revista dos Tribunais, 2001.

RODRIGUES, Geisa de Assis. *Ação civil pública e termo de ajustamento de conduta: teoria e prática*. Rio de Janeiro: Forense, 2006.

———. Notícia sobre a Proposta de Nova Disciplina da Execução das Obrigações de Entrega de Coisa, de Fazer e de Não Fazer. MARINONI, Luiz Guilherme (ccord.) *A segunda etapa da reforma processual civil*. São Paulo: Malheiros, 2001.

RODRIGUES, Marcelo Abelha. *Manual de direito processual civil*. 4. ed., reform., atual. e ampl. São Paulo: Revista dos Tribunais, 2008.

RODRIGUES, Sílvio. *Direito civil*. 23. ed. São Paulo: Saraiva, 1995. v. 2.

SANTOS, Ernane Fidélis. *Novos perfis do processo civil brasileiro*. Belo Horizonte: Del Rey, 1996.

SCHOLLER, Heinrich. O princípio da proporcionalidade no direito constitucional e administrativo da Alemanha. Trad. Ingo Wolfgang Sarlet. *Interesse Público* 2, p. 99, 1999.

SEINMAN, Jay M. *Law 101*. Second Edition. Oxford: University Press, 2006.

SIDOU, J.M. Othou. *Processo civil comparado – Histórico e contemporâneo*. Rio de Janeiro: Forense Universitária, 1997.

SHIMURA, Sérgio e WAMBIER, Teresa Arruda Alvim (coord.). *Processo de execução*. São Paulo: Revista dos Tribunais, 2001.

SILVA, João Calvão da. *Cumprimento e sanção pecuniária compulsória*. 4. ed. Coimbra: Almedina, 2002.

SILVA, Ovídio Araújo Baptista da. *Curso de processo civil*. 4. ed. São Paulo: Revista dos Tribunais, 1998, vol. I.

——. *Curso de processo civil*. 3. ed. São Paulo: Revista dos Tribunais, 1998, Vol. II.

——. *Curso de processo civil*. 3. ed. São Paulo: Revista dos Tribunais, 1998, Vol. III.

——. *Curso de processo civil* (processo de conhecimento). 2. ed. Porto Alegre: Fabris, 1991. V. 1.

SPADONI, Joaquim Felipe. *Ação inibitória: a ação preventiva prevista no art. 461 do CPC*. 2. ed. rev. e atual. São Paulo: Revista dos Tribunais, 2007.

——. A multa na atuação das ordens judiciais. In SHIMURA, Sérgio e WAMBIER, Teresa Arruda Alvim (coord.). *Processo de execução*. São Paulo: Revista dos Tribunais, 2001.

STARCK, Boris. Obligations – *Régime general*. 4. ed. Paris: Litec, 1992 (em cooperação com Henri Roland e Laurent Boyer).

STUMM, Raquel Denise. *Princípio da proporcionalidade no direito constitucional brasileiro*. Porto Alegre: Livraria do Advogado Editora, 1995.

TALAMINI, Eduardo. *Tutela relativa aos deveres de fazer e de não fazer*: CPC, art. 461; CDC, art. 84. São Paulo: Revista dos Tribunais, 2001.

TEIXEIRA, Sálvio de Figueiredo. *Código de Processo Civil*. Rio de Janeiro: Forense, 1979.

——. O prosseguimento da reforma processual. *Revista de Processo* nº 95, p. 11.

——. (Coord.). *Reforma do Código de Processo Civil*. São Paulo: Saraiva, 1996.

TESHEINER, José Maria. *Eficácia da sentença e coisa julgada no processo civil*. São Paulo: Revista dos Tribunais, 2001.

——. Execução Civil (Um estudo fundado nos Comentários de Araken de Assis). *Revista de Processo*, v. 102, p. 30.

THEODORO JÚNIOR, Humberto. A onda reformista do direito positivo e suas implicações com o princípio da segurança. *Revista Magister: direito civil e processual civil*, v. 2, n. 11, p. 5-32, mar./abr. 2006.

——. Medida Cautelar. Multa diária. Exequibilidade (Parecer). *Revista de Processo* nº 96, p. 211.

——. Tutela específica das obrigações de fazer e não fazer. *Revista de Processo* nº 105, janeiro-março 2002, p. 25.

WAMBIER, Luis Rodrigues. *Sentença civil: liquidação e cumprimento*. 3. ed., rev., atual. e ampl. São Paulo: Revista dos Tribunais, 2006.

—— e outros. *Curso avançado de processo civil*. 3. ed. São Paulo: Revista dos Tribunais, 2000. Vol. 2.

—— e outros. *Curso avançado de processo civil*. 5. ed., rev., atual. e ampl. V. 2: processo de execução. São Paulo: Revista dos Tribunais, 2002.

——; WAMBIER, Teresa Arruda Alvim. *Breves comentários à 2ª fase da reforma do Código de Processo Civil*. São Paulo: Revista dos Tribunais, 2002.

WAMBIER, Teresa Arruda Alvim. *Os agravos no CPC brasileiro*. 3. ed., revista, atualizada e ampliada do livro "O novo regime do agravo". São Paulo: Revista dos Tribunais, 2000.

——. *Os agravos no CPC brasileiro*. 4. ed., rev., atual. e ampl. de acordo com a nova Lei do Agravo (Lei 11.187/2005). São Paulo: Revista dos Tribunais, 2006.

WATANABE, Kazuo. Características básicas do Juizado Especial de Pequenas Causas. *Revista da AJURIS*, nº 33, ano XII – 1985 – Março. p. 27/28.

——. *Da cognição no processo civil*. 2. ed. Campinas: Bookseller, 2000.

——. Tutela antecipatória e tutela específica das obrigações de fazer e não fazer (arts. 273 e 461 do CPC). In TEIXEIRA, Sálvio de Figueiredo (coord.). *Reforma do Código de Processo Civil*. São Paulo: Saraiva, 1996.

YARSHELL, Flávio Luiz. Efetividade do processo de execução e remédios com efeito suspensivo. In SHIMURA, Sérgio e WAMBIER, Teresa Arruda Alvim (coord.). *Processo de execução*. São Paulo: Revista dos Tribunais, 2001.

ZARONI, Bruno Marzullo. *Efetividade da execução por meio de multa – A problemática em relação à pessoa jurídica.* Curitiba, 2007. Dissertação (Mestrado em Direito) – Setor de Ciências Jurídicas, Universidade Federal do Paraná.

ZAVASCKI, Teori Albino. *Antecipação da tutela.* São Paulo: Saraiva, 2000, 3. ed., revista e ampliada.

——. *Comentários ao Código de Processo Civil.* São Paulo: Revista dos Tribunais, 2000. V. 8.

Sites de pesquisa na internet:

Advogado Público: http://www.advogadopublico.hpg.ig.com.br

Assembleia Nacional (França): http://www.assemblee-nationale.fr

Câmara dos Deputados (Brasil): http://www.camara.gov.br

Fórum Nacional dos Juizados Especiais: http://www.fonaje.org.br

Governo Federal (Brasil): http://www.planalto.gov.br

Instituto Brasileiro de Direito Processual Civil (Brasil): http://www.direitoprocessual.org.br

Legislação (França): http://www.legifrance.gouv.fr

Páginas de Direito: http://www.tex.pro.br

Poder Judiciário (França): http://www.justice.gouv.fr

Senado Federal: http://www.senado.gov.br

Senado (França): http://www.senat.fr

Superior Tribunal de Justiça: http://www.stj.jus.br

Supremo Tribunal Federal: http://www.stf.jus.br

Tribunal de Justiça do Distrito Federal e dos Territórios: http://www.tjdft.jus.br

Tribunal de Justiça do Estado de Minas Gerais: http://www.tjmg.jus.br

Tribunal de Justiça do Estado de Santa Catarina: http://www.tjsc.jus.br

Tribunal de Justiça do Estado de São Paulo: http://www.tjsp.jus.br

Tribunal de Justiça do Estado do Paraná: http://www.tjpr.jus.br

Tribunal de Justiça do Estado do Rio de Janeiro: http://www.tjrj.jus.br

Tribunal de Justiça do Estado do Rio Grande do Sul: http://www.tjrs.jus.br

Tribunal Regional Federal da 4ª Região: http://www.trf4.jus.br

Índice alfabético-remissivo

(quando indicados diversos itens, destacou-se, em itálico, o(s) item(ns) no qual o tema foi abordado com maior destaque)

Ação civil pública – 3.1, 3.2, 4.1.1, 5.1.3, *5.2.1.1*, 5.2.4.3.1

Ação rescisória – 4.4.3

Ações possessórias – 3.1

Agravo de instrumento

- efeitos – *4.2.1*, 4.4.2
- interposição – 4.2.1
- juízo de retratação – 4.3
- não conhecimento – 4.2.1
- negativa de provimento – 4.2.1
- provimento – 4.1.2, *4.2.1*. 4.3

Antecipação da tutela – 2.1, 3.1, 3.2, 3.3.4, 3.3.6, 3.5.2, *3.7.1*, 3.7.4, 4.1.1, 4.1.2, 4.2.1, 4.2.2.1, 4.2.2.2, 4.3, 5.2.3, 5.2.4.3.1

Antecipação da tutela recursal – 3.7.3, 4.2.2.1

Apelação

- efeitos – 3.7.2, 3.8.1, 4, *4.2.2*, *4.2.2.1*, *4.2.2.2*, 4.4.1, 4.4.2, 5.2.4.3.1, 5.2.4.3.2
- interposição – 3.8.1, 4.2.2, 4.2.2.1, 4.2.2.2,
- negativa de provimento – 4.2.2, 4.2.2.1, 4.2.2.2,
- provimento – 4.2.2, 4.2.2.1, 4.2.2.2

Arbitragem – 7

Artista

- direito moral – 3.5.3, *3.5.3.1*

Astreintes

- ação civil pública – 3.1, 3.2, 4.1.1, 5.1.3, *5.2.1.1*, 5.2.4.3.1
- acessoriedade – 1, 2.2.3, 3.2, 3.3, *3.3.4*, 3.3.6, 3.4, 3.5.2.1, 3.5.3, 3.8.2, 4.1.1, 4.2.1, 4.4.3, 5.1.1
- agente público – *3.5.5*, 5.2.1
- antecipação da tutela – 2.1, 3.1, 3.2, 3.3.4, 3.3.6, 3.5.2, *3.7.1*, 3.7.4, 4.1.1, 4.1.2, 4.2.1, 4.2.2.1, 4.2.2.2, 4.3, 5.2.3, 5.2.4.3.1
- arbitragem – 7
- aumento do valor – *3.8.6*, 3.8.7, 3.8.8, 3.9.1.2, 3.9.2, *5.1.1*, 5.2.1
- autor (impossibilidade) – 3.5.5

- cabimento – 3.5, 3.5.1, 3.5.2, 3.5.2.1, 3.5.3, 3.5.3.1, 3.5.4, 3.5.5
- certeza – 5.2.4, *5.2.4.1*, 5.2.4.3.2
- citação – 3.1, 3.3.6, 3.5.3, 3.7.2, 3.8.1, 3.8.2.2, 5.1, 5.2.4.3.2
- cobrança – 5.2.4.3, 5.2.4.2.1, 5.2.4.3.2, 5.2.5, 5.2.7
- coercibilidade – 3.2, 3.3, 3.3.2, *3.3.3*, 3.4, 3.5.2.1, 3.8.2, 3.8.3, 3.8.4, 3.8.5, 3.9.1.3
- coisa julgada – 3.3.4, 3.5.2.1, 3.8.5, 4.1.2, *5.1.1*, *5.2.6*
- cominação – 3.7
- conceito – 3.4
- convenção das partes – *3.9.1.2*, 3.10.2
- correção monetária – 5.2.7
- cumulação com outras medidas – 3.5.3, 3.8.2, *3.10, 3.10.1, 3.10.2, 3.10.3, 3.10.4*
- de ofício – 2.2.3, 3.1, 3.2, 3.3, *3.7.1*, 3.9.1.2, 3.10.2, 5.1.1
- decisão final e sua influência – 4.1, 4.1.1, 4.1.2
- direito alemão – *2.2.6*, 5.2.1
- direito francês – *2.2.3, 3.2*, 3.3, 3.3.4, 3.10.1
- direito material – 2.1, 3.3.1, 3.8.7, 3.9.1.1, 3.10.2, 5.2.4.3.1
- direito português – *2.2.7*, 3.8.4, 5.2.1
- eficácia das decisões – 3.3.6
- exibição de documentos – 3.5.1.1
- execução definitiva – 5.2.4.3, *5.2.4.2.1, 5.2.4.3.1*, 5.2.4.3.2, 5.2.5, 5.2.7
- execução parcial – 5.2.5
- execução provisória – 3.2, 5.2.3, 5.2.4.3, *5.2.4.3.1*, 5.2.4.3.2, 5.2.3, 5.2.5
- exigibilidade – 4, 4.1, 4.1.1, 4.1.2, 4.4, 5.2.4, 5.2.4.3, *5.2.4.3.1*, 5.2.4.3.2
- extinção (total ou parcial) – 5.2.6
- Fazenda Pública – *3.5.5*, 5.2.1
- incidência – 3.8, *3.8.1*, 3.8.1.1, *3.8.2*, 3.8.3, 3.8.4, 3.8.5, 3.8.6, 3.8.7, 3.8.8, 4.2.1, 4.2.2, 4.2.2.2, 4.4.1, 4.4.2, 4.4.3, 4.4.3.1
- iniciativa – 3.7, *3.7.1*
- intimação pessoal (necessidade de) – *3.8.1.1*, 3.10.2, 4.4.3.1
- juros – 5.2.4.2.1, *5.2.7*
- juizados especiais – 3.5.1, *3.9.1.3*
- limites – 3.9.1, 3.9.1.1, 3.9.2.2, 3.9.1.3, 6
- liquidação – 3.2, 5.2.4.2, *5.2.4.2.1*
- modificação – 3.8.5, *3.8.6*, 3.8.8, 3.9.2, 4.3, *5.1.1*
- multa periódica e multa fixa – 3.8.1, *3.8.4*
- natureza jurídica – 3.3, 3.3.1, 3.3.2, 3.3.3, 3.3.4, 3.3.5, 3.3.6
- patrimonialidade – 3.3.5
- pessoa jurídica e pessoa física – 3.5.5, 5.1.3
- *pro rata* – 3.8.8
- processo administrativo – 6
- progressividade – 3.9.2
- punitivas – 3.5.2.1, 4.1.1
- quadro comparativo Brasil-França – 3.2
- *quantum* – 3.8.6, 3.8.8, *3.9*, 3.9.1, 3.9.1.1, 3.9.1.2, 3.9.1.3, 3.9.2, 5.1.1
- reconvenção – 3.5.5

- recursos – 4.2, 4.2.1, 4.2.2, 4.2.2.1, 4.2.2.2, 4.4, 4.4.1, 4.4.3
- terceiros – 2.2.3, 3.5.5, 5.1.3
- termo de ajustamento de conduta (TAC) – 5.1.3
- termo inicial (termo *a quo*) – *3.8.1*, 3.8.1.1
- termo final (termo *ad quem*) – 3.8.2
- titularidade do crédito – 3.2, *5.2.1*, *5.2.1.1*
- unidades de tempo – 3.1, *3.8.3*, 3.8.4, *3.8.5*
- perdas e danos – 3.2, *3.3.3*, 3.8.2, *3.10.1*
- prazo razoável – 3.3.4, 3.8.7, 4.4.1
- proporcionalidade e razoabilidade – *3.6*, 3.8.8, 3.10.2, 6
- redução do valor – 3.8.7, 3.8.8, 5.2.1, *5.2.6*
- revogação – 4.2.2.1, *4.3*
- sentença – 3.1, 3.3.6, *3.7*, 4.1.2
- valor – 3.8.6, 3.8.8, *3.9*, 3.9.1, 3.9.1.1, 3.9.1.2, 3.9.1.3, 3.9.2, 5.1.1

Ato atentatório à dignidade da justiça – *3.3.2*, 4.1.1
Ato atentatório ao exercício da jurisdição – 3.3.2
Audiência
- intimação – 3.8.1.1

Boa-fé – 2.2.4
Busca e apreensão – 3.1, 3.3.2, 3.3.6, 3.5.1.1, 3.5.3, 3.8.2

Citação – 3.1, 3.3.6, 3.5.3, 3.7.2, 3.8.1, 3.8.2.2, 5.1, 5.2.4.3.2
Cláusula penal – 3.3.4, *3.9.1.1*, *3.9.1.2*
Coisa julgada – 3.3.4, 3.5.2.1, 3.8.5, 4.1.2, *5.1.1*, *5.2.6*
Colaboração – 3.5.4
Cominação – 3.7
Contempt of Court
- civil – *2.2.4*, 4.1.1
- coercitivo – *2.2.4*, 4.1.1
- *Common Law* – 2.2.4
- criminal – *2.2.4*, 4.1.1
- dignidade da justiça – *2.2.4*, 3.3.2
- litigância de má-fé – 2.2.4
- multa – 2.2.4
- prisão – *2.2.4*, 3.3.2
- punitivo – *2.2.4*, 3.3.2, 3.10.4, 4.1.1
Contraditório – 3.5.5, 5.2.4.2.1, 6
Crime de desobediência
- atipicidade – 3.10.4
- hipóteses – 2.2.7, 3.8.1.1, *3.10.4*, 4.1.1
Cumprimento da sentença – 3.5.4, 3.8.1.1, 4.4.2, 5.1.1, 5.2.4.2.1
Custas processuais – 5.2.4.2.1

Depósito – 5.2.4.2.1, 5.2.4.3.1
Dignidade da justiça – 2.2.6, *3.3.2*, 4.1.1
Direito alemão – 2.2.6
Direito francês – *2.2.3*, 3.2
Direito inglês – 2.2.4
Direito intermédio – 2.2.2
Direito italiano – 2.2.5
Direito norte-americano – 2.2.4
Direito romano – 2.2.1

Efeitos dos recursos
- devolutivo – 3.8.1, 4, 4.2.1, *4.2.2.2*, 4.4.1, 4.4.2, 5.2.4.3.1, 5.2.5
- interruptivo – 4.4.1
- substitutivo – 4.2.1
- suspensivo – 3.7.2, 3.7.3, 3.8.1, *4.2.1*, *4.2.2*, 4.2.2.1, 4.2.2.2, 4.4.1, 4.4.2, 5.1, 5.2.4.3.1, 5.2.4.3.2
Efetividade do processo – 1, 3.5.1, 3.5.4, 3.7.1, 3.9.1.2, 4.1.1, 4.4.3.1, 4.4.3.1, 5.2.1
Embargos à execução – *4.4.2*, 5.2.4.2.1, 5.2.4.3, 5.2.4.3.2, 6
Embargos de declaração
- acolhimento – 4.4.1
- desacolhimento – 4.4.1
- efeito infringente – 4.2.2.1
- efeitos – 4.2.2.1, *4.4.1*
- oposição – 4.2.2.1, *4.4.1*
Embargos Infringentes – 4.2.2.1, 4.2.2.2
Enriquecimento injusto – 2.2.6, 3.3.5, *5.2.1*, 5.2.4.2.1, 5.2.6
Estatuto da Criança e do Adolescente – 3.1, 3.2, 5.2.4.3.1
Estatuto do idoso – 3.1
Execução
- definitiva – 5.2.4.3, *5.2.4.2.1*, *5.2.4.3.1*, 5.2.4.3.2, 5.2.5, 5.2.7
- parcial – 5.2.5
- provisória – 3.2, 5.2.3, 5.2.4.3, *5.2.4.3.1*, 5.2.4.3.2, 5.2.3, 5.2.5
Exibição de documentos – 3.5.1.1

Fazenda Pública – *3.5.5*, 5.2.1
Formalismo-valorativo – 3.5.4

Honorários sucumbenciais – 5.2.4.2.1

***I**mperium* – 2.2.1, 3.3.1, 3.3.6, 3.5.5, 3.7.1, 3.9.1.2, 6
Impugnação ao cumprimento – *4.4.2*, 5.2.2, 5.2.4.1, 5.2.4.2, 5.2.4.2.1
Indenização – 3.1, 3.2, *3.3.3*, 3.8.2, 3.8.7, 3.10.1, 3.10.3
Intimação
- ficta (edital e hora certa) – 3.8.1.1
- pessoal – *3.8.1.1*, 3.10.2, 4.4.3.1

Liquidação – 3.2, 5.2.4.2, *5.2.4.2.1*
Litigância de má-fé – 3.10.3, 5.2.1

Má-fé – 3.5.5, 3.8.8
Mandado de segurança – 3.5.5, 5.2.4.3.1, 6
Modificação – 3.8.5, *3.8.6*, 3.8.8, 3.9.2, 4.3, *5.1.1*
Mora – 3.9.1.2, 3.10.2, 5.1.3, 5.2.7
Multa
- coercitiva – 3.2, 3.3, 3.3.2, *3.3.3*, 3.4, 3.5.2.1, 3.8.2, 3.8.3, 3.8.4, 3.8.5, 3.9.1.3
- punitiva – 3.5.2.1, 4.1.1
Multa moratória – 3.9.1.1, 3.9.1.2, *3.10.2*, 5.2.3, 5.2.4.3.2

Nemo praecise potest cogi ad factum – 2.2.1, 2.2.3
Nulla executio sine titulo – 5.2.3
Nunciação de obra nova – 3.1

Obrigação impossível – 2.2.4, 3.3.4, 3.5.2.1, 3.6, *3.8.2*, 3.8.4, 3.8.7, 4.3, 5.2.4.1, 5.2.4.2.1
Obrigações (deveres)
- de fazer e não fazer – 2.2.1, 3.1, 3.1.1, 3.2, *3.5.1*, 3.5.3, 3.8.2, 5.1.1, 5.1.2, 5.2.4.2.1
- de desfazer – 3.7.4, 3.8.1, 3.8.2, 3.8.4, 4.4.2, 5.1.2
- de entrega de coisa – 2.2.1, 3.1, 3.1.1, 3.2, *3.5.1*, 3.5.3, 3.8.2, 3.8.8, 5.2.4.2.1
- de outorga de escritura – 3.5.2.1
- de pagar quantia – 2.2.3, 3.2, 3.4, *3.5.4*, 5.2.4.2.1, 5.2.4.3.1, 5.2.7
- de prestar declaração de vontade – *3.5.2*, 3.5.2.1, 3.5.3
- fungíveis – 2.2.6, 2.2.7, 3.3.2, 3.5.2, *3.5.3*
- inadimplemento total – 3.8.8
- inadimplemento parcial – 3.8.8
- infungíveis – 2.2.6, 2.2.7, 3.1, 3.3.6, 3.5.2, *3.5.3*, 3.9.1.2
- instantâneas – 3.8.1, *3.8.4*, 3.85
Ônus da prova – 5.2.4.1, 5.2.4.2.1

Pedido – 2.2.3, 2.2.7, 3.1, 3.2, 3.5.2.1, 3.5.5, 3.7.1, 3.9.1.2, 3.10.2, 4.1.1, 4.2.1, *5.1.1*, 5.2.1
Pena – 2.1.1, 2.2.6, 3.1, *3.3.2*, 3.3.3, *3.3.5*, 3.9.1.1, 3.9.1.2, 3.10.4, 5.2.1
Perdas e danos – 2.2.3, 2.2.7, 3.1, 3.2, 3.3, *3.3.3*, 3.3.5, 3.4, 3.5.2.1, 3.5.3.1, 3.8.2, 3.8.2, 3.8.4, *3.10.1*, 3.10.2, 3.10.3
Pessoa
- jurídica – 3.5.5, 5.1.3, 5.2.1
- física – 3.5.5, 3.10.4, 5.1.3
Petição inicial – 3.1, 3.7, 3.7.1, 3.8.1, 5.1.1
Prazo razoável – 3.3.4, 3.8.7, 4.4.1
Processo administrativo – 6
Processo cautelar – 3.1, 3.5.1.1, 5.2.3
Processo de conhecimento – 3.1, 3.3.6, 3.5.1.1, 5.1.1, 5.2.4.3, *5.2.4.3.1*
Processo de execução – 2.2.3, 3.1, 3.3.3, 3.3.6, 3.7, 3.7.2, *3.7.4*, 3.8.1, 3.9.1.2, 4.4.2, *5.1.1*, 5.2.3, 5.2.4.1, *5.2.4.3.2*, 5.2.4.2.1
Prova – 5.2.4.1, 5.2.4.2.1

As *Astreintes* e o Processo Civil Brasileiro

Reconvenção – 3.5.5
Relator
- poderes – *3.7.3*, 4.2.1, 4.4.2, 5.2.4.3.1

Sanção pecuniária compulsória – *2.2.7*, 3.8.4
Sanções
  - administrativas – 6
  - cíveis – 3.3.6, 3.10.1, 3.10.2
  - penais – 3.10.4
  - processuais – 3.10.3
Segurança jurídica – 3.5.4, 3.9.1.2, 4.4.3.1, 4.4.3.1, 6
Sub-rogação – 2.1, 2.2.1, 3.1, 3.3.6, 3.5.3, 3.8.2, 3.8.4, 4.4.2
Sucumbência – 5.2.4.2.1
Suspensão da execução – 3.1, *4.4.2*, 5.2.4.2.1

Técnica de tutela
  - Condenatória – 3.3.1, *3.3.6*, 3.5.4
  - Constitutiva – 3.3.1, *3.3.6*
  - Declaratória – 3.3.1, *3.3.6*
  - Executiva – 3.1, 3.3.1, *3.3.6*, 3.5.2, 3.5.2.1, 3.8.2
  - Mandamental – 3.3.1, *3.3.6*, 3.5.2.1, 3.8.2, 4.4.2
Terceiros – 2.2.3, 3.5.5, 5.1.3
Termo de ajustamento de conduta (TAC) – 5.1.3
Título executivo
  - extrajudicial – 3.7.4, 3.9.1.2, 5.1.1, *5.1.2*, 5.1.3, 5.2.3, 5.2.4.3.2
  - judicial – 3.1.1, 5.2.3, 5.2.4.1
Tutela
  - específica – *2.1*, 2.2, 2.2.4, 3.1, 3.3.2, 3.5.2, 3.5.2.1, 3.5.3, 3.5.4, 3.5.5, 3.8.2, 3.9.1.1, 3.9.1.2, 4.1.1, 4.1.2, 5.1.1, 5.2.1, 5.2.6
  - jurisdicional – 3.3.1, 3.3.2, 3.3.3, 3.3.4, 3.3.6, 6
  - pelo equivalente pecuniário – 3.1, 3.5.3.1
  - preventiva – 2.1
  - reparatória – 2.1, 2.2.4, 3.3.2
  - ressarcitória – 2.1, 3.3.3, 3.5.3.1, 3.9.1.1, 3.10.1, 3.10.3, 5.2.1.1

Valor da causa – 3.3.3, 3.8.8, 3.9, 3.9.1.1, 3.9.1.3, 5.2.1, 5.2.4.2.1

Zwangsgeld (pena pecuniária) – *2.2.6*, 5.2.1
Zwangshaft (prisão do devedor) – 2.2.6

Impressão:
Evangraf
Rua Waldomiro Schapke, 77 - P. Alegre, RS
Fone: *(51) 3336.2466 - Fax: (51) 3336.0422*
E-mail: evangraf.adm@terra.com.br